天津市教委科研计划项目成果（2014ZD29）
《西方国别政治思想史的若干问题》

政治文化与政治文明书系 · 《政治思想史》十年精选

国别视野中的
西方政治思想史

高　建◎编

天津出版传媒集团

天津人民出版社

图书在版编目（CIP）数据

国别视野中的西方政治思想史 / 高建编. -- 天津：
天津人民出版社, 2019.12
ISBN 978-7-201-15713-9

Ⅰ.①国… Ⅱ.①高… Ⅲ.①政治思想史—西方国家
Ⅳ.①D091

中国版本图书馆 CIP 数据核字(2019)第 282157 号

国别视野中的政治思想史
GUOBIE SHIYE ZHONG DE ZHENGZHI SIXIANGSHI

出　　版	天津人民出版社
出 版 人	刘　庆
地　　址	天津市和平区西康路35号康岳大厦
邮政编码	300051
邮购电话	（022）23332469
电子信箱	reader@tjrmcbs.com

策划编辑	王　康
责任编辑	郑　玥
封面设计	春天·书装工作室

印　　刷	天津新华印务有限公司
经　　销	新华书店
开　　本	710毫米×1000毫米 1/16
印　　张	24.5
插　　页	2
字　　数	330千字
版次印次	2019年12月第1版　2019年12月第1次印刷
定　　价	88.00元

目　录

▼英国政治思想

作为法人的"君权"

——中世纪英国的宪政框架与现代国家的通则

严格而言,"国家"(state)是中世纪晚期和现代早期的产物。"国家"成熟的标志在政治理论的脉络当中是"国家理由"学说和绝对主义意识形态;在政治制度的发展脉络中是王权对国内外取得主权地位,官僚-税收系统的成熟,常备军制度的建立,最高法院(司法上诉体系)的建立。政治体(the body politic)自中世纪后期经历了一系列激烈的内外斗争,逐渐在十五六世纪成为外在"合法垄断暴力"、内在"民族等同人民"的绝对主义国家。然而每个政治共同体在历史过程中通过什么样的政治理论和政治实践(以及作为实践规范和结果的制度)来成长为"国家",却各有不同。因此,绝对主义国家的历史面貌和政治前景也各有不同。在"国家"成长的道路上,英国"作为法人的'君权'"(Crown as corporation)的传统值得认真对待,它不仅是中世纪宪政留给现代人的政治奇观,也具备了现代宪政最重要的构成性要件。

一、梅特兰:奠基者还是否定者?

将"君权"(Crown)作为法人来对待的宪政史钩沉,首先归功于英国法律史泰斗梅特兰(F.W.Maitland),正是因为梅特兰严肃认真而几近苛刻的对待,作为法人的"君权"得到了学术界普遍的重视,进而展开了丰富而深刻的研究。梅特兰的相关论述被大卫·朗西曼和马格纳斯·瑞安选编成名为"国家、信托与法人"的论文集,收入"剑桥政治思想史文本"系列。①两位编者编选的小论文集源自《梅特兰论文集》②,收录了 5 篇文章,分别是《独体法人》《作为法人的"君权"》《非法人团体》《道德人格和法律人格》及《信托与法人》。③殊为可惜的是,小论文集并没有将《梅特兰论文集》(第三卷)中的《政治体》(*The Body Politic*)这篇与主题高度相关的论文一并编入。

尽管学术界在梅特兰的影响下将"作为法人的国家"当作一个研究宪政(史)的重要方法,甚至成为法律史、政治史、政治理论的学术范式,沿着这一思路产生了大量极其优秀的学术成果,但梅特兰本人实际上对这个思路的态度却非完全赞同,至少表面上看来他的许多结论都是对它的批评甚至嘲讽。在《编者导读》的文末,两位编者不得不交代编选小论文集的"正面"意义时,也承认:"梅特兰所描述的不仅仅是一套解决方案或学说而是一种困境——团体生命的困境,或者在法律之下生活的困境。"而梅特兰带来的教益在于通过深刻地展示历史中的困境,"帮助我们认清自己所处的困境"④。

梅特兰勉强"承认这个国家的国王是一个独体法人(corporation sole)"⑤。但他认为,"独体法人"这个概念本身却是"几近自相矛盾的极其怪异的"⑥、"胡乱捏造的荒谬之物"⑦、"法律上的怪胎"⑧、"应该对它在法律上的无能感

---

① F.W.Maitland,State,*Trust and Corporation*,David Runciman and Magnus Ryan eds.,Cambridge University Press,2003;中译本参见[英]梅特兰:《国家、信托与法人》,樊安译,北京大学出版社,2008年。

② Maitland,*Collected Papers*,3Vols,H.A.Fisher ed.,Cambridge University Press,1911.

③ 下文以缩写的方式标注上述著作:CS(《独体法人》)、CC(《作为法人的"君权"》)、UB(《非法人团体》)、MPLP(《道德人格和法律人格》)、TC(《信托与法人》)。后文所注页码皆为中文版页码。

④ [英]梅特兰:《国家、信托与法人》,第 28 页。

⑤ 同上,第 3 页。

⑥ CS,第 8 页。

⑦ 同上,第 14 页。

⑧ CS,第 38 页;CC,第 41 页。

到惊讶"①。而将"君权"视为法人的观点②,梅特兰表示"深深的怀疑"③,认定这是一种"怪异的观念"④、是一种法律上的"花招"⑤、"被证明是徒然的"⑥,普洛登(Plowden)法官围绕这个问题所作出的相关判词也被斥之为"不可思议的、深奥难懂的——或者我们可以说玄之又玄的——胡言乱语"⑦。梅特兰和波洛克爵士曾经花了大量的笔墨辨析将王权(kingship)和"君权"作为法人的种种疑难,总体上并不赞成这种思路。⑧小论文集中收录的论文相当于梅特兰长篇大论的法律史相关著述的缩影。

梅特兰明确追溯了"作为独体法人的'君权'"这种说法的来源,其中既有英国法制史上鼎鼎大名的爱德华·柯克爵士,也有英国法学史上鼎鼎大名的布莱克斯通。梅特兰并没有正面抨击两位先贤,而是沿着他的同事波洛克爵士的思路对"作为独体法人的'君权'"展开了全面地驳斥:"从政治角度而言,最重要的法律上的拟制人就是国家。但是,国家或其名义上的领导者是

---

① CS,第 36 页(根据英文版有所调整,见英文版第 28 页)。

② 中文译者将 The Crown as Corporation 一文译为"作为法人的王室"。但以"王室"译 Crown 殊为不妥。"王室"一般在英语中为 royal family、royal court 或者 royal household。而 Crown(首字母大写之时)在英国传统中所指的主要不是国王的家室、血脉、谱系,而是抽象的国王的权力、特权、位分、尊荣。为与 kingship 相区分,故译为"君权"。若"王室"作为独体法人,并不会如梅特兰抨击的那样成为一个"自相矛盾"的概念(一个人既是自然人又是法人),它是多人合而为一,目的在于以法人之权利义务限制王室成员个人的行为(尤其是对财产的处置),许多大富之家建立信托正是出于这种目的。但这完全不是这篇论文的意思,"君权"作为独体法人,与作为自然人的国王本人相分离,二者之间到底是什么样的法律关系,通过独体法人意图实现抽象的"君权"和具体的国王个人之分离存在重大法律问题,才是梅特兰这篇论文真正关注的问题。所以中文版中凡以"王室"指代 Crown 之处,皆代之以"君权"为妥。参见 J.H.Burns ed.,*The Cambridge History of Mediaeval Political Thought*,Cambridge University Press,2003,pp.498~499;Ernst H.Kantorowicz,*King's Two Bodies: A Study in Mediaeval Political Thought*,Princeton University Press,1997,pp.358~372;孟广林:《英国封建王权论稿——从诺曼征服到大宪章》,人民出版社,2008 年,第 37 页,注释 2;李筠:《论西方中世纪王权观——现代国家权力观念的中世纪起源》,社会科学文献出版社,2013 年,第 12~13、193~197 页。

③ CS,第 16 页。

④ CC,第 40 页。

⑤ 同上,第 51 页。

⑥ 同上,第 40 页。

⑦ 同上,第 44~45 页。

⑧ Pollock and Maitland,*The History of English Law before the Time of Edward I*,Vol.1,Cambridge University Press,1898,pp.495~511.

否并且在多大程度上被官方视为法律上的拟制人，这取决于不同国家的法律制度和组织形式。"①梅特兰恰恰认为在英国法律史上"作为独体法人的'君权'"并非事实。

梅特兰追溯英国法制史，认为独体法人的制度创设来自中世纪教会财产权延续性和处置的法律难题。②基层小教区（当中的教堂）只有一个牧师，拥有什么样的权利来处置这个教区（教堂）的财产，拥有这些权利的主体是自然人还是法人？如果是自然人，教区（教堂）财产岂不成了牧师的私人财产，他的死亡也就意味着这些权利的灭失。为了防止这些不良法律后果的出现，独体法人由此产生，与牧师的自然人人格相区分。有了独体法人的人格，这些权利便不能由牧师随意处置，他的死亡也不意味着权利的灭失。这样一来，既是自然人又是法人的独体法人这种"自相矛盾"的习惯不仅出现了，而且迅速延伸到小教区（教堂）之外。英国法律人对于相关问题"展开了旷日持久的争论"③。而正是爱德华·柯克爵士将独体法人明确地用于国王。随后，主教、牧师、修道院院长也被加入其列。布莱克斯通在其名著《英国法释义》中明确认可了"作为独体法人的'君权'"这一宪法习惯。

梅特兰的批评在于，独体法人究竟拥有什么样的权利和义务在历史上从来都不是固定的，甚至是不明确的。"主体化"的进程与"客体化"的进程是一致的，没有法律明确规定权利的客体，怎么可能有相应的主体。找不到法律明确规定的权利，独体法人就毫无意义。"君权"被当作独体法人，是"国王被牧师化"的结果，即旧思路套到国王头上的结果。合逻辑的结果必然是独体法人固有的法律实质内容空虚的毛病也被一并带来。④"君权"如果是独体法人，她所拥有的尊荣、权力、特权、位分、财产如何与国王拥有的相区分？梅特兰恰恰认为，在明确法律规定的意义上它们完全由国王个人拥有，即公私一体，无法在抽象的法人（"君权"）与国王本人之间作出清晰地区分。因此，将"君权"作为独体法人所拥有的具体法律内容空空如也。正是在这个意义上，梅特兰指责普洛登法官的判词故弄玄虚、胡言乱语。由此，我们可以明

---

① Pollock, *First Book of Jurisprudence*, p.113, 转引自 CC, 第 40 页。
② CS, 第 11~15 页; CC, 第 40~41 页。
③ CS, 第 15 页。
④ CC, 第 41 页。

确,梅特兰认为,在英国法律史上作为独体法人的"君权"并没有刻画出"君权"的法律实质,凡是由法律明确规定的权利完全都可由国王本人享有,事实上也是如此,那么作为独体法人的"君权"就纯属多此一举。梅特兰在《英国宪政史》中谈及各历史时期王权之时充分追溯国王拥有的权力及其与议会、咨议会之间的关系,从不谈宪政安排背后"玄而又玄"的政治神学。①这进一步佐证了他为何严肃而辛辣地批判"作为独体法人的'君权'"。

梅特兰虽然否认了历史上将"君权"作为独体法人的观点,但他并不否认将国家(commonwealth)当作社团法人(aggregate corporation)的观点。国家的法律制度和组织形式在不断变迁,抽象出独立于国王个人的国家是现代法律体系的普遍趋势。公务员效忠于谁?国债的债务人是谁?东印度公司属于谁?这些问题的答案可以是国王,但现在更妥当的答案是国家。②梅特兰明确接受这样一个"事实":"我们至高无上的君主并非'独体法人',而是一个结构复杂且高度组织化的'由非常多的人组成的社团法人'的领导者。我并未发现称这个法人为'君权'有什么重大的不妥之处。但是,后来在制定法中出现了一个更好的词,即'国家'(commonwealth)。"③即便在历史问题上,梅特兰也承认"由国王、贵族和平民组成的议会是法人"这种说法大致也不错。④由此可见,梅特兰可以接受将"君权"作为社团法人,将国家作为社团法人。作为英国法学家,梅特兰并不关心德国法学家对于法人实质的激烈争论(法人究竟是拟制还是自然的)⑤,他并不试图从哲学或道德哲学的本体论意义上去解决问题,他关心的是:"承担权利义务的团体,必须像对于哲学家的终极的和不可解析的道德单位一样,是终极的和不可解析的,就像(自然)人一样。"⑥简言之,法学家梅特兰要求法人主体地位的明确性,它必须成为享有权利和承担义务不可再分的最终主体,正是在这样一个意义上,梅特兰既剥去了历史上"作为独体法人的'君权'"迷雾式的"附会",又对"作为社团法人

---

① 参见[英]梅特兰:《英格兰宪政史》,李红海译,中国政法大学出版社,2010年。
② CC,第52~60页。
③ 同上,第53页(根据英文版有所调整,见英文版第41页)。
④ 同上,第43页。
⑤ CS,第9页。参见 MPLP 全文。
⑥ MPLP,第91页(根据英文版重译,见英文版第71页)。

的国家"保持着开放而乐观的态度。

梅特兰对"作为社团法人的国家"保持着开放而乐观的态度,恰恰可以从小论文集所重视的"信托"(trust)这一主题得到印证。"信托制度和法人制度之间的这种联系是由来已久的。它至少存在了四个世纪。"①在此,本文并不想沿着梅特兰的脚步在财产权(尤其是土地权利)的议题中去挖掘英国在私法领域的独特性,而只想指明信托制度与法人制度之间的灵活互动为英国带来了"人"的多样性,国家亦属其列。

英国的信托这种法律制度创设上的"大手笔"②创造出了财产权利安排几乎无限的可能性和多样性。梅特兰恰恰是在谈"非法人团体"的时候明确指出,"信托是一种非常有效的社会实验工具",信托有着"无法估量的潜能"。③信托以契约的形式安排以土地权利为首的各种财产权,完全不受德国式物权和债权基本划分的拘束,使得几乎任何"人"的任何目的都可以通过它这种权利–义务框架来实现。一旦权利–义务的框架的客体化进程是充实而多样的,那么,主体化的进程相应也是充实而多样的,即各式各样的法律上的"人"由丰富的权利–义务框架明确地界定出来,而各式各样的权利–义务框架又因为"人"对于财产安排的不同目的而被创设出来,二者形成了良性地互动。在任何一个历史上的时点,信托的明确保证了"人"的明确,令"历史法理学家"梅特兰激赏和骄傲的正是这种具有丰富历史内容的明确的制度。因此,哪怕不是法人也没有关系,非法人团体也可以是主体,因为它也在历史上拥有明确的权利和义务。作为法学家的梅特兰正是以权利–义务内容的明确性这一标准来打量所有"人",而历史证明英国的信托制度保证了"人"可以由法律"创生"出来。因此,对于作为社团法人的国家,梅特兰已经认定它确有权利和义务,更重要的是,沿着信托的思路(而不是限于信托制度),国家作为社团法人的要义在于其权利–义务的不断添加和明确,在法律的王国中,它的成长不仅可能而且应该是开放的,而在以梅特兰为代表的英国法学家眼中,国家只有沿此法律路径成长才是真实而有意义的。

---

① TC,第155页。

② 同上,第96页。

③ UB,第72页。

二、"君之两体":追根溯源而另辟蹊径

德裔美籍政治思想史家坎托罗维奇的名著《君之两体:中世纪政治神学研究》一开篇就从梅特兰的著名论文《作为法人的"君权"》谈起。[1]坎托罗维奇并没有直接驳斥梅特兰,但我们认为仍然有必要厘清梅特兰论述的重要特点,以便于我们切换理解的视角。梅特兰以法律上的权利–义务来裁量法人身份(尤其是国家作为法人的身份)的真伪并没有错,这是法学家的本职。但这种裁量过于严苛,以至于屏蔽了更为广阔的政治理论、政治思想、政治实践、政治制度领域中的重要信息和想象力。我们将问题反过来提,如果一切制度都必须存在明确而刚性的法律内容才得以成立,那么我们是不是就得否认中世纪史上一切的宪政安排及其蕴含的潜力? 因为任何宪政安排在中世纪都不可能是明确而刚性的。比如,梅特兰非常稳健地承认,作为英国议会(内阁)前身的国王咨议会"并不是一个稳定的机构;换言之,其具体权力在不断变化。如果国王实力强大,咨议会就很难真正对其构成制约"[2]。法律对权力构成明确而刚性的制约是一个现代事件,但这并不意味着它在现代才横空出世,它存在着丰富的中世纪来源和基因。问题的一个方面当然是如梅特兰一般去仔细勘察宪政在中世纪的法律实况,以免拔高古人古法而模糊了古今之变,但另一个方面也要去复原模糊和柔性的线索和联系,为的是求得现代政治的根源和特质。坎托罗维奇的研究在后一个方面堪称典范。

简单总结"作为法人的'君权'"的理论内涵,大概有如下要点:

第一,法人一般而言是自然人的集合。社团法人并未陷入一个人既是自然人又是法人的自相矛盾,梅特兰承认英国史上将国王、教士、贵族、平民视为一个社团法人的观点。以法人对待"君权"在最基本的政治理论意义上产生了两个重大的后果:其一,最高权力和最高权力的执掌者相分离;其二,政治共同体属人而非属神的可能性出现。将这两个重大结果系统性结合在一

---

[1] Kantorowicz, *King's Two Bodies*, p.3.
[2] [英]梅特兰:《英格兰宪政史》,第 129 页。

起的便是霍布斯的"利维坦"。①

第二，法人是一个整体。它既不等同于加入其中的任何一个自然人，也不等同于他们的集合，它存在着"质"的规定性。这种规定性可以来自西塞罗式的"法律是共和国的金质纽带"，也可以来自民族主义构造的"想象的共同体"，总之，它存在着超越于自然人之上的特质。正是在这样一个意义上，霍布斯和洛克的社会契约论总是被"加厚"，无论是卢梭的公意、浪漫主义的主张还是黑格尔的绝对精神，都在强调某种质的规定而非简单的量（自然人）的叠加才是国家的第一要义。

第三，法人不死。与自然人不同，法人不仅不遵循生老病死的自然规律，而且不会被激情和欲望左右。法人在此被拟人化（personification）了。法人不死是因为她永远不老，永远是未成年人，然而她又拥有尊荣、权力、特权、位分、财产，所以她需要监护人。而国王（最高权力的执掌者）正是她的监护人。国王的加冕礼正是他们的婚礼，国库就是她的嫁妆，国王在"婚礼"上要宣誓效忠于她。国王因此拥有了所有"国之利器"的使用权（而非所有权），他们通过信托建立起了关系。洛克正是用这种信托契约来论证政治社会与政府的关系。②

第四，法人必有其代表。在君主制下，国王必然是其代表。被拟人化的法人与其组成部分之间形成了一种有机体的比拟关系，她是人，国王是"头"（head），臣民是"肢体"（members）。头虽然对人而言最重要，但他离不开肢体，也不能完全等同于人。

坎托罗维奇的研究高妙的地方不在于他厘清了"作为法人的'君权'"的基本要点，而在于找到了它与更广阔、更深刻的中世纪政治观念之间的联系，其中的核心概念就是"君之两体"（the king's two bodies）。自格兰维尔和

---

① ［英］霍布斯：《利维坦》，黎思复等译，商务印书馆，1985 年，第 132 页。

② ［英］洛克：《政府论》（下篇），叶启芳、瞿菊农译，商务印书馆，1996 年，第 88~89 页。参见 John Dunn, "The Concept of Trust in the Politics of John Locke", in *Philosophy in History: Essays in the Historiography of Philosophy*, R.Rorty, J.B.Schneewind, Q.Skinner eds., Cambridge University Press, 1984, pp.279–301。

布莱克顿以来,英国法学家们对王权的抽象一面论述颇丰①,布莱克斯通在《英国法释义》当中也作出了权威性的解释②。"君之两体"最重要的作用在于它是"作为独体法人的'君权'"的真实历史形象。让我们再次审视梅特兰不以为然的普洛登判词:

> 国王具有双重地位(Capacities),因为他拥有两体,其一为自然体(Body natural),像其他所有常人一样,由自然人构成,因而像其他所有常人一样服从于激情和死亡;另一体是政治体(Body politic),其成员是他的臣民,他和他的臣民共同构成了一个法人(corporation),就像萨斯科特(Southcote)所说的那样,他与他的臣民结为一体,他们也与他结为一体,他是领袖(Head),他们是成员,他拥有他们之中唯一的统治(Government);而且这一体不像另一体那样服从激情,也不服从死亡,因为这一体的国王决不会死亡,他的自然死亡在我们的法律中(就像哈伯[Harper]所说的那样)不叫做"国王之死"(Death of the King),而是叫做"国王驾崩"(the Demise of the King)。那个词(Demise)不意味着国王政治体的死亡,而是意味着君之两体的分离,意味着政治体从死去的自然体中转移到另一自然体中。因而它意味着这个王国的国王的政治体从一个自然体到另一自然体的转移。③

梅特兰指责这份判词"玄之又玄"倒是情有可原,但斥之为"胡言乱语"就过于苛刻了。不能因为它"玄之又玄"就认定它是"胡言乱语",英国宪政史上与"君之两体"相呼应的 "国王既在法上又在法下"(king above and under the law)的传统不也是玄而又玄吗? 梅特兰尽管非常了解"政治体"的历史渊

---

① See Maitland,"Glanvill Revised,"in Maitland,Collected Papers,Vol.2,pp.266–289;Pollock and Maitland,*The History of English Law before the Time of Edward I*,Vol.1,pp.511–514.

② [英]布莱克斯通:《英国法释义》(第一卷),游云庭等译,上海人民出版社,2006年,第521~541、211~242页。

③ Plowden's Reports,233a,转引自 Kantorowicz,*King's Two Bodies*,p.13。关于普洛登的简单生平和这一系列著名判词的来龙去脉,参见 CC,第44~46页,以及英文版第35~37页。

源,但他明确拒绝以生物学、隐喻、政治有机体论的方式来理解英国宪政。①
然而这恰恰是中世纪人们普遍而真实的自我理解和政治理解。现代国家被
隐喻式地理解为"人"这种政治生物(有机体)是否妥当,仍然可以争论(浪漫
主义、黑格尔、斯宾塞都带有这种色彩),但历史上存在过这种理解是很自然
的事情——它恰恰来自基督教对教会的解释(在现代人眼中必然是玄而又
玄的),而一切团体的实质意义在基督教占据绝对统治地位的中世纪都必须
是对教会的模仿。

保罗有一段著名的说辞后来成为解决教会定位问题的关键:"基督就像
一个身体,有许多肢体;虽然身体有许多肢体,到底还是一个身体。……你们
就是基督的身体,而每一个人都是肢体。"②基督有"真实体"(Corpus Verum)
和"神秘体"(Corpus Mysticum)之分,教会正是基督之体(Corpus Christi)。教
会不等同于基督本人,但有与之密切相连,它是基督的神秘再现,每个信徒
在其中、基督亦在其中,构成了一个完整的团契。③此世的王国也是团契,基
督是万王之王,因此基督(对于教会)的两体之分必然被移植到国王头上。在
基督教的大背景下,国王依照基督的形象来刻画自身是获取合法性的首要
路径。从这个意义上讲,梅特兰把"作为独体法人的'君权'"视为国王的"牧
师化"倒也不错,只不过这个牧师不是基层的牧师,而是基督教的头号牧
师——基督。在随后的发展中,"政治体"成为指代共同体抽象实体地位的基
本概念,比赞的著作代表了这套话语系统已经基本上约定俗成,相应的思维
方式已然深入人心。④

简言之,强调国王的"政治体"目的就是要约束国王的"自然体"、克服其
自然弊端,为共同体不可磨灭、不可剥夺、不可分割、不可转让的尊荣、权力、
特权、位分、财产找到一个永久性的主体——这种努力首先在神学-政治哲
学层面上进行,而后才到了法律层面。中世纪的神学家、政治理论家和法学

---

① Maitland, "The Body Politic," in Maitland, *Collected Papers*, Vol.3, pp.285–303.

② 《圣经·哥林多前书》,12:12,27。根据英文版(King James Version)修订了现代中文版(NCV)
的译法,原文如下:For as the body is one, and hath many members, and all the members of that one body,
being many, are one body: so also is Christ…Now ye are the body of Christ, and members in particular.

③ Kantorowicz, *King's Two Bodies*, pp.194–206.

④ 参见 Pizan, *The Book of the Body Politic*, 中国政法大学出版社(影印本),2003 年。

家们运用基督学的基本理论逐渐夯实了相关的政治理论。"君之两体"的生物式隐喻对于未经各种现代性运动冲击和洗刷的中世纪人们而言一点都不"玄而又玄",绝不是"胡言乱语",反而不仅是合情合理的,而且几乎是不言自明的。而法人制度来自罗马法复兴(以及教会法),它为中世纪的法学家们所知要比"君之两体"更晚,因而,在中世纪史上"作为独体法人的'君权'"是"君之两体"更为现代、更为(法学)专业的表述。①在法人出现之前(和之后的很长一段时期),国王的"政治体"承担了独体法人所承担的政治功能,以抽象的地位拒绝国王"自然体"的恣意妄为,保证其根本上的规范性,以及维护"君权"在国王的"自然体"死亡之后的连续性,这不正是宪政的要义吗?由此,我们就非常容易理解为什么在英国国王、教士、贵族、平民被自然而然地视为一个整体(法人),为什么英国内战的初衷并不以废除君主制为目的,为什么共和在英国史上是惨痛的记忆而迅速被复辟取代,为什么英国至今仍然实行君主制而并不影响她成为发达的民主国家。

三、现代国家的通则:共和、民主、法治

"君之两体"和"作为独体法人的'君权'"确实如梅特兰所言,很难找到明确而刚性的法律规定形成对国王"可见的"制约。但我们将问题反过来提,如果它们在历史上从未存在过,英国光荣革命之后的宪政国家自何而来?最关键的不是限权的法条法例,而是关于共同体(国家)、权力(王权)、政府的社会想象。倘若没有后者,前者根本无从谈起;倘若有了后者,前者出现的可能性就产生了。②所有的宪政都经历了从模糊到明确、从柔性到刚性的成长过程,不可能一蹴而就,也从来不是如此。朝向未来去研习国家成长史和宪政史的重点首先是复原其社会想象——共同体、权力、政府是什么样子的,

---

① 参见李筠:《论西方中世纪王权观——现代国家权力观念的中世纪起源》,第198~202页。

② 在此一定要严格说明,社会想象只为宪政规定的产生奠定了可能性,而远非必然导致后者出现。制度的出现需要思想和观念的基础,但必须在实际的政治角力中实现。思想史无法直接证明已然产生的制度为什么会产生,却可以证明为什么某些制度在某些地方(思想环境中)产生不了。至于英国宪政产生的政治角力过程,已超出本文的论述范围,另文专论,可参见拙文:《英国国家建构论纲》,载高全喜主编:《大观》(第7卷),法律出版社,2011年,第145~181页。

共同体为何得以凝聚,权力来源为何,政府在生活中是什么角色,政治行为的是非标准是什么, 然后再去考究这些社会想象的历史成分和逻辑成分之间的区分,才可能发掘出国家建设和宪政建设的通则、原则和方向。

"作为法人的'君权'"蕴含着国家建设的基本通则,它们不仅是宪政的内在要求,也是现代国家的构成性要件,值得我们认真对待。

首先,共同体最高权力关乎共同体如何得以凝聚这一根本问题。作为法人的国家意味着公民们组成了一个超越于个人和集合之上的政治实体,现代国家的最高权力只能属于人民,问题随之而来:将公民连为一体而成为拥有超越性地位的人民,其中"质"的规定性是什么? 这取决于共同体最为基本的政治文化。自由主义诉诸普遍的理性,共和主义诉诸公民美德和法律精神,民族主义诉诸"想象的共同体",共产主义诉诸历史规律,不一而足。现代国家最严重的主体困境在于她不可能再如中世纪一般简单明晰地诉诸"君权神授",通过王位世袭在制度上保证共同体的规范性和连续性——她陷入了诸神之争,"我们是谁"变得晦暗不明。施米特仍然保守地追求"同质化的人民"[1],无异于以一神逐多神,在开放而多元既成事实的现代社会殊不可取。在这个意义上,共和对于现代国家的重要性就凸显出来:共同的政治平台对于诸神的安顿恐怕是最好的选择, 诸神不必因神学上第一义的分歧而互动干戈,而可以共享第二义(法律)的层面,一起进入万神殿中接受人民的供奉、信仰和团结——国家得以存续的前提不是以战争结束诸神之争,而是尽力在"多"当中去求得属于自己的"一",最后达成诸神的联欢。由此,现代国家必须是承认多元主义事实的共和国, 在法律的金质纽带凝聚之下团结起来(立宪),通过和平的集会(辩论,其中最重要的是修宪行动)动态地(而非一劳永逸地)去不断寻求和肯认"我们是谁"。[2]

其次,国家(如历史上的"君权")如若必须维持其神圣性和连续性,如博丹和霍布斯所言不可磨灭、不可分割、不可转让、永不犯错,就必须严格区分主权和主权者。抽象的主权享有各种尊荣、权力、特权、位分、财产,而具体的主权者只能根据信托关系拥有它们的使用权。这一区分的存在是保证主权

---

① [德]施米特:《政治的概念》,刘宗坤译,上海人民出版社,2004 年,第 117~124 页。
② 刘擎:《悬而未决的时刻——现代性论域中的西方思想》,新星出版社,2006 年,第 21~48 页。

不被主权者私有化的基本政治前提。有了这一区分,共和国才可能是"人民共同的事业",人民作为主权的真正拥有者的地位才不会被篡夺,家产制国家导致的结构性腐败才可能在最高权力的层次上被克制。在这个意义上,民主对于现代国家的重要性就凸显出来:国家是人民的公器,不是任何人、集团和政党的私器。与寻求人民之团结的现代共和思路一致,人民主权的制度保障不是找到一个集团来一劳永逸地代表人民,而是让不同的集团以和平、公平、透明、合理的方式展开对人民代理权的竞争,不同的国家机构亦是如此。现代社会不存在同质化的人民,只存在不断"自我定义"的人民,其利益以及公共利益如何得以浮现和实现都不可能由一个集团或一个机构包办,而只能通过各种集团和各种国家机构之间竞争性平衡达成暂时的方案,方案可能是错误的,但必须是可修正的,因此也就不该有不可移易的人民代表(无论是集团还是机构)作为主权的永久执掌者。由此,对于现代国家而言,主权者的竞争性轮替和国家机构之间的制衡是保证主权不被主权者吞噬的基本制度安排,国家的神圣性和连续性不会因主权者的错误而随之葬送。[①]

再次,国家须依法律的精神和逻辑行事。国家不可能严格依法律的条文和案例行事,因为政治不可能被法律穷尽,国家必然会遇到法律规定之外的决断时刻。但国家必须依法律的精神和逻辑行事,决断时刻的必然存在决不能成为法律精神被弃之不顾的理由。如前所言,现代国家维护自身不被诸神之争摧毁的前提是以法律的金质纽带去建造新的万神殿(宪政),法律是国家得以存续的内在要求,而且保证主权与主权者相区分的政治竞争和制衡制度也必须通过程序性的法律来实现。因此,国家必须秉持法律的正义、公平、平等、自由的精神,尊重法律的行为逻辑来行事。否则国家将摧毁自己的构成性要件,陷入自我瓦解的尴尬境地。在这个意义上,法治对于现代国家的重要性就凸显出来:它是国家的精神和行为达成统一的路径,也是国家与人民共享正义、公平、平等、自由的法门。法学家梅特兰虽然有些苛刻,但他指出的方向是正确的,即国家行为应该力求法治化。而从梅特兰法律史论述中所透露出来的审慎品格来看,他并不是一个教条主义者,我们可以将他的法治国家论理解为:国家须以行为的规范性求得自身的充实,进而动态而开

---

① 参见李筠:《论西方中世纪王权观——现代国家权力观念的中世纪起源》,第248~261页。

放地求得自身的稳定性和连续性。由此，现代国家通过法律行动匡正自身（当然还有社会）重大偏失或解决重大疑难的制度（违宪审查）就十分重要，它可以使国家遵循法律的精神和逻辑（因而必然是和平的）来解决重大的（甚至根本的）问题，并为其他国家行为的法治化提供最为有力的引导。

总体而言，"作为法人的'君权'"和"君之两体"向我们展示了中世纪英国走向现代国家和宪政的内在可能性，它们具有某种特定的历史形态（基督教的、罗马法的、普通法的），却蕴含着最为充分的"国之所以为国"的构成性条件，所以英国实现了相比而言最为顺利的古今转换。而我们在建设现代国家和宪政的途中，了解历史面貌的目的是提取政治通则（而不是发现规律），而后去直面现代的各种既成事实，加以变通而善用之。共和、民主、法治是现代国家的构成性要件（内在要求），如何实现则取决于我们自身的实践智慧。

（作者简介：李筠，中国政法大学政治与公共管理学院教授。）

王权、教会与现代国家的构建

——理查德·胡克论英国国教政制的正当性

英国现代国家构建的历程起始于都铎王朝,正是在都铎王朝,英格兰结束了惨烈而漫长的内战(即"红白玫瑰战争"),实现了政治上的和平与统一;也正是在这个阶段,英国转型为绝对主义君主国,开始了构建现代国家的进程。在此进程中,由都铎王朝第二任君主亨利八世发起的"宗教改革"发挥了至关重要的作用。宗教改革不仅使英国建立起了独立于罗马教廷的教会,强化了王室的保护权和权威,还使国王获得了修道院的大量土地,促成了乡绅阶层的崛起和行政、司法机构的改革。更重要的是,国教会培育了英国的民族精神,强化了英国人的国家意识,而这一点对于现代国家的构建极为关键。[1]

但是在16世纪的英国,并非所有人都赞成国教会的改革方案。除了拥护罗马教廷的天主教徒之外,到伊丽莎白女王统治的后期,清教徒已经取代了天主教徒,成为与国教会对抗的主要力量。他们认为,都铎王朝所建立的国教体制未必就是最佳的政教制度,清教徒们同样有一套在英国贯彻自身原则的制度方案,并且已经在某种程度上付诸了实践。国教徒与清教徒关于政教制度所争论的一个核心话题就是国王的权威问题——英国的政教事务是否需要国王的统一领导,还是像清教徒主张的那样,国家与教会应当彻底地分离,作为世俗首脑的君主也只是教会的成员而已,在宗教问题上必须服

---

① 参见[英]迈克尔·曼:《社会权力的来源》(第一卷),刘北成、李少军译,上海人民出版社,2007年,第418页。

从教会的权威。①

在当时，理查德·胡克（Richard Hooker）是代表国教徒为英国宗教改革的政教方案进行理论辩护的主要人物，他的煌煌巨著《论教会政治体的法则》（以下简称《法则》）从各个方面论证了国教制度的正当性，并对清教徒的观点进行了系统的批驳。对胡克来讲，劝说清教徒和包括天主教徒在内的其他英国民众归附国教，不仅仅是为了让他们信奉安立甘宗的教义，更是为了捍卫以"至高王权"（royal supremacy）为中心的英国政体，因为在英国国教的政教体制之下，国家（commonwealth）即是教会，教会即是国家，它们都处于国王的领导之下，是英国这个"教会政治体"（ecclesiastical polity）不可分割的部分。

一、国家与教会的同一性

在《法则》的第一至四卷中，胡克已经在理论层面证明了对教会制度进行改革的正当性。胡克继承和发展了阿奎那的自然法学说，并着力论证了以下观点：①通过发挥属人的自然理性能力，人可以认识上帝创造的永恒秩序，进而为政治共同体制定出符合自然法的实定法（positive laws）；②教会作为一个政治共同体，其制度和国家的政治制度一样，也不是一成不变的，应当随着历史情势的变化而改变，而且由于上帝没有将具体的教会制度和人的灵魂得救联系起来，所以不必像清教徒坚持的那样，完全依从《圣经》记载的模式，复制使徒时代的教会体制；③清教徒与天主教徒罔顾英国教会的具体处境，用教条的狂热取代理性的审慎，他们的方案将会导致教会的分裂和秩序的崩溃。相反，英国国教的改革是在充分尊重英国历史传统的前提下，根据英国的当下情势开展的，其改革措施符合英国国情，具有充分的正当性。

说到底，这也仅仅在理论上证明了，建立一套不同于罗马或日内瓦的制度是可行的，但还不足以说服国教会的反对者，让他们承认当下英国政教制度的合理性。国王对教会的统治权，就是一个使各方争论不休的核心议题。

---

① See Glenn Burgess, *British Political Thought, 1500–1660*, Palgrave Macmillan, 2009, pp.113–121.

在《法则》的第八卷，胡克也加入了这场关于至高王权的论战。胡克清楚地认识到，他们争辩的，与其说是国王的权威问题，不如说是英国教会和国家的关系问题：教会和国家这两座"政治体"之间的关系究竟是怎样的？它们是两具分离的身体，还是共用了同一个躯壳呢？

清教徒的答案显然是前者，胡克对自己论战对手的观点了如指掌。在胡克看来，清教徒把教会和国家彻底地割裂开来，并且把所有的宗教权力（ecclesiastical power）都归于教会。教会和国家不仅在本性和定义上（in nature and definition）不同，而且在本质上（in substance）就是被永久地区隔的，因此，"其中的一方就不能任命和处决属于另一方的人员，无论在整体的意义上，还是在部分的意义上，归属于这一方的职责就不属于另一方"①。胡克认为，清教徒之所以会作出这样的判断，主要是因为他们在两个问题上犯下了错误。

清教徒的第一个失误是把政教关系在历史当中呈现出来的偶然形态当成了永恒不变的教条。在历史上，清教徒所主张的政教关系确实存在过，但胡克指出，这是因为在那些国家，犹太教或基督教并没有被社会所普遍接受，因此教会不得不独立于政府。可这只是偶然状况，如果基督教成为了全国上下共同信仰的宗教，那么之前的政教关系就不再适用了。胡克指引他的读者首先关注犹太人历史中的政教关系，在犹太人的国家当中，国王既是世俗君主，同时也担任最高的祭司，他们在纯粹的宗教事务方面，也有制定法律（laws）和规则（orders）的权力。犹太人的典范——同样也是《圣经》记载的典范——表明，"依据该领域的法则，在教会事业方面的类似的权力附属于王冠之上"②。罗马帝国的事例也能说明这一点，基督教最初受到世俗政府的迫害，在那时候，教会是独立于国家的，但是当"罗马成为了基督教的，当他们所有人都领受了福音，并且制定法度来捍卫它的时候，假如还要使教会与罗马国家的关系保持原先的状态，那么这就是不可能实现的。只有一个办法，那就是他们必须把基督教国家中教会的名义限定在教士的身上，把其余

①　Richard Hooker, *The Works of That Learned and Judicious Divine, Mr.Richard Hooker*, Vol.Ⅲ, John Keble ed., Clarendon Press, 1888, p.329.

②　Ibid., p.327.

的信众——君主和民众——全都驱逐出去"①。我们可以发现,在胡克看来,当基督教成为整个国家的信仰的时候,想要把教会和国家分离开来,本身就是异想天开。当每个人同时都兼有基督徒和臣民这两种身份的时候,当教会和国家管辖的对象完全重合的时候,怎么可能把两者清楚地区分开呢? 同样地,在英格兰的每个臣民也都是基督徒的情况下,试图在教会和国家之间划一条界线也是不明智的。②

清教徒的错误还不止于此,胡克认为,他们还在根本上误解了教会与国家的性质与职能。清教徒主张将国家和教会进行分离的另一个原因在于,他们相信教会与国家所涉及的是两个截然不同的领域,亦即国家管理世俗事务(temporal affairs),属灵事务(spiritual affairs)的管辖权则属于教会。胡克并不彻底否定清教徒的观点,他承认教会和国家确实有不同之处,当我们用不同的语词来命名"教会"(church)和"国家"(commonwealth)的时候,这两个名字确实代表着各自不同的特质,指涉着不同的功能,但这些区别和不同只是偶性,并不妨碍它们其实属于同一个主体。

> 当仅仅涉及人们生活于其下的政体或政策时,我们就称其为国家,当关系到人们所信奉的宗教时,我们就管它叫教会……它们不仅指代像公民政府和基督宗教这样的偶性,而且还指代这些偶性所属的主体,亦即人民大众。③

换言之,教会与国家的区别很可能只是同一个主体在不同的语境之下所展现出来的不同的特性和功能。在英国,并不存在两个分离的机构或组织,一个行使世俗权力,另一个管理宗教事务,而是同一个组织同时发挥这两项功能,既是世俗的统治者,又是精神的引导者,既是国家,也是教会。教

---

① Richard Hooker, *The Works of That Learned and Judicious Divine*, *Mr.Richard Hooker*, Vol.Ⅲ, p.334.

② See Richard Hooker, *The Works of That Learned and Judicious Divine*, *Mr.Richard Hooker*, Vol.Ⅲ, p.330.

③ Richard Hooker, *The Works of That Learned and Judicious Divine*, *Mr.Richard Hooker*, Vol.Ⅲ, pp.336-337.

会和国家一样，不是圣徒的团体，而是一个良莠混杂的组织，其中既有麦子，也有稗子。作为一个政治体（polity），教会同样需要统治与被统治的秩序，也需要相应的法度——这是胡克先前已经得到的洞见。在第八卷中，胡克首先重申了自己对教会性质的认识："对我们而言，教会这一名称的含义只不过是同属一个共同体的人，他们首先被一个政体的公共形式联合在一起，然后由于他们信仰基督宗教的行为，从而与其他的共同体区别开来。"①接着他就从另一面重新进入这一问题，开始讨论国家的本性：

> 对于每个政治社会来说，亚里士多德所说的话都是对的，亦即"它不是单纯地为了生存，其职责也不仅是为了生命提供如此之多的（供给），而是服务于优良的生活"。因为灵魂是人身上更具价值的部分，所以人类的社会也关心那些有助于灵魂价值的事情，甚于满足生存需要的世俗之物。②

胡克对国家的理解明显不同于路德、加尔文乃至奥古斯丁，而是追随了亚里士多德③，就像教会不能离开政治统治而存在一样，灵魂的教化本身也是国家的应有之义。接着，胡克又举了异教国家和犹太人的例子，异教国家既制定与精神相关的礼法，也设立世俗的制度，但这并没有使异教国家分裂为两个相互独立的部分。犹太人的律法直接来自于上帝的启示，上帝的律法不仅涉及属灵事物，也涉及世俗事物，它使两者并存于同一个国家当中，使其在同一个共同体当中发挥作用，也没有令犹太国家一分为二。胡克认为，在历史的演进中，基督教的政教关系先后出现过三种形态。第一阶段，在异教徒的统治之下，基督的教会与国家是两个各自独立的社会；第二阶段，在罗马天主教统治的时代，一个社会既是教会，同时也是国家，然而罗马主教却把原本完整的躯体生生剖为两半，使教会不用依赖于世俗君主或统治者的权威；在最后一个阶段，也就是如今的英国，英国社会既是国家，也是教

---

① Richard Hooker, *The Works of That Learned and Judicious Divine, Mr.Richard Hooker*, Vol. Ⅲ, p.329.

② Ibid., p.332.

③ 参见[古希腊]亚里士多德：《政治学》，吴寿彭译，商务印书馆，1965 年，第 187 页。

会,同时教会受到国家最高统治者的管辖。第二阶段的教会和国家虽然属于同一个社会,但是由于它们没有一个共同的首脑,在其内部仍然存在两个相互冲突的权威,所以其实依然是两个社会。第三阶段英国的教会与国家在国王的领导之下真正成为了一个统一的社会, 而这种模式正是上帝的古代选民(犹太人)的政教制度的再现。①

沃格林认为,胡克的论证受到了一种历史神秘主义(a mysticism of history)的鼓舞,似乎在胡克看来,英国的政教制度的正当性,最终依赖于不可臆测的神意在历史中的展现,"历史发生了这样一种转折, 以至于英国国教被确立起来"②。但使胡克拥护英国政教制度的更为重要的理由,或许还是他对亚里士多德学说的认可, 既然政治共同体的目的不仅仅是为了维持众人的生存,还是要朝向优良的生活,既然灵魂的教化原本就是政治生活的应有之义,那么胡克心目中最佳的基督教政体就应当是一个"政教合一"的国家。在基督教的历史上,由于环境与条件的限制,这一点无法实现,教会和国家被分裂成两个部分,从"最佳政体"的视角评价,这样的政治共同体确实是存在缺陷的。尽管以"明智审慎"而著称的胡克不会对前人有过多的苛责,但是在条件允许的情况下,当这种健康的政体形式终于通过宗教改革,以安立甘宗的政教制度在英国得以实现时,作为政治哲人的胡克,必然要挺身而出捍卫这一制度,并阻止清教徒重新将国家与教会引向分裂。

胡克认为, 英国子民对于国教信仰的认同在维持国家的统一方面起到了至关重要的作用。因为与国教争竞的同时还有两种方案,天主教试图使英国回到宗教改革前的状态, 这意味着, 英国人要重新服从于一个外在的权威,甚至令英国堕落为第二个意大利,变成"教皇党"和"国王党"(在意大利就是支持神圣罗马帝国皇帝的"皇帝党")相互杀伐的战场;清教徒则试图把统一的国教再划分为一个个独立的地方教会, 并且拒绝国王和主教的统一领导。站在国教派的立场上,这无疑会使英国分裂成许多个各自为政的宗教

---

① See Richard Hooker, *The Works of That Learned and Judicious Divine, Mr. Richard Hooker*, Vol. Ⅲ, p.340.

② [美]沃格林:《政治观念史稿·卷五:宗教与现代性的兴起》,霍伟岸译,华东师范大学出版社,2009 年,第 100 页。

单位(分离派的主张尤其体现这一点),而同时作为教会与国家的英国信仰共同体就将不复存在。在教派纷争愈演愈烈的欧洲,无论是天主教的"大教会方案",还是清教徒的"小教会方案",在政治家的眼中,都有把英国引向分裂和内战的危险。这当中不仅涉及到先前所论述的君权和教权的关系,还与信仰共同体的边界这一问题密切相关。换言之,胡克必须为教会划定一个界线,这条线既不是沿着威斯敏斯特的边界划出的,也不是沿着原先天主教世界的边界划出的,而是与英王统治的疆域重合的。这就意味着,我们要回答先前被匆匆放过的两个问题:第一,何以英国是一个统一的信仰共同体? 第二,何以掌握这个共同体至高权柄的人竟是一位世俗君主?

二、国王的权力与共同体的构建

这两个问题看似多余, 胡克既然已经说明了国家和教会的同一性,那么,英国作为一个信仰共同体的性质岂不是已经昭然若揭了? 而且既然国家就是教会,教会就是国家,那么国王不也顺理成章地应当成为教会的最高首脑么? 但如果细想一下,这些答案都不是理所当然的。胡克在论证教会和国家的同一性的时候, 似乎已经把英国是一个信仰共同体这一论断作为了前提,同时我们还可以审视一下胡克对教会所下的定义:"对我们而言,教会这一名称的含义只不过是同属一个社会的人, 他们首先被一个政体的公共形式联合在一起,然后由于他们信仰基督宗教的行为,从而与其他的社会区别开来。"[①]教会之所以能起到这种"异内外"的作用,似乎是因为这个教会的人们都"信仰基督宗教的行为"。但问题在于,尽管欧洲已经分裂为两大教派阵营了,然而它们仍然都宣称自己信仰的是基督教。所以假如严格遵循这种定义,那么英国就没有资格宣称自己是一个独立自足的教会。

沃格林敏锐地抓住了这个问题, 既然胡克说英国的政教制度是模仿上帝的选民(犹太人)的模式建立的,"如果英国被组织成为上帝自己的子民,那么基督教的其他部分变成了什么? 当英国从中分离出去之后,天主教就停

---

① Richard Hooker, *The Works of That Learned and Judicious Divine, Mr.Richard Hooker*, Vol.Ⅲ , p.329.

止存在了吗？如果它没有停止存在，那么英国的教会政治体在普遍基督教世界中处于何种地位？"①沃格林的诘问可谓击中了胡克理论的要害，这也是在天主教徒眼中，国教最大的问题所在。如果放弃了普世教会的追求，那么基督教还算是基督教么？因为甚至连路德和加尔文进行改革的最终目标都是希望自己所创立的教会能够扩展为西方的普遍教会。②由此看来，胡克的观点确实是一个异类，似乎在追求普世性这个方面，水火不容的天主教和欧陆新教之间都具有更强的相似性。在某种程度上，胡克的方案好像已经背离了基督教的原则，把英国国教变成了古希腊和古罗马时代的城邦宗教。

胡克如何回应这一诘难？沃格林认为，胡克耍了一个"低劣的花招"，他不能径直否认天主教会的存在，因为清教徒将会用同样的方式来对付自己，所以胡克承认罗马教廷尽管陷入了十足的罪恶当中，但它仍然是耶稣基督大家庭的一员。可是，假如真是这样，英国从这个大家庭当中退出的举动又怎么能算作是正当的呢？为此，胡克修改了普世教会的观念，"他只是把普世教会称为'罗马教会'，假装它是英国国教一样的地方性特殊教会。结果，从'罗马'当中分离出来根本就不是从普世教会当中分离；而英国国教仍然与它跟'罗马'决裂之前一样，处于天主教会之中"③。如果罗马不再代表普世教会，那么普世性又在哪里体现？沃格林指出，为了获得一种适当的普世性概念，胡克修改了有形教会（visible church）的理论。传统上，有形教会指的是与"无形的"上帝之城所对应的所有宣誓信教的基督徒所组成的圣礼教会，而胡克则把"有形教会"的意义解释为其成员彼此之间可以互相看见的社会，在此意义上，天主教会过于庞大，无法像有形教会要求的那样使人人彼此之间可以建立友谊。④

我们暂不细究胡克针对天主教所作的回应是否足够有力，但正如沃格林所说，胡克的这种对有形教会的解释同样会被清教徒拿来利用。清教徒大可以宣称，对于可见性的需要而言，英国作为一个教会仍然是过于庞大了，或许将这个教会再次分解为一个个更小的教会才是合适的？既然英国国内

---

① ［美］沃格林：《政治观念史稿·卷五：宗教与现代性的兴起》，第96页。
② 参见［美］沃格林：《政治观念史稿·卷五：宗教与现代性的兴起》，第97页。
③ ［美］沃格林：《政治观念史稿·卷五：宗教与现代性的兴起》，第97页。
④ 参见［美］沃格林：《政治观念史稿·卷五：宗教与现代性的兴起》，第98页。

已经存在各种不同的教派,怎么能说英国是一个具有统一信仰的共同体?另外,即便英国已经举国信仰基督教,即便承认教权和政权应当合一,也不代表这一权力就应当是国王来掌握, 清教徒们或许更加欣赏加尔文在日内瓦建立的制度。如果说英国国教模仿的是以色列人列王时期的政教制度,那么,清教徒大可以说日内瓦尊奉的是摩西和士师时代的政体,而且据说犹太人将权力交给一位国王,这本身就是忤逆神意的。①难道真的像沃格林认为的那样,胡克用一种体现着神意的"教会类型进化史"就把这一问题轻易打发了? 他的主张当中,难道没有某种可以用理性说明的道理吗?

我们可以从另外一个角度来审视胡克的应对策略。不妨回顾胡克对教会的定义:"他们首先被一个政体的公共形式联合在一起, 然后由于他们信仰基督宗教的行为,从而与其他的社会区别开来。"②那使英国可以称之为一个统一教会的原因,或许不仅在于共同的宗教信仰,更重要的可能是他们属于同一个政治体这样一个现实。如此理解,那么早在英国教会脱离罗马教廷并成立国教之前, 这样一个以国家为单位的教会共同体就已经在历史中形成了,建立国教的行动则是给大厦安上了最后一块拱顶石,使它成为了真正意义上的统一、独立、自足的"民族"教会。共同的国民身份才是共同体认同的基石,宗教信仰应当使这种认同得到强化而不是削弱它,胡克对政治认同次序的认识恰恰符合现代民族国家构建的基本要求。既然政治共同体才是更为根本的,那么使英国得以称之为英国的政体又是什么呢?

英国作为一个政治共同体的标志,在于所有英国人都臣服于同一位君主或国王,这种政治服从的确立,先于宗教上的服从。在政治社会出现之前,每个人都有主宰自己的充分自由,那么为什么最终会产生服从与被服从,统治与被统治的政治关系呢? 胡克认为,正当的统治权有三种来源,分别是战争征服(胡克将这种战争限定为"正义且合法的战争")、上帝的直接指定(以色列的政体是其代表),以及人们的自主选择,同时,这三种类型之间并不存

---

① 参见[法]菲利普·内莫:《教会法与神圣帝国的兴衰——中世纪政治思想史讲稿》,张垚译,华东师范大学出版社,2011 年,第 34~42 页。

② Richard Hooker, *The Works of That Learned and Judicious Divine, Mr.Richard Hooker*, Vol.Ⅲ, p. 329.

在泾渭分明的界限。胡克构建的这种统治正当性的类型学自然包含了他的良苦用心。胡克认为，既然在教会事务的最高权威方面，上帝既没有明确地将这项权力授予所有的国王，同时也没有禁止哪位君主掌握它，这便意味着，所有基督教君王的这项权力都是由属人的权利（human right）赋予的。但是胡克紧接着就强调，尽管这项权威的直接来源是众人的选择，但是其背后仍然存在着神圣权利（divine right），也就是说，它同样得到了上帝的批准，体现了上帝的意志。①

国王的权力依赖于国家，依赖于臣民的同意，但这不意味着胡克同意这样一种观点，即国王应当通过选举产生。相反，胡克承认王权世袭制的正当性，主张统治权通过血统得以继承，而其他获得王位的方式都可以视作篡夺。在此意义上，"造成'国王对国家的'依赖的原因在于那首次的原初赋予（first original conveyance），在那个时候，那一个（君主）从整体那里获得了权力"②。在这种情况下，国家这具政治身体（body）是王权生命力的直接来源，国王就真正成为了身体的有机的一部分，作为首脑（head）而存在。

然而当胡克把这套理论应用到英国时，就会面临严重的困难，因为任何一个对英国历史有所了解的人都知道，如果追溯当今国王的世系，就会发现奠定其统治权威的并非英国人的主动赋权，而是"诺曼征服"。因此，胡克对由征服产生的统治权的讨论就显得格外重要。在胡克看来，征服这一事实本身就体现了上帝的意志，因为征服者在军事上的胜利是由上帝所保证的。征服者的统治权并非不受限制。尽管与通过自由赋权产生的统治权相比，他所受的约束确实较小，但是，这不意味着征服者与被统治者的关系将始终处于这种状态。换言之，征服者可以逐渐转变为受臣民所拥戴的君王，这一过程则是在历史当中完成的。

不仅是最初的协议条款……还有后来那些所有无论是通过公开表

---

① See Richard Hooker, *The Works of That Learned and Judicious Divine, Mr. Richard Hooker*, Vol. Ⅲ, pp.344-345.

② Richard Hooker, *The Works of That Learned and Judicious Divine, Mr. Richard Hooker*, Vol. Ⅲ, p.349.

达的同意(实定法是其见证),还是通过默认的方式(不可追忆的习俗是其得以传布的广为人知的途径)自由且自愿地达成的(协议)。借由这种事后协定(after-agreement),对王权的限制得以在王国当中实现。①

英国的君主虽然曾经是外来的征服者,可是,当今国王的统治并不是强加于社会之上的。通过对本土礼法习俗的遵守,通过统治的行动,通过一次次的立法与创制,国王们不仅塑造着英国,使其成长为一个统一的、紧密联结的政治共同体,而且使自己成为这具生命体当中不可或缺的一部分。英国臣民也通过不断地表达同意,认可并拥戴国王对英国的统治。国王与政治体之间的密切关系体现在"王在法下"这一政治原则当中。

> (这)体现在他们的行为受到最合理、最完美也最公正无偏的规则的约束;这规则就是法律;我所指的不单是自然与上帝的法则,也包括与之相关的国家和民政方面的法律……我们君主政府的公理是"法律创立君王",(Lex facit regem)国王准许的任何与法律抵触的决定都是无效的,"除了正义之事,国王什么都做不了"②(Rex nihil potest nisi quod jure potest)。

国王是国家的首脑,但他不是一个可以为所欲为的统治者,国家也不是一台可供凌驾于其上的主权者任意操纵的机器。国家是一个有历史、有生命的整体,每任国王也只是这个整体当中有朽的一部分,英国这个共同体本身是不朽的。③国王统治的正当性表现在他必须服从法律,而法律除了神法和自然法之外,还包括了共同体在历史当中形成的制度、规则与习惯,这其中自然就有宗教的一席之地。

---

① Richard Hooker, *The Works of That Learned and Judicious Divine, Mr.Richard Hooker*, Vol.Ⅲ, p.351.

② Ibid., p.352.

③ See Richard Hooker, *The Works of That Learned and Judicious Divine, Mr.Richard Hooker*, Vol.Ⅲ, p.246.

国王是政治共同体的缔造者,同时也是它的传承者、护卫者和代言人。在欧洲因为宗教纷争而陷入分裂和动乱的 16 世纪,亨利八世和伊丽莎白女王这样的政治家或许会把这一点当作他们理解政教制度问题的基本出发点。胡克也分享了同样的政治视野,教会要发挥灵魂教化的职责,但与此同时,决不能让宗教问题威胁到政治共同体的生存。德国与法国之所以会陷入内战,一个原因就在于,在人们的行动当中,宗教教派的逻辑压倒了政治统一的逻辑。各派为了使教义和信条得到普遍化而争夺政治权力,结果却是政治秩序的崩溃和国家的破碎。不仅如此,教派之间的敌视因失去了政治秩序的约束而彻底爆发出来,共同的信仰不但没能建立起来,还由于琐碎的教义分歧而兄弟阋墙,连原本的精神秩序也不复存在了。

因此,在论证国教制度的正当性时,政治共同体的团结和统一就成了胡克进行考量的一个关键维度。换言之,只有建立并维系一个信仰的共同体,只有让国王成为这个信仰共同体的首脑,英国这个政治体才能在混乱的时局当中生存下来,教会也才能有效地行使教化的职能,基督教的政教文明才能在这块土地上得到安顿。

三、"头"与"身"

如何维系共同体的统一呢？胡克认为,首要的一点就是要确立一个公共的最高权威,否则共同的生活就无法持续。之所以会出现这样的情况,其根本原因在于任何共同体都会存在"个别的善"与"共同的善"的对立。人们都会主动去追求属于他私人的善,因此在所有的公共社会中,都必须有一个总体的行动者(general mover)将每个人的具体追求引导向共同的善(common good):"所有的政府得以建立的目的都在于公共的善(bonum publicum),也就是那普遍的或共同的善好。"①如果在一个共同体当中,人们同时服从于众多的至高权威(supreme authorities),那么必然造成巨大的麻烦。

---

① Richard Hooker, *The Works of That Learned and Judicious Divine, Mr. Richard Hooker*, Vol. III, p. 360.

设想一下,假如明天那在司法上有权威的人在法庭上命令你;指挥战争的人在战场上命令你;主宰宗教的人在神殿当中命令你:他们所有人都对你拥有同等的威权,而且在这种情况下,你不可能(同时)服从他们所有人:当你从中选择一个你情愿听从的人时,那么你肯定会由于你的不服从而惹怒其他两个人。①

在这段话中已然暗含着胡克对王权与教权关系的看法,既然教会说到底是一个政治组织,那么传统意义上归属教会的"精神权力"也就是一种政治权力。假如精神权威和世俗权威分属二人,必然会让臣民"无所措手足",尤其是当两者发生抵牾的时候。不仅清教徒试图诉诸宗教权威的独立性以反抗国王的统治,天主教也是如此。天主教指责英格兰脱离了普世大公教会,认为所有的基督徒都应当服从教皇的权威。而胡克认为,一旦接受了天主教的方案,就会使"有形教会"这个有边界的政治身体,长出两个相互对立的头脑,引发政治体的分裂——天主教的教皇利用其精神权威插手欧洲各国的政治,将君主与诸侯们玩弄于股掌之间。这就是最好的例子。

虽然天主教和清教彼此之间水火不容,但在胡克眼里,他们在某种意义上属于一路人,因为两者都坚持精神权力和世俗权力的二元论。这种观点基于一种预设,那就是"认为王权应当服务于身体的善,而不是灵魂的善;服务于人们现世的和平,而不是他们永恒的安宁"②。胡克认为这种认识大错特错,如果否认国王在宗教事务上的权力,那就意味着上帝任命国王的目的只是为了让他把人们喂饱而已,那么国王就与养猪人无异了。人与动物不同,对人来说,灵魂的善好才是最高的善。在基督教的语境下,灵魂的善最终要借助上帝超自然的恩典在彼岸才能实现,但此世当中的教会仍然应当关心人的灵魂,引导他们为最后的得救做好准备。既然国王牧养的不是低级的动

---

① Richard Hooker, *The Works of That Learned and Judicious Divine, Mr.Richard Hooker*, Vol.Ⅲ, p.360.

② Ibid., p.363.

物而是人，那么他就必然要对人灵魂的善负有责任，因而在宗教方面具有权威。这仍然是胡克古典政治哲学面向的体现。

那么国王对宗教事务的管理该如何实现呢？的确，国王没有能力直接拯救人的灵魂（只有上帝能这么做），也不应该像教士那样进行布道或主持圣礼，但这并不意味着国王在"处理宗教事务的外在统治（outward government）"当中不能拥有至高的权威。这种外在统治要通过对教会制度的立法来实现。胡克认为，如果要引导每个单独的人的灵魂进入至福之境，自然法和神法所明示的内容就已经足够了，但是"因为人事实上是和其他人一起生活在共同的社会当中的，并且属于教会的外在政治体"①，所以自然法和《圣经》尽管依然非常重要，但是人世间不断产生的新状况就要求作为政治体的教会不断地制定法律，来对教会成员的行为进行规范。不仅教会的外在政治行为需要法律的约束，甚至信仰的内容本身也应当得到法律的指导。这是不是与之前的观点矛盾了呢？对此胡克进行了说明：首先，法律无法使虚假的东西变成真实的，只能起到揭示的作用，从而使人们注意到真理；其次，法律也没有力量去改变人们内心所想，但是它可以为了共同体的利益在一些具有争议性的教义问题上，对人们口头的认信加以规定。②

在这里胡克似乎显露出一丝退缩的痕迹，并且更加体现出他和霍布斯之间的相似之处。③但仔细分析下来就会发现，这种相似只是表面的。首先，法律是对真理的揭示（而非纯然是主权者意志的决断）这一点仍然体现着法律的教化作用；其次，即便胡克承认这种教化作用的限度，并将其防线收缩到外在行为和口头认信上，他的目的也是为了建立一个更具包容性的国教体系，从而换取更大的共识，亦即在内在的信仰问题上对作为少数派的天主教和清教徒做出让步，以换取他们在政治上的支持。在此意义上，他们可以在心里信仰天主教和清教的教义，但仍然是国教会的成员，是英国国王的子民。

为了保障国家的团结统一，就要求立法在最大程度上体现共同体的整

---

① Richard Hooker, *The Works of That Learned and Judicious Divine, Mr. Richard Hooker*, Vol. Ⅲ, p.400.

② See Richard Hooker, *The Works of That Learned and Judicious Divine, Mr. Richard Hooker*, Vol. Ⅲ, p.401.

③ 参见[英]霍布斯：《利维坦》，第 375 页。

体意志:"自然已经规定了在一个文明社会当中(civil society)应当存在立法的权力。然而人民(也就是那个社会)的同意已经确立了一位君主,使他拥有至高的立法权。"①共同体的意志是通过国王所领导的立法行为来表达的,教会的立法也不能例外。

> 有件事毋庸置疑是自然的,亦即所有自由且独立的社会都应当自己来制定属于它们的法律,而且这一(立法的)权力属于整体,而不是一个政治体的某个部分……我们所说的自然而然属于国家的权利,也必然属于上帝的教会。②

既然国王是国家整体意志的代言人,而在英国,教会和国家又是同一的,那么教会法规的制定以及执行就要由国王来领导。因为只有国王才能公正无偏地关照整体的善好,体现英国教会整体的共识,而不是从某个教派的立场出发,要么让某个部分的意志凌驾于整体之上,要么拒斥整体的意志,试图从中分裂出去。胡克认为,只有让国王统驭教会,才有可能在国家内部实现"和平与正义",因为:

> 和平与正义是通过保护每个阶层的权利,让所有人的地位都如其所是的那样处于衡平当中来维系的。要想实现这一点,没有什么能比让国王……掌握最高统治权的办法更好了,我们相信他能够最为中立无私地考虑事物。③

国王不仅是宗教事务方面的立法者,而且他也必须遵守先前已经确立的英国宗教法规,保卫英国的政教制度。在教会制度层面强调"王在法下"的原则,不仅突出了国王和教会共同体的紧密联系,而且还与胡克在特殊语境

---

① Richard Hooker, *The Works of That Learned and Judicious Divine, Mr.Richard Hooker*, Vol.Ⅲ, p.398.

② Ibid.,p.402.另见本书第404页胡克的一句话:"假如没有俗人、教士,尤其是最高权力的同意,那么在一个基督教国家当中,任何的教会法律都无法制定出来。"

③ Ibid.,p.405.

下的关切有关:"在教会法的方面,我们乐意接受安布罗斯(Ambrose)(的观点),'好的统治者内在于教会,而不是凌驾于教会之上(Imperator bonus intra ecclesiam, non supra ecclesiam, est);国王支配教会事务,但是要依据教会的法律'。"①

国王对教会的领导权是教会制度所规定的,同样国王的宗教政策也不能违背教会的法律。在胡克所处的时代,国教已经成为英国政制的一个组成部分,国王统治的正当性也就在于他能够捍卫国教制度,维系英国这个信仰共同体的统一。在经历过玛丽女王的天主教复辟之后,胡克的政治意图显然在于,将国教体制抬升到国家根本大法的地位,使后世的君王也受到约束,从而杜绝其他教派掌握最高政治权力的可能性。在此意义上,查理一世的行为之所以会招致反对,乃至最终引发内战,或许恰恰是因为,他违背了国教政制的基本原则,试图凌驾于法律之上,把国教会变成某种宗派观念的代言人。

四、结语:政教问题与现代国家

构建现代国家的政治方略所要解决的一个根本性的问题就是欧洲宗教改革所导致的政治认同的混乱。其实这一问题在天主教秩序崩溃之前就已经存在,宗教改革更加加剧了这一状况,不仅欧洲分裂为两大阵营,一国之内也是如此,信仰成为判别敌友的一项决定性标准,将社会撕裂为相互敌对的两个部分。西方文明最终通过建立现代国家的方式解决了这一问题。我们可以从洛克的政治理论中看到其基本思路:一方面,通过社会契约理论将统治权建立在被统治者"同意"的基础之上,重新奠定政治秩序的根基;另一方面,将对宗教(或对教会)的认同或效忠彻底驱逐出政治领域,实现"政教分离",在使政治共同体世俗化的同时,将宗教信仰变为每个人自己的私事,而令国家成为政治服从的唯一对象。宗教信仰问题既然已经失去了政治意义,那么即便国家的组成部分分别信仰不同的宗教,或者信仰同一宗教的不同教派,这种分歧也不至于引发政治上的分裂,威胁秩序的稳定和国家的统

---

① Richard Hooker, *The Works of That Learned and Judicious Divine, Mr.Richard Hooker*, Vol.Ⅲ, p.358.

一。在《政府论(下篇)》中,洛克大量引用胡克的观点来论证自己的观点。随着洛克在政治思想史上取得无与伦比的地位与威望,人们逐渐只能借助他的眼睛来理解胡克的政治理论——胡克变成了"辉格党的胡克"①。但是我们不能忘了洛克与胡克之间的一个根本性的分歧:同样是面对宗教改革引发的教派纷争,洛克把政教分离和宗教宽容当成解决问题的药方,胡克则将捍卫政教合一的国教政制作为自己的使命。

在胡克看来,政治共同体的统一是与信仰共同体的统一紧密结合在一起的。但是信仰共同体统一的前提却是政治共同体的完整和延续,胡克将后者的希望寄托在国王的身上。唯有通过合法继承获得王位,并且得到全国承认的国王才有资格作为整体的代言人,才有能力维系国家和教会的统一,而不至于使政治权力成为各方势力争夺的对象,成为引发分裂和内战的导火索。从另一方面看,政治共同体的完整同样也需要一个具有一致性的信仰共同体,这个目标依赖于国家和教会的合一。显然,胡克将国王视作这一结合的枢纽,因为只有以国王的名义制定的教会法度和教义才有可能得到所有国民的认可和遵从,也只有国王才有可能站在国家整体利益的高度(不是罗马教廷的利益,也不是某个教派的利益)对宗教问题通贯全面地进行考量。舒格认为,胡克通过《论教会政治体的法则》这部著作,将英国描绘成一个"超自然的社会"(society supernatural),国教作为一种整体性的制度安排,成为了联结精英与平民、统治者与被统治者的重要纽带,在国王的领导之下,将英国塑造成了一个"想象的共同体",培育了英国人的民族意识。②通过教权和王权的合一,灵魂和身体的分裂被克服了,英国人的政治身份和宗教身份在至高王权的治理之下得到了完美的统一,英国变成了一个真正意义上的"基督奥体"(Christian corpus mysticum)。

如今,洛克的学说似乎也已经成为了现代人的政治常识。胡克的国教学说,以及他所捍卫的国教事业仿佛在理论和实践层面都失败了。假如事实如

---

① Diarmaid MacCulloch, Richard Hooker's Reputation, *The English Historical Review*, Vol.117, No.473, 2002, p.800.

② See Debora Shuger, "'Societie Supernaturall': The Imagined Community of Hooker's *Laws*," in Arthur Stephen McGrade ed., *Richard Hooker and the Construction of Christian Community*, Medieval & Renaissance Texts & Studies, 1997, pp.307-329.

此,我们对胡克的思想,还有英国国教在理论和实践中所发挥的作用所做的评价就要大打折扣。但事实是怎样的呢?正如克拉克(J.C.D.Clark)的研究所表明的,清教徒革命未能摧毁国教体制,在"王政复辟"以及"光荣革命"之后,国教依然是理解英国社会和政治体制的关键。克拉克认为,这种以国教为核心的"旧制度"一直到 19 世纪才被终结,在他看来,18 世纪是国教等级制度的时代。这种制度之所以能够从 1660 年延续到 1832 年,最根本的原因在于英国在 18 世纪确立了一个成功的国家体制,这一体制以最小的冲突将王权与自由、宗教与科学、贸易与土地财富结合起来,并终结了原始的、复古的、破坏性的宗教战争和民众反抗。具有神圣性的君主维持着国家的统一和团结,创造了一个有利于和平发展的环境;贵族则确立了社会关系中的文明准则,促进了等级之间的融合而非冲突;国教的统治实现了一种有限度的宽容,在少数教派不夺取政治权力的条件下,保证他们的信仰自由——国教占据主导性的统治地位,但仍然容纳了五花八门的其他教派。克拉克还尤其指出,国教体制最终的崩溃并不是由于人口变迁、工业革命、城市化等外在因素造成的,而是因为国教主们自身的软弱和退让,他们不再有充沛的活力捍卫自己的教会,使得不信奉国教者与天主教徒成功地挑战了国教的统治地位。换言之,国教衰落的主要原因仍然是宗教层面的。[①]

　　洛克的政教理论或许是现代人的常识,但未必是 19 世纪之前英国人的常识。而直到 19 世纪,英国大诗人柯勒律治仍在胡克的启发之下,思考国家和教会的关系问题。[②]认清这一事实,有助于我们重新评估国教在英国现代国家构建进程中发挥的作用:英国之所以能在社会转型的过程中维持政体的稳定与国内的和平,在近代欧洲列国的竞争当中拔得头筹,成为"日不落帝国",其原因或许不仅在于英国搭上了现代化的第一班车,也在于英国与其他国家相比还不够"现代",它仍然保留了许多传统,其中就包括了胡克当年曾奋力捍卫的国教。正是后者缓和了剧烈的社会变动所释放出来的破坏

---

　　① 参见[英]克拉克:《1660—1832 年的英国社会:旧制度下的宗教信仰、观念形态和政治生活》,姜德福译,商务印书馆,2014 年。

　　② See Samuel Taylor Coleridge, *The Collected Works of Samuel Taylor Coleridge*, Vol.10, John Colmer ed., Princeton University Press, 2015, pp.5-161;相关的研究著作参见[美]卡莱欧:《柯勒律治与现代国家理念》,吴安新、杨颖译,黄涛校,华东师范大学出版社,2015 年。

力量,维系了社会的团结、秩序的稳定以及对国家和民族的认同。英国国教不仅在都铎王朝时期为英国现代国家奠定了基础,在之后的岁月里,仍然为国家的崛起与革新保驾护航。

(作者简介:姚啸宇,中国社会科学院大学政府管理学院讲师。)

1707 年苏格兰与英格兰的联合

——从戴雪到波考克的解释

一、苏格兰与英格兰联合的特殊性

1707 年,苏格兰和英格兰派代表组成联合委员会,制定并由双方议会分别通过了《联合法案》(*Articles of Union*)①,确认双方实现"永久联合"。这些条款规定了英格兰与苏格兰作为一个整体, 在此境内统一于一个议会和政府之中,承担完全平等的政治义务(如税收和国债),使用同样的货币和计量单位,共享一个自由贸易区域。可以说,这些具有法律性质的规定,给出了现代英国作为"大不列颠合众国"(the Union of Great Britain)的基本框架。而且1707 年英格兰与苏格兰的联合(下文简称"联合"②)巩固了之前光荣革命、《权利法案》和《排除法案》的成果,以新教汉诺威王室在威斯敏斯特议会作为英格兰和苏格兰共同且唯一的主权者, 较为彻底地解除了不列颠的内战危机。在这个意义上,联合至少应该算作奠定不列颠现代国家形态的重要时刻之一。

当我们集中关注 1707 年联合的形式,并将之与其他政治体间的关系进

---

① 英国议会网站 www.Parliament.uk 提供了免费下载的 pdf 版本。

② "Union"也可以译为"统一",本文考虑到对 1707 年英格兰与苏格兰关系多种解释的包容性,译为"联合",也呼应"大不列颠与北爱尔兰联合王国"之名。

行对比时,联合的特殊性将难以掩盖地凸显出来。在早期现代的欧洲,常见的首先是单一王朝所统治的复合君主国(multiple monarchy),即同一个国王由于继承和姻亲等关系成为多个地区的君主,但这些地区在行政与制度上都不统一,除了有一个共同的君主之外,相互之间可以没有共性或联系。因此,它们虽然形成一个"体系",但其君主不能说是一个统一国家的主权者。这种形式的一个例子是神圣罗马帝国。其次是邦联(confederation),它由多个具有主权的国家组成,本身没有主权,背叛成员国家而投向邦联可被处以叛国罪。这种形式的一个例子是联合省。与这些不具有主权的政治体系相对,还有试图在君主管辖的不同地区建立起同一个主权治下的统一君主制(universal monarchy)国家,如路易十四的法国,以及詹姆斯一世在 1603 年之后力图塑造的英国。然而统一君主制国家试图达到的目的是统一成"一个身体"①,即不同地区作为不可缺少的部分组成一个有完整功能和形式的整体,每个部分都不是一个有独立性的单位。②

　　可以看到,1707 年联合与上述三种政治体之间形成的关系都不同。英格兰和苏格兰作为有独立性的政治单位,在没有外来兼并与征服的情况下,通过议会联合,统一于一个国王和议会之下。与之后采取联邦制的美国不同,不列颠不再保留苏格兰和英格兰的地方性议会,也没有保留无条件地、完全地留给地方使用和裁夺的权利。由此而来的问题是:①这种独特的联合方式

---

　　① 关于统一君主国的身体性联合,参见詹姆斯一世对苏格兰与英格兰关系的表达:"上帝既已联合的,任何人都不允许将其分开。如果我是丈夫,这整个岛屿就是我的合法妻子;我是脑袋,这整个岛屿就是我的身体;我是牧者,这整个岛屿就是我的羊群。"转引自[英]戴雪:《思索英格兰与苏格兰的联合》,戴鹏飞译,上海三联书店,2016 年,第 105 页。

　　② 关于三种政治体之间关系的分类,参见 James Moore and Michael Siverthorne, "Protestant Theologies, Limited Soverrignties: Natural Law and Conditions of Union in the German Empire, the Netherlands and Great Britain," in John Robertson ed., *A Union for Empire: Political Thought and the British Union of 1707*, Cambridge University Press, 1995, pp.171–197. 其中借鉴了莱布尼茨和普芬多夫对不同政治体之间关系的说法。

如何可能,其基础是什么,有哪些可能的解释?① ②这一联合方式塑造的统一的"大不列颠"是什么样的"国家",它是否为我们一般称之为"国家"的政治单位增添了某些特殊性? ③对大不列颠国家形态的理解,如何影响了不列颠与世界历史和秩序之关系的建构? 这些将是本文重点关注的问题,通过分析20世纪解释联合的三种代表性框架,一方面充实对联合问题在学理上应有的讨论,另一方面表明,这些解释不仅反映,而且本身参与构成了今日英国的主权困境和统一危机。

二、戴雪对联合的维护:议会联合带来的宪法意义和帝国形态

在戴雪之前,没有理论家明确从宪法高度理解联合。可以说,戴雪是联合问题的研究意义由隐入显的关键。1920 年, 法学家戴雪与历史学家雷特(R.S.Rait)合作出版了《思索英格兰与苏格兰的联合》(下文简称《联合》)。无

① 在 1707 年到 20 世纪前的近两个世纪之中,对联合形式、性质和意义的讨论因诸多理由而被隐没。在这些理由中,认为联合只是某些既不太高明也不高尚的政治家"迫于情势和策略匆匆制作而成"(Robertson ed., *A Union for Empire:Political Thought and the British Union of 1707*, p.xiii 观点,产生了长期影响。比如,首先对联合进行详细历史记录和研究的是笛福(Daniel Defoe)。他在 1707 年就出版了《从开端到安妮女王统治时期的英国史——献给英格兰和苏格兰达成的光荣协定之成果》(*The History of England from the Beginning of the Reign of Queen Anne,to the Conclusion of the Glorious Treaty of Union between England and Scotland*),并在 1709 年专门写作了《大不列颠联合的历史》(*The History of the Union of Great Britain*)一书。然而这些作品的学术价值因为笛福本人是英格兰在联合过程中派驻苏格兰的间谍而遭到很大折损。其后对联合问题产生重要影响的作品 (如 James Mackinnon, *The Union of England and Scotland:A Study of International History*, Longmans, Green, Co., 1896; William Ferguson, *Scotland's Relations with England:A Survey to 1707*, The Saltire Society, 1977; P.W.J.Riley, *The Union of England and Scotland:A Study in Anglo-Scottish Politics of the Eighteenth Century*, Rowman and Littlefield, 1978),也有以"上层政治"和政治密谋解释联合的痕迹。

此外,对英国历史的辉格派解释也在隐没联合研究的意义中扮演了角色。1707 年英格兰居高临下、有恃无恐的姿态与苏格兰无法掩盖的屈从和弱势,不难被并入自由宪政吸纳封建制度、经济发达的海洋商贸帝国吞并落后农业王国的叙事框架之中。在这个叙事框架中,苏格兰是一个被动而边缘的配角,那么与它的"联合"也可以被视为有自身成长逻辑的英格兰自然扩张至周边地区的一种官方说法;同时,在这个叙事框架下,"联合"的意义更适合用苏格兰在联合后的文明与发展来衡量:辉格史乐于承认,苏格兰在 18 世纪变得更适合和接近英格兰,会为即将到来的维多利亚时代锦上添花。See Allan I.Macinnes, *Union and Empire:The Making of the United Kingdom in 1707*, "The Historiography," Cambridge University Press, 2007, pp.12–50.

论是就写作面对的语境还是对关键问题的判断而言，它都应该与戴雪在1885 年初次问世并不断修订再版的名著《英宪精义》放在一个层面看待。

19 世纪末到 20 世纪初,遭受冲击的不仅有东方世界中的古老帝国。英帝国的成功可以说延迟了其遭受民族国家兴起的冲击的时间，也恰恰造成了从20 世纪至今它要面对的主权困境。摆在戴雪眼前的一方面是帝国内部爱尔兰、新西兰和南非相继提出的自治要求,另一方面是帝国外部德意志和美国的强盛。德国和美国有两个与不列颠形成鲜明对比的标签:联邦制和相对有限的海外殖民地追求。①既然如此,民族解放运动、殖民地自治诉求与国际竞争的需要,就一起向英帝国提出了问题:英国的统治范围在哪里？以什么方式进行统治？这种统治方式为何具有权威？

戴雪很清楚自己是针对这些问题去选择论述 1707 年联合的,因此他说1920 年的这本书"并非历史著作;它毋宁是对一次伟大的立法或政治变革的本质及其产生的影响的评论"②。也正由于这个原因,实际上戴雪讨论联合的思路并非主要是受法理和法权主导的,而是要勾勒出让法律得以可能的政治前提。这一政治前提使英国能够在必需且必要的范围内,用某种说得出道理的方式进行排他性统治(imperium),在这个意义上,它就是宪法最重要的内容之一。

1707 年之前,英国虽然通过光荣革命和排除法案确定了"王在议会"的政制(constitution),但从苏格兰的角度看来,这种政制事实上非常脆弱:苏格兰是否属于不列颠的统治范围？英格兰与苏格兰的边界在历史上从来都是模糊的;而且从詹姆斯一世共主引发的内战到光荣革命之后苏格兰议会废除英格兰君主,苏格兰又实际上并没承认英格兰的政制,与英格兰之间仍处于潜在的战争状态中。1707 年联合初看上去是苏格兰与英格兰共享一种政制的标志,但又紧接着提出了新的挑战,这些新挑战在戴雪所处的语境中更为要紧:如果英格兰说不出控制苏格兰的道理,则难免退回到强者对弱者的征服与临时占有的逻辑, 这意味着英格兰确实是一个如戴雪的对手所指责的怪物——它对内实施自由宪政,对外进行征服扩张,对外的部分缺乏理由

① 参见[英]戴雪:《英宪精义》,雷宾南译,中国法制出版社,2001 年,"导论"以及第 62~70 页。

② [英]戴雪:《思索英格兰与苏格兰的联合》,第 11~12 页。

和持续控制能力,故应该被放弃。而戴雪在《英宪精义》和《联合》中合起来要做的,即是否定联合与单纯军事征服、临时占有之间的相似关系,强调英格兰和苏格兰因为共同接受、确认以及享有了同样的统治方式,从而构成了一个整体性的统治范围。

从这个角度理解戴雪在《联合》中的思路,亦会发现其在历史以及历史的解释之间所进行的小心选择与平衡。对于"王冠联合"(Union of Crown)的解释模式,戴雪选择借助 1707 年已经能够看到的重要消极结果,对其进行了部分否定。在 17 纪苏格兰与英格兰的共主时期,其困境在于一个国王以不同的方式与两个身体结合,因此当国王成功扮演了一个身体的头时,对另一个身体的支配就沦为失败。先成为苏格兰国王的詹姆斯一世非常困惑,为什么英格兰的"身体"(包括议会、教会、法庭、人民等)不仅可以自己发出声音,还能够指责"头"脱离了它。而当詹姆斯二世习惯以国王的身份在英格兰统治教会时,他试图调整苏格兰教会的动作竟会被视为对苏格兰身体的背叛。

用"一个君主"实现联合的困难,引出了从议会联合的方向上进行的再探索,前者揭示出的复杂性也为如何理解议会带来了新的可能。1707 年,苏格兰议会是苏格兰名义上的最高权力机构,如果承认苏格兰议会具有完全的主权,英格兰自然也不会否认自己具有完全主权,联合就将是两个主权国家的决定。这样,困难立刻变得很明显:两个最高的权力机构如何能够创生出一个比自己更高的权力机构?也就是说,这一思路会威胁到联合之后不列颠和威斯敏斯特议会所具有的主权绝对性,这恰恰是戴雪最不能容忍的,也与联合前后的历史状况颇有距离。相反,如果认为苏格兰议会完全没有权力和法律地位,联合就是英格兰国家体制的扩展,那么一方面很难摆脱"克伦威尔道路"的重演:克伦威尔在没有苏格兰代表的情况下制定并审读了英格兰与苏格兰的《联合法案》[①],其行为苏格兰人也看得很清楚,护国公维持苏格兰秩序的方式建立在征服基础上,这使苏格兰从未安心作为不列颠的一个省待在克伦威尔的强力之下;而戴雪明确指出:"1707 年的政治家们没有

---

① 参见[英]戴雪:《思索英格兰与苏格兰的联合》,第 63~68 页。

再犯这种错误。"①另一方面,从道理上说,联合也难以避免这样的质疑:由一个完全不具有权力与合法性的机构逐条审议通过的联合法案,在多大程度上是有效的? 这会在理论上再次错过申明联合意义的机会。

苏格兰议会的性质需要解释者在正反两极之间进行平衡。戴雪指出,在光荣革命之前,苏格兰议会可以说不具有主权,主要的原因是除了长老会宗教势力以外,存在一个由国王控制的议会委员会,而议会只能接受或拒绝国王和该委员会的决议,无权进行修改和讨论,也不能征税。②光荣革命"事实上为苏格兰带来了一种新的政治体制。在这一体制中,苏格兰议会和苏格兰国教的长老会大会各自是重要的组成部分;它们各自在不同领域、不同程度地实施政府管理权以及甚至立法权"③。戴雪通过一系列历史事件细致刻画了苏格兰议会在光荣革命后的位置:首先,它从政治的附属地带来到了政治的中心地带, 议会开始有实质性的权力, 能够让国王和教会考虑自己的要求,甚至向自己妥协。但是其次,苏格兰议会不具有完整主权,因为多种力量不能在议会中形成任何一种多数,或承认一个共同权威,这使议会仍然无法从政治权力中的一环超拔为政治权力的主宰。④也就是说,议会不足以形塑或代表一个作为整体的苏格兰,或者苏格兰作为一个政治性的整体在联合之前就是不存在的。

这就是"议会联合"作为 1707 年联合之关键发挥作用的时刻。联合前,苏格兰议会与英格兰议会性质相似,但前者无法完全实现自己的功能;后者虽然在功能上鲜有缺陷,可多数人恰恰意愿在路易十四已经开始西班牙继承战争的时候将苏格兰问题解决,以保障国家安全。⑤因此,联合的开启被戴雪视为"由英格兰议会向苏格兰议会提出的联合契约的确定邀约",这个邀

---

① [英]戴雪:《思索英格兰与苏格兰的联合》,第 203 页。

② 参见[英]戴雪:《思索英格兰与苏格兰的联合》,第 24 页。

③ [英]戴雪:《思索英格兰与苏格兰的联合》,第 62~63 页。

④ 以 1707 年联合之前的最后一届苏格兰议会为例,这届议会中的主要政治派别是廷臣派(支持联合)、乡村派(反对联合,主张苏格兰民族主义)、骑墙派(从乡村派脱离出来的一小部分人)以及詹姆斯党人(主张复辟)。如果乡村派和詹姆斯党人结合,将形成议会多数,联合的进程就无法开启,然而这种情况并没有发生。参见[英]戴雪:《思索英格兰与苏格兰的联合》,第 68 页。

⑤ 同上,第 134 页。

约生成了制定《联合法案》的委员会,其中英格兰议会与委员之间的关系是"授权与代表"关系,苏格兰议会与委员之间是"建议与希望"关系。①《联合法案》可以视之为双方委员达成的一个契约,这个契约性质特殊,因为《联合法案》创生出了一个新议会,新议会将比原来两个议会所能做的更多②——因此,戴雪对联合委员会的评价极高,认为其可以"媲美美国制宪会议"③——而原先两个议会分别通过《联合法案》后,也意味着它们同意终止自己在联合后的继续独立存在。

威斯敏斯特议会的建立标志着联合的形成。这个能够同时借助国王个人权威和议会多数制定并通过法律的机构,弥补了英格兰和苏格兰在主权方面不同性质的缺陷。可以说,它就是多于原先两个王国的那部分,因而成为了帝国和宪法存在的标志。更重要的是,与标准现代契约论的模式不同,戴雪实际上构建了一个公共政治权利先于个体权利的政治逻辑与国家形态;或者说,一个不完全把主权奠基在个人权利之上,而是通过合法的统治力和执行权建立主权,进而使规定和保护个人权利得以实现的帝国。虽然戴雪从未否认任何属人的"自然权利",但他无疑确定,是在威斯敏斯特议会建立之后,才有办法对个人权利进行确认和保护,人与人之间的规范性联合才得以形成。而且戴雪在《联合》和《英宪精义》中都不厌其烦地强调,不能因联合或法律不直接来源于人民或人民代表,而否认它们表达了民意。④因此,主权与个人权利对观时,主权在先,且并非由后者直接推出,而是由有执行权且面对必然性的政治权威拟制出一个法人团体,这个法团以达成契约的方式证明自己的存在,同时推动该契约发挥主权性作用。

值得注意的是,这并不意味着戴雪构建的国家形态对其内部成员有划一的要求;相反,对议会主权同时也是"法治"的消极解读是,在法律规定的范围之外,个人行为不需要承担公共义务,也不必然具有公共性。联合因此

---

① [英]戴雪:《思索英格兰与苏格兰的联合》,第170页。
② 参见[英]戴雪:《思索英格兰与苏格兰的联合》,第150~151页。
③ [英]戴雪:《思索英格兰与苏格兰的联合》,第165页。
④ 参见[英]戴雪:《思索英格兰与苏格兰的联合》,第45页。

没有触动苏格兰的长老会宗教、大学教育和封建法系统的私法部分,[①]所以在联合之后,不列颠内部仍保留着大量的异质因素,糅杂了封建、现代、多民族等形态。戴雪认为,联合因此具有"独特而伟大的保守特征"[②]:一方面,它有力地避免了内耗,给不列颠帝国奠定了统治范围和统治方式基础,因而也可以被视为又一次革命;但另一方面,它几乎没有改变英格兰和苏格兰人的日常生活,实现了通过"遗忘联合"来"达成联合"的目的。[③]但不知戴雪可曾想到,在他试图抓住的大英帝国于二战后只留下一个影子之时,那些曾经有助于遗忘联合与达成联合的因素,反而成为提醒英国人重新审视联合的理由,并颠倒了戴雪对于联合的理解。

三、麦考密克对联合的质疑:联合不能带走什么?

1953 年,格拉斯哥大学的约翰·麦考密克(John MacCormick)起诉了女王的苏格兰首席法律事务官(Lord Advocate,亦译为"苏格兰总督"),剑指伊丽莎白二世。前者认为,女王破坏了 1707 年建立联合后的根本法律:她使用"伊丽莎白二世"作为称谓,但"伊丽莎白一世"只是英格兰的君主,实际上与苏格兰并无关系,这对联合中的苏格兰而言是一种侮辱,也是无视苏格兰权利与地位的表现。

麦考密克这个看似有些莫名其妙的诉讼暴露的是 20 世纪以来——特别是二战之后——日益困扰不列颠统一的苏格兰问题,戴雪带有"糊裱匠"性质的工作也来不及将苏格兰安顿在不列颠中。虽然苏格兰最高法庭以"王室特权"(royal prerogative)为由,认为女王有不受干涉地选择自己名号的权利,驳回了麦考密克的诉讼,但时任苏格兰最高法庭首席法官的库伯(Lord Cooper of Culross)在对此案的评论中表达了苏格兰延续至今的不安:联合之后,虽然产生了一个新的威斯敏斯特议会,但这个议会基本保留了所有英格

---

① 参见[英]戴雪:《思索英格兰与苏格兰的联合》,第 193 页,以及 Robin Mann and Steve Fenton, *Nation*, *Class and Resentment*, *The Politics of National Identity in England*, Palgrave Macmillan, 2017, p. 141。

②③ [英]戴雪:《思索英格兰与苏格兰的联合》,第 203 页。

兰议会的特征,后者甚至都没有进行重新选举,就与派驻议会的苏格兰议员共同组成了威斯敏斯特议会;而且虽然苏格兰在英国下议院的人数已经比历史上的先例都多,但这些人在威斯敏斯特永远是少数。因此,为何威斯敏斯特制定和通过的是苏格兰必须遵守的法律?为何议会能保障苏格兰人与英格兰人应该平等的权利?面对苏格兰的疑惧,库伯提出,联合形成的这个不列颠立法机构,无疑有自行解释和处理法律的权利;但应该讨论,是否仍有某些与苏格兰有关的款项,不列颠议会没有权利去修正,它们在联合之前和之后都普遍存在,因此可以视为"基本法",也就是说,这些权利或法律不受联合的影响,议会在任何时候都只是对结果的宣布。①

在库伯的评论中,实际上出现了戴雪解释的对立面。戴雪强调的是,联合的要义就是创生且巩固了一个最高主权,它不受任何所造之法的约束,也不受任何先例和继任者的约束。这同时意味着《联合法案》也只不过是威斯敏斯特通过的一项法律,而不是约束威斯敏斯特的更高法。戴雪甚至提到《联合法案》在性质上与为牙医制定的法律没有区别——威斯敏斯特有权解释、更改甚至废除它们,②因此没有所谓"基本法"存在的空间。而库伯的评论可以延伸出的,一方面是对不列颠主权构成的限制和挑战,另一方面是看待联合意义的视角也在其中发生了转向。戴雪主要考虑联合带来了什么之前两个王国必需但又缺乏的东西,库伯这里期待的则是,找到可以被苏格兰保留而联合不能完全带走的事物。在这个意义上,也有研究者将库伯的评论视为联合关系解释上的转折点。③

这个转折并非完全突兀。就麦考密克和库伯所在一案而言,针对的首先仍是英格兰与苏格兰在联合中的地位差异给苏格兰造成的困境。此问题其实并不新鲜,戴雪在《联合》中也没有掩盖帝国内部的区别:如上文所言,他

① See Colin Kidd, *Union and Unionisms:Political Thought in Scotland, 1500-2000*, Cambridge University Press, 2008, p.118.

② See A.V.Dicey, *Introduction to the Study of the Law of the Constitution*, 10th edition, Macmillan, 1964, p.145;[英]戴雪:《英宪精义》,第 140 页。

③ See Kidd, *Union and Unionisms:Political Thought in Scotland, 1500-2000*, p.116;Sir Neil MacCormick, *Questioning Sovereignty*, Oxford University Press, 1999, p.54。这本书的作者正是约翰·麦考密克的儿子尼尔·麦考密克。

看到了建立联合时苏格兰与英格兰的政治需求和制度运行方式就不同。联合建立之后,"《联合法案》的各个章节看似都排除了英格兰法院对苏格兰的司法权,但实际上它悄悄地将一直以来都由当时苏格兰议会掌有的司法权授予了上议院"①,这实际上是保留了英格兰通过上议院制约苏格兰司法权的可能。但重要的是,对戴雪来说,联合的建立本身就不是为了保障英格兰与苏格兰所谓的某种平等权利。可以推知,平等的权利只存在于不列颠议会通过之法案所明确规定的领域,除此之外,英格兰与苏格兰的种种差异都不必否认,是可以视政治需要加以利用、协调或掩盖的事实。所以联合内部保留或设立的差异都是为了"统治的便利"②。

然而库伯在评论中对英格兰与苏格兰之差异的认识,比戴雪的理解多出了一个维度,这个维度是联合解释可以视之为转折的关键,也是戴雪完全不能被一部分人继续接受的原因。进一步说,对个人权利的诉求成为了联合问题的纵深,使很多人不能再接受仅仅从政治的必要性、统治的有效性以及历史的既成事实层面来认识英格兰与苏格兰在联合之中的不平等,而是要以个体权利的状态为先在基础,来追究联合是否合理,由此引发了对一个来自个体外部或上方的联合进行的质疑。联合问题从这个时候开始与私法领域更为密切相关,《联合法案》也因此被用来厘定法人之间的权责范围,戴雪为其赋予的宪法地位便渐遭隐没。实际上,20世纪50年代之后的讨论,因其包含先在的个人权利维度,为解释联合加上了面对"自然状态"的必要,而这个状态的超时间性,又使人们能够从解释中获得改变联合性质以及重新书写联合历史的可能。

如此可以理解,麦考密克和库伯这个转折点打开了其后关于联合讨论的巨大空间。首先,戴雪叙述历史和描绘政治情势时的谨慎和微妙,在新的思考方式里失去了意义,留下的是其可以赤裸裸地纳进"并入联合派"(incorporative unionists)的观点,该派认为,1707年联合就是英格兰根本政治框架的实现。可想而知,在50年代之后的权利语境中,如此这般的戴雪立场很容易被苏格兰人抛弃,甚至遭到政治正确的英格兰人所掩盖。与戴雪相对,再

---

① [英]戴雪:《思索英格兰与苏格兰的联合》,第160页。
② 同上,第161页。

次理解联合的焦点集中于苏格兰在联合后仍保留的先在权利。如何理解这些权利的性质，并论证其能够支持怎样的联合解释，成为了区分观点的依据。

苏格兰在联合前后都保留的首先是法律和教会，它们能够裁定一般民事纠纷，并管理包括教育在内的社会和生活事务；其次是地方政府，联合继承了苏格兰旧有的地方单位，也没有更改大多数地方的议会选举形式；而且《联合法案》规定，苏格兰法律中有关公法和公共权利的部分，不列颠有权进行修正，但是就规定私人权利而言"明显有效"（evident utility）①的法律，威斯敏斯特不能更改。针对这些联合没有带走的资源，学者们的解释可以归纳为两个不同的方向。第一个方向是借鉴自然法和自然共同体的思路。苏格兰确实与英格兰不同：前者的法律是罗马法的一部分，与欧洲关系密切，经过解释的加工，苏格兰法可以被理解为直接从自然法中推演出来的体系；②另外，苏格兰教会也并不像英国国教一样由国家建立和控制，从 1707 年之后至今，前者一直保持着相当大的独立性。③因此，这部分解释认为，苏格兰在联合前后都是一个自然共同体意义上的"国家"。④这样，联合实际上是两个国家之间的"协定"（treaty），要从国际条约和万民法的角度来理解。故而，不列颠也就更接近于一个"邦联"，其中，威斯敏斯特议会对苏格兰只有形式上的权力，苏格兰国家的"骨架"在联合中保留了下来，并能够继续在自己的土壤中生长。所以联合只是两个国家共同接受的"新起点"，并没有终结两者的法人身份。⑤不难看出，这种解释就维持联合的角度而言，会为苏格兰至少争取到联合"创始国"之一的位置；从废弃联合的角度来讲，则将支持苏格兰以独

---

① "Articles of Union", XⅧ.

② See John W.Cairns, "Scotland Law, Scotland Lawyers and the Status of the Union," in *A Union for Empire:Political Thought and the British Union of 1707*, pp.243–270.

③ 1707 年之后，苏格兰教会享有法律保护下免于国家干涉的自由；现今的苏格兰教会可以独立管理自己的财产和捐赠，甚至可以创设没有政权认可的教区。因此，有研究者认为，苏格兰教会"至今仍然是不列颠政制最神秘的几个黑洞之一"（Kidd, *Union and Unionisms:Political Thought in Scotland,1500–2000*, p.256）。

④ See Kidd, *Union and Unionisms:Political Thought in Scotland, 1500–2000*, p.89,218。

⑤ Ibid., pp.67,82–83,126.

立国家的身份脱离不列颠。

与此相对,第二个方向是将联合没有带走的资源全部返还给个人,将其作为个人生来就有的自然权利,来理解联合的发生与对其的限制。[1]这样,联合就得以被解释成一个建国契约,但这个契约与戴雪强调的刚好相反,无论是双方议会还是联合委员会的成员,都并不代表不列颠国家和政府,而是自下而上地代表个人。如此一来,个人同意了女王和委员会制定联合条款的行动,并授权双方议会通过法案,又在联合之后的威斯敏斯特议会中继续体现自己的权利诉求。那么联合将被视为不列颠建成人民主权国家过程中的一环。在这个前提下分出了两种解释方式:第一种方式强调1707年之后逐渐形成了"不列颠人"的认同[2],也就是说,经过联合,苏格兰和英格兰的个人开始被整合为"人民"或"民族",这使英国未曾偏离标准现代民族国家的轨道;也许它曾经试图扩大"人民"或"民族"可以容纳的范围,但在成功和失败都经历过后的今天,不列颠仍有联合奠定的基本认同和政治民族要维护。实际上,这条道路也就是当前英国面对苏格兰问题的主流立场。第二种方式则是对前一条的质疑和否定:联合是否起到了形塑"不列颠人"的作用?还是它连代表和保障苏格兰人的基本权利都未曾践履?20世纪至今的政治形势及其所带动的学术研究,让苏格兰人有越来越多的证据认为,联合对实现他们与生俱来的权利而言,就是个欺骗或者说灾难。这其实意味着,英国在形成"人民"和"民族"的共同性方面是失败的,因此它的主权也难免先天不足;那么既然权利还保留在个人手中,个人就能够通过公投或其他方式,要求重建代表机构,或干脆重新界定国家。

以个体权利为基础来理解联合之中英格兰与苏格兰的关系,逐渐将联合问题纳入了个体通过契约建立民族国家的过程之中,同时也提供了用与个体间关系同质的国家间关系来看待联合的可能——此中正隐藏了不列颠的统一危机——这是转折点后多种解释里所包含的共同思路。可是,这些思

---

[1]　See Sir Neil MacCormick, *Questioning Sovereignty*, pp.55-56.

[2]　琳达·科利的《英国人》可以被视为这条思路的代表,她从清教的共同信仰、贸易及文化等方面勾勒出了1707年之后"不列颠"认同的形成。参见[英]琳达·科利:《英国人:国家的形成1707—1832》,周玉鹏译,商务印书馆,2017年。

路并未穷尽与联合相关的讨论,也尚不足以回应新情况带来的新问题。如果我们接续上文的思路,则可以继续提问:既然权利根本上属于个体,为什么还要有"苏格兰"或"英格兰"这个框架? 或者说,必须澄清这些框架的性质。如果有依据个人权利建立起来且有助其更好实现的框架,苏格兰或英格兰还是否有保留的必要? 这个问题对更急于诉诸个人权利来处理联合问题的苏格兰无疑更为紧迫。落在现实中,它则关系到一个现在仍未有答案的争论。20 世纪 60 年代,欧洲共同体成立;在其后的发展中,欧盟对于分享甚至超越各成员国的主权有着越来越大的兴趣和能力。对此,英国目前已经作出了维护自身绝对主权国家框架的选择,但这个选择除了面临现实政治上的不确定性,还因为有苏格兰和统一问题,在理论上也未充分得以证成。那么苏格兰当前在英国下的自治,及其未来可能的独立,又与欧盟是什么关系? 回到麦考密克和库伯的转折点上,我们则可以问,联合不能带走的,欧盟可以带走吗?

四、波考克与其对手的龃龉和共谋：
商业社会和"新英国史"对联合政治意义的消解

把联合前后苏格兰一直保留的特殊性直接地、完全地放回到个体及其天生具有的权利之中,让联合成为了决定英国是否建成为现代民族国家的关键因素。但是这条思路不能替代形塑共同体的另一种重要力量:联合前后苏格兰和英格兰可以被视为一个"社会",人们之间存在商业贸易、生产生活等多方面的联系。这个个人与国家之间的维度,是波考克瞄准的区域,也是在二战之后对理解"不列颠"身份来说极其重要的角度。

从社会层面理解联合有其历史根据。与被殖民和作为原材料供应地的爱尔兰和北美殖民地不同,苏格兰在联合中具备且能够保留下来的特殊性和下面一系列事实密切相关:17 世纪初,苏格兰西北部沿海的大地主们就参与到了远洋贸易和殖民地扩张之中;爱丁堡在 17 世纪中一度与伦敦并立,成为连接大西洋、波罗的海和太平洋的贸易枢纽;1695 年,苏格兰银行已经为推进商贸活动的进一步扩展而建立了起来。[1]无疑,联合之前,某些苏格兰人就知道在一个政府尚未建立的空间里存在着大量利益:那些看起来与本土没有任何联系的世界角落,可以允许人们通过占有土地等资源获取财产,而这些财产真正确认了他们所具备的自然权利,能够使其回过头来参与并影响本国的经济甚至政治活动。因此,这些苏格兰人迫切渴望的是得到足够强的安保力量,能把他们送到遥远的地方并保证这些地方继续属于他们;并且期待有一个本土体制,可以流畅地为他们生成并积累更多的有效资本。在这些渴望能够影响政治选择时,一个特殊的社会形态——商业社会——就已经站在了政治和国家之前;而且它首先进一步确保而不是移走了个人的自然权利。

不难理解,英格兰人也有着相似的渴望:不仅不要与苏格兰之间的战争,还要能够进一步扩大自身市场和收益的联合。作为间谍被英格兰派往苏格兰以促成联合的笛福就大力宣扬如下观点:如果仅仅关心自己的军事实力,而不考虑自己的长远商业利益,那将是摧毁苏格兰的短见;苏格兰与英格兰可以通过联合实现商业的扩张,因此取得共赢;而且联合可以促成苏格兰专制、落后政治体制的变化,使其相当"自然"地过渡到文明之中——"商业胜过征服,和平胜过战争,勤奋胜过散漫,财富胜过贫穷,自由胜过奴役,自由胜过僭政,文明胜过暴力"[2]。如此看来,双方从事商业活动的迫切要求,以及在获取方式上极高的一致性,显然不能被排除在联合的基础之外。甚至有学者认为:"联合是建立在精英和中产阶层上的,苏格兰的市民社会(比苏格兰政府)更能够代表苏格兰的人民。"[3]晚近的解释者也承认:"政治经济并不只是一个技术性的原则,而是在更广阔的大西洋语境中,提供了描述并解释三个王国之间关系的方式。"[4]

商业社会作为联合基础这一解释的有力之处在于:一方面,它用共同的

---

① See Devine, Lee and Peden, *The Transformation of Scotland: The Economy since 1700*, p.18.

② Laurence Dickey, "Power, Commerce and Natural Law in Daniel Defoe's *Political Writings 1698—1707*," in *A Union for Empire: Political Thought and the British Union of 1707*, p.81.

③ Mann and Fenton, *Nation, Class and Resentment*, pp.141–142.

④ David Armitage, *The Ideological Origin of British Empire*, Cambridge University Press, 2000, p.148.

利益纽带,掩盖了戴雪需要小心处理的,双方在制度、权力、意愿等方面会威胁到联合框架的差异,又有助于保证威斯敏斯特能够控制苏格兰,并以合法的方式实现英格兰议员的利益;另一方面,苏格兰越是能够和英格兰一同推动不列颠的扩展,越是能够保证自己在联合中值得被英格兰平等对待,而如果这个过程可以不停止,苏格兰就更有可能不沦为帝国的边缘地带或国家的一个省。就苏格兰人来说,无论是为这一商业社会奠基的启蒙理论家,还是20世纪的政客与民众,都不能或不愿否认这个联合基础的存在:他们从中既可以得到苏格兰作为一个共同体一直存在的证明,又能够维护牵涉到很多苏格兰人身家性命的利益。就英格兰一方来说,商业社会是牵动苏格兰的长期有效筹码,虽然它的份量在今天有所降低。双方对此都存在的肯定态度甚至构成了当今苏格兰与英格兰为数不多的共识。

但是一个范围更大的商业社会——比如欧盟——确实是问题。从商业社会维度来理解联合的基础,就难以避免商业社会的扩展以及商业中心的迁移迫使联合本身以及其中的成员退出历史舞台。在20世纪70年代欧盟成立后波考克看到了这个趋势,他将欧盟理解为用一个被严重"切割"的欧洲概念实现战后法国和德国攫取全球商贸中心和市场的手段。[①]法德的这一行为在波考克看来堪比新一次的"诺曼征服",会把英国逼入边缘地带或更为混乱的大社会之中:"英吉利海峡的隧道就是1805年布伦(Boulogne,拿破仑战争时法国西部沿岸用于攻击英国的海军基地——引者注)军营的旧梦重温;拿破仑和德国官员们的权力,现在正用于国际市场,在不列颠诸岛上蔓延开来。"[②]这里,有些新奇的并非是波考克对商业社会一直以来的警惕,而是欧盟语境中英国扮演的角色。我们发现,波考克所设定的、让英国站在欧盟对立面的位置,正是他曾使苏格兰、爱尔兰以及北美殖民地对峙英国的位置;而对英国角色的转换,波考克实际上是有意识的,因此他才在鼓励英国对抗欧盟时强调:"我虽然是一个前英联邦的公民,但也会毫不犹豫地这样说。"[③]在面对欧盟和上世纪晚期的世界时,波考克清楚大英帝国的命运,

---

① See Pocock,What Do We Mean by Europe?,*The Wilson Quarterly*,Vol.21,No.1,1997,pp.12 – 22,27。

②③ Pocock,What Do We Mean by Europe?,*The Wilson Quarterly*,Vol.21,No.1,1997,p.28.

其言不乏凭吊之意："大的星系(指英帝国曾经控制的地区和国家——引者注)已经冷却、解体。"①

熟悉的情节和更加激烈的情感出现在了波考克对苏格兰命运的理解中。联合后的苏格兰其实可以被视为 20 世纪英国遭遇的前奏。在波考克的叙事中，苏格兰及其 1707 年联合不是一个孤立事件。虽然他更多地着墨于北美殖民地战争所反映出的英国危机以及由之产生的革命意义，但他也提醒道："我们却必须首先把它看作 1707 英格兰—苏格兰共同体历史中的一场危机。"②也就是说，"美国革命不是英格兰与苏格兰联盟的直接结果，可确实是后者中包含的政治逻辑的结果"③。根据波考克的挖掘，在苏格兰永久性不动产和由继承得来的土地之上，曾有可以保卫自身与共同体自由的农民兼士兵；苏格兰与英格兰不同的法律、教会和社会体系，也一度被联合前苏格兰的法学家和政治家发现，并宣扬为其自由扎根和存在的标志。④然而苏格兰上层渴望商业利益的势力集团利用不完善的议会制度，接受了英国寡头们的贿赂，并选择了走向腐败的联合。因此，与 20 世纪英国相对于欧盟所面对的"新诺曼征服"相似，联合的性质对波考克来说是"寡头制的、商业化的和帝国体制的不列颠"⑤诱惑并控制苏格兰的过程。就此而言，在波考克这里，联合的基础也能够用商业社会来理解，不同的是，这一基础意味着联合是苏格兰独特价值的失败。

在波考克的叙述中，苏格兰被纳入英国之后，后者又吸收了爱尔兰、北美殖民地、新西兰等地区；而法国大革命与工业革命则让欧陆以及美国、日本等国家获得了更大的国家实力与军事力量，⑥将原本以不列颠为载体的商

① Pocock, *The Discovery of Islands, Essays in British History*, Cambridge University Press, 2005, pp.42–43.

② [英]波考克：《德行、商业和历史：18 世纪政治思想与历史论辑》，冯克利译，生活·读书·新知三联书店，2012 年，第 110 页。

③ Pocock, *The Discovery of Islands, Essays in British History*, p.153.

④ See Pocock, *The Discovery of Islands, Essays in British History*, p.153.

⑤ [英]波考克：《德行、商业和历史：18 世纪政治思想与历史论辑》，第 77 页，亦参见第 115 页。

⑥ See Pocock, *What Do We Mean by Europe?*, *The Wilson Quarterly*, Vol.21, No.1, 1997, p.26.

业帝国转化为遍布全球陆地的政治经济形态，如此才有了晚近英国与欧盟的遭遇——虽然每一次都有不同的"语境"，但相似的"政治逻辑"延展开的正是一段连续的历史。这也提醒我们注意，波考克对商业社会的立场比单纯的反对要复杂。首先，在18世纪的苏格兰到20世纪的英国这条历史脉络中，实际上波考克能够承认，商业社会的力量在历史中改变了国家的形态和地位；或者说，能够从商业活动中获取多少力量，取得什么样的地位，在相当大的程度上决定了某个政治体的历史角色。进一步讲，自兴起以来，商业社会推动着政治体的整合，并影响了世界秩序的形成，在这个意义上它是塑造历史的关键部分。从这个角度来说，联合的意义虽然被历史化了，但它赋予了苏格兰作为一个历史环节的角色，也将之安放在大英帝国这个框架之中，甚至这个环节带有些商业逻辑的必然色彩。

可是，这段历史并没有那么"实在"，甚至可以说，波考克的大量努力，是要将其处理为一种"表象"。在理解苏格兰与英格兰的联合时，一方面，波考克一直强调，联合是英格兰代表的商业自由主义"征服"苏格兰古典共和政体的结果，"17世纪后期直到18世纪初，苏格兰再也不能自欺欺人地以为英格兰与他们的联盟不基于侵略了"[1]。然而用"征服"和"侵略"来理解联合，实际上是对联合政治意义的消解。也就是说，波考克否认联合以任何方式体现了苏格兰的意志，因此联合并不代表英国形成了一个完整的政治人格，不列颠也不是一个具有充分政治性的统一共同体——这不仅与戴雪的全部努力背道而驰，也很难在库伯的评论中找到位置。另一方面，从征服者的角度看，波考克也不认为不列颠在建成统一政治体方面是成功的："我们一定要认识到，它有着深刻的性格分裂的特点。"[2]英国形成其稳定政治基础的任务，与其不断进行的商贸活动和殖民扩张相互矛盾，用一个政治框架容纳多个独立的立法机构，又被波考克及其笔下的美国革命证明为幻觉。[3]实际上，波考克是从反面利用了商业社会在苏格兰启蒙运动那里获得肯定性描述的特

---

① Pocock, "Empire, State and Confederation: The War of American Independence as a Crisis in Multiple Monarchy," in *A Union for Empire: Political Thought and the British Union of 1707*, pp.318–319.

② ［英］波考克：《德行、商业和历史：18世纪政治思想与历史论辑》，第115页。

③ 参见［英］波考克：《德行、商业和历史：18世纪政治思想与历史论辑》，第127页。

征:在促成其中人与人之间形成相互依赖关系的同时,商业社会又在变化拉长的时间和扩展不定的空间中将关系拆解;获取财产时的自利与守护财产间的公正,将野蛮贪婪的驱动力和文雅守信的社会风尚一起肯定下来;理解与恶意、熟悉和陌生被同时需要,认同与疏离都是故事情节的重要部分。因此,波考克能够看到,商业社会使形成"不列颠人"的叙事比仅在现代国家的框架下考虑这个问题要来得复杂,它不仅需要一个历史过程,且这个历史过程的特征恰恰可能取消了自己的终点。随着商业社会的全球化,不列颠的国家形态找不到一个有助于其稳定实现的"安全岛"。

视商业社会为历史的"表象",并认识到它为整合政治秩序带来的困难,仍并非检讨波考克和商业社会之间关系的终点。在"表象"之下,波考克尝试描述一种接近真实历史的"潜流"——就此而言,商业社会的问题可被视为他提供另外一种历史图景的驱动力。波考克构建了一种"新英国史",其主要目标是重新厘定"不列颠是什么,意义何在?"[1]"现代早期和现代的历史主要尝试视大西洋诸岛(Atlantic archipelago)为一个建立成整体的'不列颠'王国、国家以及民族"[2],而波考克认为,这实际上是一个迷思。首先,没有一个固定成型的"不列颠国家"。他强调说,应该用"大西洋诸岛"来替换"不列颠岛"(British Isle)的说法,新的说法更看重海洋上多群体之间的互动,并打破了先前名称所包含的同欧洲、美洲之间的分割——由于不列颠不是一个整体,所以不能直接去研究它与其他人相处和斗争的经历,相反,这是一个高度分散的星系,其中每个星都感受到了邻近星系的吸引力,能够自由且必要地建构自己的宇宙。其次,不列颠内部也不是由英格兰、苏格兰和爱尔兰这些固定王国或国家组成的。波考克及其追随者推动早期现代苏格兰、爱尔兰包括思想史在内的历史研究,[3]并非为了说明它们如何形成了自身的认同和政治形式(对它们之间"三国演义"式的权力关系是否存在更是表示怀疑),

① Pocock, *The Discovery of Islands, Essays in British History*, p.26.

② Ibid., p.77.

③ 参见[英]波考克:《古代宪法与封建法:英格兰 17 世纪历史思想研究》,翟小波译,译林出版社,2014 年,第 339~340 页;Pocock, *The Discovery of Islands, Essays in British History*, p.39。

而是为了去展示这些区域之间界限的不断变动和彼此不间断的相互形塑。进一步说，根本不能够以"不列颠"为依据区分内外，[①]"新英国史"实质上是反国家乃至帝国的历史书写，尤其是反对以盎格鲁为中心构建英国民族国家的形成史。波考克所试图描述的，是一个没有固定政治形态的行动范围，这种新的历史图景并非要为我们展示，在一个个类似古典共和国的政治体中公民们如何为其存在和统一而斗争，相反，其中政治行动的发生既是偶然、流动时空条件的体现，也是个人与这种偶然性和流动性的对抗。政治行动可能会形成某些文化、社会甚至有政治关系的共同体，但它们并不许诺带来稳定的秩序。

在这个框架下，1707 年联合不过是这个从未停止的历史过程中一个没有什么特殊性的部分：苏格兰和英格兰本身及其之间的关系都不会在这次联合后一锤定音，它们已经形成的联系也没有办法得到长期维持的保证。联合前后和之间发生的一切，都可以得到波考克笔下历史的显现，但如果去除了"语境"，它们也尽会如海中浪花，其来也速，其逝也疾。不难看到，在商业社会中变得模糊的联合意义，在"新英国史"中亦难以申明，后者并不能带来一种比前者所提供的历史叙事更坚实、更有序的图景和基础，而是确认并加深了前者预示的前政治空间；在商业社会中，也许还能找到一个连接苏格兰和英格兰的统一经济框架，或者共同的道德情感与社会风尚，而在波考克的新英国史中，这些共同性都经不起对抗命运的个体在触发行动时寻求特殊性的考验。如果说波考克提供了一幅大西洋诸岛作为整体的历史图景，那么它本身就是大大小小单位之间的分分合合，政治行动的力量在其中聚集，又在其中耗散。可以认为，戴雪让联合的政治意义及其赋予的英国国家形态由隐入显，波考克则以正反两面显明的历史叙事再一次隐没了联合的政治甚至历史位置，加剧了不列颠统一面临的理论困难。

---

① See Pocock, *The Discovery of Islands*, *Essays in British History*, pp.41–43, 53–54, 95.

五、联合问题的不同分析框架与讨论的必要性

如何理解 1707 年联合，事关不列颠的宪制和统一问题。上文给出了三种有内在连续关系的不同分析框架。在戴雪的解释中，1707 年联合建立了不列颠统一的基础——威斯敏斯特议会。这个议会不直接来源于人民的同意和个体的权利，而是建立在英格兰国王授意、议会执行、苏格兰重要政治力量接受邀约并共同达成契约的基础上。因此，联合建立的方式没有同时赋予苏格兰或英格兰退出联合的权利；联合的实现则可以说终结了英格兰和苏格兰作为独立法人的身份，确立起了不列颠作为统一政治体的身份和范围。戴雪用谨慎的解释平衡着苏格兰在不列颠中与英格兰间的差异，使其在原则上不威胁到联合后威斯敏斯特要行使的议会主权。这同时也揭示了不列颠的统一和宪政不以内部完全的均质和同一为前提。无论戴雪是否在美化日渐孱弱的大英帝国，他要努力给出的是一个能够有序安顿差异的完整政治框架。

然而麦考密克的质疑将不列颠宪制与统一的困难凸显了出来。联合确定的议会主权模式，不可能阻挡多元政治和多数决主导不列颠政制的趋势，这种趋势越明显，苏格兰人越能清楚地看到自己一方存在的明显劣势，帝国内部的秩序随之转化为英格兰借助国家权力对苏格兰进行的专制。这种劣势催促苏格兰人回到个人的自然法权，凭此对 1707 年联合作出重新解释。所以在戴雪之后，苏格兰人解释联合的思路是视之为自身法权的证明。联合曾被解释成同时约束两个平等政治体的基本法，进而被推进为两个平等法权主体之间的协定，又被视作不列颠中个体与个体之间达成的社会契约。由此我们看到，解释联合已经被当作塑造现代民族国家的某种手段，争论不过是，英格兰人希望它塑造的是一个民族国家，而某些苏格兰人则希望它塑造两个。在现实中的投影则是，苏格兰要求统一不列颠内的权力下放，甚或要求通过公投获得自治地位，甚至成为主权国家。

可是，对个体自然法权的承认，不仅会带来苏格兰要求独立的后果，个体自然法权开辟出的广阔空间也给重新解释共同体的性质、范围和历史提供了可能性。因此，商业社会和波考克对于联合的理解，虽然与上述两个框

架的法学视角不同,但实际上是第二种框架内涵原则的延伸。商业社会以承认个人正当的法权为基础,在扩大了人与人之间联系范围的同时,也使联合的政治意义变得越来越模糊。由于商业利益实际上可以超越政治共同体的限度,因此不列颠的身份是否必要、界限何在都可以重新进行考虑。波考克对"新英国史"的构建则包含了对这个问题的回应。他所看到的是,要对抗商业社会的负面作用,需要个体保存完整的行动自主性,这是使其从利益依附中解脱出来的基础;但同时,这又让个体间难以形成稳定的政治关系。波考克的公民共和主义实际上没能在他的"新英国史"中建立起国家,相反,他的解释却消解了联合的政治意义,甚至连同英格兰、苏格兰及不列颠本身。实际上,在"新英国史"的语境中,不再有"统一"的位置,联合是个体应对命运进行行动的结果,但本身亦难逃命运的偶然性。

基于以上三种解释框架需要承认的是,1707 年联合的性质,乃至不列颠统一的方式及意义,都很难用某一个一贯的逻辑给出完满的答案,而且每一种框架实际上都包含理解当下个人、国家和世界的支柱性资源, 如国家主权、个人法权以及个体对自身行动和价值的自主。也正是在这样的背景中,我们思考英格兰与苏格兰的联合问题:它不仅是或者说主要不是关于 18 世纪的一次政治选择, 而是代表了理解现代政治共同体性质的可能性以及每一种可能性面对的困难,并凸显出了它们之间的联系与矛盾。在这个意义上,联合也不仅仅只是与苏格兰或不列颠相关的问题,几乎每一个有历史传统的国家都会在现代遭遇自己的"联合问题"或者说"统一问题",而且对这个问题的解释,会真正影响到这个问题在现实政治中的答案。

(作者简介:郭小雨,上海外国语大学英国研究中心助理研究员。)

亚当·斯密重商主义批判的政治学维度

一、导　言

在思想史上，亚当·斯密向来并不以政治思想而知名。由于《国富论》的原因，斯密主要被当成是一个古典经济学家。然而自从温奇开风气之先的《亚当·斯密的政治学》出版之后，学界越来越意识到斯密思想的复杂性以及其中所蕴含的政治方面的思考。追随温奇的脚步，国外学界陆续产出了一些关于斯密政治思想的研究文章。虽然比国外学界晚一些，但近年来国内也有少数学者意识到了斯密思想的政治学维度。

斯密的政治学之所以相对被忽略自有其原因。最明显的原因可能是他不像霍布斯、洛克和卢梭那样写过关于政治学的专门著作。然而斯密无疑也有着丰富且深刻的政治思考。毕竟他所处的时代就是政治的时代。苏格兰与英格兰的合并在政治经济上所带来的深远影响，伴随斯密终身的重商主义民族国家体系在世界范围内的争雄及对各国国内政治经济体制的塑造，美洲殖民地问题和美国独立战争，以及斯密去世之前已经看到苗头的法国大革命，都是充分涉及政治、经济与社会的关键议题。如温奇等人的著作所显示的，斯密不是其时代政治议题的旁观者，而是从不同的角度卷入到了相当

多的政治议题之中。①甚至在去世前不久最后一版《道德情操论》中所新加的
第六卷中,斯密也专门对法国大革命在思想上进行了回应。因此,斯密的政
治思考可谓是贯穿终身,只是嵌入在其道德哲学、政治经济学和法理学方面
的论述中,有待后人梳理。

本文就是这样的一个尝试。不过,本文无意处理斯密政治学的整个论
域。因为这一论域太过复杂,非单篇论文所能涵盖。本文选取斯密的重商主
义批判这一最众所周知,但其政治学含义尚未被充分发掘的主题为对象,将
其重新放在政治的视野下加以审视。

二、重商主义体系下经济和政治的纠缠与斯密的批评

斯密对政治和经济之间关系的讨论,与传统的路径截然不同。与他之前
的政治思想家如孟德斯鸠等人(他们更为倾向于从政体形式的分类和统治
关系的角度去讨论政治)相比,斯密可谓反向而行,以不涉及统治关系的交
换关系为起点。在《国富论》的前两卷中,斯密几乎没有涉及多少政治议题,
其主要的论述对象是劳动分工和市场秩序的自发扩展,自然价格与自然的
分配之间的关系。而只是在奠定了社会自生自发演化逻辑和财富的自然生
发之道以后,斯密才在第三卷中对人类历史上国家和政体的演变和逻辑、在
第四卷中对重商主义的实践体系进行了批评。结合《道德情操论》中他所刻
画的情感的自然史和社会秩序的自发生成,斯密将社会和经济放在政治之
前的论述逻辑清晰可见。

在斯密看来,重商主义的谬误在于将政治与经济、国家理性与社会自身
的逻辑混杂在了一起。而这一混杂始于重商主义的财富幻觉。这种财富幻觉
源于货币的职能所造成的通俗观念。由于货币作为交易媒介和价值尺度的
功能,人们在日常生活中形成了将货币当作财富的观念。这一观念自然地扩
展到了国家层面,富裕的国家就被当成了钱多的国家,积累金银成了国家权
力的主要目标。斯密认为,很多近代欧洲国家的海外殖民和海外征服,基本
上都建立在这种通俗观念上。但是此观念虽然无论是就起源还是内容而言

---

① 参见[英]唐纳德·温奇:《亚当·斯密的政治学》,褚平译,译林出版社,2010 年,第 1~25 页。

都堪称极为简单,却构成了诸多欧洲国家的国际和国内政策的基石。"所有的欧洲国家都在研究如何采用一切可能的手段,在国内积累金银。"①

也正是基于这样的观念,重商主义庞大和复杂的政策体系开始施加在自发运作的经济和社会体制之上,人为的法律被施加在了自然秩序和财富的自然生发之道上。政治和政策的手段被用来追求经济的目标。这无疑是斯密所欲分辨之处。对于重商主义与斯密之间的思想关系,之前不少著名学者也曾有所论列。重商主义的著名研究者赫克歇尔曾指出,重商主义的目标是增强"国家的权力"而非"国内的财富",也就是培根所谓的"丰饶的考虑"服从于"权力的平衡"。②维纳否认这一观点,指出绝大多数重商主义作家对两者同样重视,并相信两者是和谐共存的。③直到近几年,仍然有学者试图通过国家权力和国民财富这一区分来理解斯密对重商主义的批评,其具体体现是将《国富论》这一书名解释成《国民财富论》。④然而正如安德森一针见血指出的,上述立场都以不同的方式忽略了最基本的一点,即在产生重商主义理论的这一过渡时期中,经济和政体并非泾渭分明;关于两者之中谁占首要地位的争论犯了一个时代错误,因为直到自由放任政策出台之前,两者之间一直没有严格的界限。⑤

安德森的观点为辨明斯密的成就提供了关键的指针。斯密也无疑清楚地注意到了重商主义的双重性。在《国富论》中,我们几乎看不到斯密直接使用国家权力和国民财富这一界分对重商主义予以批判。而且实际上,如下文将要指出的,斯密并非没有充分地认识到国家权力的重要性。因此,他对重商主义批判的关键并不在于改变重商主义的重心,将之从国家权力转移到国民财富上。如果斯密所做的仅止于此,那么一方面其贡献太过简单,另一

---

① [英]亚当·斯密:《国富论》,杨敬年译,陕西人民出版社,2001年,第478页。

② 转引自[英]佩里·安德森:《绝对主义国家的系谱》,刘北成、龚晓庄译,上海人民出版社,2016年,第23页。

③ See J.Viner, Power versus Plenty as Objectives of Foreign Policy in the Seventeenth and Eighteenth Centuries, *World Politics*, Vol.1, No.1, 1948, pp.1-29.

④ 国内学者冯克利在赫希曼《欲望与利益》(浙江大学出版社,2015年)的译者序中将《国富论》翻译成《国民财富论》,明显地构成了这类尝试的一个代表。

⑤ 参见[英]佩里·安德森:《绝对主义国家的系谱》,第23页。

方面他将不可避免地忽视现实世界中政治的复杂性。

其实，斯密的真正贡献在于将被重商主义搞混了的经济与政治分离开来，使经济的归经济，政治的归政治。在斯密这里，金银（或者一般而言的财富）不只是国家权力，也不只是国民财富。这两者之间的界限很难划定，很多时候甚至可以相互转换。然而不管追求金银这一目标本身的性质是什么，在追求的手段上可以迥然不同。追求金银并不需要政府给予特别的注意。"只要保持贸易自由，不需要任何政府的注意，也决不会不按适当的数量去供应"①；"有财力购买葡萄酒的国家，总是能得到他自己所需要的葡萄酒，有财力购买金银的国家，决不会缺少金银"②。因此，复杂的政策体系和复杂的监管措施并不是关键所在。关键之处在于贸易自由，利用民间的力量，培育国内的市场和劳动分工。在此基础上，无论是金银还是一国真正意义上的财富，都将唾手可得。在商业的世界中，国家理性和传统意义上政治家的审慎无所作为。"当输入任何一国的金银数量超过有效需求时，政府的警惕不能阻止其出口。西班牙和葡萄牙的一切严峻法律，均不能使自己的金银留在国内。"③因此，顺应自然之道，顺应斯密在《国富论》第一、二卷中所刻画的社会和经济自身的逻辑，而不是依赖传统意义上的政治家的审慎这类德性，是富国裕民的首要手段。由此，在财富的事情上，政治家甚至立法者的功能都被斯密降级。"试图指导私人应采取何种方式去使用其资本的政治家，不但使他自己枉费了最不必要的辛劳，而且僭取了这样一种权力，这种权力不但不能放心地托付给任何个人，而且也不能放心地托付给任何的委员会或参议院，而在将它交到任何一个愚蠢和荒唐到妄以为自己适于行使这种权力的人手中时，是最危险不过的。"④

斯密在此揭示了政治在经济上的限制。当然，不能进一步地推论说，他将政治还原成了经济。斯密无疑看到了，在复杂的国际环境中，政治意义上的审慎和决断仍然有其用武之地。只不过，这种用武之地也被他限制或降格。在谈到是否用高关税迫使其他国家放弃贸易壁垒时，斯密指出，当确实

① ［英］亚当·斯密：《国富论》，第 480 页。

② 同上，第 482 页。

③ 同上，第 483 页。

④ 同上，第 501 页。

存在这种可能时,这也许是一个好政策,然而"要判断这种报复是否能取得这种效果,不属于立法者的科学范围,而是属于一种狡诈和狡猾的动物,普通称为政治家和政客的技术的范围,前者的考虑应当是受持久不变的普通原则的支配,后者的意见是由事物的顷刻变化所指引"①。传统意义上富有正面色彩的政治家的审慎,在斯密这里不仅变成了"狡诈和狡猾",而且被明确从科学的领域驱逐到了技艺的领域。于是,在政治家实践技艺的领域之外,斯密创造性地开辟出了一整块基于普遍原理的立法者科学的领域。后者而非前者才是现代商业社会(经济)的基石。在这里,科学甚至成为了比立法者更为重要的一个词汇。即便斯密并没有彻底否定立法者,但其首先是处在经济"科学"的指导之下,顺应商业社会内在机理的立法者,其作用和功能相对于马基雅维利那种万能的、在宏观层面可以建立国家、在微观层面可以深入社会机理、重塑公民道德与信仰的立法者而言大为缩水。

斯密甚至指出,即使战争这种典型属于政治领域的事情,在新的历史背景下,也必须依赖经济系统的内在力量。在《国富论》第四卷第一章中,他明显抛弃了那种天真的商业和平主义立场。他注意到即使在现代商业体系中,由于人类的种种限制或者族群间的嫉妒之心,战争仍然难以杜绝。然而即使承认这一政治现实主义的前提,古今战争形态也已然发生了大的改变。在古代,君王依赖于贮藏财富来应对战争这一紧急状态,而且也无力进行任何长期的对外战争。在现代,君王没有必要去积累财富,因为在任何特定时刻都可以依赖臣民的重大援助。在这一新形势下,国民财富转换成了国家的力量。"海陆军不是用金银而是用消费品维持的。一个国家从它的国内产业的年产物中,从它的土地、劳动和可消费资本产生的年收入中,有财力在遥远的国家购买这种消费品,能在那里维持对外战争。"②因此,即便是暴力的战争,也必须依赖于经济和财产的安全与自由。经济和财产的安全与自由成了任何政治活动不得不倚仗的领域。

综上所述,斯密清晰地将政治和经济予以区隔,对两者之间的关系重新进行界定,甚至在相当程度上降低了政治的位阶。传统上主要由政治家和立

---

① [英]亚当·斯密:《国富论》,第505页。

② 同上,第487页。

法者一力承担的国家富与强的责任,在斯密的经济和政治的界分中,更多地被分散给了一国的广大国民。这些国民甚至不像希腊和罗马的公民那样承担积极的参政议政任务,而主要是在市场中受到改善自身状况的欲望驱使。因此,斯密削弱了传统意义上政治精英的政治责任,并且将这一责任以经济化的方式分摊到了每一个国民以及每一个市场参与者的头上。

三、民族国家与经济的非疆域化

然而上述论述尚不足以完整地体现斯密对经济与政治之间关系的全部看法。毕竟,在以上论述中,斯密思想中的一个关键维度仍然没有被充分揭示出来,这就是斯密对经济的"空间维度"也就是经济的民族国家疆界的处理。当然,这里所谓的疆界,既是地理上的边界,也是政治主权意义上的边界。毕竟,即使承认以上论述中斯密对经济和政治之间的区分,仍然存在一个关键的问题,即他的上述逻辑是否可以超出民族国家的疆界之外。即使承认有必要充分打破一国国内的市场分割,保障经济自由,使其在很大程度上免受政治之干预这一前提,在对外贸易竞争和国内市场是否需要向其他国家开放等问题上,这一逻辑是否适用仍然是一个问题。

如果答案是否定的,就意味着斯密的政治与经济的界分逻辑在理论上将面临极大的限制,因为这意味着为了在民族国家的世界贸易体系中胜出,政治家或立法者仍然在相当大的程度上必须承担国家理性所规定的任务。具体到经济事务,这意味着国际领域中的竞争要求会迫使民族国家采取两种措施:一是在国际市场采取排他性的手段,排除其他民族国家的竞争,从而扩充本国的经济主权;二是为了获得更有竞争力的产品结构,有必要对国内的市场和生产体系施加干预,或者对其他国家的进口品施加限制。这两种选择中的无论哪一种,都意味着经济作为自主领域地位的削弱,意味着经济始终需要警惕的政治家的保护,或者至少需要精密设计的法律的捍卫,否则无以在国际舞台上生存。因此,经济是否能够在很大程度上超出民族国家的疆界,不只涉及斯密的经体和政体之分是否存在适用范围的问题,而且在相当程度上涉及斯密的逻辑本身能否成立。

实际上,在斯密之前,不少重商主义者都或多或少地反对施加过多阻碍商品进出口贸易的限制,进而表现出将经济独立出来的倾向,从而在经济与政治和国家政策的问题上,表现出了与斯密思想的某种亲近性。但是一旦涉及对外贸易和海外市场的争夺等问题时,重商主义者始终没有完全脱离以国家为本的经济视角。区分好的贸易和坏的贸易,区分贸易的商品结构,从而主张某种程度的立法者的国家干预,始终是重商主义思想里一直到斯密时代还未寿终正寝的核心原则。①在斯密之前,最重要的过渡性的政治经济学家斯图尔特可谓重商主义这一思想立场的典型代表。

如赫希曼在《激情与利益》一书中所注意到的,斯图尔特已经看出,现代经济系统如钟表一样的复杂性,给国家的行政体制施加了巨大的限制。斯图尔特指出,虽然工商业的形成归因于君主的野心——他们主要是想让自己发财,让邻国感到恐惧;但是"国家一旦开始靠产业的成功来养活,君主权力令人担忧的危险性就会减少。他的行政机构就会变得更为复杂。而且……他发现自己受制于他的政治经济学法则,任何违反这种法则的行为都会使他陷入新的困境"②。至此,斯图尔特几乎已经和斯密一样,看到经济具有自身的法则和领域,是自成一类的存在,不容政治的随意干预。但是斯图尔特的观点仍然有两个极为关键的限制。首先,他仍然假定了明智而仁厚的治国者作为经济的看护人和指导者,并要求其凭借精明审慎的管理和各种经济政策,如己所愿地调控经济。如赫希曼所指出的,斯图尔特这里存在一种暗示性的区分:一方面是因统治者的罪恶和欲望产生的"专横的"滥用权力;另一方面是一心为公益的政治家实施的精确微调。③斯图尔特只是认为,现代经济终结了前一类干预,但是却产生了对后一类干预的需要。其次,斯图尔特的经济仅仅限制在民族国家的疆界之内。他排除了在世界范围内展开自由贸易的可能性,因为事实上存在不同的国家政府:"存在不同的国家,各自必然有着不同的利益。既然没有一个统治者能够统领这些各不相同的利益,也就谈不上所谓的共同利益。当不存在共同利益时,每一个国家都应单独加以

---

① 参见[美]道格拉斯·欧文:《国富策:自由贸易还是保护主义?》,梅俊杰译,华东师范大学出版社,2013年,第41页。

② J.Steuart, *An Inquiry into the Principles of Political Economy*, A.Millar and T. Cadell, 1767, pp. 215–217.

③ 参见[德]阿尔伯特·赫希曼:《欲望与利益》,第80页。

考虑。"①除非存在一个世界政府"以相同的法律来治理,按照一个协调一致的计划来行政,是可以跟全球普遍的开放贸易相辅相成的"②。因此,在斯图尔特这里,经济仍然存在重大的限制,它并不能够超越民族国家的疆界。在国际领域中,经济活动始终需要国家主权如影随形的控制或保护。除非存在世界性的主权者,世界范围内的自由贸易是无法充分展开的。

斯图尔特在早于《国富论》九年出版的《政治经济学原理探究》一书中所表达的上述思想,可谓是重商主义思维的巅峰,实际上构成了斯密在这一思想中需要克服的最后一个堡垒。斯图尔特无疑看到经济具有一定的独立性,但是在他这里,经济始终未能充分独立于政治。如果说在上一节所述的内容中,斯密实际上已经拆除了斯图尔特施加在经济之上的第一个限制,那么拆除后者所施加的第二个限制,才真正意味着经济最终获得了比较彻底的独立地位。是否存在着一种不需要世界性的主权者,建立在民族国家的主权体系之上,但又在一定程度上超越于后者的跨国界的自由"经济"?这无疑是斯密着力之所在。

斯密否定斯图尔特所代表的重商主义认为必要的那种国际领域中政治和经济的纠缠状态。在斯密看来,重商主义民族国家的主权者之所以追求有利的贸易差额,在相当程度是由于他们昧于财富增长的自然之道。由于不明白这种自然之道,重商主义完全以贸易差额的有利与否来衡量各个国家从对外贸易中所获得的好处,进而使用垄断或奖金等方式来追求相应的差额。然而这一假设弄错了国际贸易中一国的好处之真正所在。真正的好处不在于贸易差额的有利与否,而是一国土地和劳动年产物的交换价值的增长,或者一国居民年收入的增加。当两个国家相互向对方开放市场,进行自由交换之时,每一方都为他方的剩余产品提供了市场。每一方都从交换中获得了自己的收入和资本的补偿,都可以将对方的主权疆域在经济上看成是自身经济与劳动分工范围的自然延伸。因此,经济的非疆域化对于参与交换的国家而言,等于是在政治主权范围没有发生变化的情况下,使经济的体量和市场

---

① Steuart, *An Inquiry into the Principles of Political Economy*, p.364.

② Ibid., p.365.

广度有了实质性的提升。

斯密注意到,重商主义的民族国家总是在追逐错误的目标。这一错误使得英国和法国这两个富裕的邻近国家彼此带着嫉妒的眼光看待对方的繁荣。原本"商业……应当成为联合和友谊的纽带,但是现在却变成了争论和仇恨的最容易产生的源泉"①。在斯密看来,这种贸易嫉妒完全是一种错分敌我的政治幻觉。英国和法国原本是靠得最近的两个国家,两者之间的贸易可以比它们与任何其他地区的贸易进行得更为频繁,从而使等量的资本在这种贸易中推动更大数量的劳动,为更多的人民提供收入和生计。而且相对于遥远的美洲和其他地区而言,两者均为富国,对彼此贸易和经济的推动更大。"一个想要使自己通过对外贸易致富的国家,当它的邻国全是富裕的、勤劳的和商业的国家时,肯定最有可能达到致富的目的。一个四面八方由游牧的未开化人和贫穷的野蛮人围绕的大国,无疑只能通过耕种自己的土地、通过自己的国内贸易才能获得财富,决不能通过对外贸易去获得财富。"②因此,两者之间的贸易其实比各自与美洲或其他地区的贸易更为有利。两者的富裕分别构成了对方经济的更大的场。

当然,斯密不是一个天真的商业和平主义者,他也注意到了邻国的财富是一把双刃剑。"邻国的财富在战争和政治中……可能是危险的……在敌对状态中,它可能使得我们的敌人所维持的海陆军优于我们自己的海陆军。"③然而斯密明显认为这种敌对和战争状态不是霍布斯意义上持续紧张的自然的战争状态。他清楚地指出:"邻国的财富……在贸易中肯定是有利的。……在和平商业状态中,财富一定能使得它们为我们自己产业的直接产品或用这种产品所交换来的东西提供更好的市场,交换更大的价值。正如,一个富人能比一个穷人成为临近劳动人民的更好顾客一样,一个富国也是如此。"④而且即使邻国的制造商比较强大,他最多是本国制造商的非常危险的竞争者,但是这种竞争将极为有利于本国的广大人民。因此,在斯密看来,虽然民族国家体系内部难免有时会面对战争或政治的冲突,然而这毕竟并非常态。

---

① [英]亚当·斯密:《国富论》,第 542 页。

②④ 同上,第 544 页。

③ 同上,第 543 页。

以此非常态为典型，来安排民族国家之间的经济交往，阻碍经济的非疆域化，进而阻碍财富增长的自然之道，实乃舍本逐末。在斯密看来，民族国家使用垄断、奖金、出口退税等具体方式，力图将对方排除在自己的市场之外时，无非是玩弄杀敌一千自损八百的招数，不仅错误地将本国资本诱导到了不利于公共利益的用途之上，而且缩小了彼此劳动分工所依赖的市场范围。

四、殖民地与帝国的重塑

殖民地问题，尤其是对英国与美洲殖民地之间政治联盟的重塑，是斯密面对重大现实问题时在实践上的尝试，也是上述理论逻辑在现实世界中的具体应用。斯密在殖民地问题上的论述，具有相当丰富的内涵。第一，他将欧洲各国的殖民地政策实践看成具有对照组的自然实验，在此基础上对政治与经济之间的关系进行了比较历史制度分析，从而进一步扩展了第二节中已经解释过的经济与政治之界分的逻辑。第二，斯密对重商主义的殖民地政策体系的分析与批判，构成了其经济非疆域化逻辑进一步的展开和证成。第三，斯密试图解决英国和美洲殖民地之间现实矛盾的政治经济方案，展现出依据经济发展的脉络，依据流变中的经济状况来提供政治解决方案的新思路。这三个方面均展现出，在斯密的体系中，政治和经济的位次有了相当程度的相对变化；而且在人类社会的画面中，经济开始占有更为醒目的位置。

首先来论述第一个方面。斯密深谙古今帝国扩张之道。在他看来，古代世界就存在着两种分别以希腊和罗马为代表的殖民模式。在希腊模式中，母国虽然将殖民地看成是自己的孩子，随时施予巨大的恩惠和援助，也得到其尊敬和感激，但又将之看成是独立者，不对其行使直接的权力或管辖权。与之相应的是，殖民地具有相当的自由，自己管理自己的事务。殖民地可以自己规定自己的政府形式，制定自己的法律。罗马模式则不然，尽管其殖民地也有一定的自由，但随时处于母国的修正、管辖和立法权威之下，最多只能成为一个自治团体。在这两种模式中，斯密毫不犹豫地偏爱希腊模式。在他看来，希腊模式的优越性直接体现在其殖民地在财富和强大方面进步非常快，甚至超过母国。而罗马殖民地的辉煌则远为逊色。希腊模式和罗马模式的界分，为斯密的殖民地论述树立了参照系。在他看来，美洲殖民地与现代欧洲主权国家之间的政治关系,本质上类似于罗马殖民地与母国的关系,尽管由于距离遥远,母国的影响在一定程度上被削弱了。

欧洲各国的殖民地管理方式本身也存在着相当程度上的差异。虽然殖民地可能也有自己的议会或行政机关,但后者仍然或多或少地承受着来自母国的政治压力。因此,母国与殖民地之间的关系,实际上类似于民族国家内部政治主权与经济之间的关系。由于这一政治与经济之间关系的不同,欧洲国家各殖民地的繁荣程度迥然有异。西班牙建立殖民地最开始就是为了获得金银,从而一开始就非常关注其殖民地,对之施以控制。相反,其他欧洲国家在很长时间内则忽略了其殖民地。然而"前者并没有因为这种注意而更加繁荣,后者也没有因为这种忽略而变得更坏"①。法国的殖民地加拿大在专营公司统治期间的进步,相比其他新殖民地远远不如。但是在密西西比计划失败、这家公司被解散之后,加拿大的进步则非常明显。而在所有殖民地中,英格兰在北美的殖民地进步最快。斯密指出,一般而言,"良好土地的丰富,按照自己的方式管理自己事务的自由,似乎是所有新殖民地繁荣的两大原因"②。虽然在土地丰富方面,英格兰的北美殖民地根本比不上西班牙、葡萄牙和法国的殖民地,但在政治制度方面,英格兰殖民地最为优越,足以抵消这一不足而有余。在斯密看来,英格兰的殖民地享有更为合理的土地法、更为温和的税收负担,以及处理自身剩余产品上的更大自由。不仅如此,相比于其他国家的殖民地,英格兰的殖民地拥有更为公正的立法机构和行政机关。反之,西班牙、葡萄牙和法国的极权政府又在各自的殖民地上建立了起来。而且由于距离遥远,母国所授予下级官吏的独断权,因为得不到司法救济,行使得更为专断野蛮。在这一比较制度分析中,斯密无疑洞察到了母国和殖民地在政治和经济关系上的两种不同做法。英国对殖民地虽然也有索取,但索取温和,相对侧重于对经济的培育与保护,顺应经济的自然。相反,西班牙这样的国家则是攫取大于保护和培育。

斯密的上述分析构成了上文中经济与政治之界分逻辑的进一步展开。这里同样强调的是经济作为自成一类的存在,任何粗暴的、攫取的而非培育

---

① [英]亚当·斯密:《国富论》,第624页。

② 同上,第629页。

的做法,都将毁伤经济。相反,殖民地在不那么横暴的母国统治下享受的地方自治的自由,则是繁荣的源泉。在这里,斯密再次清楚地注意到政治应遵循经济的脉络而行。当政治制度适应经济发展的要求并服务于后者时,繁荣可期。

殖民地问题的第二个方面构成了斯密经济非疆域化设想的进一步展开。斯密注意到,美洲的发现和殖民对整个欧洲国家而言,意味着世界市场的发现,具有历史性的意义。"美洲的发现,经由好望角去到东印度的通道的发现,是人类历史上记载的两个最大的和最重要的事件。"①欧洲能够从美洲的发现和殖民中获得一般性的利益,不仅增加自己的享受,而且扩大本身的产业。即便那些与美洲没有直接贸易关系的欧洲国家,也将因为可以间接地与美洲的商品进行交换而获得更大的市场。由此,经济的非疆域化,一个超越主权范围限制的广大市场,将在极大程度上提升整个欧洲的繁荣。然而当殖民地建立起来,并且变得重要到引起母国注意时,母国的手就伸向了殖民地。"母国对它们制定的第一批规章制度,就是确保自己对它们的商业的垄断权。"②欧洲各个民族国家都试图垄断对殖民地的贸易,将其他国家排除在自己的专属殖民地之外。

这种完全将经济与民族国家主权范围合二为一的做法,在斯密看来得不偿失。他认为,每一个母国从属于它的殖民地所得到的,无非有两种利益:一种是每个帝国从其统治的各省中所得到的普通利益;另一种是从美洲殖民地这种特殊的省份所得到的特殊利益。前者无非是母国从殖民地所得到的军事力量上的支持,以及各省对帝国文官政府所提供的收入。就这两方面而言,斯密认为,没有一个美洲殖民地为其母国提供过军事力量的支持;就为文官政府提供的收入而言,只有西班牙和葡萄牙的殖民地曾经对母国做过些微小贡献。因此,就第一种利益而言,美洲殖民地对欧洲母国的贡献相当有限。

第二种利益则是从殖民地的专营贸易中所获得的利益。在斯密看来,这种利益也不过是一种"假定",无非镜花水月。以英国为例,虽然它因为垄断

---

① ［英］亚当·斯密:《国富论》,第 686 页。

② 同上,第 649 页。

了其美洲殖民地的贸易,从而对殖民地的商品买得比其他国家更便宜一些,但这不过是一种相对利益,而不是绝对利益。其原因有二。首先,将殖民地的相应商品限制在某个主权国家的市场之内,阻碍了其通过改良使价格进一步下降。相反,在自由贸易的情况下,殖民地的相关商品因为价格更低和更为丰富,更有助于与之贸易的国家的享受和产业方面的增进。尽管在这一情况下母国丧失了买得更为便宜的相对利益,但却获得了便宜和丰裕上的绝对利益。其次,当英国通过法律将殖民地贸易的垄断权据为己有,将外国资本全部予以驱逐时,这改变了其自身资本在各个不同的贸易和生产部门的配置,将在比较有利的部门或贸易形式上运作的资本引向了不那么有利的贸易部门或贸易形式,从而"破坏了不列颠产业所有不同部门之间的自然平衡"①。斯密认为,相对于殖民地贸易的正面效应而言,殖民地垄断的效应不仅永远为负,而且这种垄断本身也是杀敌一千自损八百。它虽然能够抑制所有其他国家(尤其是殖民地)的产业,但本身不仅无益于建立实行垄断的那个国家的产业,反而会将其削弱。西班牙和葡萄牙就是前车之鉴。"对众庶和繁荣的殖民地的贸易垄断不足以建立、甚至不足以维持任何国家的制造业,西班牙和葡萄牙的例子就是说明。西班牙和葡萄牙在拥有任何重要的殖民地之前,就是制造业国。自从它们拥有世界上最富的和最肥沃的殖民地以后,就不再是制造业国了。"②因此,对殖民地的垄断不足以成为任何一个帝国的立国之基。

在斯密看来,殖民地垄断不过使得单个阶层的人受益,使得他们从中获得高额的垄断利润。但因为人为地提高了少数贸易部门的资本利润率,资本配置发生扭曲,资本积累和土地改良都受到了挫抑,遭殃的是整个国家的一般利益。斯密嘲讽这样的帝国为受到小商人支配的国家。在他看来,一个国家的根本还是在于其自身经济的自然发展与资本的自然配置。国家不仅要积极地融入世界经济,充分借助其他国家的地区和市场,而且本身也需要向其他主权国家开放市场。相反,试图使用国家主权和政治军事手段来割裂世界经济并使之疆域化,会产生两大不利后果。首先,这会不利于世界繁荣,从

---

① [英]亚当·斯密:《国富论》,第 665 页。
② 同上,第 671 页。

而不利于民族国家的繁荣。其次,这不仅会扭曲和阻碍经济发展,扭曲各个经济部门的比例关系,而且因为维持帝国的巨大政治和军事费用,会使得整个帝国计划对母国成为难以承受的负担。这正是斯密在殖民地问题上着重讨论的第三个方面。

就英格兰与其美洲殖民地之间关系的分析,上文其实已经略有提及。斯密清楚地认识到,维系美洲殖民地的垄断权实际上已经成为大英帝国不可承受的负担。前者实际上从来没有为支持母国的文官政府或国防提供任何收入或军事力量,而英格兰本土从这种垄断中所得到的不过是一种政治上的虚荣。"垄断权是它们依附我国的唯一标志,也是迄今为止从这种依赖所取得的惟一果实。"①斯密认为,美洲殖民地与英国之间的未来前景存在两种方案:分离或者合并。

分离方案意味着英国自动地放弃对殖民地的一切权威,让后者自己选举地方长官、制定法律、斟酌和战。这种方案在经济上的好处是巨大的。不列颠不仅能够立刻摆脱沉重的支出负担,而且经济本身将变得更为健康和繁荣。不仅如此,英国和美洲之间的天然感情也能够迅速地得以恢复,两者之间至少可以像希腊的母国与殖民地那样,变成在贸易和战争时均能相互支持的同盟国。然而尽管统治美洲殖民地不过是一种政治上的虚荣,源自于人性中对统治的渴望,但分离"等于是提出世界上任何一个国家都不曾接受过,并且永远也不会接受的提议。……这种牺牲虽然常常是符合每一个国家的利益的,但却总是损害它的威信"②。尤其是分离方案也将削减统治集团中很多具有支配他人能力的位置。尽管在斯密看来,分离方案未必不是一种可行的方案(在这种方案中,经济上的考虑重于政治上的虚荣),但考虑到人性的性质,他认为英国不大可能会采取这种方案。

另外一种选择就是合并。合并方案要求殖民地省份不仅能够应付自己在各种建制上的花费,而且能够为帝国的一般政府之维持提供一份收入。然而这个从理论上来看非常公正的要求,在帝国的政治计划中却难以实现。征税的方式无非有两种:一是由在帝国中央管理下的殖民地自己的议会来征

---

①② [英]亚当·斯密:《国富论》,第 676 页。

收,二是由英国议会征收。但无论哪一种征收方式,都面临着政治经济上平衡的困难。

就前者而言,这要求殖民地议会与帝国中央之间建立比较稳固和良好的政治服从关系。然而即使在英格兰议会中,也仅仅是在议员分占了大部分由文武建制产生的官职之后,才建立了这种管理制度。但英国本土和美洲过于遥远,国王无法有效地监督殖民地议会,也无法充分地使殖民地议会成员在帝国政治体系中享有官职。而且即使殖民地议会与帝国中央建立了良好的政治服从关系,由于殖民地偏居一隅,它们也无法对整个帝国的费用以及自己应当承担的份额有较好的判断。

即使帝国中央的议会只确定税收额度,而由殖民地的议会来确定征收方式,这种比较温和的做法也会存在很大限制。斯密认为,在这种情况下,依照大英帝国和法国的先例,即使在帝国中央没有代表的殖民地,也不用担心自己被课征超过正当水平的税收。

倒是帝国中央本身需要担心殖民地所承担的税收达不到适当的比例。殖民地议会完全可以找到各种借口来拒绝英国国会哪怕是最合理的派征。这并非空穴来风,实际上自有世界以来,大不列颠或许是唯一在扩大帝国时没有增加收入反而增加支出的国家。与其他帝国不同,大不列颠总是一力承担其附属省份所应该承担的保护帝国的费用。

第二种方式,也就是撇开殖民地议会直接由帝国中央征税的做法,会更加不可行,因为这将终结殖民地议会及议会中的领袖人物的重要性。然而不仅殖民地本身的稳定和繁荣依赖于这些领袖人物的重要性,而且在被剥夺了重要性之后,这些人将领导殖民地拿起武器捍卫自己的重要性,从而开启战端。

因此,在斯密看来,合并方案的唯一可行做法是采用代议制,让美洲殖民地依据对帝国公共收入的贡献比例,选派代表进入帝国中央的议会,以此来满足殖民地政治精英的统治欲,克服其分离倾向。斯密认为这种联合方式是可欲的,也是可行的,因为尽管这种联合在实现过程中必定面临着巨大的困难,但是"主要的困难或者不是产生于事物的本性,而是产生于大西洋此岸和彼岸的人民的偏见和意见"①。斯密认为,这种做法也能够打消殖民地人民的畏惧,使其不必担心因远离政治中心而遭受压迫。因为除了在帝国中央有自己可靠的代表之外,由于其财富、人口和土地改良方面的进步如此之快,殖民地很可能在不久的将来就会成为新帝国的中心。

由以上可见,斯密重塑帝国的政治经济计划的基础是其对经济的理解。首先,他注意到重商主义帝国不仅承受了沉重的财政负担,而且阻碍了财富的自然增长。与之相应的是,帝国的荣耀不过是一种虚妄。其次,在指出分离计划不太现实,从而表达出对这种虚妄的同情性理解时,斯密致力于在平衡经济与政治的基础上打造一个新大西洋联盟。在这个联盟中,经济无疑仍然是其中的基础性因素。殖民地必须分担帝国的基本费用。而大西洋联盟的政治计划本身,就是在为母国和殖民地之间更为纯粹与平等的经济关系,以及双方更为繁荣的经济前景做出筹划。最后,斯密清楚地看到,如果按照收入比例派遣代表,则随着大西洋两岸经济形势的转移,必将意味着帝国的政治中心随着经济中心的转移而转移。对此,斯密无疑是乐观其成的。在这一点上,他对其前辈哈灵顿有所继承也有所发展。哈灵顿最先将政治权力视为经济的副产品,②主张将政治权力建立在经济和财产之上,尤其是建立在土地财产之基础上。政治与经济之间的这种关系得到了斯密的继承。但是由于斯密观察到了全球贸易下不断生发出的财产以及不断变动的经济版图,他不仅在财产和经济观上突破了哈灵顿以土地财产作为政治设计之基础的观点,而且拒绝了后者在《大洋国》中倡导母国政治上严密控制殖民地的主张。斯密更加富有顺应的智慧。正如罗斯所指出的,斯密关于大西洋联盟的说法,体现出他愿意推动政治改革以适应经济的动态发展,创造新机制以克服现有冲突。③

经斯密重新塑造过的英帝国不复旧貌,已经不是重商主义的帝国,而是更新为自由贸易的帝国。斯密并没有放弃民族国家,他是个非常清醒的政治现实主义者。他反对的只是民族国家体系在经济和政治上的这个重商主义

---

① [英]亚当·斯密:《国富论》,第685页。

② 参见[美]理查德·派普斯:《财产论》,蒋琳琦译,经济科学出版社,2003年,第38页。

③ 参见[英]伊安·罗斯:《亚当·斯密传》,张亚萍译,罗卫东校,浙江大学出版社,2013年,第424页。

版本。他所试图做的也正是在承认民族国家体系之现实的基础上,以政治和经济的相对分离与经济的非疆域化来克服其弊端,使全人类成为彼此的帮手,共同分享新世界和新市场的发现所带来的福祉。

五、结 论

斯密的重商主义批判具有极为丰富的政治学含义。首先,在他看来,重商主义对经济与政治及国家主权之间的关系不甚了了,没有将经济看成自成一类的存在。重商主义过度强调国家主权和政治家的功能,忽略了民间力量和财富增长的自然之道。与之不同,斯密将原本集中在政治精英手中的国家富与强的政治责任,以经济化的方式分散到了整个经济体上。其次,斯密在理论上实现了经济的非疆域化,从而在现代的民族主权国家体系中发现了一种不同于重商主义的可能性。这种新安排没有触动原有的民族国家体系的政治主权,但是大大地扩充了经济的空间。最后,在英国与美洲殖民地之争的问题上,斯密表现出以经济的脉络和走向为基础设计政治体系的政治智慧,提出了一种不同于重商主义帝国的自由贸易帝国计划。这种计划同样没有否定民族国家体系或仰望世界大同,但大大超越了重商主义民族国家体系的局限。总而言之,斯密重新界定了政治和经济的相对位置,使得经济开始占据相对主导的位置,并在相当程度上使得经济成为了对政治的超越。这就是他对现代人的政治经济视界的贡献。从某种意义上讲,斯密是依然延续到我们这个时代的现代世界的设计师之一。而对于当下的中国,他的思考仍然具有相当的关切性。

(作者简介:张江伟,浙江外国语学院讲师。)

▼法国政治思想

浅论启蒙运动的内在紧张

自欧洲启蒙运动发生之日起，就有了反启蒙运动。反启蒙运动的情况是复杂的，不过归纳起来真正对启蒙持反对态度的思想不外乎两大类：一是带有较浓厚的前现代色彩的保守主义思潮，它反感于启蒙对宗教和社会政治秩序的破坏，并出于对法国大革命的敌意而仇视启蒙，代表人物为埃德蒙·伯克、德迈斯特、巴吕埃尔以及后期的尼采；二是具有现代文明精神的自由主义思潮和后现代主义思潮，认为启蒙运动的理性主义应该对20世纪的帝国主义和极权主义，以及现代社会的种种弊端负责，代表人物为以赛亚·柏林、雅科布·塔尔蒙，法兰克福学派的批判理论家霍克海默和阿多诺，以及法国解构主义者福柯和德里达。

现在看来比较值得注意的是第二类反启蒙思潮，因为它政治上相对比较正确，影响也很深广，已成为当今社会和政治思想中的一个关键性的构成要素。这一思潮对现代社会中出现的帝国主义和极权主义之类现象的批判，无疑是深刻而有益的；但它把这类现象一概归咎于启蒙理性，却也有相当的荒谬性和危险性，不可不引起我们的注意。

美国普林斯顿大学历史研究学院教授约纳森·伊斯瑞尔（Jonathan Israel）推出的一部力作《受争议的启蒙：哲学、现代性与人的解放（1670—1750）》（*Enlightenment Contested:Philosophy,Modernity,and the Emancipation of Man 1670–1750*,Oxford University Press,2006），及其激起的热烈讨论，显示出这一问题已经引起了西方学界的高度关注。伊斯瑞尔在书中提出的一个观点也颇有启发性：他认为对于启蒙运动的这种胡乱批评，说明"什么是启蒙"这个古老问题实际上仍未解决——"我们关于启蒙几乎从未做出综合的全面的说明。关于启蒙仍有许多不确定性、许多疑问，人们对启蒙到底是什么还是不清不楚的，无论是启蒙的朋友还是敌人都说不清楚。"[①]连启蒙到底是什么都没搞清楚，当然不可能对它做出正确的评价，而伊斯瑞尔写这本书的目的，也正是希望解决这个问题。

伊斯瑞尔对这个问题的解决办法，是试图以斯宾诺莎哲学为基点把复杂纷纭的启蒙思想统一起来。这种尝试是否成功，这里不拟评说。但不言而喻的是，这个问题的解决办法肯定不止这一种，人们完全可以往其他方向做出另一些尝试。现在我们就来试试另一种办法，我感到用这个办法来反制对启蒙的胡批，也许更为便捷。

一、"何为启蒙"为什么会成为一个"德国问题

美国波士顿大学教授詹姆斯·施密特在他主编的论文集《启蒙运动与现代性》的前言里，说过这样一段话："启蒙运动是欧洲的一个历史事件，但是'什么是启蒙？'这个问题，却独一无二地是一个地地道道的德国问题。由于一些难以阐明的理由，不论是法国哲学家还是苏格兰的道德学家（只是提到两个最可能的派别）都不像他们说德语的同事那么关心'什么是启蒙？'这个问题。"[②]这段话发人深省。

我们知道德国人最善抽象思辨，是一个著名的哲学民族。在欧洲启蒙运动中，德意志启蒙运动起步是比较晚的，大概在 18 世纪 60 年代，这至少比英法晚了 30 来年。数十年中，他们看到英法那边的学人们热衷于标新立异，表现异常活跃，各种闻所未闻的新思想新观念层出不穷，不免好奇，并在好奇之余习惯性地给这现象来了个概念化，称之为"启蒙运动"——Aufklärung，

---

① Jonathan Israel, *Enlightenment Contested：Philosophy，Modernity，and the Emancipation of Man 1670–1750*，Oxford University Press，2006，p.v.

② ［美］詹姆斯·施密特编：《启蒙运动与现代性——18 世纪与 20 世纪的对话》，徐向东、卢华萍译，上海人民出版社，2005 年，第 1 页。

并着手认真琢磨其中的意义蕴含，还为之展开了热烈的讨论。那么为什么"启蒙运动"这东西会引起德国这个哲学民族如此强烈的关注？只能是因为他们隐约地感觉到这件事情意义非同小可，然而这意义又模糊不明，一时说不清楚。为什么说不清楚？没有别的，只能是因为这件事情内部情况过于复杂了，矛盾重重，云遮雾障，需要经过艰苦探索、细心辨析才能发现其本质特征。也就是说，启蒙这件事在德国哲学家眼里，绝对不是个简单的事情，不可以做简单化的理解。

可是，对于德国哲学家的这种缜密与谨慎，后来的很多人似乎都不以为然：因为他们显然更喜欢把启蒙运动简单化。比如我国史学界，在过去很长的一段时期里，人们都习惯地把启蒙运动看作是一个法国现象，似乎法国启蒙运动就代表了启蒙运动的一切。只是在前不久，我们才知道除了法国启蒙运动之外，还存在着一个"苏格兰启蒙运动"，其精神气质和法国启蒙有颇大的不同。其实除了法国和苏格兰启蒙之外，也还存在着调子各异的欧洲其他国家的启蒙，而且法国启蒙和苏格兰启蒙是否真像施密特说的那样"最可能成派"，也都是很难说的，因为这两个启蒙和其他国家的启蒙一样，内部都有着显见的矛盾性和复杂性。

也就是说，作为一个"历史事件"，启蒙运动是一个异常复杂的现象，众多所谓的"启蒙思想家"，其实根本就没有两个人在观点上绝对一致的，甚至有些"启蒙思想家"究竟能不能被冠以这样的名头，都是个争议尖锐的问题：如维柯，如卢梭，就在被一些人奉为伟大的启蒙哲人的同时，又被另一些人说成是"反启蒙"的先驱。而就施密特本人而言，究竟有没有"启蒙"和"反启蒙"这样一些东西，其实都大可存疑：由于20世纪最后二三十年的相关研究已经对18世纪的"理性时代"性质提出了严重质疑，因为当时根本不存在一种统一的"启蒙主义"意识形态，"启蒙运动"这个概念很可能只是19世纪末期盛行的非理性主义思潮的一种臆造，而"启蒙"既然不真，"反启蒙"也就无从谈起了。[1]

---

[1] Cf. James Schmidt, "Inventing the Enlightenment: Anti-Jacobins, British Hegelians and the Oxford English Dictionary," in *Journal of the History of Ideas*, 64/3, 2003, pp.421–443.

二、启蒙理性的二元性

有人可能纳闷,判定一种思想是不是启蒙思想,有那么难吗? 标准很简单啊:看它承认不承认理性的绝对权威就可以了么。这恰好就是最典型的一种关于启蒙运动的简单化理解。对此,人们可以立即提出一个追问:什么叫理性? 也许对所有"反启蒙"者来说,这根本不是个问题,因为他们几乎都肯定地认为,启蒙运动崇尚的理性就是唯物主义的科学理性,它与上帝没有任何关系,是人类固有的一种以客观物质条件为基础趋利避害并追求物质利益最大化的推理能力。当然,许多支持启蒙的人可能也持这个看法。可事实上这种"科学理性"并不是启蒙所宣扬的"理性"的全部。应该说它只是启蒙理性的一半,甚至可以说只是启蒙理性比较表层的东西,而它的主要活动中心也并不是在一直被认为是启蒙运动主战场的法国,而是在英国或苏格兰,并与英国特有的经验主义传统密切相关。启蒙理性的另一半,或者说启蒙时代人们崇尚的另一种理性(也许这还是启蒙理性更深层的东西),即使不是与科学理性截然对立也是与其大相径庭的:因为它虽然也讲推理,也讲趋利避害,也讲追求利益最大化,但并不绝对以客观物质条件为基础,而是在更大程度上关注人的心灵感受、道德价值和人格完整,同时还不排斥宗教信仰,甚至把信神作为实现其社会变革方案的必要条件。

这种理性的倡导者,我们知道,主要就是卢梭。卢梭是一贯反对唯物主义和无神论,坚持捍卫宗教信仰的,为什么? 原因就是他感到这个世界上坏人太多。由于坏人太多,要做好人就很难,这不仅愚蠢而且危险。可是我们又不能不做好人,也不能不提倡大家去做好人,怎么办呢? 那就只能诉诸宗教了,也就是必须设想有一个由神主导的后世的存在,在那里有德的人可以得到奖赏,缺德的人则会受到惩罚。卢梭当然也懂得宗教是一件压迫工具这个道理,但他同时相信唯物主义无神论也是这样一件工具。而且他还尖刻地认为,鼓吹无神论的启蒙哲人们反对宗教,只是因为他们要和教士们争夺知识上的主导权,为此他们需要得到政治当权者的支持,因为后者本性上都讨厌会限制他们的权力和贪欲的宗教。这也就是说,在卢梭看来,唯物主义无神论只是那些希图满足自己的知识的自负启蒙哲人讨好政府官员的一件工具,目的是在他们同教会的话语权斗争中得到政治上的支持和庇护。此外,卢梭还认为无神论实际上是为贵族、为有钱人服务的,因为无神论不相信彼岸的天堂,主张天堂就在此岸,在人间。可是,能在人间建立自己享乐的天堂的人,除了有钱人还能是谁呢?穷人反正是无法在此岸住上天堂的,他们只能把希望寄托在后世,希望死后灵魂能住进天堂。所以卢梭说,真正需要宗教信仰、需要上帝的人是那些受苦的人,他们因为在此世没有机会享受幸福,因而非常需要在困苦之中得到一点希望和慰藉,可就这点可怜的东西,野蛮的无神论都要把它夺走,实在太不像话啦。[1]这里,我们看到了卢梭对劳苦大众的确怀有一种至真至切的关怀,然而他的这些看法却完全不符合那种被认为是启蒙运动基本依据的科学理性,而且卢梭的主要活动范围又恰恰是在法国,即在那个被认为是启蒙运动主战场的地方。同时我们还知道,尽管卢梭生前一直受排斥,但他的影响却在他死后(卢梭和伏尔泰均卒于1778年)发生了戏剧性的变化:随着法国大革命的临近,卢梭的思想越来越受欢迎,终于在法国大革命前夕压倒了以伏尔泰为代表的法国启蒙主流,而成为大革命的主导意识形态。

就因为卢梭常有类似的与启蒙主流作对的言论,许多人曾把他认作"反启蒙"的主要先驱。然而我想他们也会不得不带着强烈的困惑承认,卢梭同时也是启蒙运动的一员主将,因为启蒙时代一篇最大胆、最全面的批判基督教的文字正是出自他的笔端——那就是《爱弥儿》第四卷里的那篇"一个萨瓦省牧师的信仰自白"。就连处处看不惯卢梭的伏尔泰在读到这篇文字时,都忍不住要击节赞赏。[2]也正是在这篇文字里,卢梭还设想了一种用以取代基督教的"真诚教"或"良心教",该宗教的终极依据,既不是神启,也不是理性,而是人内心深处的一种自然情感,是一种心灵的"真诚";而其终极目标,则是让现代人摆脱人格分裂状态从而成为"完整的人"。这实际上是一种彻

---

① Cf. Rousseau, Jean-Jacques, *Rousseau Juge de Jean-Jacques. Dialogues*, in tome I des Oeuvres completes de Jean-Jacques Rousseau, 4tomes, éd. Bernard Gagnebin et Marcel Raymond, Gallimard, Bibliotheque de la Pleiaden, Paris, 1959–1969, p.971.

② Voltaire, letter to Damiaville, June 14, 1762. See Arthur M. Melzer, The Origin of the Counter-Enlightenment: Rousseau and the New Religion of Sincerity, *in American Political Science Review*, Vol. 90, No.2, June 1996, p.345.

底的人道主义,故而也是和启蒙的精神完全合拍的,因为整个启蒙运动的最高理想,本来就是要为人类设计一个最符合人性的社会。由此可见,所谓"启蒙理性"实际上是可以一分为二的,或者说启蒙运动所依据的理性实际上有两种,而这两种理性,不是别的,也就是马克斯·韦伯所说的"工具理性(Zweckrationalität)"和"价值理性(Wertrationalität)":前者是伏尔泰们所尊奉的科学理性,后者则是卢梭们所钟爱的人文或人本理性。其实这两种理性,在欧洲各国的启蒙运动中都普遍存在,只是科学理性更多地与来自培根的经验主义传统相关联,因而在苏格兰启蒙运动中表现最为突出,而人文理性更多地与来自笛卡儿的唯理主义(即所谓大陆理性主义)传统相关联,因而在法国启蒙运动中表现得更为活跃:实际上即使是十分推崇英国经验主义的法国启蒙主流派,由于受本土思维传统、精神气候的影响,也还是带有一种挥之不去的人本主义终极关怀,总要把英国人有关权利的各种具体概念演绎成普适的抽象口号,以至于他们关于工具理性的宣扬本身就缺乏底气,他们的优势为直接从笛卡儿传统中成长起来的卢梭所取代是迟早的事。

三、"祛魅"与"返魅"的对立与平衡

不过,尽管有卢梭异调独弹,法国启蒙运动反宗教信仰的唯物主义色彩仍始终浓厚。其实我们也已经看到,即使是热衷于回归宗教——"返魅(re-enchantment)"的卢梭,他最终追求的也还是"人性完整"这种把人看得高于一切的人道主义目标,这跟传统基督教完全不是一个路数。结果一些"反启蒙"者便认定,法国启蒙运动乃至整个启蒙运动,是导致"上帝之死"的罪魁,而真正的信奉态度泯灭的后果,是整个现代社会生活方向的丧失,是一切都变得混乱不堪、毫无意义。①我们当然不能认为启蒙运动对教会反动势力的进攻是犯了弥天大罪,也不能同意把现代社会的一切弊端都归咎于启蒙运动对基督教信仰的批判,但是说启蒙时代"人是机器"之类的彻底"祛魅(dis-enchantment)"理论对社会道德状况多少会带来一些消极的影响,却也不是完全没有道理。只是同样需要注意的是,启蒙运动并非只是法国的运动,因

① 参见[美]詹姆斯·施密特编:《启蒙运动与现代性——18世纪与20世纪的对话》,第362页。

而即使整个法国启蒙都矢志于"祛魅"了，也并不意味着这就是整个启蒙运动的本质。实际上，现代社会的过度世俗化反映的只是法国启蒙运动中无神论思潮的一种片面发展，而这种无神论远没有成为启蒙时代的欧洲知识界的共识，即使是在英国这样一个基督教信仰的基础远不如法国牢固的地方。特别是在法国的东邻德国，那里的启蒙运动和英法两国的启蒙运动都不大一样，主要是一直对宗教信仰保持着更多的尊重。折中主义似乎从来就是德国哲学主流的本质特征，这种折中主义常常为人们所诟病，其实其中很可能蕴含着一些我们还不曾领悟到的了不起的智慧。在德意志启蒙运动中起主导作用的是莱布尼茨–沃尔夫哲学，这种哲学实际上是对牛顿机械哲学和笛卡儿唯理主义的一种折中。

莱布尼茨是欧洲启蒙运动的奠基人之一，他的哲学的特点是一方面试图创立基于精确逻辑定律的综合性知识体系，一方面又力图避免笛卡儿和斯宾诺莎式机械哲学所蕴含的无神论和唯物主义，也就是希望在笛卡儿的身心二元论和斯宾诺莎的一元论之间寻找一条中间道路。[①]沃尔夫是莱布尼茨的得意门生，他的哲学也是一个折中主义的体系，融合了源自苏格拉底哲学、莱布尼茨哲学以及现代数学和科学的概念，他与莱布尼茨的主要分歧，是在来自演绎的"推理的真理"和来自归纳的"事实的真理"之间，更强调后者的哲学确定性，同时在美学研究中另辟蹊径，提出了"复合情感"的概念，即理性与情感相交融的感受。[②]就是沃尔夫的这个"复合情感"说，后来成为德意志启蒙运动的基调，其核心精神是要在启蒙哲学中为宗教信仰留下一

---

① 参见[美]彼得·赖尔、[美]艾伦·威尔逊：《启蒙运动百科全书》，刘北成、王皖强编译，上海人民出版社，2004年，第359页。

② 同上，第363页。

块合法的地盘。①德意志启蒙学派承认并赞美理性在获取自然界真理方面的作用,但也明确提出,单靠理性的力量不可能完成高水平的艺术创作,也无法获得宗教真理。看来德意志启蒙运动对情感的重视很大程度上源自其对宗教真理的尊重,而这一情况似乎和德国特有的路德宗虔敬主义(Pietism)运动有密切的关联:虔敬主义强调宗教的要旨不在于外在的、教条的形式而在于"内心的虔诚",特别注重个人主观情感体验(比如,虔敬派领袖斯彭内尔认为,在解读《圣经》的时候,最重要的是"心"要诚,理智上的解释出现分歧问题不大)。就因为有这种重情感而轻理智的倾向,虔敬主义常常被说成是一种反启蒙的思潮。但在基督教主流神学家们看来,这种虔敬主义毋宁说是一种启蒙主义思潮,因为它把基督教信仰变得过于个人化、内在化和主观化,把追求虔敬完全等同于追求个人内在属灵经历,结果"无论在气质上还是在方法上"都类似于启蒙运动的理性主义。②这么说来虔敬主义和卢梭的神学思想的确很接近,但这究竟是启蒙思想还是反启蒙思想,却又可以见仁见智。不过现代学者一般都把虔敬派运动看作德意志启蒙运动的一部分了,认为那是德国启蒙内部的一股重要而异己的思潮。③也许这种不彻底的理性主义有一定的消极性,德意志启蒙运动因此缺乏晚期法国启蒙运动所特有

---

① 康德虽然在1770年以后抛弃了他在大学里掌握的莱布尼茨和沃尔夫的哲学传统,开始构建一个新的体系,但他的新体系所致力于解决的问题,也还是启蒙哲学中的两种基本张力:一是理性主义和经验主义之间的张力,二是科学所描绘的自然界与人类行为的道德领域(其实也就是工具理性和价值理性)之间的张力(参见同上书,第363~366页),而他最终创立的哲学体系,其实仍是一个折中主义的二元论体系,其中仍保持着对宗教信仰的尊重。康德的同辈学者、对德国启蒙运动也产生了重大影响的莱辛,则表现出一种不同的理论倾向:他试图在一种动态的、辩证的过程中把理性与信仰调和起来——这一点,集中反映在他对基督教信仰的历史合理性的思考中。在莱辛看来,启示宗教是上帝对人类进行教育的一种手段,其目的是促使人类道德走向完善,因此其内容和形式都要随着人类道德水准的提高而变化;而基督教作为一种启示宗教,其真理性也是在历史中不断变化的,它并非像法国启蒙哲人所说的那样是自然宗教的彻底堕落,也不应像英国自然神论者所做的那样被还原为自然宗教,而只应看做是人类走向道德完善(自律)过程中的一个必然的发展环节,一旦人类成长到有能力直接把握真理了,基督教就将为一种新兴的理性宗教所取代。莱辛的这一思想是非常深刻的,英法式静态的"分析理性"在这里变成了一种动态的、辩证的"历史理性",但莱辛主要是一个文学家而非哲学家,他的论述不够严谨也不成体系,所以他的这一工作的最后完成,还有待于后来的黑格尔[参见赵林:《莱布尼茨–沃尔夫体系与德国启蒙运动》,《同济大学学报》(哲学社会科学版),2005年第一期]。

② 参见[美]威利斯顿·沃尔克:《基督教会史》,中国社会科学出版社,1992年,第561~563页。

③ 参见[美]彼得·赖尔、[美]艾伦·威尔逊:《启蒙运动百科全书》,第142~143页。

的那种强有力的革命潜能，从而为后来德国的历史预设了某些不良的因子。但诚如人们所看到的，法国启蒙的比较彻底的理性主义也有自己的问题，那就是它有可能带来现代社会的过分世俗化从而导致物欲横流和道德败坏。那么如何克服这一危险？窃以为德意志启蒙运动的妥协精神颇有借鉴意义。实际上，以往长期被认为不重要的德意志启蒙运动理应在今天引起我们的充分注意，因为唯有德意志启蒙运动才能让我们真正明白：所谓"启蒙"，并非一种纯粹理性的运动，其中客观地存在着理性与信仰或理智与情感的对立与统一，存在着"祛魅"与"返魅"（或"守魅"）之间的紧张，这也就是说，欧洲启蒙运动并不一概主张绝对的世俗化。

四、天赋人权的内在冲突：自由与平等

启蒙运动内部的第三个重要的张力，存在于自由与平等这两个理念之间。本来，自由与平等是自然法规定的两项最基本的天赋人权。启蒙时代人们也普遍认为，这两项权利若真正得到了实现和保障，人类社会便进入了最理想的状态，其他一切人们所需要的东西，如财产、幸福、安全、免于压迫等等，都将自然到位。当然，发展出这种观点的，主要是法国启蒙哲人群体；而使这种观点发展为全球性的共识、从而成为现代文明的基本原则的，也主要是在法国启蒙激励下发生的法国大革命。大概自法国大革命时代起，自由和平等就一直同时为一切正义的人们所孜孜以求。然而人们却很少注意到，由于人们的天赋条件有很大的差异，这两个概念在很多情况下其实都是一对尖锐的矛盾，很难同时兼顾或兼容。举一个最容易为我们理解的例子：在毛泽东时代，我们的物质生活资料虽然很匮乏，但毕竟人人的生活状况都差不多，没有显见的贫富差异，大家享受着一种经济上的大致平等，只是这平等完全是靠抑制人们发挥个人聪明才智的自由换来的，当然同时受到抑制的还有整个国民经济的发展水平；而改革开放后，个人的聪明才智可以自由发挥了，国民经济发展开始起飞，可是社会的贫富分化进程也随之起步，经济平等很快不复存在。一般说来，发挥个人天赋的自由总是和社会的经济平等状态不相容的，这里"自由"多一点，"平等"自然就要少一点，反之亦然。尽管一定程度的经济不平等对于一个社会的健康发展是十分必要的，但过度的

经济不平等毕竟也能成为一切罪恶的总根源，所以能否根据不同时期的不同情况，在自由与平等之间找到一个最佳结合点，是问题的关键。

这恰恰也是问题的难点：自由与平等之间常常表现出的是一种你死我活的对抗。我们知道，早在17世纪英国革命中就出现过自由派和平等派的对立，最后是自由派大获全胜而平等派全军覆没。这事情应该归咎于盎格鲁-撒克逊人的经验主义传统。由于一切以经验为重，英国人的自由观和平等观都是非常具体的，无法突破阶级利益的狭隘眼界，而基于当时英国的阶级力量对比，在革命中得到伸张的只能是有产阶级的自由权利，而广大下层人民的自由权利——也就是"平等"，则基本上被彻底忽略了。而作为英国革命产物、也是欧洲启蒙运动的主要源头之一的洛克自由主义思想，虽然也从天赋人权的意义上肯定了自由与平等的价值，但它特别强调的终究仍只是自由而不是平等。英国这种重自由轻平等的早期启蒙思想传到法国后，在大陆理性主义传统和法国特殊的社会环境的影响下渐渐发生了变化，演化成一种法国启蒙所特有的自由与平等并重的意识形态，只是自由与平等这两个理念同时也演化成了两个含混不清的抽象口号。这种抽象化大大拓宽了自由平等理念的适用范围，并由此推动了法国大革命激越浪漫的政治实践，但却丝毫没有消除这两个理念之间的对抗关系。

事实上，主要是由于反平等的特权等级势力过于强大，后来法国大革命对自由与平等的贯彻完全是以平等为中心的——也就是说，在大革命中实现的，基本上只是第三等级"平等"热望的"自由"表达。众所周知，法国大革命关于平等的诉求是极为夸张的：人们不仅要求权利（政治）平等，同时还要求经济平等和社会平等；不仅要求起点平等，而且要求终点平等；不仅要求"生而平等"，而且要求"始终平等"。总之他们狂热地试图建立一个没有大贫大富的社会，试图杜绝一切人剥削人人压迫人的现象。这就难免要大规模地压抑"自由"——本来意义上的个人自由，导致公共生活对私人生活的严重侵害。

显然，较之只要自由不要平等的英国革命，法国革命走的是相反的另一

① 当然这一般来说只是革命法国对内政策的特点，就其对外政策而言，情况就有点复杂，尤其是在拿破仑战争期间，法国实际上一边在传播自由平等原则，一边又在践踏这些原则。

个极端,即只要平等不要自由,①尽管它同时打出了自由和平等这两面旗帜。法国革命对平等价值的片面高扬不仅事出有因,而且不无积极意义(它事实上启动了现代政治民主化的世界潮流),但无论如何它终究还是片面的,或者说是对自由与平等之间关系的协调努力的一种失败。这说明法国人虽然能够在启蒙运动中树立起自由与平等这两大价值,但要真正化解两者之间的尖锐冲突,他们仍无能为力。而这个矛盾不解决,现代文明的发展就难免会出现这样或那样的偏颇或麻烦。实际上,困扰现代社会的许多意识形态的二元对立,如个人主义和集体主义、民族主义和世界主义、资本主义和社会主义之类,无不是启蒙运动所倡导的自由与平等这一对矛盾价值的衍生物,而事实似乎也已经充分证明,所有这些互相对立的意识形态,各自都只能代表着某种片面性,都无法单独保证现代社会的健康发展。

五、博爱的意义

其实,上面谈到的启蒙运动内部存在于工具理性和价值理性之间、理性与信仰(或理智与情感)之间、自由与平等之间的三种张力,相互之间是有某种内在关联的,说到底几乎就是一回事。而现代性或现代文明中出现的所有弊端,则全都可以归咎于某个矛盾方面的片面发展。由此看来,形形色色的"反启蒙"者,无论是前现代的还是后现代的,似乎都有些不得要领:他们往往只是在挞伐启蒙运动中某种思潮的片面扩张,却偏要把罪名安到整个启蒙运动头上。当然,如果不是纯粹出于对旧时代黑暗事物(如教会的精神监控和君主专制)的怀旧情绪,他们的意见还是值得倾听的,因为这有助于深化人们对这种片面性的认识。

那么如何克服这种片面性?窃以为某种妥协或调和的艺术实属必不可少,而在这方面特别值得借鉴的,则应该是上面说到过的德意志启蒙运动。其实在法国启蒙运动中也曾出现过这种调和的努力,那就是对"博爱"观念的提出和阐发。甚至在法国大革命中,一些明智的革命者,如雅各宾派的罗伯斯比尔,如吉伦特派的罗兰,也曾力图在实践中贯彻这种"博爱"精神,以期缓和自由与平等之间的残酷搏杀——这就是写在法国大革命的旗帜上的"自由、平等、博爱"这个三位一体口号的由来。只是很可惜,"博爱"这东西无论在启蒙时代,还是在大革命时代,似乎都不招大多数法国人待见,它事实上被忽略了。何以至此? 按历史学家莫娜·奥祖夫的解释,那是因为当时的法国人普遍关心的主要是自由与平等之类的权利问题,而"博爱"只是一种道德义务,一种情感,而且更糟糕的是,它还跟"该死的"基督教有扯不清的瓜葛。[1]然而这种僵硬狭隘的观念,今天是不是该变变了呢?

(作者简介:高毅,北京大学历史学系教授。)

---

① Cf. Mona Ozouf, "Fraternité", in François Furet et Mona Ozouf, éd., *Dictionnaire critique de la Révolution française*, Flammarion, Paris, 1988, pp.731-732.

自由的社会理性跃迁及社会对自由的背叛

——对卢梭政治理论的社会基础之考察

　　让–雅克·卢梭的思想对现代政治讨论所具有的重要意义已然毋庸置疑,不过既有研究多半围绕着卢梭的名著《社会契约论》展开。①但很显然,卢梭的思想具有体系性,他的主要作品在内容上呈现出明显的逻辑连贯性,社会契约思想只是其中的一个有机构成部分。②正是在这个基础上,笔者赞同马修·辛普森对卢梭的工作作出的如下判断:"卢梭承续的是一个有关最佳政府形式的古典命题,他把这个主题(重新)定位为:相互独立的人如何为了彼此的保存而联结成一个共同体,而且彼此还像'以往一样自由'。"③但不同于辛普森致力于探讨卢梭之自由理论的诸层面及其延伸意义,本文的着力之处在于,试图揭示卢梭之自由理论的前设条件,也即,证明卢梭为什么**需要**④提出"相互独立的人如何为了彼此的保存而联结成一个共同体,而且彼

---

　　① 相关研究汗牛充栋,这里仅举一例,Guy H.Dodge ed., *Jean–Jacques Rouseau:Authoritarian–Libertarian?*,D.C.Heath and Company,1971。这是一部自卢梭时代到 20 世纪这一长跨度的有关卢梭思想形象之争论的文集,集中的文章即呈现这个面貌,这显然有相当的代表性。

　　② 有关卢梭思想体系性的研究在 20 世纪得到了严肃关注,有关这方面的资料梳理,参见拙文《一个人的卢梭》(《开放时代》,2004 年第 1 期)。但这种围绕卢梭自己指示的寻找"一个大的原则"路径,都或多或少地遭遇到了困难。除此文外,还参见笔者对卡西尔《卢梭问题》及斯塔罗宾斯基《卢梭:透明与阻遏》的书评[《中国书评》(第 2 辑),广西师范大学出版社,2005 年]。笔者的博士论文《论卢梭的公民观》(中国人民大学,2004 年)在证明卢梭思想的体系性方面作出了一些探讨。

　　③ Mathew Simpson, *Rouseau's Theory of Fredom*,MPG Ltd,Bodmin,Cornwall,GB,2006,preface.

　　④ 本文所有黑体字,除非特别说明,均为笔者所加。

此还像'以往一样自由'"这样一个命题。

在展开分析之前，需要交待一下本文的方法论前提。笔者认为，卢梭在展开其理论探索时显然受到了时代舆论气候的影响。这种影响在纵向方面，体现为对新教改革成果的继承，更进一步来说，就是对理性的坚持①；在横向方面，则是卢梭对其时代所造成的人的困苦和脆弱性的反思："在我发现或是相信我已经发现有关**人的困苦与脆弱性的错误观念的根源**之后，我感到，恰是这些观念折腾得我很不舒服，我的疾病和各种负面（情况）与其说是因为我自己，还不如更多地归因于我所处的环境。"②这个通信的时间是 1762年，我们再回顾一下他在《忏悔录》里回忆他写作《论人类不平等的起源和基础》（以下简称《论不平等》）时心态的一个片段："我想那是 1753 年的事，第戎科学院发表了'人类不平等的起源'征文启事。……我很惊讶这个科学院竟敢提出这样一个题目。好吧，既然它有勇气提出来，我也很可以有勇气来加以研究……我无情地驳斥了人间的无聊的谎言；我大胆地把人们因时间和事物的进展而变了样的天性赤裸裸地揭露出来；并把'人为人'和自然人加以比较，从所谓'人的完善化'中指出人类苦难的真正根源。"③

我们把两者两相对比，可以轻易地发现二者之问题域的同质性，而《论不平等》却是卢梭早年的作品。据此，我们有理由认为 1762 年的这封通信应该是卢梭对自己一生致思重心的总结。此即，卢梭的主要探索重心理应是致力于澄清导致"人的困苦和脆弱"的社会是如何形成的，并在此基础上寻找

---

① 此处和下一注释中关于卢梭时代的"舆论气候"的总体检讨，参见笔者的博士论文《论卢梭的公民观》。另外，此一判断的直接的证据是，卢梭在其《忏悔录》中仔细检讨了他几次改宗，最终回到新教的心路历程；对理性的坚持，最简单的证据就是他对霍布斯以科学方式重构人类历史的继承（关于霍布斯的科学方法之论证参见［列奥·施特劳斯：《霍布斯的政治哲学》，申彤译，译林出版社，2001年］。关于卢梭对霍布斯思想的批判继承，则由卢梭在其《论人类不平等的起源和基础》中多次以霍布斯为标靶可见一斑。实际上本文也在重整卢梭之逻辑的理性特征。另，关于卢梭的这个方法论特征的判断，参见利文斯通的总结（David Wiliam Livingstone, *The Relation Betwen Thought and Civil Society*, Doctor Thesis, University of Dalas, 2004, p.59）。

② Rouseau, Leters to Malesherbes, January 12, 1762, 转引自 Livingsone, *The Relation Beween Thought and Civil Society*, p.64。

③ 卢梭《忏悔录》卷八。这里采录的引文参见［法］卢梭的《论人类不平等的起源和基础》（李常山译，商务印书馆，1962 年，"引言"部分）。本引文和黎星主译的卢梭之《忏悔录》（人民文学出版社，1982 年）相关部分语言表达略有差异，但内容一样。

改革乃至重建的路径。正是在这个判断的基础上，本文将以同情而不是批判的视角，依循卢梭自己的逻辑梳理其政治理论的社会理性基础。

一、"人类苦难"的根源与"自然状态"说的目标

承接前文对卢梭的征引，我们很快就可能问"人类苦难的真正根源"是什么，其表现为何？在卢梭看来，很显然，答案是所谓的人类进化，其终极表现为人与人之间的不平等。我们在《论不平等》里可以发现证据。

卢梭首先陈列的是人类的"苦难的表现"。他是这样描述的："人类在社会的环境中，由于继续发生的千百种原因；由于获得了无数的知识和谬见；由于身体组织上所发生的变化；由于情欲的不断激荡等，它的灵魂已经变了质，甚至可以说灵魂的样子，早已改变到几乎不可认识的程度。我们现在再也看不到一个始终依照**确定不移的本性**而行动的人；再也看不到他的创造者曾经赋予他的那种崇高而庄严的淳朴，而所看到的只是自以为合理的情欲与处于错乱状态中的智慧的畸形对立。"很明显，卢梭认为人有确定不移的本性，但是人类的发展背离了这个本性。人背离了本性，自然是悲惨的。实际上，卢梭就是这么认为的。紧接这段引文，卢梭说："更悲惨的是：人类所有的进步，不断地使人类和他的原初状态背道而驰。我们越是累积新知，便越失去获得最重要知识的途径。"[1]很快，卢梭便转入了论不平等的论说。可见，卢梭认为进化是人类苦难的根源，而人类的不平等是人类苦难的终极表征。[2]因此，剩下的问题就是去辨识人类不平等的进化基础，看是否可以找到能抑制人类苦难的方向。这正是卢梭接下来的工作。

如果依据《圣经·创世纪》的说法，人是上帝的产物，夏娃是亚当的肋骨

---

① Rouseau, *Discourse on the Origin and Foundation of Inequality Among Men*, in Victor Gourevitch ed., *The Discourses and Other Early Political Writings*, Cambridge University Press, 1997, preface. 本文凡涉及此书的中英文对勘处均参考此英译本。中文引文则参考李常山先生的译文，个别地方有更动，更动部分多是因为涉及概念辩证之需要。下同。在进入描述部分后，若无辩证问题，将直接采用此本的译文，不再说明。

② ［法］卢梭在自评《论不平等》时说："我拿人为的人和自然的人对比，向他们指出，人的苦难的真正的根源就在于人的所谓的进化。"（《忏悔录》，第484页）。

变成的，则顺理成章，人本来就应该是不平等的。然而这不为卢梭所认可。"可是一读圣经，便明了第一个人已经直接从上帝那里接受了智慧和训诫，他本身就不曾处于自然状态；而且如果我们像信奉基督教的哲学家那样相信摩西著述的话，便必须承认，人们即使在大洪水之前，也不曾处于纯粹的自然状态，除非他们因某种非常事故重新堕入其中则又另当别论。"①也就是说，卢梭不认为人类进化是从"上帝造人"这里开始的，因此他拒绝了宗教经典的论说。卢梭需要更合理、更深入地追问，这就追溯到了人最本源的状态——自然状态。

但是在卢梭之前也有很多哲学家谈及人类的"自然状态"，卢梭和这些哲学家相比有什么特别之处呢？对这一点，卢梭是相当自信的。研究过**社会基础**的哲学家们，都认为有追溯到自然状态的必要，但是没有一个人曾经追溯到这么远。""总之，所有这些人不断地在讲人类的需要、贪婪、压迫、欲望和骄傲的时候，其实是把从社会里得来的一些观念，搬到自然状态上去了；他们论述的是**野蛮人**，而描绘的是**文明人**。"②因此，卢梭没有可供借用的直接资源，他需要独辟蹊径地重构人类的"自然状态"，以彻底理清人类不平等的起源。当然，卢梭显然不满足于说明这个起源，他还"要在事情的进程中，**标出那一时刻**(mark... the moment)，何时，权利取代了暴力，自然从属(subjecct to)于法律；解释清楚，是什么奇迹才可以让强者决意服务于弱者，而人民又以放弃真正的幸福来换取(虚假的)安宁。""我觉得可能有这样一个时代，个人会愿意停留在哪里；你将会寻找那个时代，你希望你的同类曾经停留在那儿。"③这意味着，只要找到那个时刻，发现那个时代，卢梭就可能找到把人类从苦难中解救出来的路径，帮堕落的人类真正摆脱苦难！

二、野蛮人区别于动物的基本潜质及其整全自由

这样，卢梭开始着手其人类自然状态的科学探索。可能预计到有人将对

---

① ② Rouseau, *Discourse on the Origin and Foundation of Inequality Among Men*, p.132.

③ Ibid., p.133.

他的方法的严密性提出质疑,卢梭预先告知读者:"不应把我们在这个主题上的探索认为是**历史真相,它仅仅是一些假设和有条件的推理**。"①明乎此,我们应该可以判定,卢梭关于人类自然状态的讨论,不可能是关于人类器质性演化的生物学研究。从《论不平等》的详尽注释中可以看出,卢梭借鉴了很多当时最先进的人类学材料。因此,我们不妨认为卢梭从自然状态开始检讨人类不平等之起源,是从尊重常识及逻辑的角度,试图勾勒出人类理智发扬之路径的"内在检讨",采取的乃是哲学–人类学的视角。

卢梭首先确认了人类不平等的两种形式。他说:"我认为人类中有两种不平等:一种,我把它叫作**自然的或生理上的不平等**,因为它是基于自然,由年龄、健康、体力以及智慧或心灵的性质的不同而产生的;另一种可以称为道德上的和政治上的不平等,因为它是起因于规约(convention),由于人们的同意而设定的,或者至少是它的存在为大家所认可的。"②这段话非常重要。我们要对比一下卢梭在同书"序言"里的一个说法:"不难看出,我们应该在人类体质连续的变化中,来寻求区分人之差异的起源。一般(大家)都同意,**人与人之间本来都是平等的**,正如各种不同的生理上的原因,致使某些种类的动物产生我们可观察到的诸形变之前,**同种动物之间也是平等的**一样。"③乍一看,卢梭的这两个表述自相矛盾,但实际上,这里蕴含了极重要的信息,我们需要略加展开。首先如我们前文所分析到的,卢梭注重的是"内在检讨"。这样,我们可以确定的是,不能从长程的体质演变中来说明不同时期的人具有自然不平等。试图从这个方向来说明卢梭前后论述的一致性是不可取的。否定了这个方向,如果要证明卢梭前后的逻辑一致性,其方向就很明显了,此即,卢梭谈的是"自然人作为动物的一种,个体间具有**形式(也可认为是生命的价值或尊严)上的平等性**",但这种平等性,并不妨碍个体在生理

---

① Rousseau, *Discourse on the Origin and Foundation of Inequality Among Men*, p.132.有意思的是,后来的研究者依然有人斤斤计较于卢梭是不是采用"历史"的或科学方法,显然是对卢梭的自觉没有理睬。具体检讨参见 David Wiliam Livingstone, *The Relation Betwen Thought and Civil Society*, ch.1。

② Rousseau, *Discourse on the Origin and Foundation of Inequality Among Men*, p.131.

③ Ibid., preface.

上的不平等性。这一理解,在逻辑上顺理成章。

笔者认为,这一澄清对认识卢梭致思体系的逻辑连贯性至关重要。弄清这一逻辑后,我们可以认定,卢梭从自然状态出发,检讨人类不平等的起源,针对的正是人与人之间**形式(生命的价值或尊严)上的平等性**被人为地破坏了的情形,他努力要寻找的"那一刻与那个时代"就是"个体尊严是平等的那个时刻及时代"。卢梭对此有清晰地说明:"我希望读者不要以为我敢自诩已经发现了我觉得很难发现的东西,我不过开始进行了一些推理,大胆地做出一些猜测……如果我们要从人类现有的性质中辨别出哪些是**原始的**、哪些是**人为的**,同时还要认清楚现在已不复存在、过去也许从来没存在过、将来也许永远不会存在的一种状态。对此,我们必须对这种状态具有切当的观念,才能准确地判断人类现在的状态。"①实际上,卢梭在《社会契约论》中表达得更简洁,他对"社会契约"性质的描述,恰明确地表达了这个诉求:"**基本公约并没有摧毁自然的不平等,反而是以道德的与法律的平等来代替自然所造成的人与人之间身体上的不平等;从而,人们尽可以在力量上和才智上不平等,但是由于约定并且根据权利,他们却是人人平等的。**"②

确认了这个基础,我们就可以顺着卢梭的思路继续前行。在卢梭之前谈论"自然状态"的思想家对这个关键性的区分没有察觉,卢梭却对此体察很深:"现代人,则把法则这一名词,只理解为对具有道德的存在物,也就是说对有智慧的和自由的(存在物),而且在他与其他存在物的关系中最被重视的那种存在物所制定的一种规则……也就是说,只限于人。"③也就是说,卢

---

① ③ Rouseau, *Discourse on the Origin and Foundation of Inequality Among Men*, preface.

② Rouseau, *Of the Social Contract*, in Victor Gourevitch ed., *The Social Contract and Other Lae Political Writings*, Cambridge University Press, 1997, Book Ⅰ, ch.9.这里中译采用先生文(商务印书馆, 198 订版)。关于《论不平等》和《社会契约论》的连续性,极好的论证见辛普森。经过梳理,辛普森说:"一部书(指《论不平等》———引者)描述了人类最基本的存在,即只为同情能力和自我保存(的冲动)所推动的人;另一部书(指《社会契约论》———引者)则描绘了某种稀缺状态下及虚荣感发达之后的人的存在。"(Mathew Simpson, *Rouseau's Theory of Freedom*, p.16)因此,这里引用《社会契约论》的话语来证明笔者的澄清是完全合宜的。

梭认为,这些思想家一开始就把人设想为是理性的存在物,这不是"自然人"。①因此,讨论"自然人"不能从理性人开始,这需要新的基础。

卢梭给出了先于理性的自然人状态的新律则——**自我保存的欲望和对同类的同情能力**②——作为他展开推理的起点。从这两个原则出发,卢梭利用大量的人类学资料展开了他重塑人和社会历史起源的哲学–人类学的思考路径。他认为,"野蛮人的身体,是他自己所认识的唯一工具。"他批评霍布斯对处于自然状态的人所处状态的假设,代之以"在自然状态中,一切事物都按照单调的方式进行着,而且大地上还轻易不会发生由于聚居人民的情欲和任意行动而引起的那种突然的、继续不断的变化"③。他借助人类学的资料,对比了野蛮人和生活闲逸者的生活,认为这"足以证明人类的不幸大部分都是人类自己造成的,同时也证明,如果我们能够始终保持自然给我们安排的简朴、单纯、孤独的生活方式,我们几乎能够完全免去这些不幸。如果自然曾经注定了我们是健康的人,我几乎敢于断言,思考的状态是违反自然的一种状态,而沉思的人乃是一种变了质的动物"④。

---

① 卢梭的原话是:"只要我们对自然人还没什么认识之前,如果我们想确定自然人所遵循的法则或什么才是适合他们的,就是徒劳。"(Rouseau, *Discourse on the Origin and Foundation of Inequality Among Men*, preface.)

② 卢梭的原话是:"我相信在这里可以给出两个(自然人)先于理性的律则,一个是(自然人)热切关注于自身的福祉和自我保存,另一个是使我们在看到任何有感觉的生物,特别是我们同类,遭受灭亡或是受难时,有一种自发的反感。"(Rouseau, *Discourse on the Origin and Foundaion of Inequaliy Among Men*, preface.)这里关于"同情"的律则需要一点辩证。马为普遍化的与人类社会的制度公正存在冲突(参见 Roger D.Masters, *The Political Philosophy of Rouseau*, Princeton Universiy Press, 1968, pp.297 – 299)。古雷维奇也有类似的疑惑,认为同情与自然人不知道死亡,两个观点不能很好地融洽(古雷维奇:《卢梭的纯粹的自然状态》,载[美]普拉特纳:《卢梭的自然状态》,尚新建等译,华夏出版社,2008 年)。笔者认为,马斯特斯的质疑在于未能留意到"同情"其实类似于天启命令般的本能,是人之为人而不是动物的一个命令。就算退一步,卢梭实际上也指出过,最终,"自然从属(subject to)于法律"(前文已征引)。在现代,法律是理性的另一个代名词,这意味着,本能性驯化的。后文还将继续证明这点;而普拉特纳的质疑,显然是他没认识到本文第 19 页注释②所引辛普森指出的《论不平等》的主要任务。笔者通读过普拉特纳的这个专门解读《论不平等》的博士论文,发现他的确没提到这个节点。笔者认为下文的第 23 页注释①也可缓解普拉特纳的质疑。

③ [法]卢梭:《论不平等》,李常山译,商务印书馆,1982 年,第 76~77 页。

④ 同上,第 78~79 页。

但是由于动物也有自我保存的本能,那人与动物如何区别呢?卢梭这样说:"在我看来,任何一个动物无非是一部精巧的机器。……但有这样一个差别:在禽兽的动作中,自然支配一切,而人则以自由主动者的资格参与其本身的动作。**禽兽根据本能决定取舍**,而**人则通过自由行为决定取舍**。"①也就是说自然状态的人是自由主动者,这又决定了"自然支配一切动物,禽兽总是服从;人虽然也受同样的支配,却认为自己有服从或反抗的自由。而人特别是因为他能意识到这种自由,因而才显示出他的自主性(as a free a-gent)。"②也即是,自然人的自主性是属于对自由的自我观照,是人特有的,它不会堕落。③

这样看来,野蛮人是有区别于动物的潜质的。但是卢梭认为野蛮人——即人的自然状态——的生活是简朴、单纯而孤独的,这种状态令人满意吗?卢梭认为孤独的野蛮人是"只要他不抗拒怜悯心的自然冲动,他不但永远不会加害于其他任何有感觉的生物,除非在正当的情况下,当他自身的保存受到威胁时,才不得不偏向自己。"④也就是说,野蛮人是自足的、和平的,其状态应该相当令其满意。也即是,似乎在卢梭看来,野蛮人是在一个**完整的自由状态**中的,这个状态就是**自然善好**的。但这是真的吗,或者说,这种状态可持续吗?卢梭的答案是否定的。原因是若野蛮人被迫相遇,并产生矛盾,则这种状态是不可持续的,因为,他会"偏向自己"。⑤这时,人就需要发展出新的

————————

① [法]卢梭:《论不平等》,第82页。

② 同上,第83页。关于这一段,不知道什么原因,和古雷维奇的英译本相对照,李常山先生的译本似乎翻译有缺漏。

③ 卢梭认为:"在人的意志力或者毋宁说选择力方面以及对于这种力的意识方面,我们只能发现一些纯精神性的活动,这些活动都不能用力学的规律来解释。"(《论不平等》,第83页)卢梭站在科学假设的立场上反对理性的专断本身就表明理性的限度,而理性有其限度这个事实是存在的,所以对其假设的前提进行批评是可以不予考虑的。

④ Rouseau, *Discourse on the Origin and Foundation of Inequality Among Men*, preface.

⑤ 卢梭在这里只讲人彼此之间的遭遇,而不是人的"有限性"导致人彼此相遇——这将直接导向人类之间"互助"预设的可能性,卢梭拒绝了"自然人对自己的有限性是有意识的"这个假设,可能还是因为对卢梭而言,这种理性来得太早了。实际上,卢梭提到了人的有限性,但野蛮人对此是没有知觉的(具体内容参见[法]卢梭:《论不平等》,第78页)。对此更进一步的说明及人为何会彼此遭遇,详见下文。

能力——"自我完善能力"——以为被损伤的人之自由的完整性做出补偿提供可能性做准备。

三、"人的可完善性"与野蛮人的社会理性跃迁

至此,卢梭提出了"自我完善化的能力"这一概念,这里需要提前加以分析。笔者认为,这相当于是卢梭提出的野蛮人转化为"文明人"所需要的第三个律则。尽管这个律则是非常必要的,**但人自我完善化的能力是一把双刃剑**:首先在生理上,人具有可完善能力是必要的,作为常识,这毋庸置疑。但问题出在人类进化的"内在"方面:一方面,因为若人类没有这个能力,则人不可能具有持续的学习和调适的能力,也就不可能发展出语言,而没有语言,人类理性将无处措置;但另一方面,如果在进化过程中,理性被滥用,则会导致对自然善好的扼杀而不是补偿。后者是卢梭所不愿意看到的,而这一切,正是卢梭随后将要展示给我们的。我们回到卢梭自己的论说。

卢梭说:"(人区别于禽兽的另外一种)非常显明的特质则是无可争辩的,这种特质就是**自我完善化的能力**。"①"如果我们不得不承认:这种特殊而几乎无限的能力,正是人类一切不幸的源泉;正是这种能力,借助于时间的作用使人类脱离了它曾在其中度过安宁而淳朴的岁月的原始状态;正是这种能力,在各个时代中,使人显示出他的智慧和谬误、邪恶和美德,终于使他成为人类自己的和自然界的暴君,这对我们来说,就未免太可悲了。"②卢梭认为是人的情感促进了人的完善化能力。"由于情感的活动,我们的理性才能够趋于完善。……情感本身来源于我们的需要,而情感的发展则来源于我们的认识。……对死亡的认识和恐怖,乃是人类脱离动物状态后最早的'收获'之一。"③也就是说,人从自然状态进入文明状态是由于对死亡的认识和恐怖,这里和霍布斯没有明显的差别。由于卢梭的认识论是坚持先感觉到然后再思考,因此他认为人从自然状态以这样的方式进入文明状态,在逻辑上是

---

① [法]卢梭:《论不平等》,第83页。

② 同上,第84页。

③ 同上,第85页。

一致的。①由此,卢梭认为**智慧的进步**就从此成为必要的了。"智慧的进步,恰恰是和各民族人民的天然需要, 或者因环境的要求而必然产生的需要成正比的,因此也是和促使他们去满足那些需要的种种欲望成正比的。……好像自然愿意这样调整事物以使它们趋于平等, 在它拒绝把富饶给予土地的地方,便把富饶赐给了精神。"②

在考察人和社会的秩序时,充分考虑**自然(资源)的有限性**,这是卢梭比霍布斯和洛克高明的地方。③因为正是由于自然的有限性,人类的演化必然受时空和资源的限制,由此,当人类繁衍到一定量级,最终必定相遇!④而且也是由于这个客观维度的制约,人类未来将滥用理性,而制造出人为的不平等。但上述引文显示,卢梭认为,这种状况不足取,在自然资源不足的情况

①　由于人对死亡这种极端状态的认识而进入文明状态是契约论的一般假设。文明和野蛮在日常生活中很容易被认为是矛盾的,但其实根基是一致的。列奥·施特劳斯对这两个概念作了极为精辟的辨析:"按照流行文化的概念,不仅个别的'文化领域'在与其他文化领域的关系上是'自主'的,而且文化作为一个整体,先于任何个别文化领域,已经具有'自主性',它是一种独立自主的创造,是人类精神的'纯粹产品'。这种观点让人忘记了'文化'总是以某种教化为前提:文化总是自然的教化。这种说法首意味着,文化是对自然倾向的提高,是对自然的精心化育——至于是自然土壤还是人类精神则无关紧要;因此文化要遵循自然本身的提示。但是,这种说法也可以是指通过顺应自然而征服自然;因此与其说文化是对自然的忠实化育,还不如说文化是反抗自然的粗暴而狡狯的斗争。……无论如何理解文化,'文化'终归是自然的化育。既然'文化'成为自然的化育,那么只有假定对自然的化育已经变得与精神对立,并且已经被遗忘时,文化方可被理解为独立自主的精神创造。因为我们现在理解的'文化'首先是对人类天性的教化,所以文化的前提便首先是人类天性;又因为人在天性上是社会动物,所以文化建立其上的人类天性就是人与人天然的社会关系,即某个人先于一切文化而对其他人的行为方式。以此方式所理解的自然的社会关系就是自然状态。所以人们可以说:文化的根基就是自然状态。"(《施米特〈政治的概念〉评注》,载刘小枫主编:《施米特:政治的剩余价值》,上海人民出版社,2002年,第28页)可见,就人们对文化的观念而言,卢梭等人的假设仍然是难以撼动的。对卢梭认识论起点的出处,见前文。此处黑体字为原文所有。

②　[法]卢梭:《论不平等》,第86页。

③　霍布斯和洛克都指出政府的重要职责是保护个人财产,但都没有提到财产占有的限度。其中,洛克虽然意识到一个人占有财产时,需要留给"他人足够好的东西",但正如英国学者彼得·甘西指出的,"洛克的理论只能应用于有足够多空闲土地的地方"。(《反思财产》,陈高华译,北京大学出版社,2011年,第164页)而地球上适于提供给人生存需要的土地是有限的,因此霍布斯和洛克的理论预设显然有其局限性。但卢梭显然认识到了这一点。

④　卢梭在其《论语言的起源》(洪涛译,上海人民出版社,2003年)中,除了第8章的第22段(第62页)之外,还很清楚地指出(第64页):"人的联合在很大程度上是自然灾害的结果……自有社会之后,大的灾害日益稀少,甚至不再发生。"

下,应该恰是显示人所特有的精神丰富性之处:正确的处理方法应该是尽力缩小人的自然的不平等的影响,而追求人类(尊严)的平等。我们会看到,卢梭的逻辑推演清楚地指向了这个方向。

现在要处理的问题是:理性是如何产生的,它的载体是什么? 卢梭从纯粹的感觉和简单的知识之间的联系继续展开他的论证。他认为:"一个人如何能够不假交往的关系和需要的刺激,而单凭自己的力量,越过这样大的距离,乃是不可思议的事。"①这正是卢梭考察人为何要组织社会的关键,卢梭把这归功于语言的沟通作用。"试想一想,有多少观念的产生应归功于语言的使用,而语法对于锻炼和促进精神活动又起着多么大的作用;试想一想最初发明语言所应经历的难以想象的困难以及所应花费的无限时间。"②

语言是怎样产生的呢? 当然,前提是人类得相遇。"随着人类的繁衍,人们的痛苦也就随着人数的增加而增加。土壤、气候和季节的差异,必然会使人们不得不把这种差异带到他们的生活方式中去。荒年、漫长而严寒的冬季、炎热的夏季都能够毁灭一切,因而要求他们具有一种新的技巧……"③提到人口增加,卢梭不是说产生了匮乏——如洛克,而是说由于环境的恶劣,人们之间产生了**相互需要**,会增加人和人的接触,从而加强彼此之间的关系,这是人类产生理性的前提条件。此处卢梭的处理是相当细腻的,他明确指出,是人类相遇(得到了好处)后,才滋长了"需要感"。若是直接采用匮乏而相遇说——如洛克,则预设了野蛮人的理性判断——因为知晓匮乏需要判断。按卢梭的逻辑,这一时刻的野蛮人不可能已然具备理性,因此,在这里他强调的是自然(相对于人的自我保存来说)的有限性所导引的偶然性。从这段话中,我们可以看出卢梭对自己的逻辑严密性有很强的自觉。"由于人和其他动物以及人与人之间一再接触的结果,在人的心灵中会产生对于某些关系的知觉。"④这种知觉很显然是语言产生的外在推动力,此后,人类理性才成为可能。

---

① [法]卢梭:《论不平等》,第 87 页。
② 同上,第 88 页。
③ 同上,第 112~113 页。
④ 同上,第 112 页。

卢梭接着展开了语言起源过程的推理。卢梭认为语言的产生，不在家庭，而在生产生活中的相遇。"人类最初的语言，也就是说，在人类还没有必要用语言来劝诱**群居**的人们以前，所使用的最普遍、最有力的、唯一的语言，就是自然的呼声。……当人类的观念逐渐扩展和增多时，并且**在人们之间建立起更密切的往来时**，他们便想制定更多的符号和一种更广泛的语言。他们增多了声音的抑扬，并且加上了手势。"①由此，语言便日益进展完备，逐步获得了理性系统的形式。当然，这其中有许多的复杂性和偶因，卢梭没有彻底演示此过程。卢梭对此坦率地予以承认，并指明他研讨语言起源的意图在于推导从野蛮人进化到社会人的过程："无论语言和社会是怎样起源的，但从自然很少关心于使人们因**相互需要**而彼此接近并易于使用语言这一点来看，至少可以证明自然人准备的社会性是多么少，而在人们为建立彼此的联系所作的一切努力中，自然对人的帮助又是多么少呢！"②

由于这一论证，卢梭清楚地说明了他的推理超越了人性善恶论的陷阱。"最初，好像在自然状态中的人类，彼此没有任何道德上的关系……既无所谓邪恶也无所谓美德。"③这样，他就顺理成章地批评了霍布斯从人性恶出发构建社会的观点，而导入了从他的关于人的第二律则的讨论。他认为是**同情（怜悯）**促使人们有必要组成社会。"另外还有一个原理是霍布斯没有看到的：由于人类看见自己的同类受苦天生就有一种反感，从而使他为自己谋幸福的热情受到了限制。……我所认为的人类具有这种唯一的自然美德，就是对人类美德最激烈的毁谤者也不得不承认……怜悯心……也是人类最普遍、最有益的一种美德，尤其是因为怜悯心在人类能运用任何思考以前就存在着，又是那样自然，即使禽兽有时也会显露出一些迹象。"④"正是这种情感，使我们不假思索地去援救我们所见到的受苦的人。正是这种情感，在自然状态中代替着法律、风俗和道德。"⑤卢梭意识到，仅仅这两个律则是不足以搭建出社会的轮廓的，因此他说需要一些偶然因素的汇合。"我已经指明

---

① ［法］卢梭：《论不平等》，第 91 页。

② 同上，第 94~95 页。

③ 同上，第 97 页。

④ 同上，第 99~100 页。

⑤ 同上，第 103 页。

完善化的能力、社会美德、以及自然人所能禀受的其他各种潜在能力,绝不能自己发展起来,而必须借助于许多外部原因的偶然会合。""这些偶然事件曾经使人的**理性趋于完善**,同时却使整个人类堕落下去。在使人成为社会人的同时,却使人变成了邪恶的生物,并把人和世界从那么遥远的一个时代,终于引到了今天这个地步。"①也就是说,野蛮人终于变成了社会人、理性人。

卢梭这一推理的过程和结论意涵深远,值得我们停下来,对他的推理逻辑的每一步作一小结并加以简要分析。野蛮人因为繁衍及环境原因而相遇,并产生了彼此的需要。然后借助"自我完善化的能力",发展出了语言,并结成了社会,这个过程同时也把野蛮人发展成了"理性人"(文明人)。笔者认为,这个逻辑程序至少给我们揭示了如下几点:首先,根据前面的展示,我们已知,在卢梭看来,自然人是没有理性的,只有感性知觉和自我保存的**本能**,我们不能认为本能是有意识的,因此,本能不是意志。据此,我们不能说野蛮人有什么**意志**。此即意味着意志是理性的后果,换言之,**意志应该是"理性人的意志"**。②其次,按卢梭的理解,语言是理性的伴生物,理性虽然先于语言而发展(卢梭指出沟通时,手势先于语言),但一旦语言发展成熟,则语言成为了理性的载体。而语言,依卢梭的论证,作为野蛮人相遇后的产物,帮助野蛮人成为社会人,所以从逻辑上讲,语言是社会的凝结剂。最后,社会人是靠语言沟通的,而语言是理性的载体,因此也该是理性的。③相应地,社会也应是理性的产物,或者换个说法,**社会人应该是理性人**。

---

① [法]卢梭:《论不平等》,第 109 页。

② 这个澄清,或许可以有效地缓解帕特里克·莱利在解读卢梭的"公意"时所产生的困惑。他认为"公意"这个概念是个"怪异的想法",而他的基础却奠基于现代的"唯意志主义"。如果我们明了卢梭的这个逻辑,则可以清晰地看到,公意之所以可能而且必需,就是因为"意志是理性的"。莱利的错误在于,现代"唯意志主义"实际上有一个前设,只要是生物人,就都有意志。但卢梭告诉我们,如果意志不是理性的,那么意志就不可能存在,否则,就应该叫本能。而听从于本能,那就是野蛮人而不是社会人。莱利的观点参见《对卢梭公意概念的一个常识性解读》,林壮青译,《政治思想史》,2012 年第 2 期。

③ 卢梭在其《论语言的起源》中曾指出动物也是有语言的,"但约定的语言是人类所独有的。这就是为什么人能够发展,而动物却不能发展的原因"。(第 8 页)"约定"显然是理性行为,据此,我们可以认为卢梭对语言形成后的理性特征是有自觉的。

四、理性的滥用对社会人自由之扼杀及其后果

野蛮人的自然状态在人的无限的"自我完善化的能力"的导引下就这样结束了。经过漫长的历程,野蛮人的理性得到了发展,逐步向文明(社会)人过渡。但与此同时,人也有了被腐蚀的可能,而腐蚀的原因乃在于"相互依赖"(mutual dependence)。"每个人都会理解,奴役的关系,只是由人们的相互依赖和使人们结合起来的种种相互需要而形成的。因此,如不先使一个人陷于不能脱离另一个人而生活的状态,便不可能奴役这个人。"①这段引文须略加澄清。这里卢梭的意思显然**并没有否定社会的相互依赖**,而是**否定个人之间的依赖**,后者准确的汉语表达才是依附。②这个理解,恰好符合人的无限的"自我完善能力"将会把理性带向滥用,而这正是卢梭在《论不平等》的第二部分所着力强调的。

卢梭认为,私有制的出现就意味着文明社会的开始。谁第一个把一块地圈起来并想到说:这是我的,而且找到了一些头脑十分简单的人居然相信了他的话,谁就是文明社会的真正奠基者。"③但私有制并不必然导向灾难,而是理性的滥用,导致私有制的无度发展,才可能造成个人依附,最终彻底侵蚀了人的自由,这才是人类不平等的终极表征。④这种理性的发展对人性基本美德的损害是一点点地发生的。

卢梭认为原始人"最初仅局限于纯粹感觉、几乎不能利用自然的禀赋也决想不到向自然有所索取的那种动物的生活就是这样。但是不久困难出现

---

① [法]卢梭:《论不平等》,第 108 页。

② 笔者读到斯科特的文章(John T. Scott, The Theodicy of the Second Discourse: The "Pure State of Nature" and Rousseau's Political Thought, *The American Political Review*, Vol.86, No.3, 1992, pp.696–711),他看到了卢梭的目标在于解除"个人依附,而建构法律依附",但没有区分"社会依赖"和"个人依附"之别。社会依赖如何理解,美国学者弗里德里克·纽豪瑟的文章《自由、依附与公意》(曹钦译,《政治思想史》,2012 年第 3 期)有精彩的解读。不过,笔者认为由于他也没有区分这两点,和斯科特一样,混合着说,对他文章的精彩度还是有影响。笔者倾向于把社会依赖理解为主体间性的存在,而个人依附则是黑格尔意义上的主-奴式的存在。

③ [法]卢梭:《论不平等》,第 111 页。

④ 笔者的这个辨析不是无中生有的。实际上,卢梭对私有财产的必要性及其限度都作了清晰的说明。具体参见《社会契约论》,第一卷第 9 章和第二卷第 11 章。这里不详引。

了；因而必须学会如何克服这些困难"。人就必需学习很多技能，积累很多知识。由于人和其他动物以及人与人之间一再接触的结果，在人的心灵中会产生对于某些关系的知觉。也就是会产生一些概念和观念，"从这种发展中产生的新的知识，使人增加了他比别的动物的优越性，而且也使人认识了这种优越性"。这种人对动物的优越性会引起人对自我的观察，"这样，人对自己作了一番观察以后，便产生了最初的**自尊心**（pride）。这样，在他还不大会分等级的时候，在他想把自己的那一类看做第一等的时候，他老早就准备把他个人列为同类的第一等了"①。这种经验日积月累就会产生更大的变化，"当他发现在同样的情形下，大家的行动和他自己的行动都一样的时候，他便可以**推知**大家的思想方法和对事物的感觉与他自己的想法和感觉也是完全相同的。这是一个重要的真理，一旦在他的心灵中得到证实……便可以促使他在与他人交往时，遵循着为了自己的利益和安全所应遵守的最好的行为规则"。这些规则乃是，"**经验**告诉他，追求幸福乃是人类活动的唯一动力，因而他能够区分两种情况：一，由于共同利益，他可以指望同类的帮助，这是一种稀有的情况；二，由于彼此间竞争，他不能信任他的同类，这是更稀有的情况"。卢梭认为，"人类就是这样不知不觉中获得了对相互间的义务以及履行这些义务的好处的粗浅观念"。②

这就是说，按卢梭的意思，自尊是不平等关系（人与动物之间的比较、人与人之间的比较）中比较出来的，出于**自保**，人们产生了自尊。而人是理性的，因此自尊是理性的结果。又，引文显示，自尊这种通过（与他者比较后）自我观照性质的品性的产生，不仅不会腐蚀美德，还会有助于获得最合理的规则。这样，我们可以推论，理性也是人类道德的基础，社会也能存有最合理的规则，因此也能存在最合乎理性的社会。

有了公、私的概念，加上语言的粘合作用，人类就获得了革命性转变的机会：家庭和私有制的出现。"这些初期的进步，终于使得人能够取得更快的进步。智慧越发达，技巧便越趋于完善。"人类学会了利用工具，"这就是第一

① ［法］卢梭：《论不平等》，第113页（译文根据古雷维奇英译本略有订正）。
② ［法］卢梭：《论不平等》，第114页。

次变革的时代,这一变革促进了家庭的形成和家庭的区分,从此便出现了某种形式的私有制"①。有了家庭,便是社会的雏形。"共同生活的习惯,使人产生了人类所有情感中最温柔的情感:夫妇的爱和父母的爱,每个家庭变成一个结合得更好的小社会,因为相互依恋和自由是联系这一小社会的唯一纽带。"②接下来的论述中,卢梭借助了孟德斯鸠的观点,由于环境的原因,人们形成了方言和生活方式,"由于有了一个比较固定的地区,渐渐地互相接近起来,结合成各种集团,并终于在各个地方形成了共同风俗和性格的个别民族"③。

到了这个地步,事情开始发生质变。随着观念和感情的互相推动,精神和心灵的相互为用,人类日益文明化。于是尊重的观念就得到强化,"人们一开始相互评品,尊重的观念一在他们心灵中形成,每个人都认为自己有被尊重的权利,而且一个人不为人尊重而不感到任何不便,已成为不可能的了"④。主观权利的观念一旦发生,就意味着人已经是理性的,不过这中间有一个过渡期,它属于理性没有被滥用的时期。"在那个时候,人被自然安排得距离野兽的愚钝和文明人的不幸一样遥远,他为本能也同样为理性所限。"⑤在卢梭看来,这个时期的理性人的这种比较温和、孤独的状态却是人类的黄金时代,"人类生来就是为了永远停留在这样的状态。"⑥

---

① [法]卢梭:《论不平等》,第 115 页。
② 同上,第 116 页。
③ 同上,第 117 页。
④ 同上,第 118 页。
⑤ 同上,第 119 页。
⑥ 同上,第 120 页。这句话的重要性毋庸置疑。但非常奇怪的是,列奥·施特劳斯这样的解经巨匠都对它有忽略(See Leo Strauss, *Natural Right and History*, Chicago University Press, 1971, pp.281-282)。实际上笔者看到的很多西方卢梭研究者都忽略了这句话的重要意义,都以为卢梭在反抗理性滥用的社会后主张"返回自然",这显然属于误读,卢梭要返回的应该是这里提到的那一刻;瑞士学者斯塔罗宾斯基的《卢梭的〈论人类不平等的起源和基础〉》(载刘小枫、陈少明主编:《卢梭的苏格拉底主义》,华夏出版社,2005 年)也没有注意到这一点;迈尔也一样,他在《卢梭〈论不平等〉的主旨和意图》(朱雁冰译,载刘小枫、陈少明主编:《柏拉图的哲学戏剧》,上海三联书店,2003 年)一文中也说:"卢梭复原人的形成和资产者社会的历史,既非试图找回失去的'理想',也不是要探查以往那个黄金般的时代踪迹。"笔者认为,至少,卢梭这段话应该是他构设新政治制度的一个标准。类似漏读者甚多,这里仅举其著者数例。笔者本人则最早在 2004 年的博士论文中重点注意到了这段引文;随后,谈火生在其博士论文《民主审议与政治合法性》(中国人民大学,2005 年;法律出版社,2007 年)中以图表方式确认了卢梭这个表达的重要意义。

卢梭终于给现代人标出了理性社会最佳状态的那个时刻，找到了他最满意的那个理性时代。显然，在这个时代里，野蛮人变成了文明的社会人，可以用理性抑制本能的冲动，同时也可能因此失去某些自在，但理性也给予了补偿：人额外收获了**社会(理性)的自由**。①正常来说，社会的相互依赖将极大地让人的自我保存的欲望得到最有效可靠的保障。在这个意义上，我们可以断定：卢梭毕生的努力可以说就是为了让滥用了理性的现代社会，有机会返回这个**黄金时代**，而不是返回**自然的状态**。因为文明的状态已经不可逆转，人们唯一能做的就是控制理性不让它使人进一步堕落。

然而这种黄金时代没能保持下去，社会开始滥用理性，朝着人依附于人的方向迅速堕落。"自从一个人需要另一个人的帮助的时候起；自从人们觉察到一个人据有两个人的食粮的好处时；平等就消失了、私有制就出现了、劳动就成为必要的了、广大的森林就变成了须用人的血汗来灌溉的欣欣向荣的田野；不久便看到奴役和贫困伴随着农作物在田野中萌芽和滋长。"②人的欲望就随着私有制被激发出来，自尊心迅速向嫉妒心和虚荣心退化。"于是一切都开始改变了面貌。……一种温柔甜蜜的感情渗入心灵之中，这种感情因很小的冲突就会变成激烈的愤怒。**嫉妒**(jealousy)随着爱情而出现。""每个人都开始注意别人，也愿意别人注意自己。……从最初的这些爱好中，一方面产生了**虚荣**(vanity)**和轻蔑**，另一方面也产生了羞惭和羡慕。"③

人的安全感被欲望刺激得摇摇欲坠，人被非人的力量支配了，再也不能找到自我。"从前本是自由、自主的人，如今由于无数新的需要，可以说已不得不受整个自然界的支配，特别是不得不受他同类的支配。"④贫富分化难以避免，**自然的不平等**，这在野蛮人那里没有什么危害，但却被理性化了的人

---

① 卢梭说："在各个社会之间，自然法被称为万民法，并由某些默认的协议加以调整，使社会间的交往成为可能，并使人类失去的自然怜悯心得到补偿，因为自然怜悯心在社会与社会的关系上几乎已经丧失了他在人与人之间上所具有的全部力量。"(《论不平等》，第129页)卢梭的这段文字相当明确地指示了在社会状态中，情感(怜悯心)应该已经为理性所取代，也即社会应该是理性主导的，这是人获得社会自由而需要付出的一点代价。

② [法]卢梭：《论不平等》，第121页。

③ 同上，第117~118。

④ 同上，第125页。

转化为了社会的不平等，从此人类便得遭受自然（生理上）的和人为（社会）的双重不平等的束缚了。到了这个时候，人类社会开始不得不全面依赖强力来维持。"由于富人和穷人彼此间各种不同的性格，开始产生了统治和奴役或暴力和掠夺。""新产生的社会让位于最可怕的战争状态：堕落而悲惨的人类，再也不能从已踏上的道路折回，再也不能抛弃已经获得的那些不幸的获得物，同时他们努力以赴的只不过是滥用使自己获得荣誉的种种能力，从而为自己招致恶果，并终于使自己走到了毁灭的边缘。"①

很明显，卢梭认为直到这时才可能出现霍布斯所说的人和人的战争状态。但是这种状态对有理性的人类来说不能忍受，因而也不能持久。于是，"富人终于想出了一种最深谋远虑的计划，这种计划是前人从来没有想到过的，那就是：利用那些攻击自己的人们的力量来为自己服务，把自己原来的敌人变成自己的保卫者，并向他们灌输一些新的格言，为他们建立一些新的制度这些制度对富人之有利正如同自然法对富人之有害是一样"②。发现意识形态和人压迫人的制度同时出现，是卢梭在政治思想上的一个巨大贡献。由于都是出于欲望的支配，所以穷人肯定会被分化，"何况他们之间，有很多纠纷需要解决，不能没有评断是非的人；他们又有过大的贪婪和野心，也不能长期没有主人。于是大家都前去迎接他们的枷锁，相信它可以保障他们的自由"。

这枷锁就是有利于统治者的法制及其他的强制制度。"社会和法律就是这样或应当是这样起源的。它们给弱者以新的桎梏，给富者以新的力量。"从此，"在世界上，人们再也找不到一个角落，能够摆脱他们的枷锁，能够避开自己头上的利剑，这个利剑因为时常操纵不当而使每个人感到永远悬在自己的头上"③。这就进入了现代社会的政治状态，也就是卢梭在《社会契约论》里所说的"人是生而自由的，但却无往不在枷锁之中"④的那个状态的最糟结果！

---

① ［法］卢梭：《论不平等》，第 126 页。

② 同上，第 127~128 页。

③ 同上，第 128~129 页。

④ ［法］卢梭：《社会契约论》，赵建兵译，中国社会出版社，1999 年，第 8 页。

这就是人的无限的"自我完善能力"在理性时代所导引的理性的狡计，最终，奴役以意识形态和制度的非人的方式呈现出来。人类终于失去了"理性的自由"（社会的自由），更为悲惨的是，连带失去了自然的自由。**最为可怕的还不是这，是人们适应了奴役，而彻底忘掉了自由。**"自由也和天真与美德一样，人们只有在亲自享受的时候才能感觉到它们的价值，一旦丧失了它们，便也丧失了对于它们的兴趣。"①这就是现代社会对自由最彻底的背叛！

卢梭显然不甘心于这种背叛，他试图给予现代人记起并复苏自由的追求一点希望。卢梭认为："尽管有最贤明的立法者尽了一切努力，政治状态总是不完善的，因为它几乎是一种偶然的产物。"②他坚持政治状态即使是不可避免的，也不能以损害人的自由为代价。"人民之所以要有首领，乃是为了保卫自己的自由，而不是为了使自己受奴役，这是无可争辩的事实，同时也是全部政治法的基本准则。"③他依据野蛮人抵抗欧洲人入侵的事实作为他所坚持的理念的证据，"不应当根据被奴役的人民的堕落状态，而应当根据一切自由民族为抵抗压迫而作出的惊人事迹来判断人的天性是倾向奴役或反对奴役"④。而且由于在探讨人类社会起源的开始时，生命和自由就是自然人的两个美德，在理性没有使人堕落以前仍然是这样，所以"无论以任何代价抛弃生命和自由，都是既违反自然同时也违反理性的"⑤。和这种不能放弃的自由相比，所有权不过是"一种协议和人为的制度"⑥。因而，建立在私有制基础上的政治组织理所当然就是"人民和他们所选出的首领之间的一种真正的契约"⑦。

既然是契约，它就应该受制于一种协商的制度，而不能为某个人的独立意志所左右；在政治状态里，它就应该是法律制度。因此，合理的政治状态便应该是为人的自由服务的，"因为国家构成的基本要素不是官员而是法律，所以每个人就当然恢复了他天赋的自由"。由于天赋自由是先于理性的存

---

①④　［法］卢梭：《论不平等》，第133页。
②　同上，第131页。
③　同上，第132页。
⑤　同上，第137页。
⑥　同上，第136页。
⑦　同上，第138页。

在,所以为保证制度能够运行,不能单靠理性的力量——正是理性的"进步"促成了权利意识的产生和滥用并导致了政治状态的纷争和混乱,而需要更牢靠的基础。"这些纷争和混乱足以说明:人类的政治组织是多么需要比单纯的理性更为坚固的基础;并且为了公共的安宁,是多么需要神意的参与,以便给予最高权力以一种不可侵犯的性质,从而可以剥夺臣民对于最高权力这种不幸的自由处分的权利。"①

也就是说信仰能支持正义的法律制度。卢梭心仪的美德依赖于不匮乏也不过度富足,因此这样的公民组成的政治体按卢梭的说法应该是民主政体。"如果人们的财产或才能不是那么不平均,而他们距离自然状态又并不遥远,那么他们便共同保持着最高的行政而组成民主政体的国家。"②如果出现了暴君,不愿意恢复人民的天赋自由,卢梭认为,人民就有反抗的权利,"暴力支持他,暴力也推翻他。"③这里很显然,在革命和改良出理想秩序之间,卢梭是后者的支持者,革命是不得已的选择。

五、余 论

笔者几乎亦步亦趋地追随卢梭的逻辑,系统地揭示了卢梭政治学说的社会理论基础。现在,我们可以认为,正是通过《论不平等》对理性时代政治的深刻洞察,卢梭一举揭穿了现代性政治的社会基础,并借此深刻预言了现代政治的根本困局。这就无怪乎斯塔罗宾斯基毫不吝啬地把"第二圣经"的称号给予此书。④笔者通过解读此书,认为它完全配得上这一称号。但这里,笔者不是为了证明斯塔罗宾斯基判断的深刻性,而强调的是如下三点。

首先,笔者认为唯有理解了《论不平等》,卢梭其后的作品才能得到更好的理解。换言之,此书和第一论文一起,真正构成了卢梭理论体系的基石。在这个基础上,我们才可以理解为什么卢梭在《爱弥尔》开篇就说,"出自造物

---

① ［法］卢梭:《论不平等》,第 139 页。卢梭的这个表达很有意思,似乎隐隐地暗示了理性的标准的模糊性,也许理性的终极标准依然和信仰有密切的关系。

② 同上,第 140 页。

③ 同上,第 146 页。

④ ［瑞士］斯塔罗宾斯基:《卢梭的〈论人类不平等的起源和基础〉》。

主之手的东西,都是好的,而一到了人的手里,就全变坏了"。也才可认识到辛普森对"卢梭命题"的判断,因为只有认识到人曾经有过"健康的理性"时刻,才能认识到被社会败坏的人还有自我救赎的机会,它需要新的制度,而这恰是《社会契约论》的核心目标。其次,笔者认为,唯有理解了《论不平等》中对"人的自我完善性"与"理性"的关系,"理性"与"语言"的关系,特别是"理性"与"自由""意志""社会"三者关系的深刻论说,我们才能更好地领会卢梭对现代社会问题丛生的状况所具有的异乎寻常的预见力和洞察力。最后,笔者认为,唯有理解了《论不平等》,我们才能更真切地认识到,加诸卢梭头上的形形色色的各种贬斥性的帽子很多是值得商榷的。

（作者简介：袁贺，中央民族大学管理学院讲师。）

从"古代人的自由"到"现代人的自由"

——邦雅曼·贡斯当古今自由理论再探讨①

贡斯当《古代人的自由与现代人的自由之比较》的著名演讲自 1819 年问世以来,在某种程度上已成为其政治理论的代名词。19 世纪以降,几乎所有论及贡氏宪政思想的著作都会着重强调之。②但是 20 世纪 80 年代以来,《适用于所有政府的政治学原则》等重要手稿的发现以及相关研究成果的不断面世,③却使我们不得不对这一老生常谈的问题重新加以审视了。④为了对贡斯当"古今自由对比"理论有一更加深入的认识,我们首先有必要将其还原到欧洲 17 世纪末以降风行一时的"古今之争"的思想谱系中去,这样便可以对贡氏"古代人的自由与现代人的自由"的渊源有一个更为清晰、全面的

---

① 本文据拙文《两种自由之争:贡斯当"古代人的自由与现代人的自由之比较"探傲》(《史林》,2010 年第 1 期,第 143~151 页)做较大增订而成,特此说明。

② 早期的代表性研究可参见 Edouard Laboulay, "La liberté antique et la liberté moderne," *L'Etat et ses limites, suivi d'essais politiques sur Alexis de Tocqueville*, Charpentier, 1863, pp.103–137。

③ 参见拙文《贡斯当的洞见与贡斯当研究的复兴》,《史学理论研究》,2009 年第 4 期,第 131~140 页。

④ 关于贡斯当"古代人的自由与现代人的自由之比较"问题较系统之研究,可参见 Stephen Holmes, *Benjamin Constant and the Making of Modern Liberalism*, Yale University Press, 1984, pp.28–78, 270–284; Maria E.Kyrmizi, *Antiquité et Lumières chez Benjamin Constant*, Nicosie, 2005; Giovanni Paoletti, *Benjamin Constant et les Anciens: politique, religion, histoire*, H. Champion, 2006, pp.19–122.

理解。①事实上，对自由作这种两分法式的界分并非自贡斯当始，在他之前不少启蒙时代的大儒即已对这一问题作了初步的论述。②霍布斯在《利维坦》（1651 年）第二部分第 21 章"论臣民的自由"中，即较早地对古代人所谓的自由提出批评。他指出"古希腊、罗马人的哲学与历史书以及从他们那里承袭了自己全部政治学说的人的著作和讨论中经常推崇的自由，不是个人的自由，而是国家的自由"。③之后休谟在他的《论公民自由》（1741 年）及《论古代国家的人口稠密》（1752 年）两篇论文中进一步指明，古代人虽热爱自由却未能很好地理解自由的内涵。鉴于他们的自由是建立在血腥的军事征服与残酷的奴隶制前提之上的，因此古代人的自由远未像现代人想象的那样值得推崇。④孟德斯鸠在《论法的精神》（1748 年）第二至八卷及第十一、十二卷中，

①　"自由"一词在古希腊文中的对应词为"ἐλευθερία"（eleutheria），据当代学者的考证，"eleutheria"及其形容词"eleutheros"在古代雅典至少有如下七种用法：（1）与奴隶制相对；（2）自由人出身的公民；（3）不屈从于一个专制暴虐的统治者；（4）轮番统治与被统治；（5）在私人领域免于他人或权威的压制，如其所愿地生活；（6）独立自主；（7）自我控制。而它们又可以归结为两大方面：政治上的民主参与和私人生活中的随心所欲。详见 Mogens Hansen, "The Ancient Athenian and the Modern Liberal View of Liberty as a Democratic Ideal," in *Demokratia：A Conversation on Democracies, Ancient and Modern*, edited by Josiah Ober and Charles Hedrick, Princeton University Press, 1996, pp.93–95, 99。"自由"一词之拉丁文为"libertas"，多数词源学家都认为其起源与希腊文"eleutheria"几乎同步，其词义范围包括不受阻碍的活动、作为外来支配及国内暴政的对立面、合法自治等。至于英文中"自由"的对应词则有两个，即"Freedom"与"Liberty"。前者源自德文 *Freiheit*，后者最初源于拉丁文"libertas,后经由法语"liberte"衍生而来。如今一般研究者都将两词混用，唯有汉娜·阿伦特等少数学者对之作了严格的界分。具体考辨详见 Hanna F. Pitkin, Are Freedom and Liberty Twins, *Political Theory*, Vol.16, No.4, 1988；刘训练：《从"古代人的自由"看"自由的古今之争"》，《云南行政学院学报》，2008 年第 3 期，第 21~22 页。

②　See Luciano Canfora, Dans la France des Lumières：liberté des Anaens, liberté des Modernes, *A-males, Économies, Sociétés, Civilisations*, 1983, Vol.38, No.5, pp.1075–1083.

③　Thomas Hobbes, *Leviathan*, Oxford University Press, 1965, p.165，英国内战前后，霍布斯曾与"新罗马理论家"之间就古今自由问题展开过一段争论，参见 Quentin Skinner, *Liberty Before Liberalism*, Cambridge University Press, 1998, pp.59–61；Quentin Skinner, *Hobbes and Republican Liberty*, Cambridge University Press, 2008。

④　《论公民自由》一文在 1741 年版的《道德与政治论集》中原名为《论自由与专制》，1758 年收录到《道德、政治与文学论集》时休谟将其改为今名。详见 David Hume, "Of Civil Liberty," "Of the Populousness of Ancient Nations," in *Essays：Moral, Political and Literary*, Oxford University Press, 1963, pp.89–97, 381–451.

亦曾对古代斯巴达黩武社会与现代英国商业社会作过鲜明的对比。他声称生活在平民政府下的古希腊政治家不理解除美德外的任何其他权力，而今天的政治家则只谈论制造业、商业、金融、财富、甚至奢侈品。[1]只是孟德斯鸠将这种差异的原因归之于共和制与君主制的不同，而非古代与现代相反的时代精神。[2]伏尔泰在作于1765年的《古代人与现代人》一文中则认为，现代人由于指南针、火药、望远镜等科技领域的新发明，远较古代人博学。他甚至声称如今"刚刚从学校出来的童子都要比古代所有的哲人更加博学"。但另一方面，他又觉得古代人在政治上较今人更加伟大，西塞罗永远值得人们敬仰。[3]作为一位承续启蒙传统的自由主义者，这些大哲的自由观以及关于古代与现代对比的论述对于贡斯当构建其"古今自由对比理论"，无疑起到了一定的参照作用。[4]

不过无论霍布斯、休谟，抑或孟德斯鸠、伏尔泰，都只是在论著中偶尔论及古今自由之异同。真正系统性的关于古代人自由与现代人自由的理论，则要待到法国大革命时代方才问世。直接促使热月时期"现代人自由"概念诞生的，正是以罗伯斯庇尔、圣鞠斯特为首的雅各宾派依据卢梭、马布利理论

---

[1]　参见《论法的精神》第三卷第3章；Montesquieu, *De l'Esprit des Lois*, Gallimard, 1995, p.117。

[2]　此外在《论法的精神》第四卷第8章"对古人有关风俗所做的一个悖论所做的解释"中，孟德斯鸠还对古希腊"重战争轻商业"的情况作了评述，参见 Ibid., pp.144–146。

[3]　Voltaire, "Les Anciens et les modernes ou la toilette de Madame de Pompadour," *Melanges*, Gallimard, 1961, pp.731–738.

[4]　1783年秋至1785年春，贡斯当曾在爱丁堡大学求学，苏格兰启蒙运动对其有相当大的影响，详见 Cecil Patrick Courtney, "An Eighteeth Century Education: Benjamin Constant at Erlangen and Edinburgh(1782–1785)," in *Rousseau and the Eighteeth Century*, ed., Marian Hobson, The Voltaire Foundation, 1992, pp.295–324。1785年至1787年贡斯当首度寓居巴黎期间，曾多次参与孔多塞夫人主持的启蒙沙龙。贡氏在其早年的回忆录《我的经历：1767—1787年》中，还坦承"深受18世纪哲学原理尤其是爱尔维修著作的滋养"，参见 Benjamin Constant, Ma Vie, *Euures complètes*, Tome Ⅲ, Max Niemeyer, 1995, p.314.

对"古代自由"的误用。①在恐怖统治刚刚结束的 1795 年,斯塔尔夫人在《论国内和平》一文中就论及了政治自由与公民自由间的关系。她指出:"政治自由之于公民自由恰如一物件之屏障,它只是手段并非目标;导致法国革命如此混乱的原因正是这种观念间的颠倒: 人们企图以牺牲公民自由来换取政治自由,这便导致人们仅仅将安全的期望投注在权力之中;尽管在一个真正自由的国度,公民自由才是应当达到的目标。"②两年后的 1797 年,夏多布里昂在《历史、政治、道德论集:论古今革命及其与法国革命之关系》第一部分

① 圣鞠斯特有一句著名的口号"革命者都应当成为罗马人! "他还声称:"在罗马人以后世界变得空虚了,只有想起罗马人世界才会充实起来,才能够再预盲自由。"详见 Saint Just, "Esprit de la Révolution et de la constitution de France(1791)," Œuvres complètes, Gérard Lebovici, 1984, pp.276–348. 对于这类"古代共和国的现代模仿者",马克思与恩格斯在他们合写的首都著作《神圣家族》中曾有如下评论:"罗伯斯庇尔、圣鞠斯特和他们的党之所以灭亡,是因为他们混淆了以真正的奴隶制为基础的古代实在论民主共和国和以被解放了的奴隶制即资产阶级社会为基础的现代唯灵论民主代议制共和国家"(《神圣家族》,人民出版社,1958 年,第 156 页)。此后,马克思又在《路易·波拿巴的雾月十八日》中进一步指出:"1789 年至 1814 年的革命依次穿上了罗马共和国和罗马帝国的服装……旧的法国革命时的英雄卡米尔·德穆兰、丹东、罗伯斯比尔、圣茹斯特、拿破仑,同旧的法国革命时的党派和人民群众一样,都穿着罗马的服装、讲着罗马的语言来实现当代的任务。"但紧接着他又话锋一转,开始批判起刚刚成形的资产阶级社会及其代言人之一贡斯当来。马克思的真实用意其实是在于呼唤一次新的社会革命的降临,他毫不讳言地宣称:"从前的革命需要回忆过去的世界历史事件,为的是向自己隐瞒自己的内容",即建立现代资产阶级社会。而"新的社会形态一形成,远古的巨人连同复活的罗马古董——所有这些布鲁土斯们、格拉古们、普卜利科拉们、护民官们、元老们以及凯撒本人就都消失不见了。冷静务实的资产阶级社会把萨伊们、库辛们、鲁瓦耶—科拉尔们、本杰明·贡斯当们和基佐们当作自己真正的翻译和代言人;它的真正统帅坐在营业所的办公桌后面……19 世纪的社会革命不能从过去,而只能从未来汲取自己的诗情"(《路易·波拿巴的雾月十八日》,人民出版社,2001 年,第 9~11 页)。

② Madame de Staël, "Réflexions sur la paix intérieure," Oeuvres complètes, Treuttel et Wurtz, 1820, Tome Ⅱ, pp.153–154. 1795 年《论国内和平》书稿已印刷完毕,但由于友人的劝告,斯塔尔夫人最终未将之公开出版。此书要待到她去世后的 1820 年,才被收入其长子奥古斯特·斯塔尔主编的《斯塔尔夫人全集》中。斯塔尔夫人此书中的这段阐释,可谓贡斯当构建其"两种自由观"时最直接的思想源泉。参见 Chryssanthi Avlami, "La critique de la démocratie grecque chez Germaine de Staël et Benjamin Constant," in Retrouver, imaginer, utiliser l'Antiquité, éd par Sylvie Caucanas, Privat, 2001, pp.91–113.

第13—17章及第68—70章中,进一步对"古代共和国的现代效仿者"这一时代错位问题作了详细的探讨。①他指明雅各宾派政治见识中最不可原谅、在紧要关头最靠不住的东西,就是他们没有能力面对现实,幻想在不对传统政治想象力中最令人惬意的内容提出置疑的同时,也可享受到现代社会的种种好处。②之后西斯蒙第在其十六卷本的鸿篇巨著《意大利中世纪共和国史》第四卷(1809年)及第十卷(1815年)中,凭其惊人的博学,以中古意大利各共和国的具体史实,对"古代共和国中不存在任何公民自由,但他们本身就是统治者与立法者"这一命题作了详细的阐释。③由于贡斯当与斯塔尔夫人、西斯蒙第、夏多布里昂等人均为"科佩集团"(the Coppet Group)核心成员,他们之间的交往极其密切,因此贡氏的古今自由理论可谓是综合了同辈学说的集大成之作。

二

在厘清了贡斯当所承续和参考的各种"古今自由对比"理论之后,现在

---

① Chateaubriand, *Essai historique, politique et moral sur les révolutions anciennes et modernes, considérées dans leurs rapports avec la Révolution française*, J.Deboffe, 1797, pp.65-88, 356-381. 贡斯当《适用于所有政府的政治学原则》第十六卷第8章"古代共和国的现代效仿者"及《论征服的精神和僭主政治》(第一版)第二部分第7章,受夏多布里昂此书启发之处颇多。

② Benjanun Constant, *Political Writings*, ed., Cambridge University Press, 1988, pp.19-20. 另可参见 Aurelio Principato, "Antiquité et Révolution française:les lectures comparées de Madame de Staël et de Chateaubriand," in *Annales Benjamin Constant*, No.31-32, Institut Benjamin Constant, 2007, pp.189-201.

③ 详见 J.C.L.Sismondi, *Histoire des républiques italiennes du moyen âge*, t. Ⅳ, H. Nicolle, 1809; Sismondi, *Histoire des républiques italiennes du moyen âge*, t.X, Treuttel et Würtz, 1815;另可参见 Sismondi, *Les colonies des Anciens comparées à celles des Modernes sours le rapport de leur in fluence sur lebonheur du genre humain*, Lador et Ramboz, 1837. 贡斯当在《适用于所有政府的政治学原则》第十六卷第2章及《论征服的精神和僭主政治》(第一版)第二部分第7章中,曾援引《意大利中世纪共和国史》第四卷。此前,孔多塞在1791年发表的第一篇《公共教育备忘录》及1792年递呈给国民议会有关公共教育总体规划的报告中,亦曾初步论及"古代人没有任何现代人所谓的个人权利的自由概念",参见 Condorcet, "Premier Mémoire. Nature et objet de l'instruction publique," *Bibliothèque de l'homme public...*, Buisson, 1791, t.1, p.47; *Rapport et Projet de décret sur l'organisation générale de l'instruction publique, présentés à l'Assemblée nationale, au nom du Comité d'instruction publique, par Condorcet... Les 20 et 21 AvriL 1792*, Imprimerie nationale, 1792.

我们可以来探察一下贡氏本人关于两种自由观的著述了。近年来得益于奥玛希尼、奥夫曼等学者所作的正本清源的考辨工作,我们知悉贡斯当的"两种自由观"其实早在1798年与斯塔尔夫人合作撰写《论当前能终止革命的形势及应在法国奠定共和国之诸原则》时,即已初具雏形。①他们在此书第一部分第3章中,首次论及"现时代的自由主要是预防政府权力以保障公民的独立,而古代的自由主要是保证公民最大程度地行使权力"这一核心论点。贡斯当对"古代人的自由与现代人的自由之比较"最为详尽、系统的论述,则见之于《适用于所有政府的政治学原则》(1806—1810年)第十六卷"古代人的政治权力"。②在这部未刊的手稿中,他逐一列举了古代社会与现代社会间的几种主要区别(国家疆域大小、人口数量、战争与商贸体制、奴隶制等),并对这些区别所导致的后果作了详细的剖析(详见下文所附之表三)。③贡氏首次公开论及"古今自由观",是他在1814年1月30日出版的《论征服的精神和僭主政治》(第一版)第一部分第2章"论现代民族特性与战争之关系"、第二部分第7章"上世纪末提供给人类的那种自由"、第8章"古代共和国的现代效仿者"、第9章"为现代人提供古代人的自由所采用的手段"及第19章"专制政治在我们这个文明时代尤其不能得逞之原因"中。不过通过对比可

---

① 此书在斯塔尔夫人生前并未刊行,直到1906年手稿才被首次整理出版,完整的评注本则要待到1979年方问世。其中关于"古今自由对比"的论述,详见 Madame de Staël, *Des circonstances actuelles qui peuvent terminer la Révolution et des principes qui doivent fonder la République en France*, Droz, 1979, pp.94, 111–112, 159–160, 169–170, 201–202, 243–244, 371–390。此书虽署斯塔尔夫人之名,实为贡斯当与斯塔尔夫人两人合作之结晶,此外贡斯当还在1799年至1806年间对这份手稿作了部分摘抄,详见 Benjamin Constant, "Copie partielle de *Des circonstances actuelles* de Mme de Staël(1799–1806)," *Euvres complètes*, Tome Ⅳ, Max Niemeyer, 2005, pp.797–901。具体之考证参见 Lucia Omacini, "Benjamin Constant correcteur de Mme de Staël," in *Cahiers Staëliensn*, No.25, 1978, pp.5–23; Lucia O-macini, "Fragments politiques inédit de Mme de Staël: quand on découvre des autographes Staeliens dans les papiers Constant," in *Cahiers Staëliens*, No.42, 1990/1991, pp.49–74。

② 详见 Benjamin Constant, *Principes de politique applicables à tous les gouvernements*, Droz, 1980, pp.419–455。除第十六卷外,相关论述亦见之于《适用于所有政府的政治学原则》第十卷"论政治权力对所有制之影响"第5章"取自古代之事例"及第十七卷"论真正之自由原则"第3章"关于公民自由与政治自由的最后思考"(Ibid., pp.207–209, 222, 227–228, 242, 463–470)。

③ See Étienne Hofmann, *Les 《Principes de politique》 de Benjamin Constant, La genese d'une oeuvre et l'éuolution de la pensée de leur auteur(1789–1806)*, Droz, 1980, pp.345–351.

以发现,其主要内容几乎完全取自《适用于所有政府的政治学原则》第十六卷,虽然贡斯当在文字与结构上对之作了一些必要的调整。①接下来的,才是他1819 年 2 月 13 日在巴黎皇家中学所作的那篇《古代人的自由与现代人的自由之比较》的著名演讲。②经比较可知,其主体内容同样取自《适用于所有政府的政治学原则》第十六卷"古代人的政治权力"。③三年后,他又在 1822年出版的《对菲朗杰里著作之评论》第一部分第 4 章"论君主之归依和平体制"里,再次"重述"了其中的部分内容。④贡斯当最后一次涉及"古今自由"这一主题,则是 1830 年 5 月 1 日在《年代》报上发表的一篇《何人可将我们从希腊人与罗马人那里摆脱出来》的短文中。⑤由此可见,对两种自由观的思考

---

① Benjamin Constant, "De l'esprit de conquête et de l'usurpation," *Euvres complètes*, Tome Ⅷ, Max Niemeyer, 2005, pp.561–563, 627–641, 674–675.《论征服的精神和僭主政治》第四版未对这几章作任何重要改动,只是章节次序略有调整,即首版第二部分第 7、8、9、19 章变为第四版之第 6、7、8、18章,详见 Ibid., pp.699–701, 753–765. 值得注意的是,《论征服的精神和僭主政治》第二部分第 8 章的标题"古代共和国的现代效仿者",与《适用于所有政府的政治学原则》第十六卷第 8 章的标题完全一样。

② Benjamin Constant, "De la liberté des anciens comparée a celle des modernes," *Collection complète des ouvrages publiés sur le gouvernement représentatif et la constitution actuelle de la France, formant une espèce de cours de politique constitutionnelle*, vol.4.Béchet aîné, 1820, pp.238–274. 事实上,保存在洛桑大学图书馆的手稿表明,《古代人的自由与现代人的自由之比较》只是贡斯当 1818 年 12月至 1819 年 6 月间在巴黎皇家中学所作的有关"英国宪法"系列讲演中的第二讲而已。贡氏原先的讲演计划包括 11 讲:导论:对于罗密立爵士之颂词;第 1 讲:课程纲要;第 2 讲:古代人之自由与现代人之自由;第 3 讲:从政治权力的起源看英国宪法之原则;第 4 讲:有关政治权力幅度的原则;第 5 讲:对反对限制政治权力及被动服从的回应;第 6 讲:论英国宪法中的皇权与行政权;第 7 讲:论大臣的职责;第 8 讲:论代议机关、选举与议会改革;第 9 讲:论贵族院;第 10 讲:结论。手稿目录参见 Etienne Hofmann éd., *Catalogue raisonné de l'oeuvre manuscrité de Benjamin Constant*, Slatkine, 1992, pp. 97–109; 详见 Bibliothèque cantonale et universitaire de Lausanne, Département des manuscrits, Co 3252; 相关研究参见 Alain Laquièze, "Benjamin Constant et les lectures à l'Athénée royal consacrées à la Constitution anglaise," *Annales Benjamin Constant*, No. 23–24, Institut Benjamin Constant, 2000, pp.155–171。

③ 此外,这篇演讲中还有不少内容与《论征服的精神和僭主政治》(第一版)第一部分第 2 章及第二部分第 7、8、19 章雷同。

④ Benjamin Constant, *Commentaire sur l'ouvrage de Filangieri*, P.Dufard, 1822, pp.22–24.这一部分内容完全是对《论征服的精神和僭主政治》(第一版)第一部分第 2 章的"重述"。

⑤ Benjamin Constant, "Qui nous délivera des Grecs et des Romains," *Le Temps*, 1ᵉʳ mai 1830.收录于 Benjamin Constant, *Positions de combat à laveille de juillet 1830. Articles publiés dans le Temps, 1829–1830*, éd. par Ephraim Harpaz, Slatkine, 1989, pp.140–142.

贯穿了贡氏的一生,1819年《古代人的自由与现代人的自由之比较》的演讲只是其中流传较广的"精简版"而已。据奥夫曼的最新统计,作为贡斯当古今自由比较理论源头的《适用于所有政府的政治学原则》手稿第十六卷"论古代人的政治权力",全卷1044行文字中有超过三成的篇幅被其晚期出版的著作所摘引,其中231行即22.1%的内容被《论征服精神和僭主政治》第一部分第2章、第二部分第7、8、19章等章节所摘引,82.5行即7.9%的内容被《古代人的自由和现代人的自由之比较》"再利用",此外另有20.5行"重现"于《对菲朗杰里著作之评论》第一部分第4章。①

为了对贡斯当"古今自由对比理论"的形成及演变历程有一更加清晰的认识,下面我们将援引两个具体的文本"衍生"案例来论证之。第一个是关于贡斯当"古今自由对比"核心概念的演变。贡斯当与斯塔尔夫人合著《论当前能终止革命的形势及应在法国奠定共和国之诸原则》手稿(1798年)第一部分第3章"论公共舆论"中一段关于"古今自由对比"的论述,在1799年被贡斯当略作调整后摘录到他对此书所作的"札记"中。② 1806年,他又将这段文字几乎原封不动地挪置到了《适用于所有政府的政治学原则》手稿第十六卷第7章"古代人与现代人间这些区别之后果"里。1814年,贡斯当方首次将其发表在《论征服的精神和僭主政治》(第一版)第二部分第7章"上世纪末提供给人类的那种自由"中。最后,他又在1819年著名的《古代人的自由与现代人的自由之比较》演讲稿里,再次将其"转述"了一遍。这段文字虽极为简短,却关乎贡氏整个古今自由对比理论之宏旨,因此特别值得关注。

---

① Etienne Hofmann, "Les *Principes de politique* de 1806 comme 'réservoir' de textes pour les publications de Constant sous la Restauration. Une description schématique du problème," *Annales Benjamin Constant*, No.33, Institut Benjamin Constant, 2008, p.58.

② 具体考证参见 Lucia Omacini et Roswitha Schatzer, "Quand Benjamin Constant travaille sur les papiers de Mme de Stael: le cas de la 《Copie》 *Des circonstances actuelles*," *Le groupe de coppet et le moderne*, Droz, 1998, pp.59–82。

表一 贡期当"古今自由对比"核心概念演变

	贡斯当与斯塔尔夫人合著《论当前能终止革命的形势及应在法国奠定共和国之诸原则》第一部分第3章"论公共舆论"（1798年）	贡斯当对《论当前能终止革命的形势及应在法国奠定共和国之诸原则》"论公共舆论"一节所作（1799—1806年）	《适用于所有政府的政治学原则》第十六卷第7章"古代人与现代人间这些区别之后果"之"摘录"（1806年）	《论征服的精神和僭主政治》第一版第二部分第7章"上世纪末提供给人类的那种自由"（1814年）	《古代人的自由与现代人的自由之比较》演讲稿（1819年）
出处					
表述	现时代的自由首先是预防政府权力以保障公民的独立。古代的自由主要是保证公民最大程度地行使权力。①	古代的自由主要是保证公民最大程度地行使政治权力。现时代的自由首先是预防权力以保障公民的独立。②	古代的自由主要是保证公民最大程度地行使政治权力。现时代的自由首先是预防权力以保障公民的独立。③	这种[古代人的]自由在于对集体权力的积极参与，而非平静地享受个人的独立。④	古代人的自由由积极且经常地参与集体权力构成。我们的自由则应由平静地享受私人的独立构成。⑤

第二个案例则是《适用于所有政府的政治学原则》手稿第十六卷第3章

---

① Madame de Staël, *Des circonstances actuelles qui peuvent terminer la Révolution et des principes qui doiveut fonder République en France*, pp.111–112.

② Benjamin Constant, "Copie partielle de Des circonstances actuelles de Mme de Staël（1799–1806），" *Euures complètes*, Tome IV, p.804.

③ Benjamin Constant, *Principes de politique applicables à tous les gouvernements*, p.432.

④ Benjamin Constant, "De l'esprit de conquête et de l'usurpation," *Euvres complètes*, Tome VIII, p.627.方括号内之文字为笔者所加,下同。

⑤ Benjanun Constant, "De la liberté des anciens comparée a celle des modernes," *Ecrits politiques*, Présentés par Marcel Gauchet, Gallimard. 1997, p.602.贡斯当对于古代人的自由与现代人的自由较详尽的阐释如下："古代人的自由在于以集体的方式直接行使完整主权的若干部分,诸如在广场协商战争与和平问题,与外国政府缔结联盟,投票表决法律并作出判决,审查执政官的财务、法案及管理,宣召执政官出席人民的集会,对其指责、谴责或豁免。"现代人的自由是只受法律制约,不因某个人或若干个人的专断意志而受到某种方式的逮捕、拘禁、处死或虐待的权利,它是每个人表达意见、选择并从事某一职业、支配甚至滥用其财产的权利,是不必经过许可、不必说明动机或事由而迁徙的权利。它是每个人与其他个人结社的权利,结社的目的或是讨论他们的利益,或是信奉他们及结社者偏爱的宗教,甚至或许仅仅是以一种最适合他们本性或幻想的方式消磨几天或几个小时。最后,它是每个人通过选举全部或部分官员,或通过当权者或多或少不得不留意的代议制、申诉、要求等方式,对政府的行政行使某些影响的权利"(Ibid., pp.593–594,中译本参见[法]贡斯当:《古代人的自由与现代人的自由》,阎克文、刘满贵译,上海人民出版社,2003年,第34页)。

"(古代社会与现代社会间的)第二种区别"中一段关于"(古代)战争与(现代)商业"的文字,经贡斯当略作改动后,曾先后三次"再现"于贡氏晚年出版的著作中:1814 年《论征服的精神和僭主政治》第一部分第 2 章"论现代民族特性与战争之关系"、1819 年《古代人的自由与现代人的自由之比较》及 1822年《对菲朗杰里著作之评论》第一部分第 4 章"论君主之归依和平体制"。援用这一案例是为了具体说明贡斯当是如何以改写、转述等"变形"的方式,将其早期手稿中关于"古今自由对比"的文字一而再、再而三地"移植"到其晚年出版的著作中去的。

表二　贡斯当"古今自由对比"文本衍生:以"战争与商业"一节为例

出处	《适用于所有政府的政治学原则》手稿第十六卷"论古代人的政治权力"第 3 章"第二种区别"(1806 年)	《论征服的精神和僭主政治》第一版第一部分第 2 章"论现代民族特性与战争之关系"(1814 年)	《古代人的自由与现代人的自由之比较》之演讲稿(1819 年)	《对菲朗杰里著作之评论》第一部分第 4 章"论君主之归依和平体制"(1822年)
表述	两者不过是实现同一目标的两种不同手段,它应当永远是人们的目标,即是为了占有向往中的东西。商业不过是向占有者因占有的进取心而获得的力量发出的礼赞。它是一种努力,要通过双方协商来获取人们不于希望用暴力获取的东西。一个总是比别人强壮的人永远不会产生商业意识。经验向他证实,战争,即使用他的力量去和别人的力量对抗,容易招致各种障碍和失败;正是这种经验,引导他求助于更温和、更稳妥的商业手段,使他人的利益同他自身的利益达到一致。因	战争与商业不过是实现同一目标的两种不同手段,都是为了占有向往中的东西。商业不过是向占有者因占有的进取心而获得的力量发出的礼赞。它是一种努力,要通过双方协商来获取人们不再希望用暴力获了的东西。一个总是比别人强壮的人永远不会产业商业意识。经验向他证实,战争,即使用他的力量去和别人的力量对抗,容易招致各种障碍和失败;正是这种经验,引导他求助于更温和、更稳妥的商业手段,使他人的利益同他自身的利益达到一致。因此,战争先于	战争先于商业出现;因为战争与商业只不过是实现同一目标的两个不同手段;这一目标即是得到自己欲求的东西。商业是希望占有的人对占有者缴纳的一种贡赋。它是一种征服行为,是以相互同意的方式征服一个人无法希望以暴力方式得到的东西。一个永远的最强者决不会有商业的概念。是经验引导他诉诸商业。经验向他证明,战争即运用自己的强力反对其他人的强力,使他可能遭遇形形色色的障碍与失败,而商业则是求得他人权益符合自己适当权益的一种较为温	战争与商业只不过是实现同一目标的两个不同手段:即是得到自己欲求的东西。商业不过是向占有者因占有的进取心而获得的力量发出的礼赞。它是一种努力,要通过双方协商来获取人们不再希望用暴力获取的东西。一个总是比别人强壮的人永远不会产生商业意识。经验向他证实,战争,即使用他的力量去和别人的力量对抗,容易招致各种障碍和失败;正是这种经验,引导他求助于更温和、更稳妥的商业手段,使他人的利益同他自身的利益达到一致。因此,战争先

续表

此战争先于商业出现。前者是冲动,后者是谋算。①	商业出现。前者是冲动,后者是谋算。②	和但较为确定的方法。战争乃是冲动,而商业则是算计。③	于商业出现。前者是没有经验的欲望的冲动,后者是开明欲望的谋算。④

三

上文所举的两个案例非常清晰地表明,虽然贡斯当在不同时期关于古今自由对比的论著在文字及结构上有所变动,但其主体思想却是一以贯之的,并未发生重大的变动。那么与其他的"两种自由观"相比,贡氏自由理论的独创性到底何在呢?

这首先体现在他对古今自由的界分完全是建立在以时代为区分的基础之上的,而不同时代又反映了不同的社会经济条件,足见贡斯当的自由观其实蕴涵着深厚的社会学含义。他对自由的界定已不再纯粹依附于哲学性的抽象思辨,而是强调政治理想应当与具体的社会环境相结合。⑤在贡斯当看来,现代自由并非一种形而上学的价值观,任何天赋权利的概念在政治上都

---

① Benjamin Constant, *Principes de politique applicables à tous les gouvernements*, p.425.

② Benjamrn Constant, "De l'esprit de conquête et de l'usurpation." *Euvures complètes*, Tome Ⅷ, p.562.中译本参见[法]贡斯当:《古代人的自由与现代人的自由》,第 208 页。

③ Benjamin Constant. "De la liberté des anciens comparée a celle des modernes," *Ecrits politiques*, Gallimard, 1997, p.597.中译本参见[法]贡斯当:《古代人的自由与现代人的自由》,第 36 页。

④ Benjamin Constant, *Commentaire sur l'ouvrage de Filangieri*, P. Dufard, 1822, p.22.

⑤ 参见 Stephen Holmes, *Benjamin Constant and the Making of Modern Liberalism*, pp.32, 58–60; 江宜桦:《康斯坦论自由、平等与民主政治》,《东吴政治学报》,1998 年第 9 期,第 35~36 页。但亦有学者持不同见解,方塔纳便认为贡斯当所描述的古代社会与现代社会间的对比与其说是一种客观的历史描述,毋宁是一种人为的建构。她强调贡斯当之所以建构出这种两分法式的对立模型,是有其方法论上的特殊考量的。贡氏的目的既不在于严格地重构历史,亦不是为了论证一种社会进化的理论,而是试图通过对古代社会进行某种"理想类型"似的重构,来为现代社会提供一个对照的模型。详见 Biancamaria Fontana, "Démocratie et histoire des idées," *Revue européenne des sciences sociales*, t.32, No. 98, 1994, p.190.

是毫无意义的,在特定社会中人们仅能拥有该社会可能提供给他们的权利。①
贡氏强调,古代人的自由作为一种政治模式虽令人倾慕,却无法移植到现代
社会中来。政治模式不可能脱离社会环境而独立存在,既然古代民主赖以存
活的社会环境已然不复存在,那么这一政治模型也不可能维系下去。基于时
代精神的各种自由制度可以存活下来,刻意恢复起来的古代人的大厦却终
将崩溃。对古代最佳政治体制的刻意模仿与移植,只会导致灾难性后果的出
现,即专制统治。马布利和卢梭由于未能认识到两千年岁月所导致的变化,
把属于另一世纪的政治权力与集体性主权移植到现代,尽管其初衷是出于
对自由的热爱,结果反而为诸多类型的暴政提供了致命的借口。②

表三　古今社会之结构差异及其衍生之后果③

	古代社会	现代社会
差异	1.所有古代的共和国都局限于狭小的领土上,人口有限。	1.现代国家的面积和人口较古代共和国要大得多。
	2.古代民族被分割成小的部落,相互之间几乎没有交流,每一民族形成一个孤立的大家庭,是其他民族的天然敌人。	2.由于启蒙思想的发展,就连欧洲分裂为众多国家也更多是一种表面现象。今天,在不同名称与社会组织下生存的成千上万的人们,在本质上是相当同质的。
	3.许多古代民族的宗教反对经商,没有一个古代共和国是商业的。在古代商业是一种幸运的意外。	3.商业是现代国家的唯一目标、普遍趋势与真正的生活,它要求安定、舒适和能够提供舒适的工业。
	4.古代社会普遍实行奴隶制。	4.由于商业、宗教及人类道德与知识的进步,欧洲各国已不再存在奴隶。

---

① Benjanun Constant, *Political Writings*, pp.26-27.

② 详见 Benjamin Constant, *Principes de politique applicables à tous les gouvernements*, pp.438-441; 再现于 Benjamin Constant, "De la liberté des anciens comparée a celle des modernes," *Ecrits politiques*, p.604.

③ 资料来源:Benjamin Constant, *Principes de politique applicables à tous les gouvernements*, pp.420-436,略作改动之后,再现于 Benjamin Constant, "De l'esprit de conquête et de l'usurpation," *Euvres complètes*, Tome Ⅷ, pp.561-563,627-641,674-675; Benjamin Constant, "De la liberté des anciens comparée a celle des modernes," *Ecrits politiques*, pp.591-619。

续表

	古代社会	现代社会
后果	1.在古代共和国,狭小的领土范围意味着每个公民在政治上都有举足轻重的作用。不断行使政治权力,日复一日地讨论国家事务,古代民族的生活强制性地充满了这些必须履行的职责。全体公民都在参与立法、宣判、决定战争与和平,每个人的意志都有真正的影响力。	1.现代国家规模的扩大,导致每一个人分享的政治重要性相应降低,个人影响仅是决定政府方向的社会意志的难以察觉的组成部分。在现代社会个人所分享的那份国家主权,常常只是一种抽象的虚构。对于现代民族而言,政治职责只会造成困扰与疲倦。在现代,每个人都专注于自己的事业和快乐。
	2.古代民族为了生活必需品而相互为敌,甚至那些没有征服野心的人也不能放下自己的刀剑,否则自己就会被别人征服。对古代民族而言,他们的安全、独立以及其全部生存价值就是战争。	2.现代国家已经足够强大,不必再去惧怕仍然处于野蛮状态的游牧部落;它也已文明到足以发现战争是一种负担,因此一致倾向于和平。
	3.对古代人而言,一场成功的战争既增加私人财富,也增加公共财富,增加他们所分享的奴隶、贡赋与土地。	3.商业激发了人们对个人独立的挚爱,商业在没有政治权力干预的情况下提供了人们的需求。对现代人而言,即使是一场成功的战争,也总是极为得不偿失。一个商业代替战争的时代必然会到来。
	4.大量奴隶人口的存在,使得古代公民有极其充裕的时间来行使政治权利、讨论国家事务。	4.奴隶制的废除,剥夺了自由民因奴隶从事大部分劳动而造成的所有闲暇,现代人必须从事所有职业,提供社会的所有需求。

贡斯当洞察到在古代令人向往的政治模式与难以忍受的社会现实之间,其实存在着一种无法消弭的悖论。由于在古代政治权力与市民社会合而为一,公共领域与私人空间、个体与社会间并不存在明确的界限,因此古代人的自由其实是一种现代人无法忍受的极端威权政治。[1]尽管古代人在公共事务中几乎永远是主权者,但在所有私人关系中却是奴隶。作为公民和集体组织的成员,古代人确实可以决定战争与和平,审问、谴责、流放甚至处死执政官;但作为个人,其所有行动都受到限制、监视与压制,他还可能被所属集体的专断意志剥夺身份、放逐乃至处死。[2]事实上在古代,除雅典之外的所有希腊城邦,个体都服从于一种几乎不受限制的政治权力,而这样的个人服从

---

[1]　See Patrice Rolland, "La liberté des anciens chez Benjamin Constant," *Revue Française d'Histoire des Idées Politiques*, No.6, 1997, pp.256–257.

[2]　Benjamin Constant, "De la liberté des anciens comparée a celle des modernes," *Ecrits politiques*, p. 595.

也是之后数世纪罗马伟大时代的特征。作为国家组成部分的古代人，以某种方式让自己变成了国家的奴隶。[①]现代人所向往的无疑是另一种自由。我们怎么能够想象欧洲文明在经历了基督教、文艺复兴、科学革命、启蒙运动的多次洗礼之后，用了两千多年的时间去丰富、调整、明确其价值目标，居然还是在追求和古希腊人相同的自由理想？文明的进步、商业的发展以及不同民族间的沟通，都扩展并丰富了个人的自由。[②]正如贡斯当本人承认的那样，古代人理解的那种自由实际上只属于统治者阶层，是一种奉承盈耳、家产殷实的快乐。[③]现代人的目标则是力图将自由扩展到所有人手中，保障所有个体都有享受私人快乐的权利。从这一层面上而言，现代人的自由较之于古代人的自由无疑更具包容性。贡斯当强调，既然我们生活在现代，我们便需要一种符合时代精神的新的个人自由。

不过贡斯当的洞见还不止于此，他的犀利之处在于，在看到现代自由优越性的同时，亦觉察出了其潜在的矛盾性与危险性。在古代社会个人可以说是作为一个完整的独立体而存在的，他们是城邦的有机组成部分，公民是其唯一的合法身份。在古希腊和古罗马，公民权便意味着"全职公民"，个人通过政治参与获得其价值上的认同。但现代人却已不再有机会享有古代人的那种纯粹性与完整性了。在现代社会，个人首先是作为家长、业主、工人而存在的，人们只是在维护自由时才成为选民、陪审员和卫士。[④]由于现代人必须同时扮演个体与公民这两种截然不同的角色，从而不得不在某种程度上生

① Benjamin Constant, *Principes de politique applicables à tous les gouvernements*, p.419. 再现于 Benjamin Constant, "De l'esprit de conquête et de l'usurpation," *Euvrei complètes*, Tome Ⅷ, pp.627–628.

② 斯塔尔夫人在 1800 年出版的《论文学》"第二版序言"中曾指出："那些认为近三千年来人们没有获得一点新思想，那些想把人类判处西西弗斯苦刑，让人类永无休止地把石头推上山顶又让它滚落下来的人们，是大错特错了"(Madame de Staël, *De la littérature*, Flammarion, 1991, p.59)。

③ Benjamin Constant, "De l'esprit de conquête et de l'usurpation," *Eures complètes*, Tome Ⅷ, p.629. 显然在古代只有成年男性才享有公民权，妇女、儿童与奴隶并不享有任何政治权利。虽然雅典城邦的典范对后世政治思想家的民主想象产生了深远的影响，但马基雅维利的著作却有力地表明，以古代典范为理想的近代意大利城市共和国乃是由贵族主导的寡头政府，民众的实际参与极为有限。

④ 卢梭在《山中书简》第九封中即曾指出："你们(日内瓦人)既非罗马人亦非斯巴达人，你们同样也不是雅典人……你们是商人、手工业者、资产阶级，永远只关注你们的个人利益"(Jean-Jacques Rousseau, *Euvres complètes*, Tome Ⅲ, Gallimard, 1964, p.881)。

活在一种持续的"人格分裂"的斗争状态中。①这种"两重性"造成的后果便是,虽然现代人还未完全放弃其在政治领域内的职责,他们却往往将其主要的精力投注到个人情感和私人利益中去。②因此在现代社会,个人至多只是"兼职公民"而已了。如果说古代自由的危险主要在于人们仅仅考虑维护他们在政治权力中的份额,几乎完全忽视了个人权利与享受的价值;那么现代自由的危险则正相反,人们过度沉湎于享受个人的独立及追求各自的利益,结果导致过分轻易地放弃了分享政治权力的权利。③虽然贡斯当承认对个人幸福的追求在一定程度上符合现代人的需求但他又进一步指出,快乐并非人类的唯一目标,它无法体现人类的全部道德理想。因为在人的本性中还有更高尚的自我发展、自我完善的欲求,而政治自由则是上帝赋予我们的最有力、最有效的自我发展的手段。④

---

① 参见 Biancarnaria Fontana,"Démocratie et histoire des idées,"*Revue européenne des sciences sociales*,t.32,No.98,1994,p.191。对于现代人的这种"自我分裂",贡斯当在其 1804 年 4 月 11 日的日记中曾有一段夫子自道式的独白,他声称:"我不是一个完全真实的存在。在我身上有两个人,一个人观察另一个人"(*Euvres complètes*,Tome Ⅵ,Max Niemeyer,2002,p.104)。

② 对此问题马克思有进一步的阐述,他在《论犹太人问题》一文中曾犀利地指出:"在政治国家真正发达的地方,人不仅在思想意识中而且在现实生活中,都过着双重的生活。前一种是政治共同体中的生活,在这个共同体中人把自己看做社会存在物;后一种是市民社会中的生活,在这个社会中人作为私人进行活动,把别人看做工具,把自己也降为工具。人跟作为公民的自身,跟作为社会整体一分子之其他人之所以发生冲突,是由政治国家和市民社会间的分裂造成的。对作为市民社会一分子的人来说,在国家中的生活只是一种假象,是本质和通则的瞬间例外","这样一来公民(*citoyen*)就成了自私人(*hmnme*)的奴仆;人作为社会存在物所处的领域还要低于他作为私人个体所处的领域;最后不是身为公民的人而是身为资产阶级(*bourgeois*)的一分子的人,才是本来的人,真正的人"[《马克思恩格斯全集》(第一卷),人民出版社,1956 年,第 428~429、440 页]。当代的列奥·施特劳斯在《自然法权与历史》一书中同样指出:"现代人缺少古代人所备的公共精神和爱国情操,他们更加关心自己的私利和家务。现代人缺乏古代人的伟大灵魂,他们并非公民而是布尔乔亚"(Leo Strauss,*Natural Right and History*,University of Chicago Press,1953,p.253)。另可参见伯林《两种自由概念》第 3 节"隐退于内心的碉堡中"([英]以赛亚·伯林:《自由论》,胡传胜译,译林出版社,2003 年,第 204~211 页)。

③ Benjamin Constant,"De la liberté des anciens comparée a celle des modernes,"*Ecrits politiques*,p.616。

④ Benjamin Constant,"De la liberté des anciens comparée a celle des modernes,"*Ecrits politiques*,p.617. 另可参见伯林《两种自由概念》第 4 节"自我实现"([英]以赛亚·伯林:《自由论》,第 211~215 页)。

表四　现代人公民身份与个体身份之分裂①

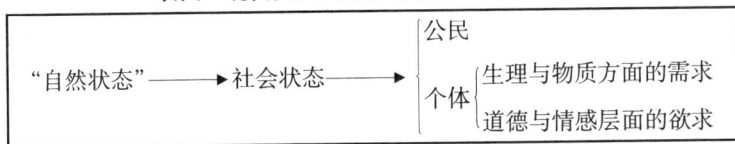

```
┌─────────────────────────────────────────────────┐
│                                    ┌公民          │
│  "自然状态" ───→ 社会状态 ───→     │            生理与物质方面的需求 │
│                                    └个体 ─┤        │
│                                            道德与情感层面的欲求 │
└─────────────────────────────────────────────────┘
```

　　尽管在 19 世纪初这种个人主义的倾向尚处于萌芽状态,贡斯当却认为必须尽力遏制这一危险的趋势。因为如果放任现代人的私欲,那么公民精神很快便会被个人私利所侵蚀。②由此便引申出了贡斯当对功利主义哲学的批判立场,他特别指明不可将权利与功利这两种截然不同的概念混为一谈。③尤其到了晚年,贡斯当越来越担忧英国功利主义和法国"空论派"可能对现代人的自由造成的负面影响。在 1824 年出版的《论宗教》第一卷的前言中,贡斯当对这种以个人利益为导向的价值观进行了极为严厉的批判。④回首 19世纪初的这二十几年,他看到的尽是一幅令人失望的算计及道德中庸化的

---

　　①　引自 Tzvetan Todorov, *Frêle bonheur. Essai sur Rousseau*, Hachette, 1985, p.28. 当代意大利政治哲学家博比奥曾对自然状态与社会状态的不同作过系统的界分,兹引如下:(1)自然状态是一种非政治和反政治的状态;(2)公民社会是与自然状态相对立而产生的,是为了纠正或消除自然状态中存在的缺陷;(3)自然状态中的个人虽并不生活在社会中但却具备社会性;(4)生活在自然状态中的个人处于一种自由和平等的状态中;(5)从自然状态到公民社会的过渡并非基于事物的自然本性,相反它是通过一个或多个约定而来的,因此公民社会被设想为一种人为的创造、一种文明的产物。详见 Norberto Bobbio, *Thomas Hobbes and The Natural Law Tradition*, The University of Chicago Press, 1993, pp.1–12。

　　②　Benjamin Constant, *Principes de politique applicables à tous les gouvernements*, pp.430–431.

　　③　贡斯当对功利主义哲学的批判,详见《适用于所有政府的政治学原则》第二卷第 7 章"论功利原则取代个人权利观念"(Benjamin Constant, *Principes de politique applicables à tous les gouvernements*, pp.58–61)。

　　④　详见 Benjanun Constant, *De la religion considérée dans sa source, ses formes et ses développements*, *Actes Sud*, 1999, pp.25–34。贡斯当区分了两种不同的道德体系:一种以个人的舒适与享乐为目标、以自我利益为导向;另一种则是自我牺牲式的宗教感情。他以为后者方真正构成了人类不可摧毁的精神核心。因为正是这种自我牺牲的精神赋予了人类不断改进、自我完善的可能性。详见 Jeremy Jennings, "Constant's Idea of Modern Liberty," in *The Cambridge Companion to Constant*, Cambridge University Press, 2009, pp.70–72。

场景,人们放弃了高贵的情感而日益被自我利益所宰制。①其后果自然是驱使人们逐渐退缩到以个人利益为中心的狭隘的空间内,并日益与他人相隔绝。长此以往,人们将很难继续享受以往所争取到的自由。②

虽然贡斯当承认在现时代要求人们完全罔顾个人私欲不合乎其本性,但如果个体完全抛弃了公民职责,则会出现社会原子化以及个人在道德上日益退化的危险倾向。在他看来,问题的关键其实并不在于要求现代人在公民或个人这两种角色中择一而从,而是找到一个适当的平衡点,协调好现实中的社会人与理想状态中的公民这两个角色。为了克服这两者间的内在张力,卢梭所开出的妙方是通过个体的自我教育与社会教育,将公民精神整合进现代社会中去。③贡斯当同样以为立法者的工作并不随着和平的降临而终结,他们还必须完成公民道德教育的任务。他强调如果现代政治共同体想避

---

① 贡斯当的自传体小说《阿道尔夫》中的主人公,可谓是现代人的一个代表。在此书第二版的未刊前言中,贡斯当曾指出:“在《阿道尔夫》中,我想描绘我们时代的一种主要的道德症状:疲惫、不确定、乏力、无休无止的分析,而这种分析在每一种感觉中都掺入了某种算计。我们不知道如何爱,如何相信,如何愿望。每个人都怀疑他所说的,嘲笑他在做出肯定时表现出的激烈,预见到他的感觉的结束”(Benjamin Constant,“Adolphe,”*Euvres complètes*,Tome Ⅲ,pp.196–197)。普希金在名篇《叶甫盖尼·奥涅金》中,亦曾援引《阿道尔夫》来刻画现代人的过度自利:“这些作品反映出了时代,将当代人如实刻画出来,他们那卑鄙醒齪的灵魂,他们自私自利的冷酷,他们对幻想无限的追逐,他们虽然有愤世的精神,到头来却只是空忙一场”[《普希金全集》(第四卷),智量、冀刚译,浙江文艺出版社,1997年,第212页]。

② 对于这种片面强调个人自由将会导致的危险,托克维尔在《论美国的民主》下卷第四部分第六章“民主国家害怕哪种专制”中,作了进一步的引申与阐释。他预言一个只关注个人自由与享乐、丧失了公民精神的社会,最终将以一种新的专制主义告终:“那时候将出现无数相同而平等的人,整天为追逐他们心中所想的小小的庸俗享乐而奔波。如果说他们还有一个家庭,那末他们至少已经不再有祖国了。在这样的一群人之上,耸立着一个只负责保证他们的享乐和照顾他们一生的权力极大的监护性当局。它喜欢公民们享乐,而且认为只要设法享乐就可以了。这样就使公民终日无所事事,很少运用和不太运用自己的自由意志,统治者这样把每个人一个一个地置于自己的权力之下,并按照自己的想法把他们塑造成型之后,便将手伸向全社会了。他用一张其中织有详尽的、细微的、全面的和划一的规则的密网盖住社会。他不实行暴政,但限制和压制人,使人精神颓靡、意志消沉和麻木不仁,最后使全体人民变成一群胆小而会干活的牲畜,而政府则是牧人”(Alexis de Tocqueville,*De la démocratie en Amérique*,Flammarion,1981,Tome Ⅱ,pp.385–386)。而汉娜·阿伦特在经历了法西斯独裁统治及第二次世界大战的残酷洗礼之后,更是将现代人公民精神的衰弱与丧失视为20世纪极权主义兴起的前提条件之一。详见 Hannah Arendt,*The Origins of Totalitarianism*,Harcourt,Brace and Co,1951.

③ Tzvetan Todorov,*Frêle bonheur. Essai sur Rousseau*,pp.74,77–78.

开破坏性的个人主义和强权主义野心的危害，就必须使公民保持一定的政治参与热情。①在贡斯当看来，政治自由不仅仅是一种工具性的价值，是保障公民自由不受政府侵害的有力屏障，它本身还蕴涵着马克斯·韦伯所谓的"价值理性"。②

但是自从 1958 年以赛亚·伯林在其名作《两种自由概念》中深入阐述"积极自由与消极自由"的概念以来，③晚近的学者受其影响多将"古代人的自由"视为"积极自由"，而将"现代人的自由"等同于"消极自由"。④就古今自

---

① 晚近的哈贝马斯同样认为，政府应当通过公共舆论的引导，将资产阶级从只关心自我利益的"经济市民"转变为关注公共事务的"国家公民"，详见［德］哈贝马斯：《公共领域的结构转型》，曹卫东等译，学林出版社，1999 年，第 11 页。

② 韦伯将工具理性界定为"既对手段和目的也对目的与附带之后果做出合乎理性的权衡"，他所谓的价值理性则是指"有意识地对一个特定的固有价值的无条件的纯粹信仰"，参见［德］马克斯·韦伯：《经济与社会》（上卷），林荣远译，商务印书馆，1997 年，第 57、64 页。

③ 伯林以为积极自由主要涉及"何人有权控制或干涉从而决定某人应该去做这件事、成为这种人，而不应该去做另一件事、成为另一种人"，消极自由则关乎"在什么样的限度内，某个主体可以或应当被容许做他所能做的事而不受到他人干涉"。详见［英］以赛亚·伯林：《自由论》，第 189~204 页。伯林晚年在其对话录中，曾将消极自由问题简化为"有多少扇门是向我敞开的？"，将积极自由问题简化为"这里谁是主管？谁在控制？"（［伊朗］贾汉贝格鲁编：《伯林谈话录》，译林出版社，2002 年，第 37 页）。斯金纳在纪念伯林的讲演中进一步指明，伯林在提出其"积极自由"与"消极自由"的概念时，其实是受到了英国学者鲍桑葵《关于国家的哲学理论》（1899 年）的影响。鲍桑葵在书中曾以众多的笔墨谈论摆脱强制的"消极观念"，并将之与真正的或理想的自我的"积极观点"相对照。而在鲍桑葵的分析背后，又是 T.H.格林压倒性的影响，因为鲍氏曾"极大地利用"了格林《政治义务原则》（1886 年）一书中对自由的分析。详见 Quentin Skinner, "A Third Concept of Liberty. Isaiah Berlin Lecture," in *Proceedings of the British Academy*, Vol.117, 2002, pp.237-268.

④ 按照伯林的分类，"消极自由"的信奉者包括奥卡姆、伊拉斯漠、霍布斯、洛克、伯克、杰弗逊、潘恩、贡斯当、边沁、小穆勒、托克维尔等人，"积极自由"的宣扬者则包括柏拉图、伊壁鸠鲁、圣·安布罗斯、孟德斯鸠、斯宾诺莎、康德、赫尔德、卢梭、黑格尔、费希特、马克思、布哈林、孔德、卡莱尔、格林等。而在众多的"消极自由"信奉者中，伯林又将贡斯当视为其消极自由理论最重要的历史先驱。他称："19 世纪上半叶的自由主义者很正确地看出，这种意义下的'积极'自由会很容易摧毁许多他们认为神圣不可侵犯的'消极'自由。他们指出全民的主权可以很轻易地摧毁个人的主权。没有人比贡斯当将两种类型的自由间的冲突，看得更透彻、表达得更清楚了"，详见 Isaiah Berlin, *Four essays on Liberty*, Oxford University Press, 1969, pp.162-166.

由间的关系而言,论者多是"厚今薄古",以为今人之自由胜于古人之自由。[1]事实上,贡斯当却以为两种自由并非完全对立、非此即彼,他真正的原创性就在于力图在两者间构建起一种互为补充的辩证关系。[2]他认为:"那些试图牺牲政治自由来更加恬静地享受个人自由的人,正如那些想通过牺牲个人自由来确保、扩展政治自由的人一样荒谬。后者可谓是为了手段而牺牲目标,前者则是以达到目的为借口而放弃了手段。"[3]贡斯当强调问题的关键其实并不在于放弃一种自由以换取另一种自由,而是在一个价值与利益日趋多元化的现代社会中,如何将两种自由有机地结合起来,从而建构起一套既能有效保障个人权利又可明确公民责任的宪政体系。[4]为此,他在《古代人的自由与现代人的自由之比较》结尾处,曾如此总结道:"个人自由是真正的现

---

[1] 伯林在《两种自由概念》的结尾处曾强调消极自由的概念提供了"比较正确,比较合乎人性理想的主张,要比那些在大规模的、受控制的权威结构中,寻求阶级、民族或全人类'积极'自我做主的理想的人士,所持有的目标,更为正确,也更合乎人性"。正如斯金纳所指明的那样,伯林的论文其实带上了 20 世纪 50 年代地缘政治和意识形态分裂的强烈印记。伯林虽然相信对自由的积极理解也许曾经具有高尚的源头,但它已偏离它达到的自由主义起点,而长眠在"我们时代的许多民族主义、权威主义和极权主义的教义深处"。因此,伯林的论文与其说是一种解释,毋宁更是一种警告。详见 Quentin Skinner, "A Third Concept of Liberty. Isaiah Berlin Lecture"。斯金纳的论点已得到不少学者的响应,他们以为伯林的论文其实是旨在"更新"而非阐明贡斯当的论点。受其本人政治立场和时代氛围的影响,伯林未免过于凸显了贡斯当著作中批判性的一面,而对其宪政理论中更为积极的一面则多少有所忽视。参见 Helena Rosenblatt, "Why Constant? A critical overview of the Constant revival," *Modern Intellectual History*, 1, 3(2004), p.441。

[2] 当代学者杰拉尔德·麦卡勒姆在《消极自由与积极自由》一文中,亦试图对那种非此即彼的两分法提出挑战。他声称:"这两种自由的区别从来就不是清晰明确的,在某种程度上它建立在一种严重的概念混淆的基础上。"详见 Gerald MacCallum, "Negative and Positive Freedom," *Philosophical Review*, 76, 1967, pp.312-334,晚近的斯金纳则试图在消极自由与积极自由、个人自由与政治自由的两分概念之外,提出包容性的"第三种自由"。详见 Quentin Skinner, "A Third Concept of Liberty. Isaiah Berlin Lecture"。

[3] Benjamin Constant, *Principes de politique applicables à tous les gouvernements*, p.463.

[4] 这也正是贡氏毕生所追求的政治理想,其最重要的两部政治学著作《论共和宪制在一大国之可行性》和《适用于所有政府的政治学原则》即旨在解决这个"一体两面"的问题。对此,贡斯当在《适用于所有政府的政治学原则》手稿"导论"中曾有说明:"我的目标在于撰写一部至今为止尚付阙如的、关于政治学根本性原理的著作。这部著作将由宪政体制和个人权利,换言之保障方式和自由原则两大部分构成"(Benjamin Constant, *Principes de politique applicables à tous les gouvernements*, p. 511)。

代自由。政治自由是个人自由的保障,因而也是不可或缺的……我并不希望放弃政治自由,而是要求在得到其他形式的政治自由的同时得到公民自由……因此,我们决不是要放弃我所描述的两种自由中的任何一种。我们必须学会将两种自由结合在一起……在尊重公民个人权利、保障他们的独立、避免干扰他们的工作的同时,制度又必须尊重公民影响公共事务的神圣权利,号召公民以投票的方式参与行使权力,赋予他们表达意见的权利,并由此实行控制与监督。"①

表五　政治自由与个人自由的关系

政治自由与个人自由之关系	导致之结果
1.政治自由完全压倒个人自由,公共领域严重侵犯私人领域	"古代人的自由"
2.个人自由完全压倒政治自由,公民精神的沦丧	"现代极权主义"
3.政治自由与个人自由互不关联、完全脱节,公共领域与私人领域完全断裂	无政府主义
4.政治自由与个人自由和谐并存,即实现政治自由保障下的个人自由	贡斯当所追求的理想状态

事实正如贡斯当政治著作英译本选编者方塔纳所指出的那样:"到18世纪末,旧式的古今之辨已不再是思想和学术争论的问题,而是表明了一种深刻的历史创伤和至关重要的政治选择。雅各宾主义在意识形态和实践中的双重失败,同波旁王朝和拿破仑帝国所犯下的时代错位症一样,暴露出传统政治思维的局限性和现行政治模式的相对贫乏。"②其实在新的商业社会完全建立起来之前,孟德斯鸠与卢梭已对传统的西方政治学理论作了系统的阐释。③贡斯当真正的贡献则在于根据大革命后的重建经验,对18世纪法国这两位最深刻的政治思想家的理论作出创造性的转化与综合,从而更加有效地应对现代商业社会中日益凸显的政治自由与个人自由之共存问题。①

---

①　Benjami Constant,"De la liberté des anciens comparée a celle des modernes,"*Ecrits politiques*, pp.612−613,618−619.

②　Benjamin Constant, *Political Writings*, pp.19−20.

③　参见 Paul Dubouchet, *De Montesquieu le modern à Rousseau l'ancien：La démocratie et la république en question*, Harmattan, 2001.

④　Tzvetan Todorov, *Benjamin Constant, La passion démocratique*, Hachette, 1997, p.31.值得注意的是,在《适用于所有政府的政治学原理》手稿开篇第一句里,贡斯当即同时提及了这两位前辈:"自从《论法的精神》和《社会契约论》问世以来,向来受我们最开明作家青睐的有关政府宪政结构的研究

他强调，必须在一个新的社会政治实践范围内把古代自由与现代自由结合起来,这样两者间的冲突才能得以解决。①

（接上页）究,现在却备受冷落了。这无疑是很自然的事情,既然我们在数年之内就尝试了五、六部宪法却始终未觅得合适的。"贡斯当以为之所以会造成这一现象,一个关键的原因是"有一种最重要的原则被以往所有的思想家所忽视,孟德斯鸠对之完全未论及,卢梭在《社会契约论》里则完全颠倒了这一原则。法国大革命所有的灾难与不幸都来自于这种颠倒"（Benjamin Constant, *Principes de politique applicables à tous les gouvernements*, pp.19–21）。拿破仑的专制紧随着雅各宾专政而至,两者的表现方式虽有所不同,但却有着共同的根源和相同的政治逻辑,即都是对人民主权原则的滥用。《适用于所有政府的政治学原则》的起点（即第一、二、三卷）,可谓是贡斯当与 18 世纪法国两位最重要的政治哲学家孟德斯鸠和卢梭的双重对话与交锋。参见 Georges Benrekassa, "De Montesquieu à Benjamin Constant:la fin des Lumières?, "in *Dichuitième siècle*, XXI, 1989, pp.117 –133；Emmanuelle Paulet-Grandguillot, "Benjamin Constant lecteur du *Contrat social*, "in *Annales Benjamin Constant*, No.27, Institut Benjamin Constant, 2003, pp.118–119.

① 卡尔·施米特曾在《政治的概念》一书中,将 1814 年视为工业社会战胜封建社会、经济与商业战胜政治与军事的标志性的一年。施米特之所以将这一分界点定在 1814 年,首先是因为 1814 年标志着英国商业社会最终战胜了拿破仑的军事帝国主义; 另一个重要的原因则是,1814 年首部系统阐述此一问题的专著即贡斯当的《论征服的精神和僭主政治》面世了,贡氏在此书及之后的《古代人的自由与现代人的自由之比较》等论著中曾一再宣称:"一个商业代替战争的时代必然会到来。我们已经到达了这一时代。"他坚信商业贸易即将取代战争成为黑格尔所谓的新的"时代精神"（Zeitgeist）（Benjamin Constant, "De la liberté des anciens comparée a celle des modernes, "*Ecrits politiques*, p.597）。1825 年 12 月,贡斯当还在巴黎皇家中学作了一篇寓意深远、名为《19 世纪精神总趋势一瞥》的讲演（Benjamin Constant, "Coup –d'oeil sur la tendance générale des esprits dans le dix–neuvième siècle, "*Revue encyclopédique*, T. XXVIII, 1825, pp.661–674）.但贡斯当去世之后的欧洲历史发展进程却表明,现代社会虽然日益商业化,战争却并未完全退出世界历史的舞台。由此我们不禁要问,贡斯当在其著作中描述的"现代人的自由"到底是一种已然存在的客观现实,还仅仅只是一种尚待落实的设想与期望呢? 参见 William Bell, "Moderne et modernité chez Benjamin Constant, "*Cahiers de l'Association internationale des études francaises*, 1996, No.48, pp.408, 421. 自马克斯·韦伯以降,当代学术界更是普遍认为现代性的方案其实并未真正得到落实。1980 年,哈贝马斯在法兰克福接受阿多诺奖的演说稿《现代性——一项未完成的计划》中即指出:"现代性方案,如它在 18 世纪的启蒙哲人那里所表述的,包含着客观化的科学和普世主义的道德与法律的发展。同时它也造成这样的结果,即把在这些过程中累积起来的认识潜能从它们那秘传的高级形式中解放出来,并试图将之运用到实践领域。像孔多塞这样的启蒙运动信徒还会怀有这样夸张的期望,期望艺术和科学不仅会推动对自然力的控制,还能够进一步促进对自我和世界的理解、道德的进步、社会体制的公正甚至人类的幸福。这样的乐观看法在我们 20 世纪已所存无几。但问题仍然存留着: 我们是不是应该继续坚持启蒙运动的宗旨, 即便它们已经千疮百孔? 抑或我们应当放弃现代性的全盘方案? "（Habermas, "Modernity–An Incomplete Project, "in *Postmodern Culture*, Hal Foster ed., Pluto, 1985, p.9）。

表六　"古代人的自由与现代人的自由之比较"学术谱系①

贡斯当之前各家有关"古今自由对比"的相关论述	霍布斯:《利维坦》(1651 年)第二部分第 21 章"论臣民的自由"
	休谟:《论公民自由》(1741 年)、《论古代国家的人口稠密》(1752 年)
	孟德斯鸠:《论法的精神》(1748 年)古代斯巴达黩武社会(第二至第八卷)与现代英国商业社会(第十一、十二卷)之对比
	伏尔泰:《古代人与现代人》(1765 年)
	贡斯当同代人的"两种自由观"
	孔多塞:第一篇《公共教育备忘录》(1791 年)、《1792 年 4 月 20、21 日,孔多塞以公共教育委员会之名递呈给国民议会有关公共教育总体规划之法案报告》
	斯塔尔夫人:《论国内和平》(1795 年)
	夏多布里昂:《有关古今革命及其与法国革命关系之历史、政治、道德论集》(1797 年)第一部分第 13—17 章及第 68—70 章
	斯塔尔夫人《论当前形势下能终止革命并在法国巩固共和之诸原则》手稿(1798 年)第一部分第 3 章"论公共舆论"
	西斯蒙第:《意大利中世纪共和国史》第四卷(1809 年)、第十卷(1815 年);《从与人类福祉之关系比较古代人与现代人的殖民》(1837 年)
贡斯当本人著作中有关"古今自由对比"之相关章节	贡斯当对斯塔尔夫人《论当前形势下能终止革命并在法国巩固共和之诸原则》手稿所作之"摘录"(1799—1806 年)
	贡斯当:《适用于所有政府的政治学原则》手稿(1806—1810 年)第十卷"论政治权力对所有制之影响"第 5 章"取自古代之事例"、第十六卷"古代人的政治权力"
	贡斯当:《论征服的精神和僭主政治》第一版(1814 年 1 月)第一部分第 2 章"论现代民族特性与战争之关系"、第二部分第 7 章"上世纪末提供给人类的那种自由"、第 8 章"古代共和国的现代效仿者"、第 9 章"为现代人提供古代人的自由所采用的手段"、第 19 章"专制政治在我们这个文明时代尤其不能得逞之原因"
	贡斯当:《古代人的自由与现代人的自由之比较》(1819 年 2 月 13 日在巴黎皇家中学所作之演讲)
	贡斯当:《对菲朗杰里著作之评论》第一卷(1822 年)第一部分第 4 章"论君主之归依和平体制"
	贡斯当:《何人可将我们从希腊人与罗马人那里摆脱出来》(载 1830 年 5 月 1 日《年代》报)

---

① 此表仅列举了文中涉及的相关著作,事实上历史上出现过的"两种自由观"还远不止于此。

续表

贡斯当之后"两种自由观"之演变	托克维尔:《论美国的民主》下卷(1840 年)第四部分第 6 章"民主国家害怕哪种专制"
	马克思:《论犹太人问题》(1843 年)
	马克思、恩格斯:《神圣家族》(1845 年)第 6 章
	马克思:《路易·波拿巴的雾月十八日》(1852 年)第一部分
	库朗热:《古代城邦》(1864 年)第三卷"城邦"第 18 章"全权国家:古代没有个人自由"
	汉娜·阿伦特:《极权主义的起源》(1951 年)
	列奥·施特劳斯:《自然法权与历史》(1953 年)、《古今自由主义》(1968 年)
	以赛亚·伯林:《两种自由观》(1958 年)
	小杰拉尔德·麦克勒姆:《消极自由与积极自由》(1967 年)
	昆廷·斯金纳:《消极自由观:哲学与历史的透视》(1984 年)、《政治自由的悖论》(1986 年)、《第三种自由概念》(2002 年)
	哈贝马斯:《超越自由主义与共和主义,论协商式民主》(2003 年)

　　最后需要特别指明的是,也许正是由于贡斯当"两种自由观"的影响过于深远,人们往往忽视了"平等"这一价值在贡氏思想体系中所占有的应有位置。1829 年《文学与政治杂论集》序言开篇"四十年来我始终捍卫同一个原则,那便是在一切领域内的自由"这段名言,长期以来一直被视为贡氏一生政治信念的总结。而"在所有的个体之间均分最绝对的平等权利,即将在所有文明国家内成为一切政府的首要条件"这同篇序言结尾处同样重要的强调平等价值观的宣言,却长期被先前的研究者所忽视。①好在近年来贡氏早年所作的《论当前时刻及人类之宿命,平等史略》(1799 年)、《论人类之可完善性残稿》(1805 年)②、葛德文《政治正义论》法文译释本等多篇重要手稿披

---

　　① Benjamin Constant, *Euvres*, Alfred Roulin ed., Gallimard, 1957, pp.801-805. 这在霍夫曼主编的《贡斯当研究文献目录:1796—1980 年》中反映的非常清楚,其中关于贡氏"自由主义"思想和"自由"理念的文献达 43 篇,而有关"平等"的研究却仅有 2 篇而已。Etienne Hofmann, *Bibliographie analytique des écrits sur Benjamin Constant(1796-1980)*, Institut Benjamin Constant-Oxford:Voltaire Foundation, 1980, pp.306-307.

　　② 目前这些手稿已被收入《贡斯当全集》,详见 Benjamin Constant, "De Moment actuel e1 de la destinée de l'espèce humaine, ou histoire abrégée de l'égalité," "Trois textes relatifs à la perfectibilité de l'espèce humaine." *Euvres complètes*, Tome Ⅲ, pp.361-389, 433-475。

露之后,①学者们开始对贡斯当的政治理念有了一个全新的认识。②贝亚特丽斯·芬克在她的《贡斯当鲜为人知的三位一体论:自由、平等与公正》等论文中令人信服地表明,对于自由与平等,贡氏的用意其实并不在标举其一、贬抑其二,而毋宁是兼容并蓄的。③虽然在实践过程中时常会出现平等与自由并不完全相容的情景,贡斯当却坚信两者在终极理念上乃是一体两面、密不可分的,因为它们都是启蒙运动和大革命力图落实的核心目标。贡斯当所追求的,其实是一种"自由式的平等主义"(Egalitarisme liberal)。④就从民主发展为"自由主义的民主"、自由主义发展成"民主的自由主义"而言,贡斯当可谓功不可没。⑤贡氏以政治自由结合政治平等的理论,可以说构成了自由民主

① See Benjamin Constant, Euvres complètes, Tome Ⅱ: De la justice politique(1798–1800)d'après l'《Enquiry concerning Political Justice》de William Godwin, Max Niemeyer, 1998.

② 其实在其首部政论《论当前法国政府的力量及支持它的必要性》(1796 年)第 7 章"论共和政府之优点"中,贡斯当即已指明"平等乃是一母题"(Euvres complètes, Tome I, Max Niemeyer, 1998, p. 374)。而在他去世前一年出版的《论人类之可完善性》(1829 年)一文里,他又再次重申平等之重要性,可见平等约理念事实上贯穿了贡氏的一生,参见 Benjamin Constant, "De la perfectibilité de l'espèce humaine," Mélanges de littérature et de politique, Pichon et Didier, 1829, pp.387–415。

③ See Beatrice Fink, "Une trinité constantienne méconnue: liberté, égalité, equité," in Cahiers de l'Association internationale des études francaises, No.48, 1996, pp.423 –437; Beatrice Fink, "Benjamin Constant on equality," in Journal of the history of ideas, t.33, No.2, avril–juin 1972, pp.307–314.

④ See Olivier Meuwly, Liberté et Société, Constant et Tocqueville face aux limites du libéralisme moderne, Droz, 2002, pp.23–29。自由与平等的综合在现代社会最终是以民主政体占优势的形式显现的,这从选择"自由民主体制"作名称可见一斑。但形容词"自由"在其中仍有相当的限定力,它强调民主社会的划一性中对差异化的要求。参见[意]圭多·德·拉吉罗:《欧洲自由主义史》,杨军译,吉林人民出版社,2001 年,第 355 页。

⑤ 应奇:《从自由主义到后自由主义》,生活·读书·新知三联书店,2003 年,第 104 页;See Stefano de Luca, "La pensée politique de Benjamin Constant entre libéralisme et démocratie," in Annales Benjamin Constant, No.23–24, pp.247–258.

体制现代转型的关键性一环。[①]

（作者简介：韩伟华，南京大学政府管理学院副教授。）

---

① 萨托利以为民主有一种水平方向的动力，更关心社会凝聚力和公平分配；自由则有一种纵向的动力，更重视多元和自发性。两者的基本差异在于前者以社会为中心，而后者以个人为枢纽。"自由主义民主"可被视为自由与平等两股线拧成的一条绳。自由主义其实是在为质量上的民主而奋斗，两者的终极目标是一致的。一旦试图拆散它们，那么无论自由还是民主都将受到损害。详见〔美〕萨托利：《民主新论》，冯克利、阎克文译，东方出版社，1993年，第434-437页，关于自由民主体制的现代转型，哈贝马斯在其近期的几部著作中作了精辟的概括。他以为法国革命期间所激化起来的自由主义和激进民主间的矛盾，涉及的主要是如何把平等和自由、多数人权利和少数人权利统一起来。但无论是作为理想型的自由主义还是作为理想型的共和主义，均存在着内在的缺陷与不足。为此，他提议创建一种建立在交往前提之上的、注重程序主义的"协商式民主"。详见 Jürgen Habermas, "Au-delà du libéralisme et du républicanisme, la démocratie délibérative," *Raison publique*, No.1, 2003, pp.40-57；〔德〕哈贝马斯：《包容他者》，曹卫东译，上海人民出版社，2002年，第279~293页；〔德〕哈贝马斯：《在事实与规范之间：关于法律和民主法治国的商谈理论》，童世骏译，生活·读书·新知三联书店，2003年。

法国当代左翼思想变迁述略

二战后,法国知识分子普遍左倾,追随马克思主义和苏联模式的共产主义一度成为思想界的风尚。法国当代著名思想史家傅勒(Franois Furet)曾用不无夸张的口气说,在他的青年时代里,几乎每个知识分子都是共产主义者。[①]自 20 世纪 50 年代起,时代风潮转向,不少左翼知识分子开始把苏式共产主义与"极权主义"相提并论。1968 年月的学生运动重新燃起了一些左翼知识分子用"革命"行动实现共产主义的希望。尽管"五月风暴"促成了 1968年之后左翼思想、尤其是极左思潮的时兴,但它未能扭转马克思主义在法国的颓势。20 世纪 70 年代末,伴随着极左革命理想的幻灭,法国思想界对苏式"极权主义"的挞伐也达于顶峰。有意思的是,正值法国左翼知识分子精神上迷失彷徨之际,成立于 1972 年、由法国社会党和共产党组成的左翼联盟却在1981 年的总统大选中胜出,密特朗成为法国第一位由民众普选产生的社会党总统。不过,法国左翼政党在政治上的成功,并未减轻左翼知识分子对马克思主义的离心倾向。20 世纪 80 至 90 年代,战后曾一度主导法国思想界的马克思主义,逐渐让位于自由主义。在英国左翼思想史家佩里·安德森(Perry Anderson)看来,此时的法国,已由昔日的"欧洲左派之都"变成了"保

---

① Michael Scott Christoferson, *French Intelectuals Against the Left: the Antitotalitarian Moment of the 1970s*, Berghahn Books, 2004, p.258.

守之都"。①在短短几十年间,法国思想界可谓新潮迭出,风云变幻。本文试图以法国左翼知识分子的思想变迁为主线,对二战后至 20 世纪末法国思想界的图景作一个简要的勾勒,并试图借此窥探法国左翼知识分子某些颇为独特的"思想性格"。

在二战后形成的冷战格局里,法国毫无疑问是站在以美国为首的西方阵营一边的。那么为什么法国知识分子会在二战后初期普遍表现出对共产主义的同情和好感呢? 首先,二战中法国被占领的耻辱和抵抗运动的经历,深刻地影响了战后法国知识分子对政治的理解。战争中呈现出来的人性之恶以及用暴力斗争赢得自由的经历, 使得法国的一些左翼知识分子, 如梅洛·庞蒂、萨特和波伏瓦等人,强烈质疑曾长期在第三共和国的共和派中占据主导地位的康德的伦理学。自由的实现能否建立在个体运用自己的理性遵守"道德律令"这一基础之上? 在他们看来,抵抗运动的历史至少表明,自由的实现与社会主义革命并非不可调和,它们甚至是相辅相成的。②其次,苏联在反法西斯战争中和法国共产党在抵抗运动中起过的重要作用, 使得它们在法国左翼知识分子中享有较高的声望。在一些左翼知识分子看来,苏联在 20 世纪 30 年代的快速工业化过程中进行的大规模政治"清洗",甚至也因为反法西斯战争的胜利而有了某种合理性。例如,日后成为年鉴学派第三代著名史家的勒华·拉杜里(Emmanuel Le Roy Ladurie),当时在评论英籍匈牙利小说家亚瑟·柯斯勒的一部影射斯大林政治清洗的小说《正午的黑暗》(*Darknes at Noon*)时就认为,尽管小说中的主人公在审讯中招认了"莫须有"的反革命罪而牺牲了自己的生命和名誉, 但如果这种牺牲有利于最好的政制的实现,它就是值得的。著名哲学家梅洛·庞蒂也在《人道主义与恐怖》中指出,共产主义的合法性不应由于它违背了纯粹的道德原则而遭到否定,如

---

① Perry Anderson, *In the Tracks of Historical Materialism*, Verso, 1983, p.32, 转引自 Michael Scott Christoferson, *French Intelectuals Against the Left*, p.1。

② Michael Scott Christoferson, *French Intelectuals Against the Left*, pp.28–29.

果革命的暴力能通向人道主义的未来,它就是正当的。①有了这样的时代氛围,就不难理解为何不少著名的法国知识分子,如傅勒、拉杜里、福柯都曾在青年时期参加过法共(PCF),此外还有许多像萨特这样虽未正式加入法共却同情共产主义的左翼知识分子。相较之下,二战后站在以戴高乐为首的法兰西人民联盟(RPF)一边的自由派知识分子雷蒙·阿隆(Raymond Aron)则成了少数派。尽管二战后初期法共被一些反对党派指责为"极权主义"政党,但这种说法在知识分子当中并没有多少听众。无论是阿隆于 1950 年代向法国人推介的弗里德里希和布热津斯基的《极权主义、专制与独裁》一书,还是在英美学界备受推崇的汉娜·阿伦特的《极权主义的起源》,在很长时间里都没有引起法国知识分子的关注。②

不过,在二战后初期几乎一边倒的亲共产主义的左翼思想界里,有一个小小的左翼团体发出了不同的声音。这就是聚集在《社会主义或野蛮》(Social-isme ou Barbarie)杂志周围的、以科尔内留斯·卡斯托里亚迪(Cornelius Cas-toriadis)和克洛德·勒福尔(Claude Lefort)为首的一批左翼知识分子。《社会主义或野蛮》创刊于 1947 年,它致力于反思列宁-斯大林主义中的专制和官僚主义倾向,并试图重新阐释马克思主义。③尽管它的读者有限,影响不大并于 1967 年停刊,但随着"反极权主义"思潮的逐渐兴盛,卡斯托里亚迪和勒福尔对共产主义的反思将变得日益引人注目。

到了 20 世纪 50 年代,国内外局势的变化使得左翼政治的处境变得不利。1956 年赫鲁晓夫在苏共二十大上做的反斯大林的"秘密"谈话,苏联的入侵匈牙利,法共的支持政府发动阿尔及利亚战争,都促使左翼知识分子与苏联及法共的关系进一步疏离。此外,1958 年戴高乐任总统的第五共和国的成立、法共在议会选举中的严重失利,也使得不少左翼知识分子意识到,二战

———————

① Emmanuel Le Roy Ladurite, *Paris-Montpellier: P.C.-P.S.U.1945-1963*, Gallimard, 1982, p.96. Maurice Merleau-Ponty, *Humanisme et Terreur: Essai sur le Problème Communiste*, Gallimard, 1947, 转引自 Michael Scott Christofferson, *French Intellectuals Against the Left*, p.30。

② Michael Scott Christofferson, *French Intellectuals Against the Left*, p.16.直至 1984 年,《极权主义的起源》全书才被译为法文出版。

③ Tony Judt, *Marxism and the French Left: Studies in Labour and Politics in France, 1830-1981*, Clarendon Press, 1986, p.189.

后法国经济和政治现代化步伐的加快,工业无产阶级的减少,已经使得工人阶级这个革命的基础发生了动摇。①尽管左翼在政治上有所失势,但伴随着20世纪五六十年代以来法国受教育人群的增加,以及文化类媒体的繁荣,法国左翼知识分子找到了一个新的发挥政治影响力的有效途径——大众媒体。了解这一事实,对于理解二战后法国左翼知识分子的特点不无帮助。由于法国文化媒体的繁荣,使得左翼知识分子得以绕过掌权的政治精英,直接与人民对话,这显然有助于法国产生"预言家式"的、积极介入政治的左翼知识分子。②事实上,无论是1968年五月学生运动中萨特、福柯等左翼知识分子的"介入"、70年代"新哲学家"们关于"极权主义"的争论,都与文化媒体的推波助澜密不可分。而这些知识分子本人,往往游走于书斋与媒体之间,在写学术文章的同时,也是文化刊物的创办人或活跃的撰稿者。

伴随着苏联模式的共产主义在法国知识分子中的形象日益恶化,一些左翼知识分子开始致力于将马克思主义从斯大林主义中"拯救"出来。卡斯托里亚迪、勒福尔、梅洛·庞蒂、萨特、埃德加·莫兰(Egdar Morin)等人分别从不同进路进行了这种努力:他们或是主张用个人和社会团体的广泛"自治"来克服共产主义政制的集权和官僚主义倾向;或是倡导存在主义或人道主义的马克思主义;或是回到青年马克思,关注政治与文化上层建筑,重新阐释马克思关于"异化"的概念。在所有这些试图"保卫"马克思的思想家当中,被奉为结构主义流派思想家和马克思主义哲学家的阿尔杜塞(Louis Althuser)尤为引人注目。作为一名法共党员,阿尔杜塞长期与法共内部他认为偏离了马克思主义的做法作斗争。60年代,正当巴黎时兴"人道主义的马克思主义"之际,阿尔杜塞却反其道而行之,把关注点从"人道主义者"马克思转向"唯物主义者"马克思,从"人的行动"转向"社会结构"。③阿尔杜塞的著作《保卫马克思》促使那个时代的许多学生重新捧读马克思,并使他任教的巴黎高师在60年代

---

① Tony Judt, *Marxism and the French Left*, p.188. Michael Scott Christofferson, *French Intellectuals Against the Left*, p.39.

② Michael Scott Christofferson, *French Intellectuals Against the Left*, pp.43–44.

③ Tony Judt, *Marxism and the French Left*, p.192.

下半期成为一个培养亲马克思主义学生的摇篮。1966 至 1968 年间，阿尔杜塞对青年学生的影响力急剧上升。1968 年的到来改变了这一点。首先，五月学生运动的爆发迅速使毛主义等形形色色的极左思潮替代了阿尔杜塞的"科学的马克思主义"，成为巴黎新的时尚。其次，苏联对捷克斯洛伐克的入侵，使得阿尔杜塞为马克思主义所做的辩护显得不那么有说服力。①

1968 年"五月风暴"的来临，使得一些摒弃了苏式共产主义但仍心怀革命理想的左翼知识分子对于"在革命中实现自由"这一前景充满了希望。例如安德烈·戈尔兹（André Gorz）就在著名左翼杂志《现代》（*Les Temps Modernes*）中撰文指出，五月学生运动的爆发证明西欧的革命是可能的。不过他反对用"列宁主义"的方式进行革命，而是主张帮助民众进行"自我组织，自我统治和自下而上行使权力"。戈尔兹对苏式共产主义的拒斥和对激进民主的青睐，颇能代表当时法国多数左翼知识分子的政治立场。埃德加·莫兰、勒福尔和卡斯托里亚迪在《1968 年五月：突破口》一书中称赞五月学生运动是一场反对官僚体系和等级制的革命，并认为它开启了一个新的历史时代：它挑战了现存制度的合理性和合法性，使革命成为可能。②不过，革命并未成为现实。由于未能获得多数民众的支持，学生运动很快被戴高乐政府弹压。自1968 年 6 月起，五月的政治风暴趋于平息。然而左翼思想和左翼知识分子并未因此沉寂。相反，"五月风暴"过后，自 1969 至 1973 年间，各种极左组织的力量不断上升，极左思潮开始在激进的学生中流行起来。③政府对一些采取

---

① Tony Judt, *Marxism and the French Left*, pp.193–194.

② Michael Scott Christofferson, *French Intellectuals Against the Left*, pp.54–55.

③ 五月学生运动之后日益流行的极左思潮，主要可以分为三大极：第一个是极端自由文化极。它主张通过"自由地表达主观意志和愿望"来"推翻社会秩序和一切体制"，它把反伦理主义的斗争置于中心地位，肯定在各个领域特立独行和叛逆的行为。这一级没有严密的组织，它的内部分裂为许多支派，如妇女解放小组、同性恋小组、反精神分析小组、环境生态小组，等等。第二个是新列宁主义极。这一极主张按照十月革命的模式组织先锋队，领导工人阶级和人民群众进行阶级斗争，用革命手段夺取国家政权，建立由工人阶级及其同盟军领导的新社会。这一极都标榜革命和共产主义，但由于对革命的理解不同，又分裂为"马派""列宁主义派""托派""毛派"等。第三个是以统一社会党为代表的工人自治极。它试图调和改革与革命，鼓吹工人自治，主张劳动者在斗争中掌握自己的命运。在这三大极中，极端自由文化级的影响较大，随着时间的推移，极端自由主义逐渐渗入另两个极。参见[法]让-皮埃尔·勒·戈夫：《1968 年 5 月：无奈的遗产》，胡尧步、韦东、高璐译，中国青年出版社，2007 年，第 111、112、117页。

暴力手段进行斗争的极左学生组织的镇压，促使同情学生的左翼知识分子和造反学生站到了一起，一同反对被他们视为压迫性的国家权力。左翼知识分子与造反学生的联盟，无疑促成了极左思潮在法国更为广泛的传播。

在左翼知识分子与学生的联盟中，萨特和福柯这两位在法国思想界举足轻重的思想家对极左组织"无产阶级左派"(GP)的声援，尤为引人瞩目。无产阶级左派"正式存在于 1968 至 1973 年。它的前身是成立于 1966 年的马列共青联盟(UJCML)。这个联盟的核心成员来自巴黎高师，他们起初受阿尔杜塞的"科学马克思主义"的影响，主张挑战法共的"修正主义"政治。1966 至 1967 年间，他们受到中国"文革"的影响，转向极左。1968 年五月学生运动的失败使马列共青联盟遭到致命打击，多数联盟成员把失败归咎于缺乏有组织的革命政党，他们因而离开联盟，加入马克思-列宁主义共产党(PCMLF)。少数成员反对这一方案，组建了"无产阶级左派"。尽管"无产阶级左派"只有几千名成员，但它却是最引人注目的极左组织。它的非法的、经常是暴力的行动在招致国家镇压的同时，也引来一些著名左翼知识分子的关注。"无产阶级左派"信奉的是"自发的毛主义"，它试图把毛主义、阶级斗争和向一切现存秩序和制度说"不"的造反派精神拼凑成一个"大拼盘"。它否定列宁的先锋队理论，崇尚直接民主，相信"民众运动有理，造反有理"，并对非法的、甚至暴力的活动表示赞许。[①]

1970 年，随着国家对极左组织的弹压加强，原本对知识分子持质疑态度的"无产阶级左派"开始寻求后者的援助。它把目光转向倡导"存在主义的马克思主义"的左翼精神领袖萨特。而萨特的思想恰巧也在 1968 年后向极左转变。1968 年苏联入侵捷克，使萨特对苏联的态度发生了实质性转变。他谴责苏联的行为是战争罪行，并强调"自由"是社会主义的本质，它甚至比社会主义更为根本。二战后初期法国左翼知识分子曾普遍相信只要能够实现"自由"这一最终目的，过程和手段是否遵循自由原则并不重要。然而现在越来越多和萨特一样对苏式共产主义感到幻灭的左翼知识分子强调说，不仅革

---

① 这个崇尚民众主义、意志主义和自发主义的极左组织，在组织上是相当松散的：它的领袖甚至连其成员的确切人数都不关心。参见[法]让-皮埃尔·勒·戈夫：《1968 年 5 月：无奈的遗产》，第111、112页；Michael Scott Christofferson, *French Intellectuals Against the Left*, pp.57—60。

命的目的是自由,其过程也应当是自由的。五月学生运动让这些知识分子看到了同时完成"革命与自由"这双重目标的可能途径——直接民主。它现在不仅被视为革命的目标,也被视为抵御革命中可能出现的独裁的屏障。[1]尽管萨特从未成为"无产阶级左派"那样的毛主义者,但他颇为赞赏后者的直接民主实践及其对权力和知识的批判。无产阶级左派"认为资产阶级不仅依靠警察国家来维持其专制统治,而且通过知识(意识形态)来欺骗民众,它因而鼓吹用无产阶级的暴力来摧毁国家权力,同时呼吁知识分子不要充当资本主义制度的"看门狗",而要"投身到世界中去",即去工厂扎根,到郊区和棚户区去工作,进行自我改造。[2]当然,此时的萨特已经太老,不可能去工厂里劳动,况且他也不愿放弃他正在进行的关于福楼拜的研究,不过他至少同意,知识分子应当站在民众这一边,知识应当为民众服务。因而,当"无产阶级左派"1970年初寻求萨特的庇护,邀请他主持其机关报《人民的事业》(La Cause du Peuple)时,他慷慨应允。不仅如此,萨特的伴侣波伏瓦还携同米歇尔·莱里斯(Michel Leiris),召集了一批文化界名人,组建了"人民的事业之友"协会,支持极左组织的政治行动。[3]

和萨特一样,福柯也积极"介入"20世纪60年代末至70年代上半期法国左翼知识分子的"革命政治"。由于《词与物》和《知识考古学》的出版在法国思想界引起了轰动,福柯在60年代后半期成了法国思想界的名人。1968年5月巴黎的学生运动爆发时,福柯正在突尼斯大学教授哲学。青年学生的政治行动,法国政治和社会结构的突然倾塌,挑战了福柯在其著作中所持的"反人本主义"和"主体消亡论"。于1953年脱离法共,并与政治保持距离的福柯,此时开始重新研读马克思主义和托洛茨基的著作并关注政治。[4]"五月风暴"之后,政治和权力的内涵在法国发生了重要变化。正如福柯所言:"政

---

① Michael Scott Christofferson, *French Intellectuals Against the Left*, pp.44,46,66.

② [法]让-皮埃尔·勒·戈夫:《1968年5月:无奈的遗产》,第129页。

③ Michael Scott Christoferson, *French Intelectuals Against the Left*, 65.

④ 刘北成:《福柯思想肖像》,上海人民出版社,2001年,第182、183、187页。

治的范围改变了。诸如精神病学、监禁和医疗监控（medicalisation）都变成了政治问题。"①权力不再被认为仅仅出自一个或几个中心，相反，人们认为权力和压迫无处不在。学生、劳工、女性、囚犯等各种群体纷纷起来反抗他们所感受到的社会和政治压迫。福柯发现，他的学术观点在"五月风暴"之后被极左派用来充当政治旗帜：《疯癫与文明》中的"大监禁"主题被屡屡提起，成为极左派谴责权力和压迫的利器。②从"无产阶级左派"关心的议题——监狱暴动、环境、消费主义、堕胎、种族主义、性压制③中，不难看出福柯与极左派为何会相互接近。

1968 年 10 月，福柯从突尼斯回到巴黎，担任了位于巴黎郊区的万塞纳大学④的哲学系主任，负责组建哲学系。由于福柯聘用的教师大多是"五月风暴"中的活跃分子，万塞纳大学哲学系很快成为极左派教师的聚集地。哲学课堂经常成为政治讨论的场所，一些极左派师生成立"废除工资和摧毁大学委员会"，哲学系教师、毛主义者米勒（Judith Miller）甚至公然宣称她将"尽一切力量使大学的运转越来越糟"，因为"大学是一个国家机器，是资本主义社会的一部分"。尽管福柯本人仍然坚持教学和研究的学术性，但他在政治上也越来越激进，并与"无产阶级左派"接近。⑤在一些问题上，他甚至显得比后者还要激进。例如，在 1972 年月与"无产阶级左派"领袖本尼·莱维（Benny Lévy）及其重要成员安德烈·格卢克斯曼（André Glucksmann）关于"人民法庭是否是人民正义的一种形式"的辩论中，后两者认为人民法庭是必要的，而福柯则认为法庭是一种官僚机构，会导致对人民正义的操纵。福柯拒绝一切司法制度，他认为一切正义源自人民，民众正义应由民众凭借自己的经验来

① David Macey, *The Lives of Michel Foucault*, Huchinson, 1993, p.217，转引自刘北成：《福柯思想肖像》，第 213 页。

② 刘北成：《福柯思想肖像》，第 212、213 页。

③ Michael Scott Christoferson, *French Intelectuals Against the Left*, p.64.

④ 万塞纳大学是"五月风暴"之后法国政府为缓和社会矛盾、加快高等教育改革而新建的一个实验学校。

⑤ 刘北成：《福柯思想肖像》，第 216~220 页。

实践。①福柯还谴责传统的知识分子是权力体系的一部分,他们阻碍了民众话语的产生。知识分子发现,群众不再需要通过他来获得知识。他们知道得清清楚楚。毫无幻想。他们远比他知道的多,而且他们完全有能力表达自己的想法。在福柯看来,任何秩序、制度、规范都会形成一种权力网络,导致压迫,监狱无处不在,因而要随时随地进行反抗,解放个体的潜在意志与欲望。② 1970年,福柯离开万塞纳大学,进入法兰西学院。这并未使他疏远政治,相反,他利用自己的声望继续积极"介入"政治。1970 年 5 月,福柯的伴侣德菲尔加入了"无产阶级左派"。由于已遭政府取缔的"无产阶级左派"希望建立一个联合"资产阶级知识分子"的"人民阵线",德菲尔于是建议福柯创立一个监狱情况调查委员会,调查监狱的状况,并声援监狱中毛主义者的斗争。1971 年初,福柯与历史学家维达尔-纳盖(Piere Vidal-Naquet)和天主教杂志《精神》(Esprit)的编辑多梅纳克(Jean-Marie Domenach)三人共同创立了"监狱情况协会"。③在随后的几年里,法国出现了由左翼知识分子创立的形形色色的"协会",支持移民劳工、精神病人等各种"边缘人"和"被压迫者"进行反抗权力的斗争。④

从萨特和福柯的转变不难看出,自 1968 年五月学生运动爆发以来,极左思潮在法国盛行,革命的前景似乎在召唤着左翼知识分子。然而到 20 世纪 70 年代中期,法国思想界的风潮却发生了急遽转向。1974 年,索尔仁尼琴的《古拉格群岛》法文版面世。该书对斯大林的独裁统治、共产主义集中营的恐怖生活的描写震惊了法国舆论界和知识界。与些同时,一系列国际事件,如中国"文革"的结束和"四人帮"的被捕、柬埔寨红色高棉的大屠杀的被披露,

---

①　Michael Scott Christofferson, *French Intellectuals Against the Left*, p.70.

②　Foucault, "Intellectuals and Power," *Language, Counter-Memory, Practice: Selected Essays and Interviews by Michel Foucault*, Cornell University Press, 1977, pp.205–217, 转引自刘北成:《福柯思想肖像》, 第 256、254 页。

③　刘北成:《福柯思想肖像》, 第 244~245 页。

④　Michael Scott Christoferson, *French Intelectuals Against the Left*, p.71.

也使得共产主义的美妙前景受到了质疑。①革命的理想幻灭了。马克思主义迅速失去了它在法国左翼知识分子中的影响力。1968 年后不到 10 年,"时髦的事不再是做一个马克思主义者,而是做一个反马克思主义者"。法国人现在"发现"了波普尔、哈耶克,还有他们自己的阿隆。②自 20 世纪 70 年代中期起承负着沉重罪感的法国左翼知识分子们,几乎以他们当年拥抱马克思主义时同样的激情,争相探讨着"极权主义"的起源。

在 70 年代下半期至 80 年代初法国知识界的"反极权主义"运动中安德烈·格卢克斯曼的《厨师和吃人者:国家、马克思与集中营的关系》与勒福尔的《多余的人——对〈古拉格群岛〉的思考》分别代表了两种从左翼批判极权主义的思潮。前毛主义者格卢克斯曼是批判极权主义的先锋——"新哲学家"③的代表人物。他把极权主义视为西方文明的产物,把"古拉格"视为西方文明的顶点。国家、理性、启蒙现在成了"恶"的新形象。格卢克斯曼借用福柯的理论,把现代国家视为"敌视监狱",把知识视为国家控制思想的有效工具。在他看来,康德、黑格尔、费希特、马克思、尼采都对恶负有责任。至于理性,它只是压迫者的理性,是"奴役"的同义词。④"新哲学家"对马克思主义的弃之如敝履,正如他们过去对其顶礼膜拜一样极端。昔日的毛主义者格卢克斯曼现在宣称:"一段柏拉图的对话要比一万本套话连篇的马克思主义作品精妙得多得多。""马克思主义不仅生产科学悖论,还生产集中营。"⑤尽管"新哲学家"对西方历史的理解过于简单化,而且他们在批判极权主义时显得盛

①　[法]让-皮埃尔·勒·戈夫:《1968 年 5 月:无奈的遗产》,第 349 页。

②　Tony Judt, *Marxism and the French Left*, p.170.

③　《古拉格群岛》出版之后不久,法国出现了以贝尔纳-亨利·莱维(Bernard-Henri Lévy)和安德烈·格卢克斯曼为代表的"新哲学家"。他们在 1968 年 5 月学生运动时多为极左派,此时则以批判极权主义的急先锋的形象出现。在媒体的推波助澜之下,"新哲学家"推动了所谓"古拉格效应"的产生。"新哲学家"这一概念是 1977 年月 27 日在法国著名的电视读书节目"Apostrophes"中被正式提出的。参见[法]让-皮埃尔·勒·戈夫:《1968 年月:无奈的遗产》,第 360 页。

④　[法]让-皮埃尔·勒·戈夫:《1968 年 5 月:无奈的遗产》,第 364~365 页。

⑤　André Glucksman, *La Cuisinière et le Mangeur d'hommes:Essai sur les Rapports entre l'État, le Marxisme et les Camps de Concentration*, Seuil, 1976, 转引自[法]让-皮埃尔·勒·戈夫:《1968 年 5 月:无奈的遗产》,第 368~369 页。

气凌人,让人想起他们 10 年前抨击无产阶级的敌人时的态度,但他们还是受到了文化媒体的追捧,甚至得到了罗兰·巴特和福柯等著名知识分子的支持。①"新哲学家"出现之后不久,法国知识界出现了一个"反独裁阵线",它由经常在杂志《精神》(*Esprit*)、《行动》(*Faire*)、《自由》(*Libre*)和《新观察家》(*Le Nouvel Observateur*)撰稿的知识分子组成。②这些知识分子围绕"新哲学家"的著作展开讨论。他们大都承认格卢克斯曼的作品提出了至关重要的问题,但也有不少人提出了尖锐的批评。例如,皮埃尔·罗桑瓦隆(Piere Rosanvalon)就在社会主义杂志《行动》中指出,格卢克斯曼"给真正的问题提供了错误的答案"。罗桑瓦隆认为,"新哲学家"对西方传统不分青红皂白的批判以及逃避政治、在"非理性"中寻求安慰的"新浪漫主义"将导向一种危险的虚无主义。在与帕特里克·维夫勒(Patrick Viveret)合著的《为了一种新的政治文化》一书中,罗桑瓦隆提出有必要"重新思考政治"。他认为极权主义是雅各宾传统,即在一个中央集权式的社会中实行"平等的个人主义"(egalitarianindividualism)的产物。他进而提出一种强调"自主管理"的新的政治文化:重新理解平等的内涵,承认差异和自治的权利,使政治权力的运作不仅局限于国家,并且进入草根阶层。③

　　相较"新哲学家"而言,勒福尔对极权主义的批判对法国知识界产生了更为重要和深远的影响。这位与卡斯托里亚迪一起创办《社会主义与野蛮》杂志的"异议左派",在很长一段时间里并不受关注。反极权主义潮流的到来使他变得令人瞩目。他现在和卡斯托里亚迪一起被誉为批判极权主义的左翼思想家的先驱。他于 1976 年出版了《多余的人——对〈古拉格群岛〉的思考》,并于 1977 年与米格尔·阿邦苏尔(Miguel Abensour)、卡斯托里亚迪和马塞尔·戈谢(Marcel Gauchet)等人一起创办了《自由》杂志。1979 年,勒福尔写于 20 世纪 50 年代至 70 年代初的作品结集为《批判官僚主义的要素》一书出版。勒福尔对极权主义的批判与"新哲学家"不同:他不是完全抛弃马克思

---

　　① 〔法〕让-皮埃尔·勒·戈夫:《1968 年 5 月:无奈的遗产》,第 363 页。Michael Scott Christofferson, *French Intellectuals Against the Left*, p.198.

　　② Michael Scott Christofferson, *French Intellectuals Against the Left*, p.211.

　　③ Pierre Rosanvallon and Patrick Viveret, *Pour une Nouvelle Culture Politique*, Seuil, 1977, 转引自 Michael Scott Christofferson, *French Intellectuals Against the Left*, pp.216–218.

主义把它视为万恶之源，其批判也不指向对政治的否定。①勒福尔认为极权主义的国家侵入公民社会，渗入社会领域的方方面面，使个人及不同社会团体的特殊性、生活方式、信仰和观点的多样性趋于消失。这是一种对摆脱了内部分裂和冲突的统一社会的虚幻追寻。而对"无区分社会的幻想"最终导致了另一群只能生活在社会之外的人的出现——极权主义国家必定要"无休止地生产并消灭多余的人、寄生虫、垃圾、破坏者"②。对极权主义的这一反思使勒福尔"重新发现"了民主："目前，对我而言，忠诚于绝对自由主义的民主观点比继续共产主义梦想……更忠于我最初的行为……更革命。"③勒福尔强调民主的出现在人类历史上的重要性：它的到来不能简单地理解为政治制度的变更或某个阶级对权力的获取。民主革命开启了一个不可逆转的突破口，它确立了国家与市民社会的区分，承认社会内部不可消除的差异与分化。自此以后，权力的合法性不再以宗教或神话为基础，它失去了确定的标准，成为公开争论的问题。④因而，极权主义与民主革命的关系颇为复杂：一方面，二者有着内在关联，因为民主内部存在着一个永恒的矛盾——不可消除的社会内部分化与对人民的统一的确认；另一方面，民主又是对极权主义的否定，因为民主承认差异与分化而极权主义则力图消除分化重建社会统一。基于此，勒福尔倡导"野蛮的民主"(la démocratie sauvage)，即为权利（包括已有的、被篡夺的和新的权利）进行斗争。他认为，正是公民为权利而进行的积极斗争，才使得民主保持健康。和"新哲学家"对现代政治的全盘批判相比，勒福尔对民主的阐释显然更具建设性因而得到了许多左翼知识分子的认同。⑤

　　除了"新哲学家"和勒福尔等人从"激进民主"的角度对极权主义展开批判之外，在左翼知识分子当中，还有另一股令人瞩目的"反极权主义"思潮。这就是以傅勒为首的"修正主义"史学家对法国大革命的雅各宾政治文化的

---

① ［法］让-皮埃尔·勒·戈夫：《1968年5月：无奈的遗产》，第383页。

② 同上，第388~389页。

③ Claude Lefort, *Eléments d'une Critique de la Bureaucratie*, Gallimard, 1979, p.12, 15, 转引自［法］让-皮埃尔·勒·戈夫：《1968年5月：无奈的遗产》，第392页。

④ ［法］让-皮埃尔·勒·戈夫：《1968年5月：无奈的遗产》，第393页。

⑤ Michael Scott Christofferson, *French Intellectuals Against the Left*, pp.220-221.

批判。1949 年加入法共并于 1956 年前后脱离法共的傅勒，曾在著名经济社会史家拉布鲁斯（Ernest Labrouse）的指导下，到年鉴派史学大师布罗代尔所在的国家科学研究中心（CNRS）从事关于 18 世纪巴黎资产者的博士论文研究。然而由于无法说服自己从社会经济角度探究大革命的起源，傅勒最终放弃了博士论文的写作。在 1965 年出版的与里歇（Denis Richet）合著的《法国大革命》一书中，他更加明确地质疑以索布尔（Albert Soboul）为首的马克思主义史学家对法国大革命的正统的"社会经济阐释"。此书的出版使傅勒被归入"修正主义"史学家之列，并促使他与雷蒙·阿隆等反共自由派接近。[1]在 1978 年出版的《思考法国大革命》中，傅勒进一步探究革命的动力学。借助于重新阐释 19 世纪法国历史学家基佐、托克维尔和古参关于大革命的思考，傅勒强调了研究大革命的政治文化的重要意义。他探究了革命的意识形态与革命的恐怖的内在关系，并把雅各宾主义与 20 世纪的极权主义关联起来。[2]傅勒在法国大革命的政治文化深处，找到了二战后法国知识分子对极权主义不敏感的根源。他对大革命的颠覆性阐释，开启了法国思想界反思极权主义的一个重要方向：重新回到法国大革命这一重大历史时刻，反思现代民主的悖论。

在与正统马克思主义史学家的论战中，傅勒对大革命的"政治文化"阐释大获全胜，他因而被《新观察家》捧为大革命 200 周年之际的"学术之王"。[3]不过也有评论者对其大革命阐释提出颇有见地的批评。例如，勒福尔就提醒傅勒不应把历史与"话语"相等同，否则会导致对大革命的简单化理解。勒福尔也不同意傅勒把大革命中出现的确立代议制的困难和恐怖政治归咎于革命的意识形态。很显然，勒福尔想要从傅勒对大革命的批判中"拯救"出大革命的创新之处。[4]不过，由于勒福尔与傅勒都致力于"重新阐释民主政治"他们的分歧并未影响到其合作。傅勒与勒福尔共事于法国的社会科学高等研究院（EHESS）。傅勒于 1977 年担任该研究院的院长之后，又延揽了卡斯托里亚迪、皮埃尔·马南（Piere Manent）、戈谢和罗桑瓦隆等人。1985 年，他们共同

---

① Michael Scott Christofferson, *French Intellectuals Against the Left*, pp.237–239.

② ［法］弗朗索瓦·傅勒：《思考法国大革命》，孟明译，生活·读书·新知三联书店，2005 年。

③ Michael Scott Christofferson, *French Intellectuals Against the Left*, p.256.

④ Ibid., p.254.

创建了雷蒙·阿隆中心。①傅勒等左翼知识分子从马克思主义向自由民主政治的"回归",标志着马克思主义的失势和自由主义思潮在法国的兴起。

对 1789 年以来法国左派的革命政治传统的反思,使傅勒等左翼知识分子厌恶激进政治,转向自由主义。不过,也有一些左翼知识分子在抛弃马克思主义和共产主义之后,转向法国传统的社会主义。当自由派的大本营雷蒙·阿隆中心的学者们致力于回归法国 19 世纪上半叶的自由主义传统,强调"重新发现"托克维尔、贡斯当、基佐等人时,一些温和左翼知识分子则强调"重新发现"19 世纪上半叶法国的乌托邦社会主义者。自 20 世纪 70 年代末起,法国学界出现了"重新发现"皮埃尔·勒鲁(Piere Leroux)的呼声。勒鲁是 19 世纪上半叶的圣西门派社会主义者,他努力调和圣西门主义和共和主义,被誉为法国"共和社会主义"的先驱。《世界报》(Le Monde)曾于 1980 年用一整版发表了《皮埃尔·勒鲁,理解 19 世纪的一把钥匙》一文,而在知识界颇有影响力的杂志《精神》则于 1981 年月刊文指出,勒鲁的社会主义思想长期以来被教条化的马克思主义遮蔽,法国学界有必要思考:为什么如此重要的思想家,竟然长期以来被完全拒斥于法国的思想记忆之外?②此后,关于勒鲁的研究开始升温,他的一些重要著作也相继得以再版。

为什么法国学界会出现对勒鲁的研究热?这并不完全是出于左右翼学者的意识形态之争。在共产主义信念普遍幻灭和激进左派政治退却之后,由于缺乏可以替代它们的思想和政治解决方案,法国社会的"资本主义之弊"日益显现。这正是著名历史学家阿居隆(Maurice Agulhon)所觉察到并感到忧虑的情形。阿居隆在 1997 年出版的勒鲁文选——《法国社会主义失落的源头》的前言中指出:一个"自由主义的,个人主义的,竞争的,以生产为本位的社会",并不足以让人们生活得幸福。因而,有必要从勒鲁的"人道的社会主义"中汲取精神资源,以便能够兼顾"社会"与"个人"的价值,兼顾贫穷者、被遗弃者与社会竞争中的佼佼者。③

---

① Michael Scott Christofferson, *French Intellectuals Against the Left*, pp.255-256.

② Jacques Viard, *Pierre Leroux et les Socialistes Européens*, Actes Sud, 1983, p.14.

③ Pierre Leroux, *A la Source Perdue du Socialisme Français*, Anthologie Etablie et Présentée par Brunoviard, Desclée de Brouwer, 1997, pp.15-18.

曾经在法国主持译介德国法兰克福学派的著作、并与勒福尔和戈谢共同创办过《自由》杂志的阿邦苏尔则从另一个角度强调勒鲁的社会主义思想的价值。阿邦苏尔认为，傅勒等人对极权主义的反思使他们拒斥"乌托邦"，把它视为"极权主义的发源地"，这其实是无视乌托邦思想内部的多样性，以及乌托邦思想所具有的自我批判精神，阿邦苏尔举勒鲁为例，认为他就对圣西门派的有极权主义倾向的乌托邦思想作了很好的批判和超越。阿邦苏尔强调说，在现代社会中，民主与乌托邦是不可分的，当民主缺乏乌托邦时，就会变质。民主真正的内涵，即"人的解放"，就会被遗忘。①

尽管有明显的分歧甚至是激烈的笔战，法国的温和左翼与自由派知识分子并没有走向二元对立。前者并未否定自由、民主、人权这些基本价值，而后者也对没有了"乌托邦"的民主可能出现的问题有着充分的警觉。傅勒在其批判共产主义的著作《幻想的逝去——论二十世纪共产主义观念》中，已经表达了对没有"乌托邦"的民主的忧虑："在 20 世纪的终点，没有了上帝，我们看到了被奉若神明的历史的根基正在动摇。""历史已经成了一个隧道，我们走进去，里面一片漆黑，我们不知道行动将把我们带向何处，对我们的命运也没有把握。"②民主是否需要一个乌托邦，以便缓和"资产者和资本"可能带来的弊病，并使一个真正的政治共同体得以维系？在傅勒之后，自由派将继续思考这个问题。③

经历了从共产主义信念幻灭到重新寻求信仰的精神磨砺之后，法国知识分子似乎变得不那么好斗和"政治化"了。法国传统的预言家式知识分子

---

① *L'Utopie en Questions*, Michèle Riot-Sarcey éd., Presses Universitaires de Vincennes, 2001, pp. 247-249.

② François Furet, *Passing of an Illusion. The Idea of Communise in the Twentieth Century*, trans. Deborah Furet, University of Chicago Press, 1999, p.502. Cited by Warren Breckman, "Democracy between Disenchantment and Political Theology: French Postmarxism and the Return of Religion," *New German Critique*, No.94, Secularization and Disenchantment, 2005, p.73.

③ 2010 年戈谢主持参与了一个在布鲁塞尔举行的题为"什么是社会主义？"的研讨会，探讨"是否可能在自由主义的框架之下解决社会主义提出的问题"。在这个研讨会上，与会者提出：自由主义在法国的胜利，带来了一系列亟须解决的问题：个体的疏离，不平等的加剧和集体行动的无力，等等。他们强调，批判福利国家和共产主义，并不意味着对人类博爱理想的否定，关键的问题在于如何找到具体的实现途径。

让位给了学者,后者保持着与政治的必要距离,仅仅在他们熟悉的专业领域进行政治介入。①更多持不同政治立场的学者开始不再囿于二元对抗的斗争思维,愿意从主义之争进入对问题的细致探讨,与政见不同于自己的学者展开思想对话。1979 年萨特和阿隆的象征性和解,预示了法国思想界 20 世纪 80 年代之后"左"与"右"之间对峙的缓和。在"反极权主义"论战中获胜的自由派,努力淡化意识形态分歧并争取温和左翼知识分子。自由派于 1978 年 3 月创办杂志《评论》(*Commentaire*)、于 1980 年创办杂志《争鸣》(*Débat*),都意在营造一个让中间派知识分子进行思想对话的空间。正如皮埃尔·诺拉(Piere Nora)在《争鸣》中所说的,这份杂志将"向所有人开放",除了"任何形式的知识分子恐怖主义以外"。②

从表面上看,预言家式知识分子在法国的退场,法国知识分子与政治保持的距离,似乎使知识分子的地位边缘化了。不过,如果以被自由派"重新发现"的 19 世纪自由主义思想家基佐对"政治"的理解来看,似乎可以说,法国知识分子正是在逐渐从极左向中道靠拢的过程中,习得了政治的智慧。

分寸感、预见性、注意到社会中并存的各种不同的利益,考虑到彼此既结合又斗争的相反的原则,对这部分人和那部分人都给予他们自己的一份并只给他们那一份,及时地停下来,作适当的妥协,为了明天而对今天作些牺牲,这是智慧,这是灵活性,这是政治上的必要;这本身就是政治。上帝在民族悠久的命运方面,也像在个人短暂的经历方面一样,只凭这些条件给予他们以政治的成功。③

(作者简介:倪玉珍,首都师范大学历史学院副教授。)

---

①　Michael Scott Christofferson, *French Intellectuals Against the Left*, p.271.

②　Ibid., pp.268—269.

③　[法]基佐:《法国文明史》,沅芷、伊信译,商务印书馆,1999 年,第 4 页。

▼美国政治思想

政制·宗教·教育

——约翰·亚当斯论政治与道德的关系

以赛亚·伯林认为马基雅维利将政治学从伦理学中解脱出来并揭示道德与政治乃是彼此冲突的两个独立王国。此说流传甚广,几乎为不刊之论。然而政治与道德果能截然分开么?"在美国国父当中,约翰·亚当斯是唯一真的去阅读和严肃对待马基雅维利思想的人。"不仅如此,亚当斯"似乎还认识到,存在着两个马基雅维利:作为古典共和制度复兴者的马基雅维利,以及作为邪恶教师的马基雅维利"①。那么约翰·亚当斯是如何看待马基雅维利的教导,他又是怎样处理政治与道德之间的关系的呢?

一

作为美国的国父之一,约翰·亚当斯为当时所重的原因在于他对美国立国的两大贡献:一是他的《为美国宪法辩护》,该书是他的政治思想的集中体现,系统地阐述了他为马萨诸塞州起草宪法的政治学原理,曾深刻影响了1787年的制宪会议,并对美国政治制度的形成具有奠基意义;二是他在美国独立战争期间游说法国、荷兰为美国争取战争贷款,极大地支持了美国人民的抗英斗争。约翰·亚当斯的政治思想与亚里士多德、波利比乌斯、西塞罗、马基雅维利等共和主义思想家一脉相承且有所发展,他明确提出共和政体

---

① [美]布拉德利·汤普森:《约翰·亚当斯的马基雅维利时刻》,《政治思想史》,2014年3月。

的目标是维护公民自由与公共福祉,共和政体的本质是法治,而法治的实现依赖于政治体制的平衡,具体而言包括两项原则,分别是主权在民原则和权力制衡原则。

亚当斯认为国家的权力来自于人民,但受地点、时间的限制,全部人民集体行使国家权力的直接民主制度已经不适用。与马基雅维利一致,亚当斯亦认为历史表明人民并非是同一化的整体,他们总是可以区分为精英和大众、少数和多数。通过消除精英与大众、少数与多数之区分是不可能的,知识与科学的进步必然同时会带来新的差异和不平等,唯一可行的方法就是通过科学的制度设计实现社会发展的平衡与稳定。平衡政体的一般原理是立法部门的代表应当既有精英阶层的代表,也包括普通大众的代表。同时,为了避免精英阶层影响大众的判断以及大众对精英意志的"绑架",立法部门应当区分为"元老院"和"平民院",由"平民院"提出立法意见,"元老院"审议决定通过还是驳回。考虑到两院之间的争议可能存在无法决断而导致冲突的情况,亚当斯认为立法部门应当还包括第三个"分支",即"执政官"。"执政官"的作用在于调节两院的矛盾,在关键时刻以公共福祉为最高目标做出最后决定,并视两院之间的力量变化而采取必要措施以维持均势。

约翰·亚当斯接受并发展了马基雅维利有关共和政体的基本观点,而且他对古典共和主义的美德教条也没有多少信念,他在给阿碧盖尔的信中写道:"对现代政治家来说,践行和主张古代的道德与礼仪,显得既愚蠢又矫情。美德、爱国和对我们同胞的热爱是无法为今天的人所关注的。他们的注意力集中在纸牌、赛马、穿着、歌舞等事物上,集中在对漂亮女人的感情上,集中于对那些有权有势的人物的阿谀奉承上。"[1]而且古典共和国的贵族都是一些专制者和高利贷盘剥者,他们性格骄傲、强横、野蛮,没有什么美德可言,财富和奢靡成为古典共和国的"噩梦",却很少有贵族具有质朴、节俭、虔诚的品德。[2]他不太相信古典共和国的美德能够使大多数人在权衡公共利益

---

[1]　*My Dearest Friend–Letters of Abigail and John Adams*,edited by Margaret A. Hogan and C. James Taylor,The Belknap Press of Harvard University Press,2007.

[2]　John Adams,The Works of John Adams,Second President of the United States:with a Life of the Author,Noted and illustrations,by his grandson Charles Francis Adams,Charles C. *Little and James Brown*,Vol.10,1851.

与自己的私利时会选择牺牲个人利益，因此只靠爱国主义的宣教根本无法制约商业腐败和人性贪婪。商业腐败和财富带来的奢侈之风亦将腐蚀节制和勤劳等品质，并侵蚀立法权、执行权以至整个国家和人民，导致共和政体衰败。①对此，他举例指出，"商业、奢侈以及贪婪摧毁了每个共和政体。英格兰和法兰西的共和实验没有一个超过 12 年。英格兰共和国从 1640 年到 1660 年实际处在一连串的君主'保护'之下，皮姆（Pym）、汉普顿（Hampden）、费尔法克斯（Fairfax）、或克伦威尔（Cromwell），而法兰西共和国一样是在米拉波（Mirabeau）、布里所（Brissot）、丹东（Danton）、罗伯斯庇尔（Robespierre）等'庇护'之下直到拿破仑皇帝。最近，唯利是图的精神又成功摧毁了荷兰、瑞士和威尼斯等共和"②。

1787 年美国联邦政府建立，经过华盛顿、亚当斯、杰斐逊、麦迪逊等总统之后，联邦宪法所确立的平衡政体被进一步塑造和完善，并逐渐展现出它的一些优势，同时亚当斯发现在实际政治运行过程中产生了一些对平衡政体构成破坏的因素。他注意到在美国政制所确立起的平衡机制的背后，权力渐渐集中于一些核心力量的手中，选举的结果实际上在选举之前已经被"国会的核心成员、州核心成员、镇核心成员、城市核心成员、选区核心成员、地方行政区核心成员、宗教核心成员"组成的贵族性的委员会所安排，来自于上述小集团的腐败往往导致为了少数人利益而牺牲多数人利益，对社会道德和公民自由构成威胁，并破坏政府机构之间以及机构内部的平衡。

基于以上考虑，亚当斯认为国家的伟大、繁荣和幸福不能只靠法治——平衡政体和古典共和主义的美德，还应当充分发挥宗教的作用。在 1798 年给宾夕法尼亚州迪金森大学学生的信中，他说道："你们信任我是科学、自由和宗教的守护者使我感动。科学、自由和宗教是上帝对人类最高级的祝福，三者是不可分的。只有她们共同发挥作用，社会才能变得伟大、繁荣和幸福。"③他认为良好的道德风俗的形成需要依靠宗教的力量，宗教对一个共和

---

① 李浩、郝儒杰：《自由精神与均衡政制——约翰·亚当斯的"政治变奏曲"》，《党政研究》，2016年 4 月。

②③ John Adams, The Works of John Adams, Second President of the United States: with a Life of the Author, Noted and illustrations, by his grandson Charles Francis Adams, Charles C. *Little and James Brown*, Vol.9, 1851.

制国家非常重要。"由宗教信仰神圣化的和鼓舞的道德习惯是维护国家联合的黏合剂,是人民互相信赖的基础,也是人民与政府互信的基础。"①事实上,早在法国大革命之前,亚当斯就认为法国不可能建立起"共和国",革命注定会走向失败。其理由便是"一个三千万无神论者的国家的命运令人担忧","激进分子和煽动者会成为主导者,法国人最终将'没有平等的法律,没有个人自由,没有财产权,没有生命权'"。②而更为深层次的原因在于"没有政府能够完全有能力制衡人的过度的情感,特别是与失去宗教与道德约束的情感相抗衡,贪婪、野心、报复、莽撞等情感将会破坏宪法的强有力的束缚,就如同巨鲸冲破罗网一般"③。

他所秉持的自然神启哲学认为,宗教对道德风俗的积极意义在于宗教能够调节个人的理性。欧洲在宗教改革之后,人们普遍相信上帝赋予个人理性,使人无需通过教会便可以认识客观自然界与人类社会的真理。理性是人类能够决定何为正确的主要工具,因而理性便可成为个人的道德律。但是亚当斯对此持保守意见。他注意到尽管理性使人民认识到应当过一种更文明的生活,生命的主要事业不是获得财富、荣誉和地位,而是追求真正的和永久的卓越,但抽象的理性能力也能够为罪恶作辩护。④他不赞同对理性的无限的信任,并认为正是这种缺少宗教调节的理性在法国革命当中造成对集体意志的崇拜和信仰,最终导致社会动荡和无序。亚当斯相信,真理和道德源于个人对上帝的信仰,而不是绝对的理性能力,决定公正和良善的是人心与上帝之间的关系。

因此,要建立共和国,维护平衡政体,需要人民信奉并践行清教的精神,通过培养虔诚、节制的品德来克服人本身在过度的情感方面的弱点,同时还要有坚定信念与气概反对任何形式、规模的暴政,以及与世俗的腐败、奢侈现象做斗争。可以发现,亚当斯接受了马基雅维利对政制与人性的基本判

---

①③　John Adams, The Works of John Adams, Second President of the United States: with a Life of the Author, Noted and illustrations, by his grandson Charles Francis Adams, Charles C. *Little and James Brown*, Vol.9, 1851.

②　参见[美]约翰·艾兹摩尔:《美国宪法的基督教背景:开国先父的信仰和选择》,李婉玲、牛玥、杨光译,中央编译出版社,2011 年。

④　C. Bradley Thompson, *John Adams and the Spirit of Liberty*, The University Press of Kansas, 1998.

断,并在执行权与立法权的关系问题上发展了他的共和政体理论。与马基雅维利不同的是,亚当斯重视宗教对形成人民之间良好关系、对培养共和国的道德风俗习惯以及对维持平衡政体的稳定的价值。

二

在亚当斯的思想当中,政治与道德面对着共同的"质料"即人性,在政治当中"人类不适宜掌握无限制的权力,更多的是因为其软弱而不是其邪恶"[①]。因此对政治制度的设计需要与人性的构成相适宜,通过制度的引导和约束使构成人性的基本的情感可以为公共利益服务。那么亚当斯的人性观是怎样的? 亚当斯认为人类最初在未开化的状态中是群居性的,随着文明的进步这种群居的社会属性并没有完全改变。自然条件使人们结成社团,并塑造了人类的情感、欲望和偏好,赋予他们各种各样的才能以便于他们可以谋求自身之生存,同时也能够使他们在社会关系中有益于他人。而在构成人性的情感中最为基本的和显著的是追求荣誉的情感,即渴望得到同伴的注意、尊重、赞美、热爱和欣赏。"无论男人、女人或孩童,无论年老或者年少,富有或贫穷,高或矮,聪明或愚蠢,无知还是博学,每个人都强烈地受此情感所驱使,渴望被和他有关的人所看到、听到、谈论到,渴望被认可和尊重。"[②]这种追求荣誉的情感使得人们热衷于和其朋友或敌人相比较,因为他渴望比别人得到更多的关注和尊敬。当其促使个体通过勤奋追求真理,践行道德来获得荣誉时,它便可以被称为是一种良性的竞争或努力超越的行为;当其促使个体只顾通过获得权力来赢得荣誉时,这种情感就应当被称作"野心"。

亚当斯进而指出,追求荣誉的情感往往使人们羡慕超过自己的人,羡慕之情足够强烈亦会使它的主人奋起努力,后来居上。但此羡慕之情太强也会变成嫉妒之意,滋长虚荣的情感。事实上,人类历史乃是构成人性基本的情感的运转和发挥作用的简单过程,所有的美德、恶习以及人生中的幸福和痛苦

① John Adams,The Works of John Adams,Second President of the United States:with a Life of the Author,Notcd and illustrations,by his grandson Charles Francis Adams,Charles C. *Little and James Brwon*,Vol.4,1851.

② Ibid.,Vol.6.

皆源自此情感及其变种。①满足衣食住行并不需要太多的物质,人们之所以追求更多的财富不是为了仁爱或效用的目的,而是源于其对荣耀的渴望。②因为财富能够给人们带来更多的关注和更多的尊重,满足其骄傲的虚荣心。

以此为基础,亚当斯判断善与恶在人性当中的动因是一样的,不应对人性本身强分善恶,在现实当中,往往是人性中的软弱而非邪恶导致了最终的恶果。他说:"没有人不希望比他人更卓越且被他人所注意,这种情感深植于人的灵魂之中。当这种情感受到良好的指引,它便是个人幸福和公共繁荣的本源,而当其走上歧途则会制造个人不幸和公共灾难;故而指引其朝向正确的目标是个人努力、公共教育、国家制定政策的目标和职责。"③因争夺荣誉而引起的冲突以及种种不良之情况,需要智慧和道德来调节,"策略是控制这种情感但不是完全根除它们。它们对于生活、教育、社会是最为重要的,不仅不应被消灭反而应该满足它和鼓励它并引导其朝向道德发展"④。

智慧和道德的养成需要知识的普遍传播。1765 年亚当斯发表了他的第一部政治著作《论教会法与封建法》。在这篇文章中,亚当斯指出封建法与教会法所导致的专制体系使人变得无知和愚昧,而无知和愚昧又反过来助长了专制的暴虐。教会与封建制度两大体系的联盟使人民的意识在被压迫中深刻地烙上了盲目服从统治的印记。只有知识能够帮助人民意识到没有光明的尘世和时代的黑暗,知识越在人民当中传播和增长,教会和封建统治者的力量就越衰弱;人民越不能容忍不正当的统治,他们同封建和教会之间联盟的斗争就越剧烈。因为知识的力量最终将汇聚成对自由的热爱,所以亚当斯主张每个人都要去阅读、学习、演说和写作,从而争取自由,反抗暴政。

在亚当斯看来,知识尤其是有关政治科学的知识如果得到普及,使大多数人都关心国家的权力运行,关心自己的政治权利,那么共和国的腐败便可获得一种有动力的抵制。因为随着知识的增加,人民对国家主权或政治权利的关心也会随之增长,"知识增加越多对民主的折磨和刺激也越多,除非将

①② John Adams, The Works of John Adams, Second President of the United States: with a Life of the Author, Noted and illustrations, by his grandson Charles Francis Adams, Charles C. *Little and James Brwon*, Vol.6.

③④ John Adams, The Works of John Adams, Second President of the United States: with a Life of the Author, *Little and Brwon*, Vol.6, 1851.

民主看作是与西印度的黑种人、苏格兰和英格兰的运煤工人、荷兰的泥炭工人以及巴黎和伦敦夜色中的站街女有关的事务（因为他们对政治权利的要求最少），否则国家的政治制度必须考虑满足人民的政治权利"①。基于此，他主张共和国有义务使知识在人民当中传播，并且激励人民应当带着高尚的意识做自由翁；引导他们的荣誉感促进有益的情感、才能、礼仪以及良好的道德的形成。"如果政府能够通过在人民当中传播知识，激发社会的高尚情操，使普通大众变得勇敢和有进取心，那么这类品质将会使他们明智、勤劳、节俭，而且他们将会逐渐变得更加优雅、坚毅、富于事业心。如果将这样的国家与专制国家相比较，人民将会感觉是生活在天国一般。"②

为此，亚当斯认为政府需要将国民教育作为一项长期的计划③，"在所有的政府计划中有两条是必不可少的：其一是制定一些为永久保护议员的公平机会的规章法令；其二是国民在知识和道德方面接受教育"④。只有普遍的国民教育能够使人民学会运用理性控制自身情感的弱点，提高道德水平并增长有关政治的知识。对于当时美国的教育，亚当斯仍有许多不满之处。他认为早年到美洲建立殖民地的人们，特别是其中的领导者，包括一些教士和普通信徒都富于见识和学识。他们当中很多人对古希腊和古罗马的历史学家、演说家、诗人以及哲学家都非常熟悉，而且其中一些人当年留下的个人小型图书馆依旧保留着，这些书卷里储藏着最为开明时代的和民族的智慧，但是"如今他们的子孙虽然在欧洲的大学接受教育，却几乎无法阅读其中的文字"⑤，同时他也注意到贵族和精英对教育、知识的垄断也是造成无知、愚昧的主要原因，因此只有兴办更加普遍的国民教育才能使人民摆脱无知和

---

①②④⑤ John Adams, The Works of John Adams, Second President of the United States: with a Life of the Author, Noted and illustrations, by his grandson Charles Francis Adams, Charles C. *Little and James Brwon*, Vol.4, 1851.

③ "施特劳斯学派第三代弟子托马斯·潘格尔在其《现代共和主义的精神——美国建国者的道德观与洛克的哲学》一书中分析美国建国者对教育问题的看法时指出："在建国之后，除了华盛顿、麦迪逊、拉什和杰斐逊以外，其他的建国者都避而不谈教育的本质，而这个问题却是古典共和主义政治理论的核心主题。"其实这些名字当中还应加入约翰·亚当斯，亚当斯在 1780 年马萨诸塞宪法草案中，专门有一章是对共和国教育机构与文化事业的说明和规定。参见霍伟岸：《对美国制宪者的一种政治思想解读》，载高全喜主编：《从古典思想到现代政制：关于哲学、政治与法律的讲演》，法律出版社，2008 年，第 405 页。有关亚当斯宪法草案对教育、文化的规定，参见 Works of John Adams, Vol.4, pp.257–259.

愚昧。他认为单独依靠个人的力量只能建立少许学校,在全国也只能建立少数大学,而这些资源对于全民教育是远远不够的,必须依赖国家的力量通过立法来推行教育,国家应当重视对平民的教育,平民的孩子与精英的孩子一样都需要接受教育才能为公共服务。他说:"有关年轻人的,尤其是有关下层人民文化教育的立法,对帮助他们变得更加仁义和淳厚是非常明智和有效的,为了实现这个目的,再多的花费也是不过分的。而反对奢侈浪费的法律即使不能使人民变得更加明智和有道德,也能极大地促进他们的幸福。"①"教育的普及应当不仅止于富人和贵族的孩子,而是应当遍及每个阶层,包括最下层和最贫穷的人。此外,还需要考虑将学校以适当的距离安置,以便每所学校能够获得平衡的公共开支。"②

亚当斯还发现在共和政体下,教育不仅是国家政策的重要的一部分,而且由于人民的参与使教育事业得到更加普遍的推行。但是在所有简单政体下教育从来都不是普遍的,"在君主制下,少数人即那些可能成为统治者的人接受教育,而普通大众则处于蒙昧无知的状态;在贵族制下,贵族可以接受教育但是大众则不然。所以在任何自由政府之下,知识和教育应当是全体人民的事业,应当得到普及"③。托克维尔在《论美国的民主》中说道:"在马萨诸塞,公共行政的大权掌握在乡镇手里。乡镇是人们的利益和依恋的集合中心。但越往南方诸州走去,乡镇便不再是这样的中心了。在这些州里,教育还不太普及,所以培养出来的人才不多,胜任行政工作的人较少。"这段话可以为亚当斯对教育与政制之间关系的判断提供佐证。即越是在地区狭小、人口越少、教育越普及的地方,民主制就越有可能实行得良好,而越是面积广大、人口众多、教育普及程度的差别也就越大,建立平衡政体就越必要。因为在面积较小的地区实行民主制容易实现平衡,而在面积较大和情况复杂的地区也采用简单民主制,平衡就不容易实现。

因此,亚当斯的教育思想与他对政治制度的思考有关,教育与宗教相似,都是维持平衡政体、构建自由政府的重要条件。"教育理论与政治科学相

① John Adams,The Works of John Adams,Second President of the United States:with a Life of the Author,Noted and illustrations,by his grandson Charles Francis Adams,Charles C. *Little and James Brwon*,Vol.4,1851.

②③ Ibid.,Vol.6.

比较,二者都可以归纳为同一条简单的原理,即找到如何更加有效地指引、控制和管理人性当中的竞争意识和勃勃野心的途径"①"与洛克相似,亚当斯是要在对自然和人性的检视的基础上建立起一种指示性的伦理学。"②在1786年给萨斯菲尔德的信中他说:"每个人都有自己的嗜好,我的嗜好就是看着美国成长为一个自由的国度,展望在两百到三百万自由民当中没有一个贵族和国王。你说这是不可能的。如果在这点上我是与你一致的话,我仍然要说让我们尽我们的可能去尝试保护我们的平等。一个更好的教育体系有可能保护大众免于由于混淆了正确与错误、道德与罪恶之间的自然区别而引起的社会偏见所带来的人为的不平等。"③

三

综上,亚当斯承认马基雅维利对人性的基本判断,但他并不认为政治与道德无涉(意味着他并没有放弃政治对道德的追求),他认识到近代政治科学是随着文艺复兴以来的科学的研究方法和各种知识的进步而兴起,伦理学也随着经院哲学的衰落和宗教改革而进步,可以说科学与宗教、道德是并行不悖的。丹皮尔在描写达芬奇时说道:"他自己的哲学好像是唯心主义的泛神论。从这个观点出发,他看见了宇宙活生生的精神。但他又抱着思想家的持平态度,看到不相干的恶下面的善,接受了基本的基督教义,作为他内在的精神生活的可见的外在形式。""当时的一切迹象好像都在说明就要出现一个新的无所不包的天主教,既准许人们虔诚地信仰基本信条,也准许人们保持思想自由。"④因此,时代的发展和科学的进步不仅推动着政治和政治

① John Adams, The Works of John Adams, Second President of the United States: with a Life of the Author, Noted and illustrations, by his grandson Charles Francis Adams, Charles C. *Little and James Brwon*, Vol.6.

② C. Bradley Thompson, *John Adams and the Spirit of Liberty*, The University Press of Kansas, 1998.

③ John Adams, The Works of John Adams, Second President of the United States: with a Life of the Author, Noted and illustrations, by his grandson Charles Francis Adams, Charles C. *Little and James Brwon*, Vol.9, 1851.

④ 参见[英]W.C. 丹皮尔:《科学史》,李珩译,中国人民大学出版社,2010年。

学向前发展,同时也在呼唤新的道德规范与价值体系。在亚当斯那里,新的道德规范和价值体系是清教信仰和自由精神。而能够确立合理的政治与新的道德规范之间的关系的是平衡政体、宗教和普遍的国民教育。亚当斯确信平衡政体对知识与教育的普及有许多助益,而宗教与文化知识对品德的促进比起头衔、荣誉、武力更能够成为政府的支柱。知识与道德的增长会使人民更加独立且不易再被蒙骗,同时这种增长也是未来社会进步的必然路径。"只有人民都受到良好的教育,他们才不会轻易相信对共和制的诋毁,他们才会热爱平衡政体,明了平衡政体制约着人的情感防止其走向过度,而公民自由只有通过他们自己频繁而自由地参与选举才能得到最好的保护。"①

人类在进入现代社会之前政治与道德常常处于政治的道德化与道德的政治化的状态,政治与道德皆是维护统治的工具,其自身的价值被异化了。亚当斯实则认为二者合理的关系应当是政治与道德互不相害,就政治而言,平衡政体的设计为宗教信仰和思想文化自由奠定法治基础,通过立法推进普遍的国民教育,增进人民的政治知识,提高人民的道德文化素质,防止统治者通过宗教与道德进行专制统治和思想钳制;就道德而言,通过鼓励宗教信仰和国民教育对人性、政治以及各种科学知识的普及,提高人民的道德水平,为维护平衡政体的稳定与政治的发展提供了文化条件,但是政治权力的运转主要依赖于制度所架构的法治而非以宗教和教育为基础的道德,此即是所谓道德与政治互不相害却互为共和政治的纲要。

(作者简介:李浩,中国农业大学马克思主义学院讲师。)

---

① John Adams, The Works of John Adams, Second President of the United States: with a Life of the Author, Noted and illustrations, by his grandson Charles Francis Adams, Charles C. *Little and James Brwon*, Vol.6, 1851.

汉密尔顿的混合政体观

对政体的研究从古希腊政治思想家那里就已经开始了，他们对政体的概念、分类及演变都进行了充分而详细的阐述。正是在他们对最佳政体的探寻过程中，第一次出现了混合政体的理论。所谓的混合政体就是由两种或两种以上的单一政体①通过某种方式混合构成的政体，它最早体现于柏拉图的《法律篇》中对美格尼西亚的政体设计，后经亚里士多德和波利比乌斯的完善和系统论述，奠定了自身的基本框架，以后一直作为一个非常重要的传统在西方政治思想史上延续下来。直到18世纪隶属英国的北美殖民地试图与母国脱离时，混合政体理论仍然是英国及其北美殖民地公认的权威性政体学说。

美国独立之后到制宪会议之前，主导着北美大陆的主要是两种政体思潮：第一种是混合政体思想，表现在当时的美国人仍然从混合政体的视角来看待自己的邦政府，只不过由原来殖民地时期英国国王任命的、终身任职的皇家总督变成了独立后由各邦上下议院选举出来的、任期五年或任期一年的邦长，而贵族化的上议院也相应地增加了人数并由选举产生。第二种是民主化思潮，随着北美殖民地与英国的脱离，各邦纷纷建立起自己的政府，由

---

① 单一政体通常采用亚里士多德的分类标准，即根据人数和施政目标，单一政体有六种：君主制、贵族制、共和制（即polity，指为共同利益着想、由多数人执政的政体）、僭主制、寡头制和平民制。参见［古希腊］亚里士多德：《政治学》，颜一、秦典华译，载《亚里士多德全集》（第九卷），中国人民大学出版社，1994年，第84页。

于终身任职、世袭统治与君主制和贵族制密切相关,而大众选举与民主制密切相关,这时,新的思潮便出现了,即认为各邦政府已经剥离英国政体中的世袭君主制和贵族制因素,只保留了其中的民主制因素,各邦政府不再是英国那种混合政体,而是一种民主政体。①尽管民主化思潮在以后的历史中获得了绝对优势,但在当时还处于初始发展时期,直到 1800 年杰斐逊赢得总统大选之前, 它的影响力仍然比不上混合政体思想。典型的例证之一就是1787 年制宪会议前夕,亚当斯写了《为各邦政体而辩护》(*Defence of the Constitutions of Government of the United States*)来反驳外来的批评,认为独立后的各邦政府仍然是混合政体。

当然,美国独立战争以及制宪会议前后出现的政治思潮不止以上两种。美国历史学家伯纳德·贝林在对当时广为传播的各种各样的小册子进行了研究之后,在《美国革命的思想起源》一书进行了总结,其中,既包括如柏拉图、亚里士多德、波利比阿和西塞罗等在内的古典作家的思想传统,也包括如卢梭、孟德斯鸠、洛克等在内的启蒙运动时期的理性主义思想传统,还包括如柯克、布莱克斯通等在内的英格兰普通法思想传统,此外,还有新英格兰清教徒的政治及社会思想传统以及激进派和反对派政治家的思想。②

在这种大的时代背景下, 作为制宪者之一的汉密尔顿持什么样的政体观呢? 可以肯定的是,他的政体思想绝对不是单一化的,而是复杂多层面的。他参加过北美独立战争、邦联议会、安纳波利斯大会、制宪会议,又曾出任财政部长、联邦党首领,还撰文为北美独立和新宪法辩护,他对政体的思考不可能仅从一个角度或一个层面就能阐述清楚。汉密尔顿曾经界定过单一政体和混合政体,即"民主制在我的意义上是指政府的全部权力掌握在人民手中,无论这种权力由人民自己行使还是由人民的代表行使",贵族制是指"全部主权一直掌握在终身任职或者世袭的少数人手中",君主制是指"全部主权掌握在终身任职或者世袭的一个人手中",而混合政体则是"上述三种原

---

①   Gordon S.Wood, *The Creation of the American Republic: 1776–1787*, The University of North Carolina Press, 1969, pp.197–225.

②   Bernard Bailyn, *The Ideological Origins of the American Revolution*, The Belknap Press of Harvard University Press, 1967, pp.22–54.

则结合起来"。①可以看出,汉密尔顿已经对单一政体的界定进行了扩充,原本用"世袭"来界定的君主制和贵族制现在也可以用"终身任职"来界定,他的这种理解与他的政体思想密不可分。本文试图通过三个方面的平衡来证明汉密尔顿的政体思想没有脱离混合政体的理论框架,他构建的不是英国式混合政体的复制品,而是有美国特色的汉密尔顿式的混合政体。

一、少数人和多数人的平衡

汉密尔顿的政体思想以他对社会所作出的基本判断为根基。在他看来,一切社会都存在少数人和多数人。他对少数人和多数人的理解,首先体现在数量上。例如, 当小邦试图保留原来在邦联议会时期就享有的平等投票权时,他反问道:"如果三个邦容纳了美国的多数人口,它们应该被少数人统治吗?"②汉密尔顿对于社会的另一个判断是财产的不平等,如他所言:"确凿无疑的是,像财产平等这样的事情并不存在;只要自由存在,不平等就会存在;自由本身不可避免地会导致不平等。这种财产的不平等是社会重大的、基本的特征。"③因此,以财产为依据,汉密尔顿又把少数人和多数人理解为富人和穷人。综合汉密尔顿在各处的论述, 在多数情况下或者说从最根本上来看,少数人和多数人的划分在汉密尔顿那里更多地是与财富、声望、学识等要素密切联系在一起的,如少数人和多数人的"利益截然不同"④,"少数人富有且出身良好,多数人就是芸芸大众"⑤,"少数人单独掌握主权"⑥等。

①　Alexander Hamilton,"Brief of Argument on the Constitution of the United States"(1788),*The Works of Alexander Hamilton*,12Vols,Henry Cabot Lodge ed.,G.P.Putnam's Sons,Vol.Ⅱ,p.92,1904.

②　Alexander Hamilton,"Speeches in the Federal Convention"(June 29,1787),recorded by Robert Yates,*Works*,Vol.Ⅰ,p.413.

③　Alexander Hamilton,"Speeches in the Federal Convention"(June 22,1787),recorded by James Madison,*Works*,Vol.Ⅰ,p.410.

④　Alexander Hamilton,"Brief of Speech on Submitting His Plan of Constitution"(1787),*Works*,Vol.Ⅰ,p.375.

⑤　Alexander Hamilton,"Speeches in the Federal Convention"(June 18,1787),recorded by Robert Yates,*Works*,Vol.Ⅰ,p.401.

⑥　Alexander Hamilton,"Brief of Argument on the Constitution of the United States"(1788),*Works*,Vol.Ⅰ,p.92.

在对社会阶层划分和财产不平等的认识基础上，汉密尔顿认为，少数人和多数人的利益不同，他们之间至少在某些时候会彼此冲突，如果把权力赋予多数人，少数人会受到压迫；反过来，如果把权力赋予少数人，多数人又必然受到压迫。所以最好的方法是这两部分人都能掌握权力，彼此之间就能相互抵制，从而都能捍卫各自的利益。①在他看来，英国人在这方面处理得很好，这也正是英国宪法及其政府的杰出之处，更是他赞赏英国政体的重要原因之一。与此相对应，当他希望在美国建立英国式的政体时，他所追求的其实是在美国社会的少数人和多数人之间达成一种平衡，因为从英国的历史经验来看，这种平衡可以让美国维持政治稳定和政治秩序。汉密尔顿的这种思想与亚里士多德在《政治学》中的主导思想是一致的："一种政体若想长期维持下去，那么城邦的所有部分都应该愿意看到其存在和维持。"②也就是说，一个国家应该尽可能地照顾各个社会阶层或者说各种社会力量的利益，其政体才能够稳定并持续下去。比如，寡头政体要想维持下去，就必须为穷人留有空间，而民主政体的维持需要为富人留有余地。因此，美国的政体要想得到长久维持，就必须兼顾少数人和多数人的利益。

基于自己的判断和英国政体的经验，汉密尔顿详细地构想了美国的政体。在构建美国的参议院时，他心目中参照的是英国的上议院。在他看来，由于英国的"上议院是最贵族化的机构……他们形成了持久的屏障，来抵制每一次无论是国王还是下议院试图进行的有害变革"③。因此，参议院的设计意图应该是成为少数人的代表，具有很强的稳定性，以抵制多数人可能产生的任何不利行为。至于设立众议院的目的，汉密尔顿则在制宪会议上直言不讳地指出："计划中的政府有一院是这样组建的，就是让它保护，尤其是保护较穷等级的公民。"④到了制宪会议即将结束时，威廉森提出动议，想要增加众

---

① Alexander Hamilton, "Brief of Speech on Submitting His Plan of Constitution"(1787), *Works*, Vol.I, p.375; "Speeches in the Federal Convention"(June 18, 1787), recorded by James Madison, p.389; "Speeches in the Federal Convention"(June 18, 1787), recorded by Robert Yates, p.401.

② ［古希腊］亚里士多德：《政治学》，颜一、秦典华译，载《亚里士多德全集》（第九卷），第61页。

③ Alexander Hamilton, "Speeches in the Federal Convention"(June 18, 1787), recorded by James Madison, *Works*, Vol.I, pp.389–390.

④ Ibid., p.410.

议院的议员人数,汉密尔顿当时的态度也是强烈支持,主张众议院应该建立在广大人民的基础之上,否则必然会引起人民的怀疑。此外,他认为,总统和参议院之间的密切联系会导致总统为了继续任职而与参议院联合起来营私舞弊,出于对这一点的考虑,国会众议院更有必要设立数量较多的代表。[1]在这里,汉密尔顿俨然是把众议院视为多数人的代表,并认为这个代表了多数人的众议院应该成为对总统以及参议院等少数人的制约力量。通过对参议院和众议院的设计意图的阐释,可以看出汉密尔顿的目的在于,让少数人和多数人这两种不同的社会力量能同时掌握权力,这样他们在彼此相互制约中就能达到一种平衡。

每个人的思想都有其独特而复杂的一面,汉密尔顿也不例外。尽管他试图在少数人和多数人之间建立一种平衡,但并非没有偏重,总的来看,他在认识到人民大众力量的基础上更偏重少数人。

首先,他认为,无论采取什么政体形式,人民都是社会和政府的基础。"一切政府,甚至是最专制的政府,都要在很大程度上依赖人民的意见。"[2]其次,他对人民大众的缺陷亦有着清醒的认识:"人民容易制造骚乱并且变化无常,他们很少能正确地判断或决策。"[3]所以汉密尔顿并不赞成古代的直接民主政体,认为"在喧嚣的全体人民集会上,占支配地位的往往是演说家的技巧或民众领袖的厚颜无耻"[4],"人民自己进行商议的古代民主制,绝不具备好政府的特征"[5]。正是在上述认识的基础上,汉密尔顿得出的结论是:"人民缺乏辨别能力和稳定性……人民常常受到错误信息和激情的引导从而犯下最严重的错误。"为了解决人民的美好意愿与其自身缺陷之间存在的冲突,汉密尔顿提出,"我们的政府应该设置两个不同的机构,一个由人民直接组成并专门代表人民,具有一切大众化的特征",这个机构就是众议院。而根

---

① Alexander Hamilton, "Speeches in the Federal Convention" (September 8, 1787), recorded by James Madison, *Works*, Vol. I, pp.418–419.

② Alexander Hamilton, "Speech on the Constitution Resumed" (June 21, 1788), *Works*, Vol. I, p.20.

③ Robert Yates, "Speeches in the Federal Convention" (June 18, 1787), recorded by Robert Yates, *Works*, Vol. I, p.401.

④ Alexander Hamilton, "The Continentalist" (No.I, July 12, 1781), *Works*, Vol. I, p.247.

⑤ Alexander Hamilton, "Speech on the Constitution Resumed" (June 21, 1788), *Works*, Vol. I, p.22.

据古今共和国的历史来看,"共和国所遭受的诸多弊病是由于缺乏某种平衡,互相控制对于一个明智的政府而言必不可少"。所以如果缺少控制,众议院就会像古代的人民集会一样,"常常被无知、偶然的冲动和野心家的阴谋所误导"[1],这时就需要一个机构来抵制众议院所可能产生的这种弊端,这个机构就是参议院。在汉密尔顿的制宪方案中,众议员由人民选举,任期三年;参议员由人民选出来的选举人选举产生,行为良好可以一直任职。[2]可见,参议员的选举人不是全体人民,而是由人民通过选举产生的一批人,对这批人有财产方面的限制,这是从多数人中把少数人筛选出来,更多体现的是少数人的利益;另外,参议员的任期基本不受限制,在保证参议院的稳定性的同时构成了对流动性的众议院的巨大制约。因此,尽管汉密尔顿主张同时设立参众两院,但是在对参众两院议员的任期以及产生方式上却能够看出他对少数人的偏重以及对大众的警惕。

总之,在构建美国的参众两院时,汉密尔顿依据的是他关于少数人和多数人的看法,让参议院和众议院分别成为少数人的代表和多数人的代表,这样既同时保护了少数人和多数人,又可以让其在相互制约中达到一种平衡,进而促进美国政体的长治久安。但是在这个过程中,汉密尔顿并非没有忧虑。毫无疑问,他的忧虑来自他对人民大众的看法:人民大众有着巨大的力量,既可以让政府依赖,也会给政府带来破坏。所以他在平衡少数人和多数人的同时又偏向于少数人,或者说注重对多数人激情的控制,在他看来,少数人比多数人更可靠,把少数人的利益与国家的利益捆绑在一起就能使少数人支持政府、忠于政府,少数人的自利就被导向公共善,就更能实现他孜孜以求的国家利益和政治秩序。

二、不同政治原则的平衡和分权制衡

每一种单一政体都有其政治原则。例如,根据亚里士多德的看法,"贵族

---

[1] Alexander Hamilton, "Speech on the Senate of the United States" (June 24, 1788), *Works*, Vol. I, pp.42–43.

[2] Alexander Hamilton, "Propositions for a Constitution of Government" (June 18, 1787), *Works*, Vol. I, p.347.

政体的准则即是德性，而寡头政体的准则是财富，平民政体的准则是自由"①。根据单一政治原则确立的单一政体都有弊端。那么如何让美国的政体同时具备这些不同的政治原则从而尽可能地减少弊端呢？汉密尔顿在 1781 年曾阐述过在单一制的君主政体下，君主拥有整个立法权给人民带来的危害。他主张："要保障公众的自由，就必定要对主权进行划分，使得一部分确实不可能获得超越其他部分的优势，或者使得整体确实不可能联合起来实施篡权的计划。"②因此，"立法权、行政权、司法权应该置于不同的、独立的部门中"③。这样对权力进行划分之后，一方面，汉密尔顿可以分别为不同的机构贯彻不同的政治原则；另一方面，三个机构也可以实现横向上的制约与平衡。

在邦联时期，汉密尔顿已经意识到邦联体制存在的一个缺陷是"行政机构缺乏手段和能力"，因为邦联委员会的"决定较慢""活力较少""责任更分散""不具备仅由一个人负责的行政部门所拥有的能力和知识"，因此他主张最高行政权授予一个人，即"每一个行政部门都仅由一个人负责是最可取的"。④关于行政首脑的产生方式，他主张通过选举产生；而关于行政首脑的任期，他则主张终身任职或行为良好一直任职；⑤至于行政首脑的权力，汉密尔顿可谓是不遗余力地为其争取权力，不仅制宪者们甚至可以说与他同时代的其他所有人恐怕没人能比得上他。1787 年 6 月 4 日的制宪会议上，汉密尔顿主张给予行政首脑对立法的绝对否决权，认为不存在这一权力被滥用的危险。⑥ 6 月 18 日，他的制宪方案中行政首脑的权力包括"对即将通过的所有法律拥有否决权；对通过的所有法律拥有执行权；是合众国陆军、海军以及民兵的总司令；当被授权战争或发生战争时，拥有全权指导战争；在参议院的建议和批准下有权缔结所有条约；有权任命金融、战争和外交部门的

① ［古希腊］亚里士多德：《政治学》，载《亚里士多德全集》（第九卷），第 136 页。

② Alexander Hamilton, "The Continentalist"(No. Ⅱ, July 19, 1781), *Works*, Vol. Ⅰ, p.249.

③ Alexander Hamilton, "Resolutions for a General Convention"(June 30, 1783), *Works*, Vol. Ⅰ, p.305.

④ Alexander Hamilton, "The Government and the Constitution"(September 3, 1780), *Works*, Vol. Ⅰ, pp.219–220.

⑤ Alexander Hamilton, "Propositions for a Constitution of Government"(June 18, 1787), *Works*, Vol.Ⅰ, p.348.

⑥ James Madison, "The Journal of the Constitutional Convention of 1787," *The Writings of James Madison*, 9Vols, Gaillard Hunt, ed., G.P.Putnam's Sons, 1900–1910, Vol.Ⅲ, p.82.

首脑或主要官员;对其他所有官员有提名权(包括派往国外的大使),但以参议院的批准或拒绝为限;有权赦免除了叛国罪以外的所有罪行,但如果没有参议院的批准他不能进行赦免"①。

汉密尔顿为什么主张行政首脑或者说后来的总统有这么大的权力并且终身任职呢? 因为一方面,他是以英国的君主作为参照物,他让制宪代表们"参考一下英国行政首脑的优点。他置身诱惑之上。他没有任何与公共福利不同的利益。没有这样的行政首脑任何事情都不会有效率"。而另一方面,共和政体的一个弱点就是容易受到外国的影响和腐蚀,②如果终身任职,行政首脑就有足够的动机抵制外国的腐蚀,"终身任职的行政首脑就没有这种动机来忘记他应尽的忠诚,因此把权力交托与他将更为安全"。如果行政首脑终身任职,那么,这样的政体还是不是共和政体? 汉密尔顿给出了肯定的回答,认为"如果所有的执行官是由人民任命的,空职是由人民填补的,或者是由人民发起的选举过程来任命或填补",这样的政体就是共和政体。面对终身任职的行政首脑就是君主的质疑,他的反驳是:"'君主'是一个模糊不清的词汇。它既没有表明权力的程度,也没有表明权力的持续时间。如果这个行政首脑是终身任职的君主, 那么由全体委员会的报告所提议的另一个行政首脑将是任职七年的君主。"③另外,"通过使行政首脑可以受到弹劾,君主制一词就不适用了"④。

尽管汉密尔顿一再声称自己设计的行政首脑并不是君主, 他设计的行政首脑是通过选举产生的,并且可以被弹劾,但从行政首脑的权力和任期来看,其实与英国的君王并无差异,甚至在权力上已经大于英国的君王,这也正是汉密尔顿的批评者们指责他支持君主制的根据所在。时至今日,达尔还

---

① Alexander Hamilton, "Propositions for a Constitution of Government"(June 18,1787), *Works*, Vol. I , p.348.

② Alexander Hamilton, "Speeches in the Federal Convention"(June 18,1787), recorded by Robert Yates, *Works*, Vol. I , pp.401–402.

③ Alexander Hamilton, "Speeches in the Federal Convention"(June 18,1787), recorded by James Madison, *Works*, Vol. I , pp.391–392.

④ Alexander Hamilton, "Speeches in the Federal Convention"(June 18,1787), recorded by Robert Yates, *Works*, Vol. I , p.402.

认为:"从麦迪逊的记录来看，唯一支持君主制的代表是亚历山大·汉密尔顿。汉密尔顿发言不明智地表示支持这个人们从心眼里不欢迎的制度,从而大大降低了他在制宪会议上的影响,这种影响在以后的日子里长久地挥之不去。"①客观地来看,在当时的历史环境下,宾夕法尼亚的本杰明·富兰克林担心美国的政体会"以君主制结束"②,弗吉尼亚方案的提出者爱德蒙·伦道夫也害怕设计出的是"君主制的胚胎"③。这两位重量级人物的忧虑表明,当时社会的主流意见是坚决反对君主制的,汉密尔顿并非不知道这一点,他不可能忤逆历史潮流而在美国建立君主制,他所做的,只是想参照英国的君主,赋予美国的行政首脑或者说行政部门以君主制的优点,以弥补美国在邦联统治下所产生的各种弊端。可以说,他力图使君主制的原则在美国行政首脑身上得到最忠实的体现,但这并不意味着他主张建立不受任何限制的政府。如果断章取义,只从汉密尔顿对行政首脑的设计上来看他的政体思想,很容易以偏概全地把他归入君主制支持者的行列中去。

如上所述,君主政体原则的贯彻,汉密尔顿寄望于行政首脑,而贵族政体原则的贯彻,汉密尔顿寄托在参议院和最高法院身上,尤其是参议院。首先,从参议院和法院的产生方式上来看,参议员由选举人(electors)选出,而选举人相应地由具有一定财产资格的选民(voters)选出,最高法院法官则由行政首脑和参议院任命。④汉密尔顿对参议员的选举人的财产限制⑤是他贯彻贵族政体优点的体现,如布莱克斯通所言:"对选举者进行任何的财产限制,真正的原因是把一些人排除在外,这些人的处境如此卑微,以至于他们被认为没有自己的意志。"⑥

其次,在汉密尔顿设计的宪法里,不论是参议院还是法院,任职都是没有时间限制的,"参议院的成员……行为良好可一直任职","合众国的最高

---

① [美]罗伯特·A·达尔:《美国宪法的民主批判》,佟德志译,东方出版社,2007 年,第 11 页。

② James Madison,"The Journal of the Constitutional Convention of 1787,"*Writings*,Vol.I,p.88.

③ Ibid.,p.59.

④ Alexander Hamilton,"Speeches in the Federal Convention"(June 18,1787),recorded by Robert Yates,*Works*,Vol.I,p.403.

⑤ 值得注意的是,这时期的麦迪逊也信奉对参议院的选民进行财产资格限制的原则。

⑥ Alexander Hamilton,"The Farmer Refuted"(February 5,1775),*Works*,Vol.I,p.89.

司法权授予 12 个法官,行为良好可以一直任职,享受充足且固定的薪水"。①
虽然无法让参议院和最高法院像英国上议院那样贵族化,但汉密尔顿通过
让参议员和法官不是由人民直接选出并且终身任职的方式,贯彻了贵族政
体的原则——美德和智慧。这样,具有"足够的坚定性"②并拥有智慧③的参议
院就可以抵制"民主精神的惊人的暴力和动荡",防止"大众的激情"像"野火
般蔓延"且"不可阻挡"。④后来,汉密尔顿在解释宪法中参议院的设计原则
时,也曾颇有见地地说:"每一共和国都应该有某个永久性的机构,来纠正偏
见,控制过度的激情,调节大众集会的波动。……它的人数有必要少一些,它
有必要在相当长的时期内掌握权力,它有必要在权力行使上保持独立,尽可
能地去掉地方偏见的影响。……没有这样的机构……绝对不会建成一个有
效的政府。"⑤汉密尔顿此时对贵族的理解已经不同于英国建立在世袭等级
基础上的贵族,而是既包括有创业精神的经济贵族,也包括开明有远见的政
治贵族。⑥

　　与参议院不同,汉密尔顿理想中的众议院由全体自由成年男性投票选
出,握有发起当前所有货币法案的大权。他主张,"这一院的成员任期两年,
然后就变回选民"。从众议员的这种产生方式和任期来看,这个国家是由人
民统治的,只不过"通过他们直接选出来的代表进行统治"⑦,"新宪法建议

---

①　Alexander Hamilton, "Propositions for a Constitution of Government" (June 18, 1787), *Works*, Vol.Ⅰ, pp.347, 349.

②④　Alexander Hamilton, "Speeches in the Federal Convention" (June 18, 1787), recorded by James Madison, *Works*, Vol.Ⅰ, p.390.

③　Alexander Hamilton, "Brief of Argument on the Constitution of the United States" (1788), *Works*, Vol.Ⅰ, p.93.

⑤　Alexander Hamilton, "Speech on the Senate of the United States" (June 24, 1788), *Works*, Vol. Ⅰ, p.42.

⑥　John C.Livingston, Alexander Hamilton and the American Tradition, *Midwest Journal of Political Science*, Vol.1, No.3/4, 1957, p.213.

⑦　Alexander Hamilton, "Speech on the Senate of the United States" (June 27, 1788), Works, Vol. Ⅰ, p.60.

的政府是代议民主制"①。尽管"我们的每一项权力都是由代表来行使的",但是"把我们的政府与古代共和国的政府相比较,我们必定会毫不犹豫地选择我们自己的政府"②。在这里,汉密尔顿试图为众议院贯彻民主政体的原则,只不过他的设计意图是想保持民主政体的优点而避免古代直接民主政体的缺点,这也与他对民主政体的界定相吻合。

早在 1780 年,汉密尔顿就曾主张:"在我们的宪法中,我们应该混合君主政体和共和政体的优点。"③通过让行政首脑、参议院和最高法院、众议院分别贯彻君主政体、贵族政体、民主政体的原则,汉密尔顿就为其混合政体保留了君主制、贵族制和民主制的成分,尽管其中的君主制成分和贵族制成分不再世袭,也没有特权,但他认为仍然能够达到混合政体的整体平衡的目标,这样建立的混合政体是一种美国式的混合政体。可以说,汉密尔顿这种思想的影响延续至今,因为后来美国民主的发展"并没有消除宪法中的君主制因素"④。

汉密尔顿所处的历史时期,三权分立已经是广为人知的政治观念,这也体现在 1787 年的制宪会议上。会议最开始一致同意的实质性内容,就是经过全体委员会的讨论,决定应该建立一个由最高立法、行政、司法部门组成的全国政府,尽管制宪者们对"最高"和"全国"持有不同意见,但是对于政府由立法、行政和司法部门组成毫无异义。汉密尔顿也顺应了历史潮流,不仅赞成政府由立法、行政、司法三个部门组成,而且为三个权力机构贯彻了不同的政治原则,但三个权力机构之间应该是一种什么样的关系呢? 事实上,在立法、行政、司法部门三者之间的关系上,参加制宪会议的人们持有各种各样的观点,很多人并不主张立法、行政与司法三者之间的分权制衡,而是倾向于某个机构,比如康涅狄格的罗杰·谢尔曼就认为,行政首脑(executive

---

① Alexander Hamilton,"Brief of Argument on the Constitution of the United States"(1788),*Works*,Vol.I,p.92.

② Alexander Hamilton,"The Continentalist"(No.I,July 12,1781),*Works*,Vol.I,p.247.

③ Alexander Hamilton,"The Government and the Constitution"(September 3,1780),*Works*,Vol.I,p.220.

④ John C.Koritansky,"Alexander Hamilton's Philosophy of Government and Administration,"*Publius*,Vol.9,No.2,1979,p.121.

magistracy)不过是将议会意志付诸实施的机构。①具体到汉密尔顿,首先,在他所处的时期,立法权是居于主导地位的,而他认为立法权如果授予单一的机构会导致立法权过大,所以支持构建议会两院,其中一院由人民选举,任期两年,这一院就是由人民统治的;另一院由各邦议会组建,所以由各邦控制;通过让两院根据不同的原则产生而对立法权进行划分,这样民主化的众议院和贵族化的参议院在议会内部彼此可以相互制约从而使得立法权得到削弱,他认为这种设计是"智慧的产物"。②其次,强化行政权力。以总统为首的行政部门是混合政体内君主制成分的象征,他具有决策迅速、责任集中的优点,在三个部门中应该居于主导地位。再次,"信任任何掌权的、不受任何可能控制的一群人"都是"最愚蠢的事情",③因此立法、行政、司法三个机构之间必须能够相互制约。他主张议会对行政首脑有弹劾权,行政首脑拥有对所有法律的否决权,最高法官由行政首脑和参议院任命,④司法机关制约立法机关或者说解释法律,而司法机关也受到立法机关弹劾权的制约。⑤最后,三个机构之间的权力并不是完全分立,在某些权力上是混合在一起的,比如他认为参议院应该与总统一起享有对行政官员的免职权,如果总统单独享有免职权,那么他就有可能撤换大批前总统时期的行政官员从而影响政府的稳定性,参议院分享免职权就可以防止这种情况的出现。⑥

立法、行政、司法三者既分立又混合,彼此相互制衡,实现了汉密尔顿当初对主权进行划分,使其中一个部门不能篡权,整体也不能联合起来篡权的目标。

---

① James Madison,"The Journal of the Constitutional Convention of 1787,"*Writings*,Vol.Ⅲ,p.58.

② Alexander Hamilton,"Speech on the Compromises of the Constitution"(June 20,1788),*Works*,Vol.Ⅰ,p.9.

③ Alexander Hamilton,"The Farmer Refuted"(February 5,1775),*Works*,Vol.Ⅰ,p.119.

④ Alexander Hamilton,"Speeches in the Federal Convention"(June 18,1787),recorded by Robert Yates,*Works*,Vol.Ⅰ,pp.402–403.

⑤ Alexander Hamilton,"Brief of Argument on the Constitution of the United States"(1788),*Works*,Vol.Ⅰ,p.4.

⑥ Jeremy D.Bailehe,New Unitary Executive and Democratic Theory:The Problem of Alexander Hamilton,*The American Political Science Review*,Vol.102,No.4,2008,pp.459–461.

三、中央与地方之间权力的平衡

1783 年 3 月,华盛顿写信给汉密尔顿,曾说:"在美国,没有人比我,或能比我更痛切地感到有此必要对目前的邦联制度加以改革。其他人不可能对邦联制度的弊端比我感触更深。因为,战争之所以长期不能结束,以及随之而来的战费开支,完全由于邦联的缺点和无权所致。"①汉密尔顿对此已早有认识,"邦联没有足够的影响和权威来确保它的成员的服从"②,原因正是在于在中央与地方的关系中邦权过于强大,因此与麦迪逊相比,他"从更务实的角度"来对待邦联的改革问题,"以解决他在战场和邦联议会中遇到的困难"。③

关于中央权力与地方权力之间的关系,汉密尔顿的总体认识是:"权力过多会导致专制,权力过少会导致无政府状态,而两者最终都会祸害到人民。"以两个极端为例,在单一制国家里,主权由中央掌握,地方只有执行权和司法权,无法与中央抗衡,这时"公众的安全必定存在于对主权进行的划分中"④;而在邦联政府下,每一邦都有特定的主权,中央无法与地方抗衡,地方可以征税和征兵,可以团结起来抗衡中央,邦联政府就失去了权威。美国的情况属于后者,各邦的主权过于强大,使得邦联深受其害,汉密尔顿因为参加独立战争有过深切体会,在 1787 年 6 月 18 日的制宪会议发言中才会宣称:"如果各邦仍然拥有它们的主权,对于邦联进行任何修正都不可能达到目的。"⑤他主张各州州长由总统任命,行为良好可以一直任职;个别州的法律如果与合众国的宪法或法律相悖,则完全无效;各州都没有任何武力,所有州的民兵都受合众国领导,并由合众国委任民兵组织的所有官员。⑥由

---

① [美]乔治·华盛顿:《华盛顿选集》,聂崇信等译,商务印书馆,1983 年,第 209 页。

② Alexander Hamilton, "The Continentalist"(No. Ⅱ, July 19, 1781), *Works*, Vol.Ⅰ, p.248.

③ Worthington Chauncey Ford, Alexander Hamilton's Notes in the Federal Convention of 1787, *The American Historical Review*, Vol.10, No.1, 1904, p.98.

④ Alexander Hamilton, "The Continentalist"(No. Ⅱ, July 19, 1781), *Works*, Vol.Ⅰ, pp.246, 249.

⑤ Alexander Hamilton, "Speeches in the Federal Convention"(June 18, 1787), recorded by James Madison, *Works*, Vol.Ⅰ, p.381.

⑥ Alexander Hamilton, "Propositions for a Constitution of Government"(June 18, 1787), *Works*, Vol.Ⅰ, pp.349–350.

此可以看出,汉密尔顿此时主张把各州的主权几乎全部转交给全国政府,而各州只维持行政管理的地位,因而他的发言令部分在场的制宪者认为他要完全废除州政府。关于这一点,汉密尔顿又在 6 月 19 日进行了解释,他并不是要废除各州,而是认为各州作为次级管辖单位有必要保留;①6 月 27 日,他又进一步阐述,州政府的存在"必定是我们所能制定的最完美宪法中的主要原则。我坚持认为,取消州政府绝不是全国议会的利益所在或愿望所在,从中它不会获得好处,而是相反,在执行法律和把政府的影响传达给人民时,它会失去必不可少的支持和必要的帮助。联邦要仰赖于各州政府对它的行政首脑和参议院进行支持"②。

汉密尔顿的主张与州权主义者的观点发生了冲突。州权主义者并不认为各州的权力是国家未来的严重威胁,他们通过各种提议来维持州权以及各州对中央政府的影响。比如 5 月 30 日制宪会议刚开始罗杰·谢尔曼就反对过多改变邦联;兰欣在 6 月 16 日明确支持维持各州主权的新泽西方案;路德·马丁在 6 月 28 日主张全国政府是为各州而不是为个人而构建。③作为一名强大的中央政府的坚定支持者,汉密尔顿一直在制宪会议上与州权主义者进行抗争,尽力增加全国政府的权力而削弱各州的影响。在讨论参议院的议席分配时,里德坚决维护平等的投票权,甚至以特拉华退出制宪会议相威胁;汉密尔顿则提出动议,参议院中的投票权应该按照与众议院相同的规则进行分配,即实行比例代表制。④平克尼将军提议众议院由各州议会选举而不是由人民选举时,汉密尔顿表示反对,认为把选举从人民手中转到各州议会手中会增加州的影响力。⑤艾尔斯沃斯提出国会议员的薪水由各州来支付,汉密尔顿极力反对这种在薪水上让全国议会依赖于各州议会的行为,强调了州政府与人民之间的区别,州政府是全国政府的对手,因此州政府不应

---

① James Madison, The Journal of the Constitutional Convention of 1787, *Writings*, Vol. III, p.221.

② Alexander Hamilton, "Spech on the Senate of the United States" (June 27, 1788), *Works*, Vol. I, p.68.

③ James Madison, The Journal of the Constitutional Convention of 1787, *Writings*, Vol. I, pp.40, 171–172, 299.

④ Ibid., p.144.

⑤ Ibid., p.244.

该成为全国政府的发款人。①

　　总体而言,汉密尔顿主张削弱州权的基本逻辑在于,州也是个人的一种集合体, 那么是应该最尊重组成州的人民的权利还是州这个人为产物的权利? 显然答案是前者。在他看来,小州争取平等投票权也好,各州维持州权也好,都是为了争夺权力,而不是为了争夺人民的自由。②

　　应该说,汉密尔顿一生中始终主张建立一个强大的中央集权政府,他对州政府从未有过任何情感,而且由于州权过于强大,全国政府权力与地方政府权力之间的关系严重失衡,他甚至把各州视为障碍,③因此他的设想不仅是要拉回这种平衡,而且进一步希望天平能向全国政府方面倾斜,即尽可能地削弱各州的主权,将各州的主权全部收归联邦中央。当然,最后制订出来的美国宪法没有完全符合汉密尔顿的设想, 但已经对州权进行了很大的削弱,全国政府的权力得到了前所未有的加强。正如艾尔斯沃斯在提议妥协时指出的那样,最后美国确立的政府既是全国性的政府,又是联邦性的政府。虽然没有完全符合自己的期望,汉密尔顿仍然在宪法上签了名。之后,1788年在为宪法进行辩护时,汉密尔顿的态度发生了一定的转变,他接受了宪法最后确定的这种中央政府与地方政府之间的权力划分, 并且认为应该特别注意并详细论述全国政府与州政府之间的平衡。④他指出:"因为它极度重要,它给人民形成了双重保险。如果其中一个侵犯人民的权利,另一个会给人民提供强力的保护。其实,由于它们之间一直存在的某种敌对,它们两个都不会超出宪法的界定。"⑤

---

①　James Madison,The Journal of the Constitutional Convention of 1787,*Writings*,Vol.I,pp.253–254.

②　Alexander Hamilton, "Speches in the Federal Convention" (June 29,1787),recorded by James Madison,*Works*,Vol.I,p.415.

③　John C.Livingston,Alexander Hamilton and the American Tradition,*Midwest Journal of Political Science*,Vol.1,No.3/4,pp.216–217.

④　有学者认为,汉密尔顿在 1787 年 6 月 18 日制宪会议上的言论才是他自己真正的观点,不像《联邦主义者文集》那样为了实现特定目的而对自己的观点有所隐瞒。参见 Cecelia M. Kenyon,Alexander Hamilton:Rouseau of the Right,*Political Science Quarterly*,Vol.73,No.2,1958,p.163.

⑤　Alexander Hamilton, "Spech on the Constitution Resumed" (June 21,1788),*Works*,Vol.I,p.28.

四、结 论

对于汉密尔顿政体观的理解,一直以来存在诸多争议。比如,他到底有没有把人民视为"猛兽"[1],他与麦迪逊在 18 世纪 90 年代的争论到底是党派之争还是政治原则之争,他是不是只追求总统权力,等等。本文本着求同存异的原则,从三个方面诠释了汉密尔顿的混合政体观。首先,汉密尔顿政体思想的社会基础是他认识到社会必然会分为少数人和多数人,少数人暗指富人和社会上层,多数人则是人民大众,而通过让参议院和众议院分别成为少数人的代表和多数人的代表就能实现两个阶层在利益和力量方面的调和和平衡。其次,虽然在美国建国时期,世袭因素已被剥离,但汉密尔顿试图综合君主政体、贵族政体和民主政体三种不同的政治原则,希望能同时获得各个政体的优点;在权力的横向层面上,他主张三权分立、混合与制衡。最后,在中央与地方的关系上,汉密尔顿主张建立强大的中央政府,削弱州权,新宪法制定后,又为全国政府与州政府之间的平衡进行辩护。本文的结论是,通过各方面的平衡,汉密尔顿为美国构建的是一种具有美国自身特色的混合政体,在汉密尔顿的理想中,这种混合政体"将会实现自由和权力之间的完美平衡"[2]。

需要说明的是,汉密尔顿设计的混合政体并非完全均衡,他比较偏向于行政首脑、参议院,也可以把最高法院包括在内,而给予众议院强大的制约。由于汉密尔顿是美国建国史上的重要人物之一,他的混合政体思想可以作为理解当时政体思想的一个历史缩影。但是汉密尔顿在美国建国时期并非是混合政体思想的最佳代表,更不是唯一代表,当时混合政体思想的集大成者应该是约翰·亚当斯。汉密尔顿向来以经济方面的成就著称于世,因此以

---

① 史密斯认为,汉密尔顿把人民视为"猛兽"的看法是没有根据的,参见 William Ander Smith, Henry Adams, Alexander Hamilton, and the American People as a "Great Beast", *The New England Quarterly*, Vol.48, No.2, 1975, p.219.

② Alexander Hamilton, "Spech on the Senate of the United States" (June 25, 1788), *Works*, Vol.Ⅰ, p.52.

他为角度更能体现混合政体思想对美国产生的重大影响。

（作者简介：孙敏，中央财经大学马克思主义学院讲师。）

麦迪逊的联邦主义理论

——形成、转变及其内在不稳定性

两个世纪之前,现代联邦制曾经是美国独自践行的政治创新。在当时,它被寄予厚望,但充满争议,且前途未定。不过,两个世纪后的今天,世界上国土面积最大的 8 个国家,已经有 7 个采取了联邦制的政治体制,只有中国是唯一的例外。①联邦制的这种扩展,会给人留下深刻的印象,令人相信它在现代走过了一段不断胜利的征程。然而如果我们不仅仅停留在对表面光辉的欣赏,而是更为严肃地对待这种政治体制,那么需要在尊重胜利的同时评估胜利的代价,在欣赏优点的同时不要放过容易被忽略的隐患。要做到这些,没有比麦迪逊更好的切入点了。

詹姆斯·麦迪逊(1751—1836),美国的"宪法之父"和第四任总统②,也以《联邦党人文集》的作者之一知名。③在这部 1787 年—1788 年所写的《文集》

---

① 事实上,今天的中国也经常被归入某种类型的联邦主义。参见郑永年:《中国的"行为联邦制":中央—地方关系的变革与动力》,邱道隆译,东方出版社,2013 年;Gabriella Montinola, Yingyi Qian, and Barry R.Weingast, Federalism, Chinese Style: The Political Basis for Economic Success in China, *World Politics*, Vol.48, No.1, 1995, pp.50–81。

② [美]加利·威尔士等:《美国宪法之父:詹姆斯·麦迪逊传》,刘红、冉红英等译,安徽教育出版社,2006 年。

③ [美]汉密尔顿、[美]杰伊、[美]麦迪逊:《联邦党人文集》,程逢如等译,商务印书馆,1995 年。本文借用了《联邦党人文集》的这个中译本,在需要自译的地方则使用劳伦斯·古德曼编辑的英文版:Alexander Hamilton, James Madison and John Jay, *The Federalist Papers*, Lawrence Goldman ed., Oxford University Press, 2008。

中，麦迪逊提出了一种新的联邦主义理论，来支持他参与设计的新联邦制度。这种新制度意在取代旧的邦联（confederation），而这种新理论也需要击败旧邦联所依赖的旧理论。本文第一部分将探讨麦迪逊为提出这样一种新理论所必须克服的困难，以及为克服这种困难而必然接受的一个关键命题：主权属于人民，而非邦、联邦或联邦政府。因此，需要在联邦和邦之间分配的，并非主权，而是立法权、执行权和司法权等具体的权力。本文第二部分将探讨麦迪逊所提议的制度性的具体分权安排，指出麦迪逊的主张更接近于单一制，与通常所理解的联邦制相去甚远。①

在《联邦党人文集》完成之后，美国的新宪法即新制度在 1788 年通过，麦迪逊的联邦主义理论在此时也落实成了美国新的联邦制度。这种成就令人惊叹，因为在思想史上，很少有哪位政治理论家能够将自己的理论当即化为实践。但是，可能出乎所有人的预料，麦迪逊帮助建立的这种新的联邦制度，在运行之后立刻发生了巨大的危机。麦迪逊作为活跃的重要政治家亲身经历了美国建国之初的这场危机，并且为了应对危机而彻底颠倒了自己原先的理论立场，从一个联邦主义者变成了一个州权倡导者，从一个相信国家有权用武力强制各州服从的国家主义者，变成了一个主张各州有权抵制国家决定的不服从主义者。这种转变也令人惊叹，因为在思想史上，可能同样很少有哪个政治理论家会在如此短暂的时间内经历如此彻底的理论转变。本文第三部分将探讨麦迪逊所经历的这场危机，以及这场危机所促成的麦迪逊联邦主义理论发展的第二阶段。可以说，麦迪逊在他政治理论发展的两个阶段，分别接近联邦主义理论可能的两个极端（即单一制和邦联制）。因而，可能没有人比麦迪逊更了解联邦主义理论和联邦主义制度内在的不稳定性了。本文第四部分将探讨这种内在的不稳定性并总结全文。

---

① 按照斯托林的说法："反联邦党人常常主张，他们才是真正的联邦主义者。他们中的有些人认为，他们的名字已经被人盗用，当他们反应过来的时候，盗用者拒绝把联邦党人的名字还给他们。"这种看法不无道理，联邦党人的主张确实更接近单一制国家一端而非联邦一端。参见［美］斯托林：《反联邦党人赞成什么——宪法反对者的政治思想》，汪庆华译，北京大学出版社，2006 年，第 13 页。

一、麦迪逊联邦主义理论的形成

麦迪逊成年之时,恰逢美国独立战争爆发,而他此后的政治生涯也全部奉献给了战后浴火新生的这个新国家。这个新国家由战前的 13 个独立实体组成,一开始自然地采取了邦联制的政治体制。这种邦联制有着内在的致命弱点,迫使麦迪逊等人去寻求改良方案。这种实践上的迫切要求,促使麦迪逊提出了一种全新的联邦主义理论。

(一)旧邦联及其弱点

1776 年,美国的大陆会议通过了《独立宣言》(The Declaration of Independence),宣布 13 个前殖民地成为"自由而独立的各个国家"(free and independent states),并且"作为自由而独立的各个国家","它们有完整的权力去发起战争、宣布和平、缔结条约、建立贸易,也有完整的权利去做独立国家有权利去做的其他事情"。①也就是说,独立之后产生的是 13 个而非一个自由的主权国家。②

独立之时,这些主权国家仍然处在与英国的战争之下,因此需要联合起来共同行动。这种共同行动的需要十分迫切。1780 年,麦迪逊在写给《独立宣言》起草者杰斐逊的信中刻画了"我们的公共情况":情况至为危急,国库空空如也,国债已经耗尽,军队可能解体,国会抱怨人民的逼迫,人民抱怨国会的浪费,而军队抱怨两者。③面对这种紧急的情况,美利坚各国需要成熟系统的集体行动,并最终催生了各国在 1781 年通过的《邦联条约》。这种联合行

① Thomas Jefferson, *Thomas Jefferson: Political Writings*, Joyce Appleby and Terence Ball eds., Cambridge University Press, 1999, p.105.

② 之所以形成 13 个而非一个独立的新国家,是因为美国各殖民地差异很大,而且在二战前就是相互独立的政治实体。参见[美]艾伦·布林克利:《美国史(1492~1997)》,邵旭东译,海南出版社,2009 年,第 33~94 页。

③ James Madison, "To Thomas Jefferson," *The Writings of James Madison*, Vol.1, Gaillard Hunt ed., G.P.Putnam's Sons, 1900, pp.59-60.

为是非常自然的选择。正如孟德斯鸠已经注意到的,人类的历史已经表明,面对外来威胁,小共和国往往会组成联邦性的共和国:"这种政府的形式是一种协约。依据这种协约,几个小邦联合起来,建立一个更大的国家,并同意做这个国家的成员。"①马基雅维利看到,这样的同盟并不算差,并且其成员"最多达到十二或十四个共同体,以后就止步不前了"②。这个邦联也确实赢得了独立战争,并在战后维持了一段时间。不过,亦如马基雅维利所言,"由于人类的一切事物都处于运动之中,不能保持静止不动,它们必然地要么上升要么下降"③。美国的这个新的联盟共和国,很快就处在了要么改进要么毁灭的转折点上。

汉密尔顿在《联邦党人文集》中断言,"我们的国家制度存在着实质性的缺陷"④,以至于"它的比较自然的死亡看来就是我们即将经历的事情"⑤。美国旧邦联的缺陷早有展现。麦迪逊在 1784 年已经相信,邦联不足以实现它为之建立的确保对外安全和内部和平的目的。⑥邦联的主要问题在于缺乏权威,不能迫使各邦执行它们在财政等事项上的义务。⑦这首先意味着邦联无法偿还在战争期间所借的公债。比尔德正确指出了改进邦联的一大动力,是邦联公债持有人保护自己财产的欲望。⑧不过,比尔德忽视了导致公债的战争问题。对麦迪逊等人来说,改进邦联不仅是为了偿还公债,也是为了更好地提供公共防御,以及保障公民的权利。⑨麦迪逊相信,为了实现这些目的,

---

① [法]孟德斯鸠:《论法的精神》(上册),张雁深译,商务印书馆,1995 年,第 130 页。

② [意]马基雅维利:《君主论·李维史论》,潘汉典、薛军译,吉林出版集团,2011 年,第 335~336 页。

③ [意]马基雅维利:《君主论·李维史论》,第 166 页。

④ [美]汉密尔顿、[美]杰伊、[美]麦迪逊:《联邦党人文集》,第 71 页。

⑤ 同上,第 79 页。

⑥ James Madison, "To Richard Henry Lee," *The Writings of James Madison*, Vol.2, Gaillard Hunt ed., G.P.Putnam's Sons, 1901, pp.99–100.

⑦ Ibid., pp.142–143.

⑧ [美]查尔斯·A.比尔德:《美国宪法的经济观》,何希奇译,商务印书馆,1989 年,第 45~52 页。

⑨ [美]麦迪逊:《辩论:美国制宪会议记录》,尹宣译,辽宁教育出版社,2003 年,第 15、849 页;James Madison, "To Andrew Stevenson," *The Writings of James Madison*, Vol.9, Gaillard Hunt ed., G.P.Putnam's Sons, 1910, pp.411–424;亦见塔科夫:《〈联邦党人文集〉中的战争与和平》,胡兴建译,《法意》(第一辑),商务印书馆,2008 年;塔科夫:《联邦党人和反联邦党人论对外事务》,胡兴建译,《法意》(第二辑),商务印书馆,2008 年。

必须对旧邦联加以改造。而为了改造旧邦联,就需要更全面地分析邦联这种政治体制的弱点。

为了理解邦联体制的弱点,麦迪逊穷尽了所有值得考虑的真实存在过的邦联,看到它们都是各主权国家的联盟。[1]主权国家被认为对旗下人民拥有最高权力,本身拥有完全的行动自由,具有完全的自主性。如斯金纳所认为的,现代国家理论的重要前提之一正是这种绝对自主性:"每个王国或城邦不受外来和上级权力束缚的独立应该得到维护和保证。"[2]它们在加入联盟时没有放弃这种自主性,它们不接受联盟的外在强迫。这意味着联盟的重大决定需要各成员国的一致自愿同意——这正是美国旧邦联的状况。

麦迪逊看到了这种联盟的共同弱点:"联邦政治体更趋于走向各成员之间的无政府状态,而非中央政府的专政。"[3]历史证据表明,这种联盟本身是不稳定的,有着走向解体、进入无政府状态的强烈倾向。为了防止美国邦联走向解体,就有必要创造一种全新的政治制度,也因此需要发明一种全新的联邦主义理论。

(二)麦迪逊的创新

这个由 13 个独立主权国家构成的联盟看来即将解体。然而要解决这个紧急的现实危机,麦迪逊等人找不到可以模仿的制度范例。因此,他必须自己进行理论创新。这种创新的困难,主要在于难以改变主权概念的含义。现代主权理论在霍布斯和博丹的手中形成,他们都认为主权是不可分割的。如斯金纳所认为的:"每一个独立王国境内的最高掌权者应该被承认为在自己境内没有竞争者,是唯一的立法者和效忠对象。"[4]如果坚持这种理论,那么

---

[1] [美]汉密尔顿、[美]杰伊、[美]麦迪逊:《联邦党人文集》,第86~97页。

[2] [英]昆廷·斯金纳:《近代政治思想的基础》(下卷),奚瑞森、亚方译,商务印书馆,2002年,第497页。

[3] Hamilton, Madison and Jay, The Federalist Papers, p.92;亦参见 James Madison, "Of Ancient & Modern Confederacies," The Writings of James Madison, Vol.2, pp.369–391.

[4] [英]昆廷·斯金纳:《近代政治思想的基础》(下卷),第498页。

在一定的领土范围内就只可能存在一个主权，因而就不可能存在单一国家和联盟之间的中间形态。事实上，这也正是反联邦党人所持的立场。如雷克夫所认为的，反联邦党人坚信"主权在主权，在政治上是错误的"，他们认为，"两个主权实体在一个政体下不能共存"。①显然，如果坚持传统的主权理论，麦迪逊等人也就不可能发展出一个联邦主义的理论。他们的选择，只能是与旧邦联共存亡，或者建立一个新的单一制国家。这两种选项都无法令人满意。

因此，为了建立一个新的联邦主义理论，麦迪逊必须改变现代的主权观念。要理解麦迪逊所做的这种改变，就要理解现代分权理论和现代主权理论之间的关系。众所周知，麦迪逊吸收了洛克和孟德斯鸠的现代分权理论，而他所建立的这个新制度也以三权分立而知名。但是很少有人注意到的是，现代分权理论与旧的主权理论并不相容。我们可以看到，对洛克来说，一个国家的权力可以大致分为立法权和执行权。立法权是至高无上的，执行权是从属性的，但是享有执行权同时又分享立法权的人（如英国君主），和享有立法权的机构（如英国议会）同样是至高无上的。②也就是说，一个国家至高无上的权力是在议会和国王之间分享的，一个国家中没有谁享有霍布斯意义上不可分割的主权。洛克的分权理论与传统的主权理论无法调和。因此，洛克在《政府论》（上篇）中批判他人的主权理论，而在《政府论》（下篇）中则极力避免使用"sovereignty"（主权）这个概念。③洛克之后的孟德斯鸠走得更远。在孟德斯鸠看来，执行权不再是从属于立法权的权力，而是一种独立的权力。立法、执行、司法三权并立，分别由议会、君主、贵族法官掌握，没有谁比谁更高。④因此，毫不奇怪，孟德斯鸠并没有一种主权理论。现代分权理论与现代主权理论的这种不协调，给了理论上的创新以可能。

麦迪逊的创新在于，将本来不相容的主权理论和分权理论，结合而成一

① [美]杰克·N.雷克夫：《宪法的原始含义：美国制宪中的政治与理念》，王晔、柏亚琴等译，江苏人民出版社，2008年，第185页。

② [英]约翰·洛克：《政府论》（下篇），叶启芳、瞿菊农译，商务印书馆，1996年，第91~97页。

③ 主要批判他人的《政府论》（上篇），大半章节都以"sovereignty"（主权）为题。主要提出洛克自己理论的《政府论》（下篇），没有一篇题为"sovereignty"。而且"sovereignty"在下篇只出现了5次，并且这5次使用没有一次与通常所理解的现代主权理论相关。作为现代分权理论鼻祖的洛克，通过竭力避免使用"sovereignty"这个词，表明了他对现代主权理论的不赞同。

④ [法]孟德斯鸠：《论法的精神》（上册），张雁深译，商务印书馆，1995年，第155~166页。

种新的联邦主义理论。这种创新的关键在于引入人民主权的概念。当然,麦迪逊并非人民主权理论的创始人,并且很可能在这个问题上受到了同时代的杰斐逊的强大影响。但是麦迪逊的创新并非无关紧要。因为这种创新直接影响到了现代联邦主义理论的实质,使其具有了巨大的内在不稳定性。

要把握麦迪逊新联邦主义理论的创新,首先要理解人民主权在麦迪逊思考中的位置。麦迪逊所创建的美国联邦制度表述在美国宪法之中,而美国宪法的开篇正是"我们联邦人民"(we the people of the united states)。麦迪逊自己也反复强调政府的一切权力都来源于人民。①

美国新全国政府的全部权力都来自美国人民。②也就是说,享有主权的是美国人民,而非各州政府。麦迪逊理论的一个重要内在含义是,美国各州并不握有主权,当然,美国全国政府也不握有主权。因此,不存在主权在联邦政府和州政府之间如何分割的问题。在这个问题上,麦迪逊和威尔逊的看法是一致的。如雷克夫所说:"威尔逊认为,把主权作为任一政府的属性基本上是错误的,并且美国人民采用书面宪法表明已拒绝了这个观念。"③主权不属于任何州政府或全国政府,而是属于人民。麦迪逊通过这种巧妙的理论创新,全盘否定了旧邦联所依赖的主权国家之联盟的理论,为新联邦的建立奠定了基础。

总之,麦迪逊的联邦主义,不是一种主权如何在邦与联邦之间分割的理论,而是握有主权的美国人民如何具体地将权力分配给州政府和全国政府的理论。需要在州政府和全国政府之间分配的不是主权,而是具体的立法权、行政权和司法权。④

---

① See James Madison, "Speech in the Virginia Ratifying Convention in Defense of the Constitution," *The Writings of James Madison*, Vol.5, Gaillard Hunt ed., G.P.Putnam's Sons, 1904, pp.123-137.

② Hamilton, Madison and Jay, *The Federalist Papers*, p.188.

③ [美]杰克·N.雷克夫:《宪法的原始含义:美国制宪中的政治与理念》,第192页。

④ 麦迪逊认为,在批准宪法的时候,州或一个州的人民还是作为主权实体在行动。参见[美]汉密尔顿、[美]杰伊、[美]麦迪逊:《联邦党人文集》,第195页。在宪法批准之后,主权转而由美国人民整体享有。当然,参议院的各州平等立法权是个例外,麦迪逊在《联邦党人文集》中不得不用州主权来解释这个例外。但是麦迪逊本人是反对这种例外和这种权力的,所以以上解释仍然能够成立。

二、新联邦制度的具体分权安排

麦迪逊为新联邦所设想的州政府与全国政府的分权安排，最早出现在费城制宪会议之中。麦迪逊是费城制宪会议上"弗吉尼亚方案"的主要作者，他在其中提出了自己联邦主义的制度设想。[1]这种制度可以分项阐述如下。

第一，立法权。两院制的全国议会拥有立法权，具体包括四项权力：①邦联议会的既得立法权；②对各邦单独无能为力立法的所有事务，对执行各邦议会立法可能干扰联邦和谐的情况，都具有立法权；③如果认为各邦立法违背联邦条款，可以否定；④可以征召联盟的武装力量，对付任何一个不履行联邦条款规定义务的成员。

其中，所谓"邦联议会的既得立法权"，是指前述《邦联条约》已经赋予议会的权力。它具体包括：与外国缔结条约权，监护各邦相互缔结条约权；审核同意各邦武装力量的规模；宣战权；国库开支权（税收由各邦自主征收）；外交权；征进口税和关税的权力；审理各邦之间的争议；规范货币的铸造和币值（实际上后来各邦自行其是，造成货币混乱和恶性通货膨胀）；统一度量衡，等等。

在这些权力之中，最重要的是军事和财政权力（包括宣战权、缔约权、铸币权等权力）。而《邦联条约》第九条第六款规定，它们的行使必须由各邦一致同意。如前所论，这种重大事项的一致自愿同意，是旧邦联制度和旧邦联理论的本质特征。这种一致同意权是各州主权的体现，意味着全国政府没有权力去强制各邦政府。在当时，一些州利用了这种制度，使得联邦政府无法筹集到充足的资金去偿还公债，因而正在走向财政上的破产。[2]这对一个新生国家十分致命。因此，麦迪逊新方案的基本意图，就是废除这种一致同意权。

---

① ［美］麦迪逊：《辩论：美国制宪会议记录》，尹宣译，辽宁教育出版社，2003年，第15-19页。关于麦迪逊在费城制宪会议上的作用，参见［美］法仑德：《美国宪法的制订》，董成美译，中国人民大学出版社，1987年。

② Madison, "To Richard Henry Lee," pp.99-100;［美］查尔斯·A.比尔德：《美国宪法的经济观》，何希奇译，商务印书馆，1989年，第45~52页。

麦迪逊在此通过三项条款解除了州的这种一致同意权。首先,全国政府可以预先立法,防止各州在全国性问题上自行其是。其次,如果全国立法机关认为各邦立法违背联邦条款,那么就对它可以否定。最后,也是最重要的一点,全国政府可以动用武力强制各州履行应尽的义务。[1]可见,如果这个方案通过,那么各州在全国性的问题上将完全失去话语权,只能任凭全国政府摆布。因此,麦迪逊所设想的这种新政治制度,更接近单一制的政治体制,与传统的联邦制相去甚远。

第二,行政权。全国议会选出的全国行政官,拥有两项执行权:①邦联条款赋予邦联议会的既得行政权;②执行各项全国性法律的一般权威。[2]这部分的改动在于,新设了一个旧邦联所无的全国行政官,并赋予它强大的行政权。这实际上是将行政权从各邦代表的手中剥离,因而极大削弱了各邦在全国性事务中的发言权,并使得全国政府的权力极大加强。

第三,司法权。全国司法机构享有的司法权包括:①部分成员与行政官组成复决会议,复审全国议会尚未实施的法案和各邦议会的每项立法,并具有最后否决权,但议会可再次通过法案压倒否决;②审理海盗罪、重罪、俘获案、适用于外国人和他邦公民的案件、涉及全国岁入的征税案件、弹劾全国政府官员等权力。[3]这一条款赋予联邦司法机构审核并否定各邦议会每项立法的权力,同样意味着否定各州的主权,并极大削弱各州的自主权。

审视麦迪逊的这个方案,可以看到一大关键在于否定《邦联条款》中的各州一致同意条款,反过来让全国政府有权控制州议会的立法。如雷克夫所总结的:"这个计划的总体目标是使联邦政治上独立于各州,各州在法律上依赖于国家监督。"[4]

麦迪逊的设想大都在最后通过的美国宪法中得到了体现,但是在一个关键问题上存在重要的例外:如何解决联邦政府与州政府之间的冲突?在"弗吉尼亚方案"中,解决方案是授予联邦议会否定各邦立法(如果它违背邦

---

① ② [美]麦迪逊:《辩论:美国制宪会议记录》,第 17 页。

③ 同上,第 18 页。

④ [美]杰克·N.雷克夫:《宪法的原始含义:美国制宪中的政治与理念》,王晔、柏亚琴等译,江苏人民出版社,2008 年,第 173 页。

联条款)、并且(如果他们不自觉履行则)武力强制各邦履行联邦义务的权力，以及授予司法机构与行政官共同组织的复决会议的法案复审权和否决权。最终通过的宪法取消了前者，缩减了后者。关于后一项权力，美国宪法的措辞是，最高法院的审理范围"延伸到宪法引起的所有案件、联邦立法引起的所有案件"①等。

这一条款正是著名的违宪审查权的来源。新宪法的反对者认识到了这一条款的重要性。雷克夫转述"布鲁图斯"的话说，司法审查权将"发挥实效，以最确定的，但是无声的和难以理解的方式来进行。宪法最明显的趋势是什么：我的意思是，它就是完全地破坏个别州的立法、行政和司法权"②。

总之，麦迪逊在"弗吉尼亚方案"中所设想的，是一种更接近单一制而非联邦制的政治体制。这种体制与我们通常所理解的联邦制大相径庭。虽然最终通过的宪法缓和了麦迪逊的主张，但是由于上述这一权力的存在，美国联邦制度仍然有着走向单一制的潜在倾向。也就是说，麦迪逊设想的联邦主义制度存在内在的不稳定。这种内在的不稳定性最初为其复杂性所掩盖。麦迪逊以绕口令一般的段落刻画了这个新联邦政府的复杂性："因此，拟议中的宪法严格说来既不是一部国家宪法，也不是一部联邦宪法，而是两者的结合。其基础是联邦性的不是国家性的；在政府一般权力的来源方面，它部分是联邦性的，部分是国家性的；在行使这些权力方面，它是国家性的，不是联邦性的；在权力范围方面，它又是联邦性的，不是国家性的。最后，在修改权的方式方面，它既不完全是联邦性的，也不完全是国家性的。"③但是这种言辞上的掩盖，并不能消除问题的根源。很快，这一复杂制度的内在问题在运行中暴露了出来。本文下一节将考察联邦制度以及麦迪逊联邦主义理论的内在不稳定性。

---

① ［美］麦迪逊：《辩论：美国制宪会议记录》,，第860页。

② ［美］杰克·N.雷克夫：《宪法的原始含义：美国制宪中的政治与理念》，第189页。

③ ［美］汉密尔顿、［美］杰伊、［美］麦迪逊：《联邦党人文集》，第198页。

三、联邦制的危机和麦迪逊的理论转变

在麦迪逊联邦主义理论发展的第一阶段，他迫切地希望联邦政府能有权克服各州政府的抵抗，甚至想要赋予联邦政府武力强制各州政府服从的权力。他的这种"联邦党人"的主张遭到了"反联邦党人"的猛烈批评。后者害怕一个遥远、强大、专制性的中央政府，而希望赋予各州政府制衡联邦政府的权力。①麦迪逊不怀疑制衡的重要性，但他更寄望于联邦政府三权之间的制衡，而非州政府对联邦政府的制衡。然而可能出乎所有人的意料之外，美国建国之后，立刻出现了党争。汉密尔顿和亚当斯（美国第二任总统）所在的"联邦党"同时控制了政府的行政、立法和司法分支。在麦迪逊看来，联邦党的这种行为使得三权制衡失效。为了对抗导致三权相互制衡失效的联邦党，麦迪逊与杰斐逊一起创立了共和党。自此以后，美国政府中的制衡更多地是与三权制衡结合在一起的两党相互制衡。但是两党制衡仍然是不够的。面对联邦党的打压，政治生命几乎处于绝境的麦迪逊及其共和党，选择了诉诸州权去反对他们所认为的联邦政府的暴政。麦迪逊在其政治理论发展的第二阶段，主张州拥有不可侵犯的主权，从而颠覆了他在其政治理论发展第一阶段所持的国家主义立场。

（一）联邦制的危机

美国的联邦制度并非脱离环境独立运行，而是嵌套在更广泛的外交、政治、社会经济背景中运行的。联邦制度看起来在理论上被设计得平衡稳定，在联邦和州之间进行了恰当的分权，但外部环境带来的挑战使其实际运转很快变得惊险万状。

在宪法通过、新联邦成立之后，联邦主义制度很快遇到了重大的运行危机。美国第一任总统由华盛顿担任。人们选择华盛顿是因为认为他可以代表

---

① ［美］斯托林:《反联邦党人赞成什么——宪法反对者的政治思想》,汪庆华译,北京大学出版社,2006 年,第 1~8 页。

全美国的利益，而非代表某一地方或党派的利益。华盛顿自己也力求超越党派政治，在政府中试图平衡南北方的利益。他任用北方人亚当斯和汉密尔顿分别担任副总统和财政部长，同时平衡地任用南部州弗吉尼亚人伦道尔夫和杰斐逊分别担任司法部长和国务卿。但是华盛顿自身的威望都无法压制南北方的冲突，其政府很快就分化为勾心斗角，分别以汉密尔顿和杰斐逊为首的联邦派和共和派。

汉密尔顿力图促进美国工商业的发展，而杰斐逊对一个农业共和国情有独钟。两人的分歧植根于南北方经济的不同。美国南方，包括弗吉尼亚州，都通行以奴隶制为基础的大种植园经济，而北方，特别是汉密尔顿所在的纽约，由于清教占主导地位，资本主义工商金融业不仅相对发达，而且有着广阔的前景。汉密尔顿和杰斐逊的分歧，不仅在于他们代表了北部工商金融业和南部种植园农业的不同利益，而且在于他们对美国未来发展的不同愿景。这种愿望不仅关乎利益，而且关乎原则。

围绕两人形成的联邦党和共和党的冲突，让华盛顿苦恼不堪，在第一任期结束之后就打算退休。美国的领导集团对此感到恐惧，深恐华盛顿的缺席会使得党争不受控制，最终导致联邦解体。华盛顿接受劝告，勉强再任一届，之后的总统职位即由两党竞争。[①]

亚当斯在竞选中胜过杰斐逊，成为华盛顿之后的美国第二任总统，这标志着联邦党的胜利。如果说在华盛顿治下，共和党虽然对联邦党处在劣势，但竞争还相对平缓，那么可以说在亚当斯治下，共和党由于被驱逐出执行部门而居于很恶劣的地位，并且党争也变得更激烈。而且内部利益的冲突也由于外部因素而加剧。1789 年，法国革命爆发，法国旧制度、贵族阶级、财产和人身权利都受到了猛烈攻击。杰斐逊一向赞赏法国启蒙运动，对法国革命表示同情。而亚当斯对法国一向不报好感，对法国革命更是深恶痛绝。两人的个人倾向，在外交政策上发展成严重的冲突。亚当斯希望废弃与法国的同盟，而与英国结盟，杰斐逊及其派别亲法国，希望继续在独立战争中与法国结成同盟。

---

① ［美］约瑟夫·埃利斯：《那一代：可敬的开国元勋》，邓海平、邓友平译，中国社会科学出版社，2003 年，第 150~202 页。

由于联邦派掌握政权,所以杰斐逊派只能借助舆论。共和派的报纸对亚当斯及其政策极尽丑化攻击之能事,导致亚当斯派进行反击,提出了《外侨与惩治叛乱法案》。①这一法案的公开目的在于驱逐美国内部的颠覆分子——主要是法国人。政府担心法国人传播他们的革命学说,攻击既有财产权(北部人对谢伊叛乱记忆犹新)。该法案赋予总统驱逐对联邦的和平与安全有威胁的外国人的权力,以及更重要的通过禁止反对派报纸的出版而打击总统的国内反对派(而非外国人)的权力(目标明确地指向杰斐逊和麦迪逊的共和派)。这个法案通过之后立即付诸实施,仅仅在 1799 年一年,政府就禁了共和派的 8 家报纸(罪名主要是辱骂亚当斯)。②

共和派已经在政府中失势,如果再失去舆论阵地,那么将无法继续存在,因此他们极为愤怒,采取了极端的反击手段。

(二)麦迪逊联邦主义理论的转变

麦迪逊在共和派的反击中扮演了关键角色。麦迪逊最初认为,政府三部分的分权制衡已经足够,因此对州和联邦的分权并未多加留意。如上一小节所说,麦迪逊希望建立一个凌驾于各州之上的全国政府。但是出乎麦迪逊的意料,联邦党控制下的行政权竟然如此强势,而三权分立在政党集权之下竟然如此不堪一击:一旦联邦党人同时控制了执行、立法和司法部门,他们竟然可以对共和党人为所欲为。在反对外敌的借口之下,亚当斯似乎可以轻松地越过宪法的分权藩篱,变成一个强大的拥有无限权力的君主。③

既然全国政府的三权分立已经不可靠,那么只能依赖州权来抵制暴政。麦迪逊转变了立场,从早年的所谓国家主义者,变成了现在所谓的州权主义者。为了反对《外侨与惩治叛乱法》,麦迪逊在弗吉尼亚议会主导通过了反对

---

①　See James Madison, "Address of the General Assembly to the People of the Commonwealth of Virginia," *The Writings of James Madison*, Vol.5, pp.332–340.

②　Garrett Ward Sheldon, *The Political Philosophy of James Madison*, The John Hopkins University Press, 2001, p.83.

③　麦迪逊一度担忧君主制在美国迅速兴起,参见 Sheldon, *The Political Philosophy of James Madison*, p.79。

该法案的决议案①,并且为回击决议案的批评者而写出了长篇答辩。②麦迪逊的精彩论述被认为是这一法案得以废除的主要原因。

麦迪逊的主要主张是,联邦是州而非人民的结合体,州拥有主权,有权主张《外侨与惩治叛乱法》违宪,各州有权联合起来废除联邦议会通过的这种法案。麦迪逊在此极为戏剧性地采纳了他过去曾经反对的反联邦党人的理论和措辞(麦迪逊写作《联邦党人文集》正是要驳倒这些人的理论)。同样戏剧性的是,麦迪逊的反对者,亦即此时的联邦党人,援引麦迪逊曾经赞赏的宪法中的司法审查权条款,认为此法案是否违宪作为有关宪法争议的问题,应该提交联邦最高法院来审理(当时联邦派也掌握着这个机构)。

麦迪逊此时的理论腐蚀了他原本的联邦主义构想,而他推动州来推翻全国议会立法权的行动,则对联邦的稳定运行造成了严重的挑战。好在亚当斯不得人心,任职一届之后就在总统选举中败给了杰斐逊,州与联邦冲突的危机得以暂时解除。

四、联邦制度和麦迪逊联邦主义理论的内在不稳定性

联邦制度勉强度过前述这场危机之后,很快在19世纪再次遇到挑战。美国南方和北方的冲突有时低落,但从未消失。1828年,南卡罗来纳的一群国会议员提出了州可以否定联邦立法的理论(nullification)。如果这一理论可以成立,就意味着美国的联邦(United States)最终将会解体。讽刺的是,这一理论的支持者经常援引麦迪逊的弗吉尼亚决议案来支持自己的观点。麦迪逊不得不尴尬地面对自己立场的前后不一致。他强调弗吉尼亚决议案意在保存联邦,只是企图求助于各邦的一致同意来否定全国议会的滥权,而后起的这种否定论却指向联邦的毁灭。麦迪逊在临终前所写的"给我国家的建议"中,再次强调了自己希望保存联邦制度的愿望。③

---

① James Madison, "Virginia Resolutions Against the Alien and Sedition Acts," *The Writings of James Madison*, Vol.6, Gaillard Hunt ed., G.P.Putnam's Sons, 1906, pp.326–331.

② James Madison, "Report On the Resolutions," *The Writings of James Madison*, Vol.6, pp.341–406.

③ James Madison, "Advice to My Country," in *James Madison: Writings*, Jack N.Rakove ed., Library of America, 1999, p.866.

麦迪逊保存联邦制度或美国统一的愿望，以联邦主义制度本身的衰落或毁灭为代价才得以实现：美国南北方的冲突在麦迪逊身后发展成美国内战。麦迪逊所提议但是在宪法中被删去的武力强制条款被付诸现实。州的主权被否定，联邦政治制度的联邦主义色彩减淡，单一政府色彩加强。

联邦主义的衰落本身，已经证明麦迪逊所设想的半全国性质半联邦性质的联邦政府是不稳定的。麦迪逊联邦主义理论的本质特征之一正是其内在的不稳定性。麦迪逊对这种内在不稳定性有着极为清醒的认识。1821 年，在退休多年后，他在一封致约翰·杰克逊的信中，以相对超然的态度探讨了美国政治制度的利弊得失。他看到美国联邦主义的政治制度缺乏内在的稳定性："美国的宪法，将政府的权力在州和联邦之间分割。美国政治制度，将来会演变成一个压迫性的强大全国政府，还是会演变成各州之间相互独立的无政府状态，是一个只有时间能够决断的问题。"①

麦迪逊对联邦主义不稳定性的认识，部分来自于他自身在政治生涯中的立场摇摆。在新联邦创立之前的旧邦联时期，麦迪逊深刻体验到了一个软弱的全国政府所造成的诸多弊病。因此，在赶赴费城制宪会议之前和费城会议期间，麦迪逊的观点呈现出强烈的国家主义的性质。这一时期的麦迪逊被认为是一个国家主义者(nationalist)。而在新联邦成立之后，华盛顿和亚当斯任职总统的若干年间，麦迪逊作为政治上的反对派，主要体验到的是一个强大中央政府的可怕。针对这个"联邦党"的政权，麦迪逊以弗吉尼亚州为基地发起了反击。在此期间，麦迪逊持有一种强州权的观点，认为州应该在全国政治中扮演更重要的角色。这一时期的麦迪逊，被认为是一个州权主义者。麦迪逊政治生涯中的这种摇摆，反映出美国联邦体制是一种不稳定的妥协。麦迪逊所设想的那种半全国政府性质半联邦性质的政府，并没有解决邦和全国政府的内在冲突或邦之间的冲突，因而处在一种不稳定的平衡状态，随时可能倒向全国政府一端或松散邦联一端。

这种不稳定的联邦主义制度难以长存，事实上今天在美国也早已衰落。如雷克夫所说："不到 100 年，经过内战和国家经济的转型，联邦终于从一个

---

① James Madison, "To John G.Jackson," *The Writings of James Madison*, Vol.9, p.75.

邦联转变为更类似于单一民族国家的结构。"①或者如文森特·奥斯特罗姆所认为的,在20世纪的美国,联邦主义传统已经中断。②在当今美国,美国全国政府的权威相对麦迪逊时代已经大为扩展,可以说已经完全凌驾于州政府之上。如奥斯特罗姆所言:"'美国政府'一词已经逐渐成为美国全国政府的称谓,而不再是美国联邦体制的称谓了。20世纪后半叶的学者可以这样来研究美国政府,只关注全国政府,认为处理所有政府事务的适当的终极权威在华盛顿特区。"③当然,在比较研究的视角之下,美国政府还是比例如英国政府有着更多的联邦主义色彩。④

回顾历史,我们可以看到,麦迪逊为了建立新的联邦制度而发明了新的联邦主义理论。在这种理论中,人民握有最后的主权,因此联邦的中央政府和各次级政府如何分权,只不过是一个依赖于具体环境的问题,其答案可以随时代而改变。这个意义上的联邦,与作为各主权国家联盟的联邦完全不同,必然具有严重的内在不稳定性。在理论上和实践中,这种制度可以在绝对的单一制和绝对的联邦制之间随时代而摇摆变化。麦迪逊联邦主义理论的形成和转变,反映了现代联邦制度和联邦主义理论的内在不稳定性。

(作者简介:张国栋,福建江夏学院公共事务学院副教授。)

---

① [美]杰克·N.雷克夫:《宪法的原始含义:美国制宪中的政治与理念》,第203页。

② [美]文森特·奥斯特罗姆编著:《复合共和制的政治理论》,毛寿龙译,上海三联书店,1999年,第183~189页。

③ 同上,第189页。

④ Desmond S.King, "The Establishment of Work–Welfare Programs in the United States and Britain:Politics,Ideas and Institutions,"in *Structuring Politics:Historical Institutionalism in Comparative Analysis*,Sven Steinmo,Kathleen Thelen and Frank Longstreth eds.,Cambridge University Press,1992,pp.241–242.

当代美国保守主义的谱系与危机

整个 20 世纪,有关美国保守主义(Conservatism)必然衰落的预言此起彼伏,从未间断。纵观美国保守主义的百年波折,现在再断言它的气数已尽,不仅为时尚早,而且罔顾事实。忽视保守主义对美国政治的形塑与引领,不仅看不透美国政治的当下,更看不清美国政治的未来。

当代美国的保守主义,现在不是、过去也不是铁板一块,而是基于特定精神和理念的松散联盟。这一联盟在不同时期,被赋予不同使命,被注入不同内容,集结着各色人群,呈现着迥异的面孔。爬梳战后保守主义阵营的形成与发展,厘清 20 世纪 80 年代保守主义的思想与谱系,探析 90 年代保守主义的困境与危机,考量特朗普主义(Trumpism)与美国保守主义的前景和未来,对于理解当代美国政治文化的个性特质,反思发展中国家政治发展的相关议题具有重要意义。

一、二战后美国保守主义阵营的初步形成

第二次世界大战前后是美国保守主义当代发展的重要节点。二战前,立场清晰、系统阐释的保守主义思想尚未形成,彼此呼应、阵线明确的保守主义阵营也未出现,以新自由主义(New Liberalism)和社会民主主义为代表的左派阵营牢牢占据着 20 世纪前叶的思想舞台。然而,二战结束后不久,以下三股力量相继向左派发起挑战:

一是古典自由主义(Classical Liberalism)者。面对"后罗斯福新政"日益扩张的国家干预,光环渐盛的"大政府",从路德维希·H. 米塞斯(Ludwig H. Mises)、弗里德里希·A. 哈耶克(Friedrich A. Hayek)、米尔顿·弗里德曼(Milton Friedman)到芝加哥经济学派,他们为自由市场、社会自治提供了一波又一波精彩的辩护。借助一大批像《通往奴役之路》《致命的自负》一样脍炙人口的著作,古典自由主义的基本原则和理念得到系统而清晰的阐发。20 世纪80 年代,里根政府的低税率、轻管制、重私营经济等政策就是这一思想传统的直接结果。后来,这一政策取向也成为共和党的重要政治议程。

二是传统主义(Traditionalism)者。面对 20 世纪三四十年代的极权主义、纳粹主义和草根社会的强势发展,从理查德·维沃(RichardWeaver)、彼得·维尔瑞克(Peter Viereck)、罗伯特·尼斯比特(Robert Nisbet)再到罗素·柯克(Russell Kirk),号召人们回归传统的宗教和伦理。在他们看来,道德多元主义正在蚀空西方文明的内核,败坏和邪恶的意识形态正在潜滋蔓长,西方人的精神家园面临重重危机。与古典自由主义者相比,他们注重"形式的心理属性"①、呼吁复兴宗教正统性、古典自然法传统和社群主义文化,更倾向于欧洲思想导向,更侧重历史意识观念,更愿意挖掘埃德蒙·柏克(Edmund Burke)、亚历西斯·德·托克维尔(Alexis de Tocqueville)和托·斯·艾略特(T. S. Eliot)等思想家的智慧。

维沃在《思想的后果》中向世人展示了与当代自由主义原则格格不入却依然健康、成熟、有德行的社会,表达了传统主义者构建异于自由主义、全新的生活方式的壮志雄心。柯克《保守主义的心灵》的问世,更标志着学养深厚的学者们开始向左派一统天下的霸权格局发起全面反攻。这部力作使保守主义者声名大振,也使越来越多的人开始接受"保守主义在某种意义上是从传统主义中成长起来的"②这一重要论断。

三是激进主义(Radicalism)者。从 20 世纪四五十年代开始,30 年代的部分前激进派人士与来自东欧、中欧的流亡学者合流,大肆煽动激进的、好战的极端情绪。其中的标志性人物是惠特克·钱伯斯(Whittaker Chambers)。这

---

① [德]卡尔·曼海姆:《保守主义》,李朝晖、牟建君译,译林出版社,2002 年,第 57 页。

② 同上,第 77 页。

股思潮向二战后美国保守主义者传输了一个坚定的信念：冷战时代，美国和西方正在与共产主义进行一场你死我活的殊死搏斗。

这三股势力虽然来自不同阵营、怀抱不同主张、构成人员迥异，但却有一个共同点，那就是对 20 世纪以来的新自由主义充满了敌意。古典自由主义者们笃持传统自由主义的信条，倡导个人自由，注重社会自治，崇尚自由市场，坚守消极国家观念，主张"小政府"和"弱政府"，反对任何形式的权力扩张，拒绝过度的国家干预。①他们自称"保守自由主义"（Neo-liberalism），相信新自由主义"根本无法面对和研究现代的重大政治问题"②，因此视新自由主义为自由主义传统的背叛者。对传统主义者而言，他们最为珍视的健康的社会秩序和传统的宗教氛围，正在被新自由主义传播的个人权利、个性自由和多元文化悄然解构，慢慢吞噬，造成精神真空，极权主义趁虚而入，由此酿就了20 世纪的战争之祸。而在激进主义者看来，新自由主义太过软弱，根本就不是左派的对手，必须诉诸暴力与激进手段才有效果。詹姆斯·伯纳姆（James Burnham）更是尖锐地指出，自由主义本质上只是一种调和左右阵营的手段，最终将摧毁西方世界。③

面对共同的敌人，三大力量各居一隅，貌合神离，成员与阵营也相对稳定、界线清晰，因此一直保持着各自为战、三足鼎立的状态。直至 20 世纪 50年代末，事情发生了变化。小威廉·法兰克·巴克利（William Frank Buckley Jr.），一位才华横溢、能力超群的媒体人、评论家兼公共知识分子，开始崭露头角。他既是自由市场倡导者，也是虔诚的基督徒，更是坚定的反共主义者，很快就将古典自由主义者、传统主义者和激进主义者三股势力集结在他于1955 年创办的《国家评论》（National Review）周围。至此，二战后美国保守主义联盟正式宣告形成。

然而这一联盟却是松散而脆弱的。古典自由主义者和传统主义者的温和立场，早被激进主义者认定为是无能或无效手段；激进主义者的极端立场和暴力手段，又为古典自由主义者和传统主义者所不齿。而在古典自由主义

---

① Hans Kelsen, *General Theory of Law & State*, Transaction Publishers, 2006, p.181.

② ［英］罗杰·斯克拉顿：《保守主义的含义》，王皖强译，中央编译出版社，2005 年，第 122 页。

③ George H. Nash, "Populism I": American Conservatism & the Problem of Populism", in *The New Criterion*, 2016, p.5.

者和传统主义者之间，更隐藏着与日俱增又不可调和的巨大张力：前者追求一种消极自由，认为个人自由至高无上，个人自由的实现以摆脱外在约束为前提，由于外在约束更多且主要源自政府，因此他们主张消极国家观，政府越小越好，越弱越好；后者追求一种积极自由，认为共同体自由是基本善，共同体自由的实现依赖于个人的德性修养，由于德性修养不是自发形成的，需要政府、学校、教会等外在机构的强化，因此他们主张积极国家观，政府越大越好，越强越好。另外，古典自由主义者批评主流的自由主义者对个人限制过多，而"传统主义者则批评主流的自由主义者给予个人太多的选择权"[①]。进一步说，传统主义者或多或少同意古典自由主义者对市场秩序必然拒绝国家干预的看法，但绝对不能接受古典自由主义者提倡的不加规制的道德秩序和生活方式。

这意味着，在何为保守主义基本目标和核心原则这一根本问题上，推崇自由的古典自由主义者与推崇美德的传统主义者之间潜藏着巨大分歧。这一分歧终在 20 世纪 60 年代末引发了一场保守主义阵营内部的大论争，即自由与美德之争。

为了平息这场内斗，保守派代表人物弗兰克·梅耶（Frank Meyer）走折中路线，提出了"联合主义"（Fusionism），努力调和古典自由主义者和传统主义者之间的价值对立。在他看来，政府的首要目标自然是追求和维护个人自由，而个人发展的最高目标则是在免于政府约束的情形下，追求一种有德行的生活。梅耶一再重申，调和主义的真实目的不是要说服某个阵营，而是想告诫所有珍惜自由和美德的知识分子，要拒绝理想主义的空想和乌托邦主义的不切实际，要睁眼看时代，走务实中庸路线，要意识到所有的理论努力是在为相同的目标服务：建设并保卫一个开放的社会，人们可以自由地选择，也可以追求有德性的生活。[②]这一务实精神与现实立场尽管无法说服上述两大阵营成员，却出乎意料地得到了第三股力量的强力支持。激进主义者们一直反对精英们的梦想和空谈，在他们看来，危险的外敌才是自由与美

---

① ［英］约翰·米克尔思韦特、［英］阿德里安·伍尔德里奇：《右派国家》，王传兴译，中信出版社，2014 年，第 236 页。

② George H. Nash, "Populism Ⅰ: American Conservatism & the Problem of Populism", in *The New Criterion*, 2016, p.6.

德、自由与信仰的终极威胁。而这一信条,对于初生的保守主义运动至关重要。

二、新保守主义的出现与美国保守主义的当代危机

虽然古典自由主义、传统主义者和激进主义者一直相信他们是 20 世纪保守情怀的坚持者和传承者,但不得不说,对于稳稳占据着主流位势的自由主义传统来说,这些非主流甚至略显边缘的立场和主张,并未构成实质的冲击与威胁。然而 20 世纪 60 年代末 70 年代初,格局再度发生戏剧性变化。

面对 60 年代的文化剧变和新左派(New Left)的强势崛起,大批温和的自由主义者、幻想破灭的社会主义者和务实的社会民主派知识分子开始意识到,再完备的理性分析,再美好的愿望意图,都不足以确保良好的政府政策,新自由主义近十年的政治努力和改革方案更是灾难性的,"极端自由主义如今已陷入危机"[①]。于是,他们纷纷转向保守立场。这支来自保守阵营之外却又认同保守价值的新生力量形成了二战后美国保守主义联盟的第四个方阵,人们将其称为"新保守主义"(Neo-conservatism)。按欧文·克里斯托(Irving Kristol)的说法,新保守主义者,就是认清现实的自由派。[②]这些新保守主义者同以往的古典自由主义者、传统主义者和激进主义者大不相同:他们大多原来就属于自由主义阵营,早就拥有或大或小的声望,他们公开脱离左派阵营,高调反对自由路线,实实在在地挑战和冲击了现代自由主义一统天下、文化霸权的垄断格局。可以说,新保守主义成功地将自己构建成"自由主义启蒙思想的一种全面的反潮流"[③],并成功地"将某些保守主义美国最深厚的激情转化成了外交政策理论"[④],在为美国保守主义赢得巨大声誉的同时,也摧毁了自由主义长期以来不证自明、无可撼动的合法根基和理性源泉。

与此同时,美国的草根阶层也在悄然觉醒。20 世纪 70 年代,新教福音派

---

① [英]杰西·诺曼:《埃德蒙·柏克》,田飞龙译,北京大学出版社,2015 年,第 331 页。

② [美]杰里·马勒:《保守主义》,刘曙辉、张容南译,译林出版社,2010 年,第 393 页。

③ [德]卡尔·曼海姆:《保守主义》,李朝晖、牟建君译,译林出版社,2002 年,第 101 页。

④ [英]约翰·米克尔思韦特、[英]阿德里安·伍尔德里奇:《右派国家》,王传兴译,中信出版社,2014 年,第 209 页。

（Evangelical）、部分天主教徒和犹太教徒纷纷上街抗议。他们相信，随着堕胎合法化、色情文学泛滥、致幻药物无处不见、粗俗娱乐充塞大街小巷，传统的道德准则和生活方式正在渐行渐远，美国社会正在面临一场严重的道德危机，而造成这种衰败的罪魁祸首就是现代自由主义。他们呼吁，无论是政府，还是社会组织，抑或个人，都应该对此有所觉醒、有所作为。他们倡议，要让政治冷漠的信众们重回公共领域，要让基督精神重返心灵世界。起初，这场宗教抗议并不是大众运动，但逐渐引发了巨大的政治后果，非宗教背景的知识分子和普通民众开始认同这场抗议运动的理念，越来越多的人投身这场试图捍卫传统道德和生活方式的街头运动。[①]这股势力后来被称为"宗教保守派"（Religious conservatives）或"社会保守派"。这一派别的活动和公众的情绪最终"使宗教成为美国政治中的一个重要因素"[②]。

到1989年里根总统的第二届任期结束，美国保守主义业已联合了五大群体势力：古典自由主义者、传统主义者、激进主义者、新保守主义者和宗教保守派。里根一度达到了巴克利式的辉煌：成为保守主义象征性领军人物和让各大派别和谐共处、服务于相同目标的盟主。

然而好景不长。1989年苏东剧变后，在美国保守主义联盟内部，不同派别之间的紧张关系再度出现：围绕后冷战时代美国外交政策的持续性问题，新保守主义者和古典自由主义者吵得天昏地暗；围绕毒品合法化和同性恋婚姻等问题，古典自由主义者又和社会保守派争得不可开交。

这些分歧与论争的出现，与如下因素密不可分：

首先，20世纪80年代保守主义运动过度繁荣，保守主义成员结构愈加庞杂。保守主义势力已经足够强大，强大到没有任何一个领袖、机构或杂志，能够担纲保守主义的守夜者，更没有像巴克利或里根式的领军人物。

其次，互联网与社交网络引发促使普通民众离心力加速的"超民主"（hyper democracy）现象。[③]在一个日益扩展、扁平化的网络世界里，没有人能够成为称职的秩序守门人：不是守不住门，而是连门都没有了。

① ［英］约翰·米克尔思韦特、［英］阿德里安·伍尔德里奇：《右派国家》，王传兴译，中信出版社，2014年，第267~269页。

② ［美］塞缪尔·亨廷顿：《我们是谁？》，程克雄译，新华出版社，2005年，第288页。

③ ［英］罗杰·斯克拉顿：《保守主义的含义》，王皖强译，中央编译出版社，2005年，第124页。

　　最后,90年代冷战时代意外终结。作为一个和对抗格局紧密相连的社会运动和阵线联盟,在外敌消失后,还有存在的必要吗? 或者说,又该如何存续下去? 反共立场曾是冷战时代保守主义联盟不可或缺的粘合剂。无可否认的是,"苏联、东欧共产主义"的终结实质削弱了联盟的必要,因此保守主义阵营的分化与矛盾在所难免。

　　早在20世纪80年代末,为了回应日渐强势的新保守主义者,传统主义者内部就出现了一个自称"旧保守主义者"(Paleoconservatives)的派别。在其代表人物帕特里克·布坎南(Patrick J. Buchanan)看来,这些新保守主义者尽管近年来转投保守主义阵营,但他们本质上还是现实主义者、世俗主义者和福利国家信奉者。换句话说,在旧保守主义者看来,新保守主义者根本就不是保守主义者。随着冷战的结束,旧保守主义者的立场更为大胆、更为鲜明。他们推崇民族主义,反对美国霸权,质疑全球民主和国际贸易。

　　起初,旧保守主义者的观点虽激进,却一直未入主流。在克林顿执政的第一个任期,"放过我们"(Leave Us Alone)运动兴起,更多的保守主义者加入这一阵营,共同旗帜鲜明地反对高税收、克林顿医疗保健计划、控枪运动。这一变化引起了新保守主义者的强烈反弹。部分新保守主义者开始提出追求"国家强盛"(national greatness)的口号。小布什甚至在未成为总统之前就主张一种"富有同情心的保守主义"①,借以批评"放过我们"运动内在张扬的反国家主义情绪。

　　保守主义阵营的这种混乱局面一直持续到"9·11"事件发生。全球反恐就像冷战时代的反共立场一样,成为团结大多数保守主义者的超级粘合剂。与此同时,社会保守派也向宣扬去宗教、去信仰的后现代、后基督教的精英群体发起了一起旷日持久的"文化战争"。

　　美国保守主义还是那个松散的政治联盟,但它今日所面临的危机却比以往任何一次都更严重:

　　第一,一场史无前例的、世界性规模的迁移正在加速进行。这种迁移包括商品、资金、人口、文化、服务等。例如,在美国大学读书的留学生每年以百

---

　　① ［英］约翰·米克尔思韦特、［英］阿德里安·伍尔德里奇:《右派国家》,第139页。

万计，被美国政府授予永久性合法居住权的外来移民每年以百万计，而在美国本土的非法移民总数已达上千万。

第二，一股"后民族"甚至是反民族的情绪正在青年群体中潜滋蔓长。青年人更倾向于接受"去民族国家"化、世界主义的价值观念，更愿意宣扬多元文化主义、全球公民的身份认同，更喜欢凸显多种族、多民族国家框架下的文化多样性，爱国主义不断衰退，"民族精神黯然失色"①。

第三，一种刻意回避甚至选择性遗忘欧美文明成就、美国国家认同的趋势正在日趋明显。2008 年"布兰德利计划"（Bradley Project）的调查报告显示，美国正面临一场身份危机，"美国的记忆正在悄悄溜走"②。在一直珍视和秉持爱国主义、民族主义的保守派看来，没有比这一趋势更令人担忧的了。

美国保守主义面临的种种危机，直接引发了民粹主义（Populism）的大爆发。耐人寻味的是，美国的民粹主义也不是坚冰一块。具体而言，它又裂分为左翼和右翼两个阵营：左翼民粹主义坚持平民主义立场，将大财阀（Big Money）作为批判对象，矛头直指银行家、大富翁、盘踞在华尔街的企业精英等社会高层；右翼民粹主义坚持保守主义立场，将大政府（Big Government）作为批判对象，针对的是自由派民主党政客、支持国家干预和福利政策的政治精英、自由建制派领袖、高校里大政府理论的崇拜者等。保守主义色彩浓郁的民粹主义在里根时代达到了巅峰。在 1989 年的《告别演说》中，里根慷慨陈词："'我们人民'告诉政府该做什么，而不是政府告诉人民该做什么；政府是汽车，而人民是驾驶员，决定它行驶的方向、路线和速度。"③这一激情时刻激荡着一代又一代保守主义者的心灵。

这两个阵营的分野也是理解当下美国政治的一把关键钥匙：当强横的银行家和工业巨头们试图掌握国家命运时，左翼民粹主义就会迎头阻击；当市场经济和外交战略被无所不能的积极国家操控时，右翼民粹主义就会活力四射。

---

① [美]塞缪尔·亨廷顿：《我们是谁？》，第 115 页。

② Christopher W. Morris, *An Essay on the Modern State*, Cambridge University Press, 1998, pp. 34–37.

③ George H. Nash, "Populism Ⅰ: American Conservatism & the Problem of Populism", in *The New Criterion*, 2016, p.10.

进入 21 世纪，一场"里根式"的民粹主义运动强势复活，它的代言人就是茶党(Tea party)。他们提出的口号是"不要爬到我的头上来！"。虽然不是所有保守主义者都赞同这个口号，但不容置疑的是，2008 年全球经济大衰退后，美国政府政策越界现象越来越严重。几乎所有的保守派都相信，政府不再是"民有""民治"，而仅仅是"民享"的；更多时候，政府直接通过法令自上而下统治。例如，2010 年《平价医疗法案》(也称"奥巴马医疗法案")刚刚出台时，多达 59%的美国人反对，只有 39%的人支持。[1]在国会投票环节，几乎是民主党全员支持、共和党全员反对，但最终还是通过了。这种情形在过去的100 年里从未出现过。没有哪项立法或政策能以这种方式出台，不论是无意冒犯，还是有意为之，这一法案的通过确实藐视了大多数美国人的意见。这也就不难理解，为何奥巴马上台会引发保守派如此强烈的愤怒和骚乱。

在茶党民粹主义者看来，他们面临的政治环境越来越复杂而艰苦：不仅要反对左派的外部威胁，还要防备共和党的内部威胁。共和党理应服务于保守主义运动，但尽管共和党在 2010 年、2014 年国会大选中取得压倒性胜利，茶党民粹主义者并不相信那些共和党人，甚至怀疑一些议员已经和民主党站在同一条战线。尤其在非法移民、少数族群等问题的处理上，一些共和党人的表现让他们无比失望。越来越多的茶党右派认为，美国的建制派精英已经不再听从选民的意志。

二战后的美国保守主义，最初只不过是一次政治精英的思想运动，缺乏厚实的群众基础。到了 20 世纪 80 年代，保守主义终于演变成一场没有精英扶持的群体运动。里根时代群雄荟萃的图景渐成绝版；知识分子、社会活动家和民选官员同聚一堂的场面恐难再见。

三、特朗普主义与美国保守主义的未来

特朗普当选，翻开了当代美国保守主义新的一页。无论从价值诉求、思想主张，抑或政策取向来看，新一波保守主义运动已经蓄势待发。为了应对

---

[1] George H. Nash, "Populism I : American Conservatism & the Problem of Populism", in *The New Criterion*, 2016, p.11.

时代难题,在吸取以往保守主义政策教训和经验的基础上,特朗普将矛头同时对准了左派精英和右派精英,并刻意与冷战时代的传统保守主义和20世纪80年代的里根式保守主义保持着距离,同时,又与共和党建制派和巴克利风格的保守主义建制派划清了界限。显然,已经无法用传统的意识形态来划分特朗普主义的派性和阵营。从这个角度来讲,特朗普主义是一个思想杂糅、兼具民族主义与民粹主义、游离在左翼和右翼立场之间的保守主义派别。

特朗普当选总统,首先有力地证明了一个事实:当代美国保守主义具有强于自由主义的动员、组织和建构能力。20世纪70年代前,美国政治动员依靠复杂的地方网络。随着电视、互联网的普及,信息技术的发达,媒体的发展,政治动员逐渐由劳动密集转向资本密集。①拥有更多企业捐款和基金会资助的共和党和保守主义社团优势愈加明显。与此同时,保守主义阵营率先启动了一种新的重要的组织形式——智库,通过貌似客观、中立的渠道为保守主义经济理念背书,适时开辟了新的话语平台。当前美国影响最大的几个智库都具有明显的保守主义倾向。此外,共和党与社会运动之间的关系也在发生重大转向。越来越多的貌似草根的运动或者草根组织,实质上都由共和党输送资源和操纵议题。这些策略的实施,无非是为了使保守主义在动员渠道上更多元有效,而且看起来更具社会基础。

特朗普当选遭遇了来自保守主义阵营的普遍敌意。如果换作其他任何一位共和党候选人当选,且这位候选人能够做到:上台伊始便提名一位保守派大法官;组建当代美国史上最保守的内阁;着手替代奥巴马医保;轰炸俄国的盟友阿萨德政权;废止环保署足以扼杀经济的管制条例;当着50位穆斯林国家领导人的面将伊朗列为"邪恶"政权;在访问"哭墙"之际,戴着犹太人的"圆顶小帽";高调宣布美国承认耶路撒冷为以色列首都;通过减税法案,大幅降低企业税率。哪怕只是做到其中一条,保守主义者们一定欢呼雀跃,欣喜若狂。然而特朗普没有获得掌声和欢呼声。保守主义者们不相信美国正处于一场没有硝烟的内战之中,不相信美国的安全正岌岌可危。他们不赞同左派立场,但也没有将"左右之争"视为维系美国生死存亡的关键。他们

① 庞金友主编:《观念的冲突与政治秩序的构建》,吉林出版集团股份有限公司,2017年,第96~97页。

意识不到，如果民主党候选人当选，结果可能就是：掌握联邦法院，提名并控制数百位联邦法官；推进欧式社会主义，彻底消灭美式有限政府理念；滥用政府权力，压制保守派言论；继续推动大学和高校的退化；进一步削弱美国军队。如此一来，奥巴马 2008 年承诺的"根本性转型"可能在 2016 年希拉里·克林顿那里完全实现。

当特朗普主义成为一种政治现象和经济现象后，更是遭到知识分子群体的普遍反对。他们首先集体表现出知识精英对作为商人的特朗普的不屑和蔑视，甚至不惜使用粗鄙无比、恶意十足的语言攻击特朗普。然后，对特朗普政治和经济政策进行非理性的解读和分析，以达到非理性的不认同。最后，用一种世界主义的乌托邦诉求抵制特朗普主义的美国至上原则，把特朗普主义的政治理念解读为民族主义，把特朗普主义的经济政策定位为国家主义，把特朗普的移民政策等同为民粹主义。

有学者认为，特朗普主义标榜民族主义，无视国际性议程，聚焦于自己的国家、自己的人民，所以，这是一种"新的民族主义"（Neo-Nationalism），已经背叛了保守主义意识形态。[1]而实际上，无论是选民支持"英国脱欧"还是特朗普上台，皆缘自于一种信念：国家不应是原子化个体的聚合物；民众不应被驱赶进一个无边界的国际性市场，并将其作为他们生活的终极目的。显然，这就是一种对保守主义的回归。自本杰明·迪斯雷利（Benjamin Disraeli）开始，保守主义者一直怀抱浓郁的民族主义情结。在克里斯托看来，民族主义是保守主义的核心部分，"现代保守主义有三大支柱，分别是宗教、民族主义以及经济增长"[2]。他无比珍视自由市场和企业家精神。当然，他也提醒世人，如果不加约束，自由个人主义（liberal individualism）以及对利润的追求，可能会成为摧毁国家生活、家庭生活和公共生活的纽带。苏东剧变后，克里斯托更是一再重申激进自由主义的危险，提议由宗教和新兴民族主义充当"美国保守主义的内核"[3]。

---

[1]　George H. Nash, "Populism I: American Conservatism & the Problem of Populism", in *The New Criterion*, 2016, p.13.

[2]　[美]杰里·马勒：《保守主义》，刘曙辉、张容南译，译林出版社，2010 年，第 404 页。

[3]　[美]杰里·马勒《保守主义》，第 390 页。

　　大部分美国精英对特朗普嗤之以鼻,来自硅谷的反对声音尤其响亮。然而,特朗普很快就给美国经济注入了一支强心剂。2017 年 12 月 19 日,被称为"美国史上最狠减税法案"的《减税与就业法案》(Tax Cuts and Jobs Act)获得两院投票通过,使特朗普赢得执政以来最大的立法胜利。根据此次税改法案,美国企业税将从 35% 降至 21%,而且是永久性下调。特朗普的意图很明显,就是要拉回那些因超高的企业税而不得不海外避税的美国企业,把更多的资本和就业机会带回本土,从而把本土经济做大做强。作为本次税改的副产品,这些美国企业在获利后,第一个想到的就是员工福利。美国的富国银行、移动通讯商 AT&T、电信巨头康卡斯特(Comcast)、航空航天巨头波音公司等相继宣布对员工的利好政策。道理很简单:税收少了,人们的收入就会增加,就会极大地刺激民众的投资理财;人们越乐观,借贷的钱就会越多。当然,也有人对此次税改持怀疑态度,认为这只会加剧美国社会的贫富差距,甚至加重美国政府的债务负担。其实,这就是一场赌博。如果特朗普的方案赌赢了:降低企业税带来了企业和富豪的回流,经济复苏,蛋糕变大,民众福利提高了,那么即使公共税收降低了,总体上还是不吃亏的。在某种意义上,特朗普的税收政策具有中长期效应,在未来一段时期可能对美国经济乃至全球经济产生重要影响,甚至可能造成全球企业家资源流向美国,带动全球资本、全球思想资源流向美国。与企业税率永久性的下调相比,个税降低虽然幅度很大,却是暂时的。但由于个人的流动性,成本远小于企业,从经济学的角度看,个税大幅度降低哪怕只是暂时的,也会很快见效。那就意味着,将来民主党掌权,要想颠覆这次税改,也只能逐步推进,很难有这次"特朗普税改"的革命性效果了。

　　许多保守派知识分子已经在试图同情、理解并适应特朗普及其支持者。正如古典自由主义者查尔斯·默里(Charles Muray)所说:"特朗普主义的核心真理是,全体美国劳工阶层有充分的理由对统治阶级不满。"[1]然而事情真的如此简单吗? 如果仅仅是底层民众强烈抗议、发泄不满、表达诉求,那么只要共和党拿出一份行之有效的改革方案,如加强移民控制、削减外资投入、改

①　George H. Nash, "Populism Ⅰ: American Conservatism & the Problem of Populism", in *The New Criterion*, 2016, p.11.

革税法、刺激经济增长，就可以迅速迎合中产阶级和底层民众。但今天美国保守主义面临的问题远比同情、理解更为复杂。

第一，特朗普主义必须面对并有效解决美国保守主义从未遭遇过的时代课题。首先是全新的国内外形势和政治议题。持续的经济萧条、大规模的移民运动、无处不在的恐怖分子、新兴发展中国家的强势崛起、英国的意外"脱欧"，这些新现象、新问题需要得到系统的、及时的应对和解决。其次是传统政治精英遭遇信任危机。面对各种社会危机，英国、欧洲其他主要国家和美国的政治精英一直在努力应付，但收效甚微，难以得到普通民众的认可。人们越来越相信：统治精英普遍无能，更无力让事态好转。再次是美国政治断裂化加剧。在过去的数年间，美国政治释放出越来越明显的信号，一种可怕的政治断裂正在形成且势头迅猛，这种断裂与其说是在传统左派与右派之间，不如说是在社会的上、下阶层之间。愤怒、绝望的底层选民将批判矛头直指清高、傲慢的上层精英。他们迫切需要一个能够让他们信任且立场鲜明的代言人。最后是当代政治传播的革命性变革。政治精英通过控制媒体左右社会舆论、支配政治资源的时代一去不复返了。借助互联网、智能手机和社交媒体，现代社会一步迈入自媒体时代。一方面是政治精英政治话语权的控制能力大幅削弱，另一方面却是普通民众政治利益的表达能力大幅提升。[①]如果说特朗普的当选得益于他能娴熟地运用新媒体，尤其是"脸书"（Facebook）和"推特"（Twitter），那么他又该如何利用好素来就有"双刃剑"之称的新媒体为其执政服务呢？

第二，特朗普主义必须适应已经更新换代的当代美国的政治逻辑。美国的政治逻辑在20世纪70年代被左翼运动重构：政治竞争的目标从资源的分配转向价值的分配，政治竞争的主体从阶级的归属转向身份的差别，政治竞争的话语从政治、经济议题转向意识形态之争。人们不再谈论一些容易达成共识、基于一般公民身份而关注的议题，如福利制度、经济发展、全球经济等，而开始谈论与某些特定身份认同或价值观相关的议题，如堕胎问题、同性恋问题、移民问题。[②]曾经一度热门的政治和经济利益仿佛一夜之间淡出

---

① 庞金友主编：《观念的冲突与政治秩序的构建》，第 97~98 页。
② 郭忠华、郭台辉主编：《当代国家理论：基础与前沿》，广东人民出版社，2017 年，第 144~145 页。

人们的视野，价值、话语、身份逐渐占据公共舆论的每个角落。

第三，特朗普主义必须缓和并逐渐消解来自底层和中产阶级的怨恨心理。怨恨是马克斯·舍勒（Max Scheler）伦理学的核心概念，是现代性诸多阴暗面的心理来源，往往源自社会结构剧烈变化、生存境况大幅起落、社会失范大行其道，也可能来自民主制度带给人们的一种平等错觉：他人的上升可能导致我们被剥夺。自20世纪七八十年代起，美国这种怨恨心理大体发端于底层和中产阶级。底层怨恨的逻辑是：作为全球化进程中受益最少、被主流远远甩开的群体，本应代表自己的民主党放弃了阶级话语和政治经济议题，转而关注"高大上"的热门话题。经济地位的巨大落差、国家认同的无限疏离、公民心理的强烈失衡，都促使这个群体产生了对他者的深刻怨恨。于是，民主秩序扩展的受益人（如黑人、外来移民、女性等）获得的权利被底层民众认定为所有政治不幸的根源；民主受益人成为底层群体的怨恨对象。而中产阶级的逻辑则是：自20世纪60年代兴起的反越战、反建制运动，使疏远国家、拒绝制度化、抵制政策和税收成为流行风尚。70年代后，出于对经济滞胀、收入锐减的普遍不满，中产阶级对日益膨胀的政府和靠高额税收支撑的社会福利项目充满怨恨。这些情绪使中产阶级转而支持更激进的市场方案和更保守的政策策略。这种文化氛围又在20世纪80年代与倡导自由市场、反对政府干预的保守自由主义立场不谋而合，进而成为中产阶级的时代精神和主流话语。结果是：政府成为中产阶级的怨恨对象。当前，美国政治的最大特征是：超越道德与多元文化的身份认同走上前台，往往会掩盖背后具有鲜明保守自由主义底色的政治经济方案：激进的市场化；减税，尤其是针对中高收入群体和企业；放松行业管制；收缩福利国家等。这些措施势必会加大收入差距、拉高失业率、破坏保护性的社会福利网络，对底层和中产阶级十分不利，而这恰恰是美国民众剥夺感和怨恨感的经济根源。

第四，特朗普主义必须解决当前核心领导层的人格和形象备受质疑的困境。特朗普的言行举止与极重教养、精英云集的保守派阵营心目中的理想领导人实在相距甚远。保守主义者们身上有一种乌托邦气质，他们自视品行高洁、政治正确，无法勉强自己去支持充满"道德缺陷"的特朗普。那些发起

"绝不支持特朗普"（Never Trump）运动的保守派，①发誓在任何情况下都不会支持这个不学无术、蛮横无礼、粗俗不堪的政客。而在特朗普主义者看来，那些腐败不堪、固执无比的保守主义建制派才是美国政治真正的祸害。一场纯粹的意识形态论争很快演变为赤裸裸的人身攻击，而一旦上升为人身攻击，矛盾就很难化解了。与此同时，一些极端、好斗的激进分子也加入到了特朗普队伍。他们明确提出要用民族主义和民粹主义重组共和党，公开支持白人种族主义和白人身份政治。②巴克利—里根派的保守主义者一直以精英和贵族身份自居，极为珍视保守派的形象和传统，而强硬的特朗普主义者则以底层的受压迫者自居，对传统精英和上层社会充满了敌意和仇恨，从这个角度看，双方似乎难有妥协的余地。

第五，特朗普主义与保守派批评者之间的争论是一场全面的观念冲突。换句话说，两派论争的实质不仅仅是某些政策细节和行动方案的分歧。特朗普主义者认为，保守派的世界主义和全球主义已经过时了，供给侧的经济学无法解决当前的经济问题，如果继续强行推行，只能造成灾难性的后果。而保守派批评者们则认为，特朗普主义不过是贸易保护主义、地方主义和新孤立主义的混和和堆砌，毫无新意。显而易见，特朗普主义已经在挑战二战结束以来美国保守主义联盟的共识底线。在自由贸易问题上，特朗普主义放弃了有限政府、市场经济和自由贸易原则，这是古典自由主义者的基本信条。在道德与宗教问题上，特朗普主义表面上支持生命权和宗教自由权，但实际上对这些议题并不感兴趣，这些问题恰恰是传统主义者和社会保守派最为关心的。在对外政策问题上，特朗普主义主张放弃自冷战时代以来的国际主义，同时严厉批判新保守主义者的"现实的威尔逊主义"（realistic Wilsonianism）③。可以说，特朗普主义看到了多数保守主义者对国内外不安定因素的担忧并试图加以解决，但上述方案是否能够赢得保守主义阵营的普遍认可，进而团结整个保守主义阵营还是个未知数，有待于进一步观察。

---

① George H. Nash, "Populism Ⅰ: American Conservatism & the Problem of Populism", in *The New Criterion*, 2016, p.14.

② ［英］约翰·米克尔思韦特、［英］阿德里安·伍尔德里奇：《右派国家》，第 322~323 页。

③ David Held, *Political Theory and the Modern State*, Polity Press, 2000, p.215.

　　面对上述困境与挑战,如果特朗普主义行之有效,美国保守主义的前途将一片大好。如果功亏一篑,会有什么后果呢?可以想象的是,特朗普政府可能有两个命运:一是在国会和政党的双重掣肘下无力回天,最终导致政务懈怠,国计凋零,民意下降,重回政党政治的老路;二是用高压手段压制社会舆论和政治精英,在政治中获取更多的权力,挟民粹情绪把美国政府带向更为保守、更为偏激的极端。美国不会走向法西斯,但有出现类威权主义的可能性。虽然美国的三权分立制度原本就是为防止主权者独裁专断而设,但事实毕竟是,从林肯到罗斯福再到里根,美国总统这个“民选国王”的权力都是稳中有升。

　　综上所述,当代美国保守主义历经波折,几度消散融合。在巴克利创刊《国家评论》时,保守派的前景还是一片灰暗,不成气候。随后戈德华特选举失利,尼克松辞职,“保守主义运动归于毁灭”[①]。幸好,1980 年到来了。但里根卸任后,不少人又开始预言“保守主义大崩溃”。几年后,保守派再度团结在纽特·金里奇(Newt Gingrich)的周围,获得国会中的多数席位。随着 2008 年奥巴马入主白宫,保守主义再次被打入冷宫。直到特朗普当选,特朗普主义登台亮相。当代美国保守主义者究竟在追求什么? 无论是巴克利主义、里根主义、还是特朗普主义,三代保守主义者们都渴望自由,渴望过一种免于国内外威胁、有德行的生活,渴望政府尊重和鼓励人们的自我选择和人生抱负。自由、美德和安全,是过去 70 余年间美国保守主义者们矢志追求的终极目标,也是西方文明的知识底蕴和精神基础,更是文明世界所不可或缺的构成性要素。当下的美国正经历一场政治、经济、文化和观念的深刻变革。民族主义、民粹主义、国家主义正在与世界主义、精英主义和全球主义角力竞争。这既是美国保守主义与自由主义的外部路线之争, 也是美国保守主义意识形态的内部观念之争。对当代美国保守主义者来说,这是一场争夺美国保守主义核心原则和内在灵魂的思想内战。至于特朗普主义能走多远,美国未来政治何去何从,我们只能拭目以待。

（作者单位:庞金友,中国政法大学政治与公共管理学院教授。）

---

① ［英］约翰·米克尔思韦特、阿德里安·［英］伍尔德里奇:《右派国家》,第65页。

▼

德国政治思想

德国保守主义：一种现代性话语①

　　过去两个世纪中，保守主义是与自由主义、社会主义并列的三大政治意识形态和思想潮流之一。作为现代社会的一种主流意识形态，保守主义究竟从什么时候开始正式登上思想史舞台，对此，学术界一直处于热烈的讨论之中。许多有关保守主义历史的研究著作会用一种比较肯定的语气断言：保守主义是欧洲思想界对法国大革命的一种积极回应。②然而也越来越有学者发现，仅仅把保守主义的发生追溯到法国大革命那里，是很成问题的，或者说会把思想史上许多重要的问题给遮蔽掉。因为他们经过认真的历史追溯，发现早在法国大革命爆发之前，欧洲不同语境下就已经萌发，甚至形成了较为成熟的保守主义思想。

　　不过，有关保守主义的理论定性似乎比明确其历史发生要来得简单一些。西方学术界越来越认识到，保守主义就其本质而言是一种有关现代性的理论话语和实践话语。但是正如现代性概念自身一样，作为现代性话语的保守主义，在欧洲语境下也从来都不是铁板一块，而是始终充满着紧张和矛

　　①　本文是拙著《德国保守主义的发生》（《德国思想史》第一卷）的导论部分，经过修改发表于此，恳切希望能够得到学界的批评指正，同时也要感谢《学海》杂志提供了刊发的机会，感谢我的学生朱宝元、姚云帆、战洋等不辞劳累，奔波于国家图书馆与校园之间，为我查阅和复印急需的各种参考资料。

　　②　See Hans-Gerd Schumann, *Konservatismus*, Athenaeum, 1984, pp.76-136; John Weiss, Conservatism in Europe(1770-1945), 1977.

盾,在不同的文化语境和历史语境下有着截然不同的表现形态,当然也就发挥着殊为不同的社会作用和政治功能。比如,作为欧洲范围内有着自身独特现代化道路、并且始终必须面对自身独特问题的国家,德国可以说为保守主义的发生和发展提供了良好的历史环境、社会空间以及政治氛围,这就使得保守主义在德国成了有着强烈的社会同情心和政治影响力的思想潮流,在特定时期内甚至演化成为主流的政治意识形态。

一句话,保守主义贯穿在德国现代历史的每一个环节之中,成为德国现代思想的一条主线。那么在德国语境下,这样一种有着悠久而连续历史的保守主义传统,究竟是在什么时候正式发生的呢?作为一种思想潮流,作为一种文化意识形态和政治意识形态,德国保守主义的自我理解到底又是怎样的呢?在德国当下又形成了怎样的历史效果?本文将选取德语世界中研究保守主义的几位著名学者卡尔·曼海姆(Karl Mannheim,1893—1947)、马丁·格莱芬哈根(Martin Greiffenhagen,1929—2004)和库尔特·伦克(Kurt Lenk,1929—)的研究成果作为重点考察对象,一方面对有关保守主义的不同定义进行阐述,揭示出德国保守主义发生的特殊性;另一方面对德国保守主义的思想结构进行较为深入的分析,发掘其背后隐藏的思想关联、社会关联,特别是政治关联,揭示出德国保守主义的内外之独特意义;最后,还将努力从宏观上勾画出德国保守主义的发展脉络,为我们今天进一步深入理解和研究德国保守主义提供一个历史框架和基本视角。

传统主义与保守主义

通常情况下,人们一说到保守主义,就会简单地把它与一种坚持传统、捍卫现状、反对剧烈变动的思想形态或者说一般的"守旧思想形态"等同起来,①这种一般的"守旧思想形态",就是德国知识社会学家曼海姆所概括的"传统主义"(Traditionalismus)。也正因为如此,曼海姆认为,要想搞清楚德国保守主义思想的发生及其早期发展历史,首先就需要对保守主义与传统主

---

① 参见[英]塞西尔:《保守主义》,杜汝楫译,商务印书馆,1986年,第3~12页。

义之间的差别进行深入的揭示，以纠正人们对于保守主义的普遍误解，还保守主义以思想的历史相关性和普遍有效性。

曼海姆运用其知识社会学的研究方法，把概念阐述与历史分析紧密地结合起来，围绕着德国保守主义思想的发生原因、思维方式、与时代的关联性、与自由主义的对立和互补等诸多方面，阐明了其在 18 世纪后期和 19 世纪早期的发展，在研究保守主义方面推出了筚路蓝缕、也颇遭质疑的成果，因此他本人被公认是研究德国保守主义乃至保守主义一般的代表人物之一。曼海姆的主要思想成就尽管并不在于保守主义研究，而是在于阐明了一种以"作为科学的政治学的研究法"为核心内涵的知识社会学体系。但正如有学者所指出的，如果没有保守主义研究，曼海姆很难在经验研究与哲学反思之间取得均衡，正是对于德国保守主义发生和早期发展的历史追溯和理论反思，让曼海姆尝试并成功地把自然科学研究方法与历史科学（社会科学）研究方法区分开来，实现了自身研究的经验转向。①

曼海姆在其《保守主义》一书中开宗明义，②明确指出其关注的核心问题在于阐明这样一个历史事实：早在 19 世纪的前半期，德国就已经形成了一种可以称作是"早期保守主义"的思想潮流，为特定社会阶层所代表和呈现，也反映了特定社会阶层的旨趣，形成了不同于其他思想潮流的历史动因和内在结构：

一种明确的保守主义思想风格的出现，是德国 19 世纪上半叶精神生活中最有影响力的事件。知识社会学在研究这么一种思想的方向时面临着一

---

① See David Kettler, Volker Meja, Nico Stehr, Karl Mannheim and Conservatism: the Ancestry of Historical Thinking, *American Sociological Review*, 1984, Vol.49, pp.71–85.

② 众所周知，曼海姆有关德国保守主义的研究结晶成为我们现在所能看到的《保守主义》(*Konservatismus*)一书，而该书的原型是曼海姆于 1925 年 12 月提交给海德堡大学的教授资格论文《德国早期保守主义：一种知识社会学研究》(Altkonservatismus: Ein Beitrag zur Soziologie des Wissens)。1927 年，曼海姆把其中的部分内容以"保守主义思想"(Das Konservative Denken)为题，发表于《社会科学与社会政策文库》(Archiv fuer Sozialwissenschaft und Sizialpolitik)，产生了广泛的影响，也受到了高度的关注。1947 年，曼海姆在去世之前不久，就曾为自己教授资格论文英文译本的出版作出过许多的努力。然而不无遗憾的是，无论是英文译本，还是德国原作，曼海姆都未能见到它们正式面世。参见 Karl Mannheim, *Konservatismus: Ein Beitrag zur Soziologie des Wissens*, Frankfurt am Main, 1984, p.7.

系列的任务:确定这种思想风格的特殊形态学;重建它的历史和社会根基;在与负载体的社会命运的关系中考察这种思想风格的形式的变化;展示它迄今为止在德国整个精神生活中的流布和影响范围。①

从这段引文中,我们不难看出,曼海姆的研究抱负和理论框架是非常宏大的。不过,也必须遗憾地指出,我们现在所能看到的《保守主义》一书,与其如此宏大的理论抱负与历史追求之间,显然是存在着相当距离的,因为曼海姆的研究具有着显而易见的"历史局限性"。当然,我们不能因此而彻底否定曼海姆在有关德国保守主义的历史形成与特殊形态方面所做出的重要阐述。

曼海姆首先试图在概念上给予保守主义一个明确的界定。他有意识地回避了从纯粹思辩的角度,而是采取了比较分析和历史分析的方法,来阐明他对于保守主义的理解。为此,曼海姆把带有历史色彩的保守主义概念与人类学和心理学所主张的传统主义概念区分了开来。

传统主义行为由于其形式上明显的半反应性而没有历史,至少可以说没有明确的有迹可寻的历史。相反,"保守主义"指的是一种可以从历史上和社会学上加以把握的连续性,它在一定的社会历史状态下产生,并在与生活史的直接联系中发展。保守主义和传统主义是不同的现象,保守主义首先产生于一定的社会历史状态之中,这种事实已经由语言这种最为可靠的历史线索表现出来。谁也不能否认"保守主义"这个词是在发展的最近阶段才首先开始使用的。②

所谓传统主义,按照曼海姆的理解,指的是一种普遍的人类属性,一种普遍存在的心理倾向,每个人或多或少都会有这样一种心理倾向,而且在任何一个认识阶段都会发生。其表征在于固守陈旧的思想方式和行为方式,捍卫过去与现有的一切,拒绝接受一切新的事物。保守主义则不然,它是一种特殊的历史现象,准确地说,是现代社会固有的一种现象,与现代社会结构和历史语境有着紧密的联系。换言之,保守主义只有在特定的历史时刻才会发生。所以说,传统主义是没有价值取向的,而保守主义则带有很强的价值取向,这是它们之间的根本差别。

就对概念的定义而言,曼海姆强调保守主义是一种现代性的思潮,是现

---

①② [德]卡尔·曼海姆:《保守主义》,李朝晖、牟建君译,译林出版社,2002 年,第 1、61 页。

代思想史上的一个流派。他指出,只有在现代语境下,保守主义才会真正成为一种有关政治和精神的话语体系;同样,也只有在现代语境下,我们才能说存在着一种所谓的保守主义思想类型。但如果仅仅限于指出保守主义的现代属性,显然会流于浮泛,而无法让我们对保守主义与传统主义之间的区别有着更加清楚的辩识,因为曼海姆本人也不得不承认,从某种意义上说,传统主义不但应该被看作是保守主义的雏形,甚至还应该被看作是保守主义在人类学意义上的结构源泉。

那么传统主义在某种意义上作为保守主义的先声,与保守主义之间势必还会存在着一种更加带有本质特征的差异性,否则,区分它们也就既无必要,更无意义了。按照曼海姆的看法,传统主义与保守主义之间的这一本质差异在于反思性和历史性。保守主义无论是作为一种政治思潮,还是作为一种思想流派,都具有鲜明的历史取向和反思特征,相反,传统主义却只能是一种纯粹属于偶然的反应。

于是,一个新的问题出现了:作为一种现代性的思潮,保守主义发生的历史动因,或者说,保守主义的历史根基究竟是什么呢? 曼海姆认为,保守主义思想形成的直接动因来自法国大革命,因为法国大革命促使人们对现有的传统主义的立场和心性结构进行深入的反思。如果没有法国大革命,人们根本就不会意识到现有的社会秩序到底是好还是坏,或者说人们对于自身的社会处境和历史处境便不会有着清醒意识。法国大革命所发挥的,就是促使人们检讨和反思现存社会秩序的关键作用。在这个意义上,法国大革命不但成了保守主义发生的标志,更成了欧洲历史、特别是德国思想历史的分水岭。

曼海姆认为,法国大革命之前其实是不存在严格意义上的保守主义思想的,如果说有什么保守主义思想的话,那就是所谓的"自然保守主义",或者说"传统主义",它所意味的,不过是对传统社会结构和宗教信念不加辨别的顽固坚持而已。但是一旦自由主义资产阶级的理性主义观念和进步主义意识形态对这种传统主义的心性结构构成挑战甚至威胁,那么传统主义的行为方式和思想形态就会发生转型,逐步形成所谓的保守主义思想。换句话说,一旦人们意识到传统主义的思想形态根本不足以抵抗法国大革命的威胁,不足以抵抗自由主义意识形态的挑战,人们就不得不做出进一步的自我反思,认真思考现实社会秩序中哪些是值得坚持的,哪些是不值得坚持而必须坚决予以革除或抛弃的,这样就势必会促使传统主义升华为保守主义。因此,法国大革命不过是提供了一个历史契机,发挥的是一种催化剂的作用,把原本就已经孕育着的"自然保守主义"转化为"现代保守主义",或者说把原来的"非反思性保守主义"转换为现代的"反思性保守主义"。

德国历史学者耶尔恩·加尔伯(Joern Garber)曾经犀利地指出,曼海姆有关传统主义与保守主义的区分虽然早就被作为一种定论而广泛采用,但所引发的问题比所解决的问题显然要多得多。[1]而德国专治保守主义思想史的重要人物格莱芬哈根同样也认为,曼海姆有关传统主义与保守主义的区分是很成问题的,因为这样做等于是从方法论上消除了人类学—结构主义与历史学之间的根本差异。[2]更何况,仅仅就曼海姆本人的具体论述而言,其中也有着明显的自相矛盾。比如说,一方面,曼海姆把尤斯图斯·默泽尔(Justus Moeser)作为德国早期保守主义的代表人物,认为其著作构成了一个重要的历史标志,推动了从具有形式心理特征的传统主义向具有历史反思特征的现代保守主义运动的成功过渡。而另一方面,如前所述,曼海姆又明确指出,欧洲保守主义只有在法国大革命爆发之后才具有了明确的反思特征,也就是说,只有经过了法国大革命的洗礼,现代保守主义才完成从传统主义中的脱胎换骨。可是,一个人所皆知的事实是,默泽尔根本就没有亲身经历过法国大革命。

为了解决这样一种显著的自相矛盾,曼海姆耍了一个难以自圆其说的小花招。他表示承认,默泽尔的确没有经历过法国大革命的洗礼,而仅仅是在坚持批判普鲁士的绝对主义意识形态。不过,这不妨碍默泽尔从另外一个意义上完成了推动传统主义向保守主义转变的历史使命,因为默泽尔所阐述的是一种独特的保守主义思想范畴,是一种"元保守主义"(Urkonservatismus)。

称他的保守主义为"元保守主义"颇为引人动心,如果这个术语可以用来指传统主义向与社会政治生活发生了功能性关系的保守主义第一次转变的话。这里既没有浪漫保守主义的深深绝望,也没有深刻内省。法国大革命

---

① Joern Garber, Politische Spaetaufklaerung und vorromantischer Fruehkonservatismus, in Fritz Valjavec, *Entstehung der politischen Stroemmungen in Deutschland: 1770–1815*, Duesseldorf, 1978, p.572.

② Martin Greiffenhagen, *Das Dilemma des Konservatismus in Deutschland*, Muenchen, 1971, p.53.

对代代流传的传统生活态度尚未展开正面攻击。从默泽尔的反思中，表现出来的主调首先是对"过去的美好时光"赞不绝口。他以一种奇怪的方式将自己完全包裹在启蒙运动的氛围之中。①

虽然赋予了默泽尔的保守主义思想以一种特殊的形态，但曼海姆还是必须正面阐明一个问题：默泽尔的保守主义思想究竟是不是具有反思性。很显然，曼海姆在《保守主义》一书中的回答是模棱两可的，他一方面认为，默泽尔的保守主义思想已经进入了反思阶段，另一方面却又指出：

> 默泽尔的冷静……不是一种对抽象因素的思辩的计算，而是一种权衡。它起源于小心谨慎和视野狭隘，对变动不居的动态因素视而不见。这种冷静、这种理性主义拒绝跃过任何眼前事实，抵制任何外面世界因素的入侵。它害怕失去使周围世界得以维持的传统道德关系。它是一种不会尝试超越自身界限的保守主义。这种元保守主义之所以在默泽尔那里成为反思性的，并不是因为发生了任何突变，而是因为来自法国的新的时髦观念和生活态度的逐渐渗入。这样即使是这种元保守主义也成为反思性的。②

格莱芬哈根看到了曼海姆思想中矛盾的之所在，但对于曼海姆出现自相矛盾的原因的解释似乎有些差强人意，不太到位。格莱芬哈根认为，曼海姆在默泽尔这个个案上之所以会给出自相矛盾的答案，从而集中暴露出其有关保守主义论述中的紧张甚至不足，主要一点在于，曼海姆想把反思性的保守主义置于非反思性的元保守主义之上，这样也就使得他无法澄清人们对于保守主义概念理解上的困惑。③其实，格莱芬哈根忽略了一个更为关键

---

① ［德］卡尔·曼海姆：《保守主义》，第145页。译文有改动。值得注意的是，曼海姆从双重意义上来理解"Urkonservatismus"一词，既用它来指称早期的保守主义，也用它来表示一种具有特殊意义的元保守主义思想，这从一个侧面反映出曼海姆在面对具有内在发生背景的德国早期保守主义时的尴尬立场。

② 同上，第145~146页。译文有改动。

③ Martin Greiffenhagen, *Das Dilemma des Konservatismus in Ventschland*, Muenchen, 1971, p.53.

的问题,那就是曼海姆由于过度强调德国保守主义发生的历史依赖性,过于关注法国大革命对于现代德国思想发生的冲击,过于强调德国保守主义作为法国大革命之反应的历史必然性,从而导致他根本无法解释清楚默泽尔在德国语境下的特殊意义,无法解释清楚德国自身内部究竟为保守主义的发生提供了哪些有利而独特的历史条件。

其实,曼海姆选择默泽尔作为个案分析,应该说是很有历史眼光的,因为默泽尔身上集中反映出了一个至关重要的问题:德国保守主义的发生,决非曼海姆所认为的那样简单而明了,而是充满了紧张性和复杂性,特别是内部语境与外部语境之间的紧张。换言之,德国保守主义所应对的,不仅仅是来自法国大革命的外在挑战,更主要的是为了解释德国本土由于现代性的发生而导致的社会变迁和思想变迁。事实上,也正是由于德国保守主义从一开始就具有如此复杂的内在关联与外在关联,才为格莱芬哈根本人的开拓性研究提供了可能。

德国保守主义的紧张

从某种意义上说,曼海姆停步的地方,恰恰是格莱芬哈根起步的地方。因此,格莱芬哈根的研究可以看作是对曼海姆研究的一种修正与完善,当然是一种带有拓展和延伸性质的修正与完善。否则,格莱芬哈根也就无法在德国保守主义思想研究史上赢得广泛的声誉和产生深远的影响。[1]毕竟,单就自身的思想原创性和学术影响力来说,格莱芬哈根似乎还无法与曼海姆相提并论。[2]

格莱芬哈根探讨德国保守主义,首要一点也是尝试着从定义上揭示出德国保守主义自我理解的两难以及有关德国保守主义研究所面临的重重困

---

[1]　David Y.Allen,Modern Conservatism:The Problem of Definition,*The Review of Politics*,Vol.43,No.4,1981,p.590 以下。

[2]　就学术身份而言,格莱芬哈根是当代德国颇有影响的政治学者,主要研究的是德国的政治文化。曾先后在海德堡大学、哥廷根大学、伯明翰大学以及牛津大学学习哲学,1965 年开始担任斯图加特大学政治学教授和政治学系主任,著述丰富,代表作除本文讨论的《德国保守主义的两难》之外,还有《国家与社会的民主化》《政治中的知识分子》《从波茨坦到波恩:德国的政治文化十论》等。

境。格莱芬哈根认为,保守主义从发生之日起一直到现在,始终都遇到一个巨大的难题,那就是难以定义,甚至是无从定义。无论是保守主义者自身,还是作为保守主义者对立面的自由主义者或社会主义者,都试图对保守主义给出一个明确的定义,然而最终都不得不抱憾地以失败而告终。不过,格莱芬哈根告诉我们,迄今为止有关保守主义的定义虽然都算不上成功,甚或是彻底失败的,但通过对各种有关保守主义的定义进行认真梳理和修正阐释,或许可以帮助我们寻找到一个有效的途径,从一个新的角度把握住保守主义的自我理解,尝试着重新给出一个能够得到学界广泛接受的定义。

和曼海姆一样,格莱芬哈根的入手点也是讨论一种有关保守主义的二元对立观念。他认为,归纳起来,有关保守主义的界定主要是通过把进步与顽固这两种不同的观念对立起来。进步与顽固,可以说从本体论的角度构成了一切人类历史的基本法则,也决定了保守主义的自我理解和人们对于保守主义的理解与研究,决定了人们要把保守主义看做是一种反抗进步和合理性的对等力量;更决定了人们要把保守主义看作是对自由主义原则一统天下的一种"反动"(Reaktion)。当然,格莱芬哈根也承认,这里所说的"反动",我们不能单纯从贬义上来加以理解,而要充分注意到其中所蕴涵的辩证意义,因为其目的是要把从18世纪向19世纪转变过程中出现的各种矛盾和对立调和起来。

格莱芬哈根认为,在把进步与顽固对立起来理解保守主义方面,德国专门从事保守主义与自由主义比较研究的著名学者格奥尔格·克瓦伯(Georg Quabbe)是一个杰出的代表。克瓦伯坚持德国浪漫派的观念,把人的禀赋区分为两种,一种是积极进步的,一种是消极迟缓的:人的保守禀赋与进步禀赋确保了斗争永远不会结束,认识的空间永远都不会最终封闭起来。因此,从人的这两种禀赋之中,我看到了自然最出神入化的手段,问题一旦发生就无法彻底解决,要想把这两种禀赋彻底均衡起来,既不可能,也违背了生命的意愿。①

于是,克瓦伯把关于保守主义的界定转换成了对于保守主义与自由主义关系的确认,认为保守主义的自我理解只有通过其他者(比如自由主义原

---

① Georg Quabbe, Tar a Ri. Vari-ationen ueber ein conservatives Thema, 1927, p.171.

则),才能得到具体的呈现和历史的定位:自由主义或者社会主义是一种攻击性的立场,而保守主义则是一种防守性的立场。自由主义、社会主义和马克思主义等追求的都要彻底推翻旧世界,建立一个新世界。保守主义则要么捍卫过去,要么捍卫现状,反对彻底改变传统的精神结构、宗教结构、社会结构和经济结构。

格莱芬哈根认为,有关保守主义的理解与研究基本上都未能走上上述二元对立的阐释窠臼,因此仅仅停留在范畴层面上,是很难对保守主义做出新的批判性理解的。要想走出这样一种困境,把有关保守主义的研究推向一个新的境地,就必须进入历史发生的视角,换言之,就必须把保守主义重新放回到德国的历史文化语境中加以考察,通过追溯保守主义的历史起源来探寻保守主义的本质规定性。

就保守主义的历史发生而言,格莱芬哈根指出,到目前为止已经形成了四种不同的观点,分别为普遍历史的观点、西方基督教的观点、启蒙批判的观点以及革命批判的观点。

普遍历史的观点主要是一些文化历史学家和文化社会学家提出来的,他们认为,保守主义不是某个特定历史时期的概念,而是适用于整个人类历史。比如著名的新自由主义者亚列山大·吕斯托(Alexander Ruestow)在其《当下的定位》(Ortsbestimmung der Gegenwart:Eine universalgeschichtliche Kulturkritik)一书中,就从普遍文化历史批判的角度把保守主义看作是一种上层社会的意识形态。[1]引发保守主义的动因在于阶级冲突,因为一旦统治者意识到下层会危及到他们的统治地位,就会形成一种保守主义的意识形态。因此,在人类历史的任何一个阶段,只要有不同阶层的存在,就会形成保守主义。从这个意义上,吕斯托认为,保守主义并非现代所特有、而是可以上溯到古希腊的思想形态。比如,品达(Pindar)就可以说是当时的一个保守主义者。同样,我们也可以在这个意义上把柏拉图看作是保守主义哲学家,把西塞罗称为保守主义政治家。

不同于上述普遍历史的观点,从基督教视角出发对保守主义的解释则

---

① Alexander Ruestow, *Ortsbestimmung der Gegenwart:Eine universalgeschichtliche Kulturkritik*, Herrschaft oder Freiheit, Stuttgart, 1957.

把目光集中到了西方基督教世界,在时间层面上那就是中世纪,认为保守主义其实应该说是中世纪的一种特殊思想产物。相对而言,这一观点在保守主义思想史上具有重要的意义,因为正如格莱芬哈根所指出的,谁如果把保守主义的发生定位在中世纪,事实上他所关注的就不再是中世纪的问题,而是现代问题了。因为他其实已经涉及了"古今之争"的问题。当然,格莱芬哈根可能没有注意到,从基督教出发考察保守主义的,一般都是宗教哲学家,比如他引以为例的阿洛伊斯·邓普夫(Alois Dempf),就是德国著名的天主教哲学家。①

邓普夫在其代表作《中世纪和政治复兴时期的历史哲学与国家哲学》(*Sacrum Imperium:Geschichts–und Staatsphilosophie des ittelaltersund der politischen Renaissance*)中列专题讨论了保守主义问题,而且主要是以但丁(Dante)和彼特拉克(Petrarch)作为个案。在邓普夫看来,但丁和彼特拉克都是保守主义者,但丁捍卫的是中世纪的教会和帝国,彼特拉克的保守主义则属于另外一种类型,所针对的不是作为社会现实源头的教会,而是历史上早就消失的罗马共和国及其德行。因此,现代保守主义的源头其实就在于中世纪,现代保守主义与中世纪的神学保守主义之间有着紧密的联系,甚至可以说就是神学保守主义的直接后裔。

如果说前面两种观点是在一般意义上讨论保守主义的话,那么后面两种观点在格莱芬哈根的心目中应该说有了具体的语境意识,也就是说,后面两种观点主要针对的是德国保守主义。第三种观点认为保守主义是对启蒙运动的一种回应。对于所有保守主义者来说,启蒙运动都是一个关键因素,直接促发了保守主义思想。在这一点上,格莱芬哈根没有做太多的正面阐释,而是借助于美国著名的思想史家克劳斯·易卜斯坦因(Klaus Epstein)的观点,②强调认为现代保守主义思想、特别是德国保守主义思想不过是对启蒙哲学的一种回应和反思,早在 17 世纪就已经拉开了序幕,到了 18 世纪中

---

① 邓普夫(Alois Dempf),1891 年出生于奥地利,当代著名的天主教哲学家,文化哲学家,被誉为反纳粹的预言家。1937 年起担任维也纳大学哲学教授,1949 年应聘到慕尼黑大学任教,直到 1982 年去世。主要著作有《科学的统一》《基督教的宗教解释学》以及《中世纪和政治复兴时期的历史哲学与国家哲学》等。

② 参见 Klaus Epstein, *The Genesis of German Conservatism*, Princeton, 1966, 导论部分。

后期已经蔚然成为一种新的时代风气。

上文在讨论曼海姆的时候说过，把保守主义看作是对启蒙运动的一种回应，实际上构成了一种内在的研究视角，与之相对应的还有一种外在的研究视角，也是格莱芬哈根所概括的第四种解释方法，其要义在于把保守主义看作是对法国大革命的一种回应。1790 年，伯克出版了《法国革命论》，通常被认为是现代保守主义发生的标志。从此形成了一种较为普遍的看法，认为对法国大革命观念的反抗是现代保守主义的促发动机。现代保守主义是对1789 之后西方政治、社会和宗教生活中所发生的革命转折的一种回应。换言之，保守主义既是对革命的一种抵抗，更是对革命的一种反思和修正。因此，夏多布里昂于 1818 年创办《保守主义》杂志，从而使这个概念渐渐在欧洲范围内广泛传播开来，也就合乎历史逻辑了。

如果说格莱芬哈根对于前两种观点的阐述既富有新意，又极大地拓宽了人们理解保守主义的视角的话，那么他对于其他两种观点（启蒙批判的观点以及革命批判的观点）的阐述，则是在有意识地向深层次方向发展，试图加深人们对于德国保守主义的理解。很显然，格莱芬哈根的本意并不在于单纯拓宽人们理解保守主义的视野，而更多的还是在于试图深化人们对于德国保守主义的批判性理解。因此，我们很快会看到，在后面的论述中，格莱芬哈根基本上放弃了对前两种观点的继续发挥，而是努力通过对后两种观点加以综合来形成自己的研究思路，这样就与他对曼海姆的批判形成了有机的对接。

所谓综合后两种思路，说起来其实一点也不复杂，就是要把启蒙运动的反应的保守主义与作为反革命思想的保守主义紧密地联系起来一并加以考察。格莱芬哈根自己也承认，这种做法并非史无前例，而是早已有之，比如，德国著名历史学家弗里茨·瓦尔雅维奇（Fritz Valjavec）就反对仅仅把保守主义看作是对法国大革命的一种回应：

最初的保守主义运动早在 18 世纪 80 年代之前就已经出现了。它们主要针对的是激进的启蒙运动和秘密的团体。也就是说，它们最初并没有形成自己的政治关系。直到 1789 年之后，它们才既具有政治色彩，又具有反革命意义。①

　　易卜斯坦因也曾指出,自 1770 年以来,德国就已经有了非常成熟的保守主义运动。这种保守主义主要回应的是德国本土的启蒙运动,进而言之,主要批判的是由于启蒙运动而被唤起的对各种政治关系、经济关系以及宗教关系的颠覆。格莱芬哈根觉得,瓦尔雅维奇和易卜斯坦因这两个人的观点非常独特,其优势就在于让我们充分注意到,保守主义既可以被认为是一种神学的立场,也可以被看作是一种哲学的立场,当然也允许被认为是一种社会经济的立场,这样就可以避免仅仅把保守主义看作是一种具有政治意义的反革命立场,避免把保守主义单面化。

德国保守主义的思想结构

　　上面我们梳理和分析的是德语世界中有关保守主义的两种相关而又充满分歧的权威观点。其实,在德国语境下,对于保守主义之研究,犹如德国保守主义自身,从来都纷繁复杂,形形色色,始终没有形成定论。德国当代著名政治学家伦克经过仔细的剖析,②把迄今为止有关德国保守主义的研究路径归纳为三种,分别为:历史的研究路径、普遍主义—人类学的研究路径以及紧密结合当下现实的语境主义的研究路径。③伦克的这一概括,应该说还是比较全面的,基本反映了德国保守主义的研究状况。不过,伦克和曼海姆以及格莱芬哈根不同,他所关注的重点,不再是要对这些不同的研究路径做进一步的比较阐释,而是想直接进入德国保守主义思想内部,分析德国保守主义的思想结构,由此来开辟自己的研究进路。这样,伦克没有就其分类的依据与意义再做深入细致的阐明,也就是很好理解的事情了。

---

①　参见 Fritz Valjavec:《德国政治潮流的形成》(1978)。瓦尔雅维奇(Fritz Valjavec,1909—1960),先后在柏林和慕尼黑担任历史学教授,1955—1960 年担任慕尼黑东南欧研究所所长,专攻德国与东南欧之间的文化关系史以及欧洲启蒙运动,代表作除《德国政治潮流的形成》之外还包括《西方启蒙史》《世界史手册》(10 卷)等。

②　伦克(Kurt Lent,1929—),曾在法兰克福大学学习社会学、政治学和哲学,1966—1972 年担任纽伦堡大学政治学教授,1972 年开始担任亚琛大学政治学教授,主要著作除本文讨论的《德国保守主义》之外,还有《意识形态:意识形态批判与知识社会学》《政治理论导论》等。

③　See Kurt Lenk, *Deutscher Konservatismus*, Frankfurt am Main, 1989, pp.13–16.

就思想结构而言，伦克主要分析的是德国保守主义的内在连续性和制度理性这两个范畴。他认为，和自由主义以及社会主义相比较而言，德国保守主义遇到的最大问题不是外在的，而是内在的，具体表现为缺乏一个统一的理论框架。于是乎，在德国语境（乃至整个欧洲语境下），出现了五花八门的保守主义概念，互为限制，乃至互为抵牾。不同的保守主义思想家也都各自为战，自诩为真，纷纷攻击对方是"伪保守主义"。从这样一种司空见惯的表面现象当中，伦克看到了德国保守主义研究中需要解决的一个最根本的问题，那就是，德国保守主义到底是否具有一种稳固的思想动机，或者说，是否具有一种内在的连续性。

伦克指出，德国保守主义两百多年曲折的发展历史已经用事实告诉我们，它不但具有牢靠的思想动机，而且还形成了一种鲜明且具有形式特征的内在思想逻辑，值得我们作历史追溯和理论分析。按照伦克的理解，德国保守主义的这种内在思想逻辑主要体现在三个基本的理论假设之中，当然，这些假设不是无的放矢，而是有着严肃的现实针对性。[1]

第一种假设是政治层面上的。保守主义认为，一切世俗的政治统治，要想持久而稳固，就必须获得一种超越的或先在的正当性。换言之，一切世俗的政治统治，最终都必须立足于一种超越的或先验的力量。世俗统治者只不过是被赋予了这种力量而担当了其载体而已，这和西方所谓"君权神授"的观念是非常契合的，反映出的是保守主义为了应对现代性发生的挑战而在政治层面上做出的不懈努力。保守主义由此还进一步指出，任何一种世俗的政治权威，都只能从上面来加以确认，而不能从下面直接产生。不难看出，保守主义在政治层面上的假设，针对的主要是启蒙主义者所主张的人民主权和大众民主等观念。

第二种假设是在一般意义上提出来的。保守主义认为，人的条件，或者说，人的本质，既是永恒不变的，也是充满缺陷的。正是由于人性中充满了缺陷，所以才需要对它们进一步加以引导、规范和完善。在人类历史长河中，人所显示出来的本质特征是脆弱、不完善以及容易受到诱惑等。如何才能克服人性中的这些弱点呢？保守主义把希望寄托在了制度身上，认为如果没有稳

---

[1]　参见 Kurt Lenk,《德国保守主义》,1989,pp.31–32。

定的制度,人也就根本不能成其为人。人在现代条件下之所以陷入困境,就是由于他们盲目而无止境地追求自由,把制度的约束抛到了脑后。很显然,在这个层面上,保守主义针对的主要是启蒙主义者所主张的个体自由观念。

第三种假设是实践层面上的。保守主义认为,我们必须通过自己的现身说法,证明社会、经济以及政治等不同层面上的不平等是人在社会中由于追求自由和自我展示而必然导致的结果,而且是不可更改的结果。无论是何种社会等级秩序,阶级秩序也好,阶层秩序也罢,或者还是特权秩序,说到底都是人天生不平等的一种具体而有力的表现。这就意味着,社会不平等不是后天形成的,而是先天就预定下来的。社会不平等作为一种先定的东西,奠定了社会等级秩序的基础。在保守主义看来,有三种先天的力量决定了人们的社会不平等,一个是上帝,一个自然,还有一个是文化传统。不用说,在实践层面上,保守主义所反对的主要是启蒙主义者的平等观念。

伦克通过对德国保守主义基本假设的概括,潜在地告诉了我们他对于德国保守主义历史发生的理解。在他看来,德国保守主义与其说是对法国大革命或启蒙运动等重大历史事件的回应,不如说是对作为这些历史事件前因后果的一些形而上学观念(诸如人民主权、平等、自由等)的反动。[①]这样,伦克就把德国保守主义的历史发生难题巧妙地搁置了起来,为他集中精力分析德国保守主义的内在思想结构提供了极大的方便。

我们还是回到伦克有关德国保守主义内在思想结构的分析上面。伦克认为,有了上述三个基本假设,德国保守主义(其实整个欧洲范围内的保守主义大抵也是如此)逐步形成了一些核心范畴,相互之间不断凝聚,最终结晶成为三个最基本的价值判断,成为德国保守主义思想内在连续性的集中体现。[②]

第一个价值判断在于主张超越个体主义,以总体性和有机性作为自己的价值取向。保守主义认为,个体只有以总体为取向,才能为自己找到在世界中的地位。个体必须被整合到了一种巨大的集体语境之中,诸如国家、传统、等级、民族、人民和共同体等。这里所说的,实际上就是强调集体在价值

---

① See Panajotis Kondylis, Die Aufklaerung im Rahmen des neuzeitlichen Rationalismus, Muenchen, 1986; Konservatismus, Stuttgart, 1986.

② 参见 Kurt Lenk,《德国保守主义》,1989, p.33、38、45.

层面上之于个体的优先性,以及个体在存在论意义上对集体的依赖性。也就是对启蒙理性和法国大革命所主张的个体主义的一种反动。

第二个价值判断在于其自由观念。保守主义认为,个体可以获得自由,但不能摆脱整体而获得自由,因此个体的自由是一种派生的自由,一种消极的自由。个体所获得的,只是服务于集体的自由。与自由主义的自由概念不同,保守主义的自由概念不主张个体从集体的要求中摆脱出来,也是应当以集体为出发点,强调个体对于集体应该承担起义务,而且这种义务远远优先于个体自身所应获得的权利。可见,保守主义是反对积极自由,而主张一种消极自由。

第三个价值判断在于主张用集体和整体来限制个体的自主要求。这就涉及自主性问题。康德把人的自主分为私人自主和公共自主,自由主义者强调私人自主优先于公共自主,而保守主义则反其道而行之,主张个体的私人自主受制于公共自主,认为只有这样才能让有价值的集体和整体自身获得一种个体性。因此,在保守主义看来,国家也好,民族也好,所有这些总称并不是个体的简单集合,而是一种独特的总体性,它们构成了一种大写的主体(Uebersubjekt)。保守主义所说的集体性或总体性,不但意味着时间上的在先,而且意味着价值上的优先。

无论是保守主义的三个假设,还是由此建立起来的三种价值判断,都指向了一个基本的二元对立,那就是个体与集体(总体)。在伦克看来,保守主义反对的是原子论的个人主义理性观念,主张建立一种集体主义或总体主义的理性观念,伦克称之为"制度理性"。按照这样一种理性观念,人所依赖的社会秩序、政治秩序、法律秩序等,不过是一些制度的产物,这些制度的现实形态包括家庭、社会、国家等。只有稳固的制度才能确保人类的和平和各种秩序的安全,因此人们必须尽自己最大的努力来捍卫现有的一切制度。这里所阐述的可以说是一种目的论的制度论证方法:只有在制度当中,也只有通过制度,人的第二本质才能获得实现;对于人的具体存在而言,制度是必要的设施,也是人的理性行为能力的必要基础。①

从制度主义的理性概念出发,伦克把保守主义思想所主张的政治世界

---

① 参见 Kurt Lenk,《德国保守主义》,1989,p.33、38、45。

理解为一种由不同制度构成的等级秩序,只要这些制度还能保持稳定,还在发挥作用,它们对于个体的思想和行为就具有一种强制的功能。人的个性之所以能够得到张扬,并非由于人的个性自身的力量,而是更多地得益于制度的力量,比如传统、教育、语言、文化设施、家庭以及传统的习俗和宗教等。

如果伦克仅仅停留在对德国保守主义的思想结构做制度主义概括的话,那么,他的研究也就不会有太多的创造性了,因为早在他之前,已经有许多研究者提及了这一点。当然,伦克肯定不会仅仅满足于此,他势必还会就德国保守主义思想结构的认识论基础作进一步的挖掘。按照伦克的理解,德国保守主义在认识论层面上所主张的核心观点在于用"承认"(Anerkennen)取代"认知"(Erkennen)。①伦克指出,德国保守主义颠覆了黑格尔所说的"凡是现实的,就是合理的"的经典命题,要求消除合理性与现实性之间的联系,主张我们必须承认有可能存在着前理性的现实性,或者说必须承认现实性有可能先于一切合理性。当然,这种现实性或许是一种宗教启示,或许是一种神话故事,或许是一种其他形式的高级智慧。不管怎样,不同的保守主义思想,在对待世界的态度上有一个共同点,那就是承认存在着一个超越一切个体理性把握范围的权威,诸如上帝君主、贵族、人民、国家、民族精神等。

因此,保守主义思想反对建立在人类个体理性基础上的"纯粹"认知,主张用一种"承认"取而代之。那么保守主义思想所主张的"承认"究竟又是什么呢?伦克认为,要想理解保守主义所说的"承认",就还是必须从理性概念入手。按照保守主义的理解,人类理性不能被当作是一种理解现实性本质的工具。人类周围的现实以及人类自身的现实性在时间上是先定的,早在人类感知到它的存在之前,就已经在那里了。这种现实性通常都被明确为不可认知的、无从把握的以及非理性的。果真如此,人类理性的功能仅仅在于对现实性加以分类,并根据一定的标准加以归位。②

这就决定了保守主义所理解的"承认"带来的便会是一种带有权威色彩的"具体论"(Konkretismus)。伦克用"具体论"一词,显得有些费解,其实,假如我们知道它所关注的基本问题就会豁然开朗。"具体论"所要回答的问题是:自我如何面对世界?或者说,个体与世界之间是怎样一种关系。于是,人对内

---

①② 参见 Kurt Lenk,《德国保守主义》,1989,p.33、38、45。

在他者和外在他者的认识,变成了人与人之间的关系。而所谓合理性,也就不再是现实性,而是社会性,是各种各样的社会关系,比如家庭、血亲、语言、习俗、人民等。主观理性的解释范畴根本无法运用到这样一些社会关系所建构起来的制度当中,它们的内在本质不是什么合理性,而是一种先定性。面对这种一种自主的现实性,个体无法也无须凭借自身的力量去获得准确认识,他惟一能做的,就是"承认"。

必须指出,"承认"一词并非伦克所独创或首创,而是早在黑格尔那里就已经成为一个核心范畴,眼下在西方思想界更有走红的趋势。[①]那么保守主义意义上的"承认"概念与黑格尔意义上的"承认"概念有着怎样的区别呢?正如阿克塞尔·霍耐特(Axel Honneth)所指出的,早在耶拿时期,黑格尔就已经提出了一种"为承认而斗争"的观念,其内涵十分丰富,归纳起来则在于黑格尔坚持认为,主体之间为相互承认而进行的斗争形成了社会的内在动力,有助于建立一种保障自由的政治制度,有助于推动现代社会的发生与前进。可见,在黑格尔意义上,所谓"承认",指的是一种主体间性关系,虽然还没有走出主体哲学的园囿,但却是建立在主体之间平等关系上的,具有了开导出交往理性的巨大潜能。

保守主义意义上的"承认"概念则不然,它的前提不是一种平等的对话关系,是一种等级性的权威关系,是一种先在的权威结构。所追求的不是相互承认,而是一方对另一方的绝对屈从,主要是人作为个体对于先在的神圣秩序和世俗秩序的屈从以及人作为个体对于共同体的屈从。由此建立起来的,自然也就不会是一种自由的政治制度,而只能是一种等级秩序。这样,通过保守主义所理解的"承认"概念,或许还可以帮助我们深入理解保守主义在政治实践层面上的远大追求:以颠覆理性主义为根本前提,借助于机缘论,建立一种政治神学(Politische Theologie)。[②]不过,这就超出了本文的论述范围了。

---

① 关于黑格尔的"承认"概念及其历史效果,参见[德]黑格尔:《精神现象学》,贺麟、王玖兴译,商务印书馆,1979年;此外,还请参见[德]霍耐特:《为承认而斗争》,胡继华译,上海人民出版社,2005年;Paul Ricoeur, *Wege der Anerkennung*, Frankfurt am Main, 2005。

② Carl Schmitt, Politische Theologie, Berlin, 1985.

德国保守主义的发展脉络

回顾一下,我们不难发现,无论是曼海姆,还是格莱芬哈根,基本都是在作保守主义形态学分析。曼海姆自己说的很清楚,他的目的不是要对德国保守主义的历史作深入探讨,而是想通过对德国早期保守主义的具体研究来揭示德国保守主义的形态特征,以便对整个德国保守主义作类型学分析。格莱芬哈根说的就更加明确了,他的研究遵守的虽然是德国精神历史的写作传统,但主要的意图还是要勾画出德国保守主义思想的形态特征,因此他关注的重点不是对德国保守主义历史的叙述与分析,而是对德国保守主义模式的建构,试图探讨的是德国保守主义思想的基本结构。①一句话,无论是伦克的研究,还是格莱芬哈根的研究,都是非历史的。

伦克通过对德国保守主义思想结构的揭示,阐明了德国保守主义的内在连续性,这样就使得他的研究成果在曼海姆和格莱芬哈根的基础上有了一个新的飞跃,主要表现为他放弃了从历史发生视角出发对保守主义的结构性探讨,转而从历史连续性视角出发,着重探讨德国保守主义思想的内在连续性与历史连续性之间的结构性关系。伦克这样做,其实是情理之中的事情,因为他既然证明了德国保守主义思想具有一种内在的连续性,他就必定要从历史的层面上来验证这种连续性,必定要对德国保守主义的发展历史做总体上的把握。换言之,如果说曼海姆和格莱芬哈根把分析的重点放在德国保守主义历史发生动因上的话,那么伦克则有意识地开始关注和探讨德国保守主义的历史发展过程,虽然伦克这样做说到底还是为他追寻德国保守主义的内在展开逻辑提供方便。

在具体分析伦克有关德国保守主义历史进程的论述之前,我们首先有必要了解一下西方学术界对于欧洲保守主义一般历史过程的界定。毕竟,德国保守主义从发生之日起,虽然有着自身内部的强大动力,但终究无法割断

---

① See David Y. Allen, Modern Conservatism: The Problem of Definition, *The Review of Politics*, Vol.43, No.4, 1981, p.590.

与欧洲范围内的历史变迁之间的复杂联系。①比如,我们还是以默泽尔为例,表面上看,他的保守主义思想主要是在德国自身语境下发展起来的,似乎与外界的冲击没有太大的关系。其实,如果离开席卷整个欧洲的"三十年战争"(1618—1648),如果离开英国对以汉诺威为中心的周围地区的广泛而持久的文化冲击与政治影响,默泽尔的保守主义思想恐怕就不会是我们今天所看到的这个样子了。②

威廉·里布赫格(Wilhelm Ribhegge)通过对欧洲范围内保守主义历史的批判考察,把保守主义的发展分为三个不同的历史阶段:经典保守主义阶段(der klassische Konservatismus)、资产阶级–民族保守主义阶段(der buergerlich–nationale Konservatismus)以及现代保守主义阶段(der moderne Konservatismus)。③

里布赫格指出,经典保守主义始于1789年的法国大革命,以1848年革命的爆发为结束的标志。之所以称之为经典保守主义,是因为一批经典作家都在这个时间范围内发表了他们讨论法国大革命的代表作,诸如英国的伯克、德国的根茨、法国的迈斯特(de Maistre)以及瑞士的哈勒(Ludwig von Haller)等。对于经典保守主义而言,封建贵族和教会以及与教会和等级密切相关的各个社会阶层构成了中流砥柱。而在政治层面上,经典保守主义极力捍卫的,则是绝对主义君主制国家以及封建等级的社会秩序、信仰秩序和法律秩序等。当然,里布赫格也承认,经典保守主义由于处于发生之初,因而还不太成熟,甚至还比较软弱,其最核心的一点是为了反对以未来为取向的进步主义意识形态,而不得不把目光转向过去,试图从过去寻找到捍卫现实的可能性。这样一来,在经典保守主义那里,捍卫过去与捍卫现实被结合到了一起,形成了一种历史与非历史因素融合在一起的复杂的意识形态。

经典保守主义的终点构成了资产阶级–民族保守主义的起点。里布赫格认为,在这个阶段,保守主义的中坚力量不再是封建贵族,而是变成了新起

① Fritz Valjavec,Die Entstehungdes europaeischen Konservatismus,*Hans–Gerd Schumann*,1984,p.138 以下。

② See Klaus Epstein,1966,p.297 以下。

③ Wilhelm Ribhegge,Konservatismus. Versuch zu einer kritisch–historischen Theorie,*Hans–Gerd Schumann*,1984,p.129 以下。

的资产阶级。在政治层面上，发挥决定性作用的也不再是绝对主义国家，而是新兴的民族国家。里布赫格强调指出，如果说在经典保守主义阶段，自由主义是保守主义的强敌的话，那么到了资产阶级–民族保守主义阶段，自由主义与保守主义表面上虽然还处于对立的状态，但私下里早已化敌为友，形成了共谋的关系。资产阶级–民族保守主义的捍卫对象也不再是过去所谓的黄金岁月，不再借助于过去来捍卫现实，而就是当下，实实在在的当下。尤其值得一提的是，此时的保守主义在建构民族国家视野的同时，还超越了民族国家的限制，展现出了一种国际主义的新维度。不难看出，这个阶段的保守主义在时间和空间层面上都具有转型特征。

不过，随着第一次世界大战的爆发，资产阶级–民族保守主义也就暴露出了其在解决民族主义与国际主义矛盾上的无能，于是，随着第一次世界大战的结束，资产阶级–民族保守主义也就宣告寿终正寝。接下来，现代保守主义拉开了帷幕，粉目登场了。里布赫格指出，此时的社会结构已发生了根本的变化，大众消费社会取代了市民社会，新的权贵阶层成为了保守主义的社会基础。在经济层面上，工业资本主义是主角，它的表征是大众消费与大众生产的有机缝合。于是，无论是保守主义的捍卫对象，还是保守主义的批判对象，都出现了变化，一个显著的标志在于对于消费主义和技术主义的批判空前高涨。

从里布赫格所给出的保守主义不同阶段发生和结束的年代，我们可以看到非常有意思的内容。从严格意义上说，里布赫格堪称是一个马克思主义思想史研究者，因为他对于保守主义不同阶段的划分，基本上依据的是马克思主义的社会发展理论。也就是说，里布赫格基本上都是把革命或战争作为划分保守主义思想发展历史的标志。里布赫格这样做，固然有一定的道理，但显然过于粗放，也过于强调思想变革对于政治变迁的依赖性，有把思想史当成政治史注脚的倾向，也有意无意地忽略了思想自身的历史联系以及思想自身变迁的固有节奏。

即便在讨论历史分期问题上，伦克也一如既往地把自己的研究聚焦到德国语境当中，根据德国历史和德国思想自身的发展逻辑，对德国保守主义的发展脉络做了勾画和描述。按照伦克的看法，德国保守主义经历了三个不同的发展阶段，相应地也形成了三个不同的历史流派（"古典保守主义""保守主义革命""新保守主义")。当然,这些流派相互之间并非毫无瓜葛,而有着紧密的历史关联和思想关联,甚至形成了一个有机的历史总体性和思想总体性。

按照伦克的理解,古典保守主义包括两个部分,一个是早期保守主义,另一个是政治浪漫派。前者以默泽尔为代表,还包括布莱姆(Georg Nilas Brem)、普费尔(J. G. B. Pfeil)等,后者则主要包括德国浪漫派中以政治为取向的一批思想家,此外还有历史法学派的成员。德国早期保守主义的核心范畴主要在于对土地的礼赞、对平等的批判以及对革命的阐释等。值得注意的是,在德国早期保守主义这里,革命尚未构成一个真正意义的批判对象,而只是一个观照和阐释的对象。但随着法国大革命的变调,特别是随着伯克的著作被翻译引进德国,德国保守主义思想立场发生了根本的变化,政治浪漫派逐步占据了主导地位就是这一转变的标志。

在19世纪上半叶,政治浪漫派一直都是德国保守主义的主流,其反思和批判的对象主要是非历史的自然法学说及其政治影响和社会影响。政治浪漫派主张发展一种新的共同体意识和历史意识来捍卫德国的等级社会。伦克把政治浪漫派的理论立场扼要概括为:以权威反抗自主,捍卫自然和历史,建立一种有机的形而上学和国家学说。特别值得指出的是,伦克注意到了政治浪漫派的两个不同维度,一个是政治的,一个是法律的,因而其视野比施密特(Carl Schmitt)等人单纯限于从政治的角度理解德国政治浪漫派要来得更加宏阔一些。[1]

保守主义革命是20世纪初形成的一个有着特殊意义的保守主义思潮,在魏玛共和国时期达到了高潮。由于派别众多而显得有些杂陈,但其中有一个派别十分突出,这就是所谓的"青年保守派",也被公认是保守主义革命的主流,[2]代表人物包括容格(Ernst Juenger)、斯宾格勒(Oswald Spengler)、凡登布鲁克(van den Bruck)以及我们已经提及过的施密特等。

饶有意味的是,由于促发保守主义革命的动因是第一次世界大战中德国的失败以及战后建立的魏玛共和国所暴露出来的政治软弱,因此保守主

---

[1] 参见[德]施密特:《政治浪漫派》,冯克利、刘锋译,上海人民出版社,2004年。

[2] 参见拙文《保守主义革命及其后果》,载曹卫东:《权力的他者》,上海教育出版社,2004年。

义革命在政治层面上所拒绝的不再是未来,而是现状;所展望的也不再是未来,而是一种充满等级秩序的过去。保守主义革命试图在保守的激进与革命的激进之间建立某种微妙的联系,通过在民族主义与德意志社会主义之间进行综合,建立一种新的具有政治取向的民族社会主义,于是与第三帝国的政治意识形态有了亲和性。伦克指出,保守主义革命的理论诉求在于要用行动主义和行动信仰取代纯粹的理论,用单方面的行动取代双方面的协商,用权威和纪律取代软弱和萎缩,用英雄的信念取代重商主义的信念。

第三个阶段就是第二次世界大战结束之后形成的所谓的新保守主义思潮。和保守主义革命一样,新保守主义也呈现出不同的派别,比如"传统保守主义",被认为是保守主义的国家学说的代表,继承了法国大革命以来的反动传统,反对一切民主的解放运动;还有就是 20 世纪 60 年代以来形成的"技术保守主义"以及"改革保守主义""生态保守主义"等。伦克统称它们为现代保守主义,代表人物既有战争结束之前就已经享有盛名的弗莱尔(Hans Freyer)、盖伦(Arnold Gehlen)、谢尔斯基(Helmut Schelsky)等,也包括战后迅速成长起来的马夸尔德(Odo Marquard)、吕伯(Hermann Luebbe)和施佩曼(Robert Spaemann)等。其核心观点在于面对工业化过程和社会转型在各个不同层面上的挑战所作出的各种反应立场。伦克特别指出,无论如何,通过从古典保守主义到现代保守主义发展的追溯,我们应当看到,资本主义、法国大革命、自由主义等,始终都构成了保守主义的宏观背景。

伦克对于新保守主义理解的一个新的拓展在于注意到了"历史学家之争"(Historikerstreit)的重要意义。这场争论开始于 20 世纪 70 年代中期,到 80 年代中期达到高潮,争论的焦点是德国的民族认同问题。因为当时有一批思想家和政治家认为德国人应该努力从希特勒的阴影下摆脱出来,重新评价第二次世界大战中的许多问题,认为德国人之所以选择了这场战争,主要是为了应对布尔什维主义的挑战,应对欧洲文明的挑战。这种把战争罪行相对化的做法,实际上涉及到了德国人的文化认同和政治认同问题,遭到了以哈贝马斯为代表的一批思想家的批判,也激发了德国人的历史意识与政治意识。如果我们结合随后不久就爆发的世界范围的政治运动,这场争论的重大历史意义也就不言而喻了。

综上所述,可以看到,伦克在划分德国保守主义不同历史阶段时,实际上是采取一个比较讨巧解上，他把曼海姆有关德国保守主义的研究思路综合了起来，不再强调德国早期保守主义与德国浪漫派之间的差异性，而是突出他们之间的连续性和同一性。就他所理解的古典保守主义而言，伦克认为，其发生的动因严格说来还不止两个，而是有三个，即德国自身内部对于启蒙理性的批判以及法国大革命的挑战以及伯克的理论启发。而在这三者之中，伯克思想的影响更加关键。伦克把德国对伯克思想的接受分为两个阶段：第一个阶段开始于 1793 年，以根茨翻译伯克的《法国革命论》为标志，到维也纳会议期间达到高潮。第二个阶段以斯塔尔（Friedrich Julius Stahl）的《法哲学》出版为开端，到 1854 年宣告结束。①这样，伦克就在德国自身语境和法国语境之外，又增加了一个英国语境，大大拓宽了理解德国保守主义的历史背景。

当然，我们也必须承认，伦克这样认为，并非纯粹出于策略，更多地还是为了能够贯彻他有关德国保守主义是一个有机历史整体的理论主张。此外，伦克关于德国保守主义的历史分期，从总体上看也代表了当前德国学术界的基本观点。不过，正如我们在前面所指出的，伦克虽然勾勒了德国保守主义的历史脉络，但他的本意并非在于研究德国保守主义的宏观历史格局。其实，认真考察起来，我们会发现，到目前为止，无论是德语学术界，还是非德语学术界，都未能提供出一部专门研究德国保守主义发展历史的著作，这实在是一个巨大的遗憾。由此，我们可以从跨文化的角度，进一步细化和修正伦克有关德国保守主义发展脉络的划分，深化我们对于德国保守主义历史效果的理解与研究。

（作者简介：曹卫东，北京体育大学党委书记、校长。）

---

① 参见 Kurt Lenk，《德国保守主义》，pp.71–72。

为康德革命理论的一致性辩护

　　18世纪是启蒙的时代,也是革命的时代。我们常常可以依据思想家对一个具体事件的立场,将其划归或激进或保守的阵营,如潘恩与柏克之于法国大革命。但如果以这种方式措置康德,则令人有困窘之感。《道德形而上学的奠基》、《实践理性批判》在我们脑海中造就的康德形象,是一位高扬理性、人性尊严和自由的启蒙哲学家。把这种思想立场反映到政治态度上,人们也自然会推测康德将赞同一切进步的革命。然而在康德18世纪90年代的著作中,我们却常常发现他明确地否定一切革命的权利。这种否弃革命权利的主张与其道德哲学的主旨是否相容?对革命权利的否认是康德真正持有的观点吗?不仅如此,在否弃一切革命权利的同时,康德对于法国大革命这一真实的历史事件却青睐有加,似乎忘却了他本人对革命权利的绝然否弃。那么康德对法国革命的正面评价是否又背离了他的一贯立场?康德革命理论中的这些疑难困扰着众多的康德学者,他们从不同的角度试图化解上述两个矛盾。"革命"问题可谓康德政治哲学研究中一个历久不衰,时常翻新的话题。

　　本文力求为康德的"革命"问题作一阐释。第一部分阐明了康德的公民宪政理念,表明建构国家权利体系的基本原则仍然来自启蒙哲学的一些基本观念。第二部分考察康德否弃革命权利的五种具体论证,并指出只有根据"公民宪政理念的前提条件"这一论证,才能为反对一切革命权利的观点给予支持。第三部分表明一些康德学者的"相对的"阐释是不正确的,由此为康德对于革命权利的否定同先天的法权体系的一致性给出辩护。第四部分将说明康德对法国大革命的激赏可以在其法权哲学的内部获得解释。最后一个部分探讨了如下问题:倘若革命因为对宪政理念现实条件的摧毁而丧失了合法性,那么宪政理念的实现又能指望什么? 康德笔下的历史进步是:通过启蒙,在保持宪政理念现实条件的情况下,促进现实逐渐地接近理念。在这一历史进程中,自身的启蒙和对政治体制的改善无论对于执政者还是普通公民,都是来自于理性本身的双重责任。

一、公民宪政的理念

康德对革命权利的拒斥属于其法权哲学①的一部分。我们首先面对的一个问题是,康德的法权哲学和他的道德哲学是否存在原则上的差别。如果存在这样的差别,那么我们就无须为康德的革命问题殚精竭虑了,因为法权哲学无需依照道德哲学的基本原理就能获得辩护。但这个简便的解释路径是不存在的。康德的法权哲学作为实践哲学的一部分, 沿承了后者的基本主旨。如果我们要为人类的实践活动寻求并确立普遍有效的原则的话,那么就不能求之于经验,而必须从先天理性中寻求权利、法律及政治建构的根据。康德说,如果要想在这些领域中"认出正当与不正当的那个普遍的标准",就必须"长时间离开那些经验性的原则,仅仅在理性中寻求那些判断的源泉"。②在康德的哲学规划中,并没有法哲学或政治哲学的独立地盘,理性没有也不可能为法律或政治提供独立的原则。因为理性的唯一法则只能是自由。康德的法权哲学未曾偏离先天的理性自由所颁布的法则。

---

① 本文交替使用"法权哲学""权利哲学"以及"政治哲学"等概念。它们之间并无实质差别,在根本上都是指康德依据先天理性为人们的外在自由确立法权体系的学说。概念使用上的多样主要是因为"recht"一词的多义。用"法权哲学"强调体系性的、整体的含义,"权利哲学"意在表明康德为具体权利提供了先天的辩护,这两个概念都可以适用通常的"法哲学"。"政治哲学"在康德的理论中可看作是对于先天理性的法权体系所要求的公共法权的相关阐释,并不是独立于法权哲学的一部分。

② [德]康德:《道德形而上学》,张荣、李秋零译,中国人民大学出版社,2013 年,见李秋零主编:《康德著作全集》(第6 卷),中国人民大学出版社,2007 年,第 237~238 页;229~230[此为康德著作标准引注页码,表示引文出自普鲁士科学院版的《康德全集》(第6 卷),1902 年,第 229~230 页,下同]。

但是一般原则上的一致性并不能使我们忽视康德法权哲学与道德哲学的一个意义重大的差别。康德说:"就这些法则(自由法则)仅仅涉及纯然外在的行动及其合法则性而言,它们叫做法学的;但是如果它们也要求,它们(法则)本身应当是行动的规定根据,那么它们就是伦理的。"①这意味着"法学的"内容只关乎人的外在行为的合法性,并不对人的主观任意(willkür)提出要求,无须直接以普遍法则为动机,只要求行为在外在方面符合相关法则。与之相对,伦理学则强调与法则相应的义务理念本身同时成为内在的动机,动机与义务的一致性正是自律的体现。人作为自由的存在者,能够将客观法则的表象作为自身主观的行为准则,或者说,在道德的意义上,能够将外在的法则本身就当作任意的一个对象(即质料)。在将法则本身作为行为的质料或目的的意义上,行为的道德性就要求免除一切外在的强制。康德说:"另一个人虽然可以强制我去做某种不是我的目的(而只是达到另一个人的目的的手段)的事情,但不能强制我使它成为我的目的。"②因此,道德的本质特征就在于意志的自我强制。

"法权"只关乎外在自由在行为方面的共存,对于内在动机或质料并没有直接和明确的要求,而仅仅要求它符合外在的义务,不逾越外在的义务所设立的界限。只要行为处于法权的界限之内,以何种动机发动这一行为就并不列入法权的考察。但是人的主观任意并不总是自动地符合外在的法则,甚至总有着逾越自身权限的倾向,因此一种外在的强制就是必要的,这种必要性就在于阻止逾越法则的行为。但行为终归是外在的、物理的,对其的阻止并不意味着为每个人的身体套上枷锁或牢笼,那么一方面,我们对于违法的行为会施加相应正义的惩罚,另一方面,这种惩罚施加于人心的影响使其不会有实行违法行为的意图。简言之,康德法权哲学与道德哲学的区别在于后者要求义务与动机的一致性,而前者只关涉人的外在自由,只要求人的主观动机同外在义务通过对惩罚的畏惧产生联系。正是因为这一点,道德在任何意义上都不能容许外在的强制,相反,法权哲学则为特定意义上的外在强制提供了辩护。

---

① [德]康德:《道德形而上学》,第 221 页;6:214。

② 同上,第 394 页;6:381。

道德与法律这一关键区别就向我们提出了一个问题：在法权论中，外在强制的引入是否破坏了道德哲学中理性存在者的自由，提出了一个不同于道德自律的他律概念呢？而且是否可以由此推出，康德的道德哲学与法权哲学存在着根本的差别？不过，进一步的分析会表明，无论是在对权利本身的证成之中，还是在一个政治建构的原则中，康德都没有背弃意志自律的观念，也就更谈不上放弃理性自由的法则在实践领域的奠基作用。总之，上述的差别并没有妨害康德道德哲学与法权哲学原则上的一致性。

在康德看来，法权或者权利是一个整体的概念，因为权利之所以产生是因为理性存在者共同存在的事实。如果只有一个人存在，那么就涉及不到权利和相应的责任概念。权利作为"总和"或整体的概念，至少意味着两个方面的紧密关联。首先，权利并没有预设一个第一视角，由此出发划定出与他人的界限，从而制定出普遍的权利关系。恰恰相反，个人的权利是在人们的普遍关系中得以确定的，法权的普遍原则以人们外在自由的普遍共存为准绳，人们的权利或正当的行为是彼此之间互为前提的，对于自身权利的确定以他人权利的确定为前提，反之亦然。法权的普遍原则就被康德表达为"任何一个行动，如果它，或者按照其准则每一个人的任性的自由，都能够与任何人根据一个普遍法则的自由共存，就是正当"①。由此亦可见出另一层密切的关联，即权利与强制的交互构成。人际间的外在自由的普遍共存以自由的限制为条件，对于我自身权利的确立也就是对于他人行为的限制，反之亦然。

康德特别强调，他人对我所承担的责任不可以被看作是由我自身的权利所追加上去的。准确地说，他人的责任正是我的权利的构成性条件，反之亦然。权利正是在责任，即对行为的限制中生成的。责任的概念表明了对于任意的自由之限制的合理性。接下来就涉及了本文关切的问题。权利及责任仅仅只关系到外在的自由，并不要求直接以义务为行为的动机，但人的有限性决定了人的行为总是有逾越外在法则界限的趋向。如果要将人们的行为约束于法权界限之中，强制的手段就是必须的。责任的概念并不会产生行为的自我约束，只有以一种外在的强制作用于偏好，才能使偏好回缩到法律框架之内。于是，责任概念的可能性也就给出了相应的外在强制的合理性。

_____

① ［德］康德：《道德形而上学》，第 238 页；6：230。

那么合理的外在强制是否意味着其凌驾于自由的主体之上，并引入了某种意志的他律呢？并不能这么认为。由上可见，法律意义上的外在强制内在于法权概念本身之中，它的辩护取决于法权概念本身的辩护。而康德法权概念的唯一根据只是人的先天理性，未经批判地经验的、历史的法权的描述提供不出法权本身的根据。这样，法权的普遍性原则实际上预设着人作为理性存在者的普遍性。可以说，系统性的法权概念是内在于每个理性存在者自身之内的。既然对于法权原则的遵守仍是人的理性自由的表现，那么内在于法权原则的合理强制也就不同于来自他人任意的强制。自律和他律的分野并不在于对自身任意的行为是否提出了命令，而在于作为命令式的义务观念本身的根据。合理的义务只能以理性作为唯一的根据。法权的普遍原则既然是仅仅以先天理性为其来源，那么它所包含的义务观念也就不会损害到意志自律这一观念的基本含义，即使它会以外在强制的方式作用于人的主观任意。

既然法权概念中包含的强制性并不损害康德实践哲学的一贯原则，自由乃至意志自律的观念仍然被充分地贯彻，那么国家的强制力在观念上对其也不构成损害。康德认为，私人法权预设了公共法权。如果说私人法权状态即是缺乏公共法权的强制力的自然状态，那么其中人的权利的来源实质是先天理性构成的法权原则。法权作为先天理性的构成物，其有效性并不取决于经验的条件。但是私人法权状态的法权只是暂时的，如果要永久的保障，就要求一个公共法权的出现。法权自身由于其先天性，这种永久的要求是必然的。因此，进入公共法权对于每个理性存在者来说，是一项不可逃避的义务。但是康德强调说，"这种公共法权所包含的人的义务并不多于或者不同于在前一种状态中所能得到的"①。也就是，公共法权状态相对于私人法权状态改变的，只是将分散于每个人的强制他人的责任统一于公共权力之手，由此使先天的法权关系得到永久的保障。但国家并没有因为有了一个至高的公共权力，而改变了每个理性存在者在先天意义上得到辩护的权利及义务体系。我们可以进一步说，即使在公共法权状态，即存在国家这一强大而统一的外在强制力的状态之下，康德一贯秉承的实践哲学的基本观念并未受到伤害，人的基本价值仍然得到了尊重与保障。

---

① ［德］康德:《道德形而上学》，第 319 页；6:306。

康德认为,国家作为一个权利体系的建构原则正是自由、平等和独立。这些原则是康德实践哲学一贯推崇的理念,同样是启蒙哲学标举的理念。在1793 年的《论俗语:这在理论上可能是正确的,但不适用于实践》(以下简称《理论与实践》)一文中,康德对此给出了详细阐述。其中的核心问题是自由、平等和独立如何在一个国家中作为建构性的原则,国家强制力的存在不仅不会损害这些原则,而且恰恰是依赖于这种强制力,普遍的自由、平等以及独立才是可能的。就自由来说,如果实践理性的最高原则是自由,那么每一个人都不应当屈从于另一个人的任意,每个人都可以沿着他自己觉得恰当的途径寻求自己的幸福。政治的建构也就不应以幸福为名凌驾于任何人的自由之上。但问题的复杂性在于,个人并不总是按照理性本身去规定行动,总是会伤害他人的自由,使自己的意图凌驾于他人之上。于是,人们需要一个主人去抑制自身的动物性的任意。但问题的困难在于"这个主人同样是一个需要有主人的动物"[1]。于是,人的任意就必须遵守政治建构的自由原则,即"只要他不损害他人追求一个类似的目的(亦即他人的这项法权),这种自由是能够按照一种可能的普遍法律与每个人的自由共存的"[2]。这样,自由的原则即使在存在强制性权力的国家中,仍然得到贯彻。同样,如果国家的建构原则是基于人的理性自由,那么在国家之中的每个公民也都是普遍平等的。因为国家权利体系的构建所依照的是自由的普遍共存的原则,人们在这种意义上就是先天平等的。

财富、地位等的差异并不造成权利关系的差异,或者说权利的普遍平等是与财富、名誉等的不平等并行不悖的。即使是国家道德人格的代表者——国家首脑对于公民的强制力也要通过公共的法律来执行,他本身并不享有更高的权利地位,他的至高地位并不意味着他在权利体系中享有多出其他成员的权利。最后,就和本文关系最为密切的意志自律(自主)概念而言,在道德的意义上,我们并不屈从外在的法律或他人的意志。人们遵守理性,也

---

① [德]康德:《关于一种世界公民观点的普遍历史的理念》,李秋零译,载李秋零主编:《康德著作全集》(第8 卷),中国人民大学出版社,2010 年,第30 页;8:23。

② [德]康德:《论俗语:这在理论上可能是正确的,但不适用于实践》,李秋零译,载李秋零主编:《康德著作全集》(第8 卷),中国人民大学出版社,2010 年,第294 页;8:294。

就是遵守先天理性向自身颁布的法则，任何服从偏好的欲求都被称之为他律。这似乎与独立的意义背道而驰，但是在外在立法的情况中，并不要求外在的立法与内在动机的一致性，人们服从公共法律时体现的独立性就在于公共法律构成的原则。"一项公共法律为所有人规定对他们来说在法权上什么是允许的或者不允许的，则是一种公共意志的活动，一切法权都从公共意志出发，因此它自身必须不能对任何人行不义。"①而公共意志也就是个人意志中的实践理性的体现。正是在这种意义上，服从公共法律，而非屈从任何人的任意就是自律性的体现，即使在没有内在动机一致性的要求下，也仍然可以看作是独立的、自律的。

可见，康德的法权哲学与政治哲学仍然秉持了实践哲学的基本理念，即将权利与政治的根据奠立于先天理性之中，人的自由、平等和独立等价值仍是康德孜孜以求的目标，这些观念或原则并没有在缺失内在动机一致性要求的情况下丧失。但问题在于先天的权利体系仅仅凭借着观念性原则，在缺乏公共权力保障的情况下不具有效力。康德当然不会，也没有违背其哲学的一贯宗旨，但法权哲学的独特之处恰恰在于康德意识到宪政的理念仅仅是一个观念性的存在，如果考虑到其现实性时，就必须考虑到人类的经验性条件，考虑到如何使人类固有的偏好符合于先天理性的法权关系的要求，康德由此表明了国家及公共法权的必要性。

二、康德反对革命权利的五种论证

上一节阐述了康德确立权利与政治建构的基本原则。既然在道德哲学中，康德将人的尊严奠立于理性自主之上，那么在政治生活之中，人似乎也不应甘于被奴役和压迫。根据自由、平等这些康德所提倡的基本价值，似乎就可以轻易得出一个观点：人们不仅可以，而且应当积极地采取行动，促成宪政理念的实现，如果遭受着现实的不义，就应当采取暴力手段推翻现有政

① [德]康德：《论俗语：这在理论上可能是正确的，但不适用于实践》，第298页；8:291。

府。总之,康德肯定革命①的权利似乎是理所当然的。实际上在康德的年代,就有人推出了这样的观点。法学家雷贝格(August Wilhelm Rehberg)也是康德哲学的追随者就认为:"如果一个自然法的先天证明了的实证门类体系被应用于人的世界,现有的政制就自然会完全解体。依照这样的一种体系,仅仅依照理性的理念的规定因素确立的政制才是唯一有效的。如果那样,就没有一个现存的政制能够维持得住……如果这些政体背离了合理的整体的首要要求,人类不仅被允许,而且被要求毁灭这些和原初的道德法则相对立的政体。国家政体的形式无关紧要,只要完全的平等建立了起来;但是为了建立它,一切别的东西都要牺牲掉。"②可见,对康德思想这一想当然的推论,即使在当时也是存在的。有趣的是,康德本人对于这种说法却不屑一顾。《柏林月刊》的一位编辑在看到《理论与实践》一文后,发现康德并不像传言中那样支持革命,而是明确地反对革命的权利,着实松了一口气。

和那个想当然的看法恰恰相反,对革命权的否定是康德18世纪90年代著作中一个一贯重要的主题。在1793年的《理论与实践》中,他称:"对于至上立法权力的一切反抗……都是共同体中的最高的且最应惩罚的罪行……这项禁令是无条件的。"③在1795年的《论永久和平》中他称,"叛乱之不义显而易见"④,在1797年出版的《道德形而上学》上部《法权论的形而上学初始

---

① "革命"一词的含义常常是模糊的。尼克尔森认为,康德反对革命权时大致有三个层次的概念。最广义的是"抵抗"(resisitance),它对应着一系列的德文词汇,如 widersetzen, widerstehen, widerstand, widersetzlichkeit, widerspenstige 以及 opposition;稍狭义的是"叛乱"(rebellion),它来翻译德文中的 aufruhr, empörung, aufstand 以及 rebellion;最为狭义的是"革命"(revolution),对译 revolution。参见 Peter Nicholson, "Kant on the Duty Never to Resist Sovereign," in Ethics, Vol.86, No.3, 1976, p.215。但是康德对于这些词语的使用并没有明确的意识,常常是可以互换的。本文的论述中统一使用"革命",一是出于康德词语使用的模糊性,二是由于如果存在 Nicholson(尼克尔森)对概念的三个层次的划分,"革命"就是最典型的、最有代表性的。不过,仍然要说明的是,在康德的语境中,并没有后来人们赋予"革命"一词的诸多含义,如社会或思想领域的翻天覆地的变化,更没有为这个词本身涂上褒奖的色彩。康德本人对于"革命"的一个相对明确的规定是:"通过暴力颠覆一个迄今现存的有缺陷的宪政。"参见[德]康德:《道德形而上学》,第366页;6:355。

② Uber das Verhaltnis der Theorie zur Praxis(1793),转引自 Lewis W.Beck, Kant and the Right of Revolution, Journal of the History of Ideas, Vol.32, No.3, 1971, p.413。

③ [德]康德:《论俗语:这在理论上可能是正确的,但不适用于实践》,第303页;8:299。

④ [德]康德:《论永久和平》,李秋零译,载李秋零主编:《康德著作全集》(第8卷),第388页;8:382。

根据》(简称《法权论》)中,他又明确表示:"人民对最高立法权本身的反抗,永远必须被设想为违法的,甚至被设想为摧毁整个的合法宪政的。"[①]可见,康德对革命权利的反对是他思想中一个持续的、深思熟虑的产物。于是,在康德的思想中, 对革命权利的否弃就似乎与其实践哲学及法权哲学的基本理念相冲突。许多学者试图从各个不同角度对这一矛盾进行解释。他们或承认康德哲学中真的存在这样的矛盾,认为这是康德本人思想的一个疏漏;或寻求文本之外的原因, 认为这是康德迫于现实压力而采取的隐晦与显白的写作方式;或是着力于文本分析为康德求得一致性的解释,即为康德否弃革命权理论寻求限定性条件,以便同其哲学的基本观念调和。

科尔斯廷的一个观点可谓第一种路径的代表。他认为,康德否弃革命权利是出于时代的局限,如果康德"有幸"经历20世纪的专制统治,那么他就会修正自己的观点。他宣称:"可以看到,康德的想象力是非常有限的,如果以我们今天的历史经验来衡量的话。在我们这个世纪,国家恐怖主义屡见不鲜,极尽卑劣之能事。就此来看,康德的反革命与反抵抗的论证就显得迂腐和天真了。但是我们不能谴责康德没有预见到20世纪的政治疾病。"[②]这种观点并不具有说服力,因为康德虽然没有预见到20世纪的政治灾难,但对历史上的暴政及反抗也不会没有耳闻。虽然20世纪的极权主义和传统的暴政有许多重大的差别,但在蔑视、践踏人的基本权利上也是一致的。康德论证的革命的绝对不合法性既然对于之前的暴政有效, 我们也可以预期康德即使生活在20世纪,也并不会修改他的观点。另一种观点认为,康德迫于出版审查的压力才在一些著作中否认革命的权利, 但康德真正或隐晦的思想仍秉持着启蒙哲学的基本精神。这种以写作方式的显白/隐晦之分来化解康德在革命问题上的矛盾的解释,无论在文本上还是在思想的一致性上,都很

---

① [德]康德:《道德形而上学》,第331页;6:320。

② Wolfgang Kersting, "Kant's Concept of a State," in *Essays on Kant's Political Philosophy*, Howard Williams ed., University of Wales Press, 1992, p.163.

难成立,希波姆对此已经给出了充分的反驳。①

上面两种解释都有失草率,真正需要认真对待的是第三种方式。但在评析这种解释方式之前,我们有必要详细讨论康德反对革命权理论本身。从康德反对革命权的阐述中,我们可以发现这一理论的特征是绝对性,即革命在任何情况下都是不合法的,对革命者的惩罚应当是无条件的。理解康德反对革命权理论的困难也就在于解释这一"绝对性"特征与由理性自由所证成的权利体系及公民宪政理念的一致性。另一个技术上的困难是,康德对于革命权利的驳证散见于他的几篇著作之中,它们至少在论证角度上并没有明显的一致性。为此,首先的一个工作是呈现康德反驳革命权利的几种论证形式,在此基础上,表明哪一种论证才能最好地把握到其论证的绝对性特征并可以作为反对革命权的核心论证。在此,笔者将分析康德反对革命权利的五种论证形式,分别是①反对幸福原则的论证;②后果论证;③公开性原则的论证;④形式主义的论证;⑤"公民宪政理念"的论证。

(一)反对幸福原则的论证

在《理论与实践》一文中,我们可以看到康德反对革命权利的第一个论证形式,这里称之为"反对幸福原则的论证"。

> 如果人民作出判断,在某个现行的立法下极有可能会丧失自己的

---

① 希波姆提出了四点反驳理由:"(1)康德的这两个观点——a.主权者应当将革命看作是没有履行义务而遭受的自然的惩罚。b.通过改革建立共和宪政,即抛弃君主制恰是君主本人的义务——出版于1795年,正处于沃尔纳(Woellner)管辖出版审查的时期。(2)在宗教事务上,康德承诺不公开发表言论。但在政治事务中,康德并未受到过这样的要求,他也从未承诺要压制自己的思想。尽管《系科之争》添加了新的人类学的观点,但不能说其较之1795年的观点更为激进。(3)康德更为反动的立场出现于所谓的隐晦的著作之中,就是那些被看作不是写给公众的,而是写给职业哲学家的著作中。因此,如果真的有隐晦的观点和显白的观点的区分,恰恰是在显白的著作,即写给公众的著作中康德表达了激进的立场……(4)《系科之争》写作的时候康德认为处境已经改善了,这本书再次确认了1797年"法权论"中关于抵抗权的结论。因此,尽管可以承认,出版审查确实对于康德在1795年表达其革命理论的积极方面的方式上有所影响,但是,以隐晦和显白学说的区分以及出版审查的事实来解释康德对于革命现象的两种言说表面上的不一致性却是不可能的。"参见 Thomas Seebohm, Kant's Theory of Revolution, *Social Research*, Vol.48, 1981, pp.557-587.

幸福,那他们该怎么办呢?他们不应该抵制它吗?答案只能是:除了服从之外,他们什么也不能做。因为这里说的不是臣民从共同体的创立或者管理中可以期待的幸福,而首先只是由此而保障给每个人的法权:这是最高的原则,凡是涉及一个共同体的准则都必须由它出发,而且它不被任何别的原则所限制。就前者(幸福)而言,根本不能为法律给出任何普遍有效的原理。因为不仅时势,而且某人将自己的幸福置于其中(但是,没有人能够为他规定,他应当把幸福置于其中)的那种严重冲突并且在此际始终变动不居的妄念,都使一切稳固的原理成为不可能,并且不适合单独作为立法的原则。①

按照康德的观点,幸福在根本上就不能成为一个国家建构的原则。由于国家首先是一个法权的体系,那么权利的原则实际上就是外在自由的普遍一致性原则,它源自人的先天理性。而"幸福"固有的主观性特征决定了它不能成为立法的凭据。当然,康德绝不是否定人们可以追求幸福,但是人们对幸福的追求只能限定于自身的权利范围之内,每个人对于幸福的追求都以权利为根据,并同时以权利为限制,或者说幸福是奠立于权利之上。这种关系不可颠倒,如果以幸福为权利奠基,那么幸福的主观差异性以及自身变动不定的特征,就产生不出任何普遍、稳固的法律。如果仅仅因为幸福的损害和谋求而发动革命,破坏的就是整个的权利体系,现有的法权状态就荡然无存。于是,幸福的原则就不能成为革命行为的权利依据。

但是康德的这一驳论是专就以"幸福"为理由的革命而提出的。这个理由的局限性也就决定了这一论证的局限性。在许多时候,革命的理由并不是,或者表面上不是幸福。可以设想,如果一国的当政者极度侵害人的权利,与人民为敌,那么反叛的理由就不是幸福,而是正义了。这样看来,康德否弃革命权的这个论证就是有限的。如果一群人为了谋求一己之利,而颠覆整个国家的法权状态,固然是极为不义的,但如果当权者一方只是利用权势谋求私利,那么本身似乎也就丧失了合法的根据。在这样的情况下,暴力推翻其统治,建立新的政权似乎就是合法的了。但上述的理解显然不会为康德所认

---

① [德]康德:《论俗语:这在理论上可能是正确的,但不适用于实践》,第301~302页;8:298。

可,康德至少在字面上从未对某种特定形式的革命留有余地。在《法权论》这一更成熟的著作中,康德没有再专门针对以幸福为理由的革命作出反驳,即使在《理论与实践》中,对以幸福为理由的革命的反对也不是康德反对革命权利论证的唯一和最根本的论证。

(二)后果论证

在《理论与实践》一文对阿亨瓦尔的反驳中,康德说:"因为这种方式(革命)(被采纳为准则的话)使得一切有法权的宪政成为不安全的,并且引入一种完全无法的状态。"①我们权且将这个论证称之为"后果论证",如果有人或群体因受到不公正待遇,发动革命,那么,这就意味着退回到自然状态。在康德看来,法权的任何不完善状态都较之于自然状态要更为正义。理由也不难想见,在自然状态中,人们根本就无法形成一个公共权力,任何法律都无从谈起。

但是这个论证很容易遭到这样的反驳:无政府状态也许并不比暴政更糟。如果在暴政不能得到修正的情况下,即使退回自然状态也好过在暴政下苟且偷生。而且即使退回到自然状态,也存在着由此建立一个更佳的宪政的可能,至少相对于忍受暴政的概率是对等的。这样看来,后果论证即使是康德真正具有的观点,它也并没有满足康德的立场所要求的绝对性特征,它仍为某种意义上的革命留下了余地。

而且康德并不会认为这个论证是"后果的",因为后果的成败取决于经验,而且它也关系到幸福的考虑。康德对所谓"无法状态"的担忧,并不是指自然状态的糟糕处境,而是指革命违背了进入公共法权状态这一先天的义务。而且康德也不会承认有什么"后果的"因素可以作为评价行为合法性的标准,因为"后果的"即意味着经验性的因素,这就违背了康德以先天的理性来衡量行为合法性的基本原则。综上,所谓"后果论证"也不能作为康德反对革命权利的唯一或真正的论证。

---

① [德]康德:《论俗语:这在理论上可能是正确的,但不适用于实践》,第305页;8:301。

(三)公开性原则的论证

在《论永久和平》的第二个附录"依据公共法权的先验概念论政治和道德的一致"中,康德提供了另一种论证:

> 按照这个原则(公共法权的公开性的先验原则),人民在确立公民契约之前就扪心自问:自己是否敢于把存心偶尔举事暴动的准则公之于众呢?人们很容易看出,如果人们在创立一种国家宪政时想使出现某些情况时对元首实施暴力成为条件,那么,人民就必然自以为对元首有一种合乎法权的权力。但在这种情况下,元首就会不成其为元首了,或者如果使二者都成为建立国家的条件,则建立国家就会是绝无可能之事,而这毕竟是人民的意图。因此,叛乱之不义所以显而易见,乃是因为叛乱的准则由于人们公开奉行就会使其自己的意图成为不可能。①

这一论证可被称为"公开性原则的论证"。在康德看来,任何法权都要包含公开性的形式,如果不具有这一形式,那就只能算是妄称"法权"或正义了。公开性即指一个准则,为人所公开宣扬但却不会由其意图招致他人的反对,才可称之为"合法的"。反之,如果一个人对于他的意图必须保密,否则会必然激起所有人的反对,因为它蕴含着威胁每个人的不义,那么他的行为准则就不能称之为"合法的"。康德认为,这个原则对于辨识先天理性的法则"使用方便""易如反掌",并进一步提出了一个"公共法权的先验程式",即"一切与其他人的法权相关的行动,其准则与公开性不相容者,皆是不正当的"②。

在康德看来,革命就不能通过这一合法性测试。康德承认"对于人民来说,叛乱是摆脱所谓暴君……的压迫权力的一种合乎法权的手段吗"这个问题极难回答,因为无论支持或反对,人们会给出许多独断的理由,但如果依

---

① [德]康德:《论永久和平》,第 388 页;8:382。

② 同上,第 387 页;8:381。

据公开性原则，人们就极易判断。因为革命者如果公开其原则，并使革命的权利进入宪法，那么，这种做法的自我毁灭之处在于它已经不把最高元首作为最高元首，而最高元首恰是国家以及宪法的条件，而且革命者本人的意图也是确立国家，在确立国家之时并不会使自身的最高权力受到再次革命的动摇，否则宪法本身即不可能。

　　对于康德的这一论证，贝克认为是道德法则绝对命令在法权领域的应用。①从公开性所需要的普遍性意义上来说，这种解释是成立的。但是我们在对康德论证的分析中可以看出，他的论证不仅仅要求法权的普遍性，更为关键的问题是行为合法性的普遍性是以不破坏"国家的条件"，即不否定最高权力为前提的。革命之所以不合法，就是因为破坏了这一前提。芮泼斯坦认为，康德的这个论证依赖于法权体系本身的封闭性，②一项行为是否具备合法性，只能在一个法权体系内做出，不存在超越法律体系之外的超法律的测试。可以说，这个分析很好地把握到了康德这一论证要点。但不恰当的是，芮泼斯坦认为，合法性的封闭性特征就为康德反对革命权利提供了充分的论证，因为这个论证依赖于对最高权力作为国家的条件的预设。一个最高权力者的存在，不论其做法是否合乎正义，都是国家及其宪政的必要条件。如果没有对这个预设的充分说明，那么单单公开性原则不足以成为反驳革命权利的理由，因为革命者完全可以认为掌权者违背了正义，并以普遍且公开的正义之名发动革命。其中，革命者所持有的观念是：掌权者只有在符合正义原则的条件下才是合法的，仅仅就其掌握最高的公共权力而言，并不能表明他的合法性。因此，公开性原则的论证只能作为一个补充性的、辅助性的论证，而不能作为康德反对革命权利的最根本论证。

（四）形式主义的论证

　　在《理论与实践》中，康德认为革命之所以不合法：

---

① Beck, Kant and the Right of Revolution, p.414.

② Arthur Ripstein, *Force and Freedom: Kant's Legal and Political Philosophy*, Harvard University Press, 2009, p.331.

其根据在于：鉴于一种已经存在的公民宪政，人民不再有权作出判断，来规定应当如何治理那种宪政。因为假定人民有这样一种法权，确切地说与现实的国家元首的判断相悖，那么，谁应当来裁定法权在哪一方呢？双方中没有一方能够在其自己的案件中作为法官作出裁定。因此，在元首之上就会必须还有一个元首，在元首和人民之间作出裁定；而这是自相矛盾的。①

类似的论证在《法权论》中也可见到：

为了有权反抗，就必须现成有一部公共的法律来允许人民反抗，也就是说，最高立法本身已经包含着一个规定，即它不是最高的立法，而且使作为臣民的人民在同一个判断中成为臣民之上的、人民臣服的统治者；这是自相矛盾，而且这种矛盾通过下面的问题马上就引起人们的注意：在人民和统治者之间的这种冲突中，究竟谁应当是法官……这表明的是，人民要在其自己的事情上是法官。②

可以看出，康德的论证形式类似于霍布斯对绝对主权者的论证。革命者发起叛乱，即意味着在革命者与最高主权者之间发生争执，而争执所需要的裁判者只能外在于革命者和主权者。但是如果存在着这么一个作为第三方的裁判者来判断当权者的不义与否，那么也就意味着它取代了现有的主权者成为了最高的主权者。但这样一来，就会产生一个无限追溯的困境：否定了在现实的国家中存在任何最终裁判者的可能性。由此，康德认为，在成文宪法中不能包含任何反抗的权利，如果有此设置则是自相矛盾。因为如果赋予反抗者以此权利，那么拥有这种制宪权力的统治者也必将成为反抗的统率者，也就意味着后者相对于前者是更高的权力所有者，那么现有的最高当权者就不再是最高的当权者了。贝克将康德的这一论证称作"形式主义"的

---

① ［德］康德：《论俗语：这在理论上可能是正确的，但不适用于实践》，第303页；8：300。
② ［德］康德：《道德形而上学》，第331页；6：320。

论证,意为反抗权在宪法本身的形式上就是不能成立的。[1]

　　但是革命者或许会对这样的论证嗤之以鼻。因为革命的理由很少是依据于现有的法律,如果他们要表明革命行为的合法性,可以依据于先天的正义原则或自然法的观念否认主权者的合法性。也就是说,革命者并不需要在一个现存的法权体系内部为其行为寻得辩护。这样看来,"形式主义"的论证对于绝对地反对一切革命的权利来说,也是不充分的。"形式主义"的论证得以成立的条件是在宪法的形式之外, 也就是要对宪法本身得以成立的条件给出论证。这就和上一个论证出现了相同的问题:如何说明最高当权者作为国家及其宪政的根本条件。其中最为关键的问题是,不仅要表明国家的最高权力是现存的宪政得以成立的前提,而且要表明即使对于一个理想的、完全合乎正义原则的公民宪政理念的实现而言,现存的最高权力仍然是其条件。只有就此作出论证, 才能在根本上否认任何以超验正义或自然法为理由而发动的革命的合法性。

（五）"公民宪政理念"的论证

　　在康德看来,国家以及最高权力的合法性根据当然是社会契约的理念。对于社会契约或者公民宪政的理念,康德已经根据自由、平等和独立的原则给予了证成。但是一种为革命辩护的理论可能会说,现实的政府如果不合乎这一理念,就不具有任何的合法性。他们或者像丹东那样,认为这个理念必须要完全彻底地实现,现实的政权必须完全符合这个理念,否则都是不合法的, 于是他们就可以根据那个纯粹的理念来否定一切现实中不完善的或有缺陷的政权和法律,革命于是就在那个纯粹法权理念的支持下得到了辩护。又或者,他们认为,人们结合为公民社会就依据于一个实际的社会契约,这是将社会契约的理念当作了历史中真实发生的事件。后来的政府如果偏离了、违背了那个契约,人民就有起而反抗的权利。

---

[1]　Beck, Kant and the Right of Revolution, p.413.

对于前一种情况,康德在《理论与实践》中反驳称:

> 如果人们首先问到,什么是合乎法权的(在这里,原则是先天确定的,没有任何经验论者能够介入其中),那么社会契约的理念就会保持其无可置疑的威望;但这并不是作为做成之事(如丹东所想的那样,没有这种做成之事,他就宣称在确实实存的公民宪政中存在的一切法权和一切所有权都是子虚乌有),而是仅仅作为评判一切一般而言的有法权和一切所有权的公共宪政的理性原则。①

在《法权论》中,康德也反驳了后一种情况。他说:

> 最高权力的起源,对于处在它之下的人民来说,在实践意图上是无法探究的……因为既然为了有法权效力地对最高国家权力作判断,人民就必须被视为已经在一个普遍立法的意志之下联合起来,所以人民就只能也只可以按照当下的国家元首所希望的那样作判断。——无论在起源上是一个臣服于他的现实契约作为一个事实已经先行,还是权力先行而法律只是随后出现,或者也应当在这种秩序中跟进,这对现在已然处在公民法律之下的人民而言,是完全没有目的的、却使国家濒临危险的玄想;因为现在对后一种起源绞尽脑汁的臣民,如果要反抗目前占统治地位的权威,那么,他就会按照权威的法则,亦即有充分的理由被惩罚、被消灭或者……被逐出。②

康德的这个论证在公民宪政理念的基础上就直接针对着一切革命的权利。这个论证并没有关注于革命的动机,不论是出于幸福原则的革命,还是纠正正义的革命,其行为的共同特征都是以颠覆现有政权为目的。如果这构成了革命的本质特征,那么不论是何种革命,就都难言正当。虽然一方面宪政的理念是被先天证成的,但是在涉及到其得以可能的现实性条件问题上,

---

① [德]康德:《论俗语:这在理论上可能是正确的,但不适用于实践》,第306页;8:302。
② [德]康德:《道德形而上学》,第329~330页;6:318~319。

以此作为对现实政权的矫正理由却不能成立。理解这个论证的关键在于公共法权的预设与源始契约理念之间的关系。源始契约的理念,即一种完善的公民宪政固然有其先天的基础,但是康德并没有将其停留于柏拉图的理念领域。如果它对于我们来说是一种义务,即是要使其成为现实的,那么就必须预设着公共权力。现实中没有任何权力实施强制,法权体系就是一纸空谈。我们在前面的分析中已经表明了,康德论证了法权的概念和强制是内在地结合在一起的。如果没有这种强制,那么人性本身的败坏绝对不会造就任何宪政状态的存在。可见,一个至高的权力是公民宪政现实性的保障和条件。虽然在这一权力之下现实的政权未必符合,甚至是极大地偏离了宪政的理念,但仍不可以此为理由发动革命。革命的行为实际上并不是符合于公民宪政的理念,而恰恰是背离了公民宪政理念的要求。于是,任何以单纯的公民宪政的理念为由,意在动摇现实政权根基的做法都是不合法的。

根据上述对五个论证形式的阐述,我们发现前面四个论证要么是相对的,没有把握到康德反对革命权利的绝对性,要么是不充分的,有赖于对进一步的前提即最高权力本身的合法性的论证。因此,它们都不能作为康德反对革命权利理论的最根本论证,只有最后一个"公民宪政理念"的论证才是最为有效的论证,才能把握到康德反对革命权利理论的绝对性特征。但是这也为我们的理解制造了不小的困难,即如何理解康德绝对地反对革命权利的理论与其由理性自由所奠基的权利哲学的一致性关系。更激烈地说,为什么在一国当权者漫无法纪、肆意践踏人权的情况下,仍然断定以革命手段推翻它的行为是不合法的。如果自由是实践领域的至高原则,那么岂不应当消除一切与这一原则相悖的政治上的压迫与不义吗?革命作为实现这一目的的积极手段,不就应当被极力鼓吹和推崇备至吗?那么康德为何如此苛斥革命,号召人民消极地忍受最高权力,哪怕最高权力的滥用已经令人忍无可忍?

三、为康德反对革命权利理论的一致性辩护

上面的问题似乎令人极为困惑,但康德从未将这当作一个"矛盾",这意味着拒斥革命权利的主张至少在康德本人看来相容于他的法权哲学及实践

哲学。那么这种相容性是否真的存在？如果存在的话，在何种意义上这种相容性才是可理解的？康德学界对这个问题有诸多尝试。一个主要的阐释方向是力求调和康德否弃革命权利这一极端立场与其实践哲学基本主旨之间的"矛盾"，但是这类阐释都或明或暗地削弱了康德反对革命权利立场的绝对性，并从康德的道德哲学中寻找资源，认为康德实际上会支持某种特定情况下的革命权利。

有的学者从革命的对象上寻求这种辩护。他们从最高权力中分辨出行政权力和立法权力，认为康德只是表明针对立法权力的革命才应是绝对禁止的，对于行政权力的革命则是容许的。康德的一些表述似乎也支持这种看法，他说："因此，(不完善的)国家宪政的变革有时也许是必要的，但这种变革只能由统治者自身通过改革来完成，而不能由人民，从而通过革命来完成，而且即便革命发生，那种变革所涉及的也只能是执法权，而不是立法权。"[1]马尔霍兰就试图以行政权力和立法权力的分离削弱康德反对革命权论证的绝对性。在他看来，康德会支持某种针对行政权力的革命，"如果行政权威没有强制权保护个体免于相互伤害，他就缺乏道德资格去行使最高强制权。在此，人民没有义务去服从这种个体，因为他不能给人民提供安全保障；其次，倘若所谓的最高行政机构在事实上无法落实法律，即使——根据国法——势力较弱者享有统治的资格，那么，在国家之内个体拥有更高的能力运用和取得最高的行政权威就是正当的"[2]。

但是我们会发现，在康德那里立法权与行政权的划分并不是对最高权力本身的实体性划分，只是一种"国家身份"或"道德人格"的划分，它们共同统一于一个"国家元首"之内。[3]因此，即使有立法权与行政权的区分，也并不意味着存在一个处于行政权力这一最高强制权力之上的更高强制权力。"在一种其性状为人民通过自己(在国会中的)代表可以合法地对抗执法权及其代表(大臣)的宪政——这种宪政在此情况下叫作有限的宪政——中，仍然不允许人民有任何积极的对抗(任意纠结人民，强迫政府采取某种行动措施，

① ［德］康德：《道德形而上学》，第 333 页；6：321~322。

② ［美］马尔霍兰：《康德的权利体系》，赵明、黄涛译，商务印书馆，2011 年，第 353~354 页。

③ 参见［德］康德：《道德形而上学》，第 326 页；6：315。

因而甚至是采取执法权的一种行为），而是只允许一种消极的反抗，亦即（在议会中的）拒绝……"①可见，"革命"这种以暴力或强制的方式推翻最高强制权力（行政权力）的方式，在康德看来仍然是不合法的。行政权由立法权赋予其行为以合法性，它需要按照法律执行，但是这并不意味着立法权构成了对于行政权的实质上的制衡力量。如果以立法权的名义以暴力的方式推翻行政权力，就不仅违背了行政权，也违背了立法权。康德于是说："按照法律，执法权应当有最高的强制能力，但自身却屈服于一种强制，这是自相矛盾的。"②因此，不仅是针对立法权的革命是不合法的，而且针对行政权的革命也不会是合法的。

科思嘉尝试了另一种协调的可能。她认为，康德对革命权利的否定"绝不意味着在任何情况下一个好人都不会反叛"③。她认为，康德虽然在法权的意义上否定了革命，但并不意味着道德上也会得出同样的结论。作为一个道德上自主的人，面临着人性遭到大规模破坏的情况时，出于对人的敬重就具有反抗政府的权利。这时，政府作为权利的保护者反而破坏了权利，政府不能成为权利的保障，这种保障的力量就落回到个人的手中。她认为，这和康德对于革命权利的否定并不矛盾，并将这里的关系类比于个人的自主。自主这一价值是值得尊重的，但如果一个人自残自毁，他人完全可以制止那个人这样做，这种情况下对他人的干涉并不构成对自主性的破坏。同样，政府破坏了人的权利，不再作为权利的保障者时，人们也就可以反叛政府，代替政府执行这种功能。她说："当本来目的是要实现人之权利的机构反而践踏权利，当正义被用来反对其自身，正义之德就与自身相悖。……有正义之德之人，如不能以自身的力量反对现实的法律，那就将无处申诉。她会觉得无计可施，除非将人的权利置于自己的保护之下，也就是将法持于自己之手。"④

---

① ［德］康德：《道德形而上学》，第 333~334 页；6：322。

② 同上，第 328 页；6：317。

③ Christine M.Korsgaard, "Taking the Law into Our Own Hands: Kant on the Right to Revolution," in *Reclaiming the History of Ethics: Essays for John Rawls*, Andrews Reath, Barbara Herman and Christine Korsgaard eds., Cambridge University Press, 1997, p.316.

④ Korsgaard, Taking the Law into Our Own Hands: Kant on the Right to Revolution, pp.318-319.

但是科思嘉的这个观点是很成问题的。首先,康德从未在道德上给予革命行为以支持,科思嘉也承认这在文本上缺乏支持。她得出这个观点的唯一文本依据,是《学科之争》中康德对于法国大革命的赞赏,①但是那里所表达的"旁观者"的热情很难成为人在道德上有义务发动正义革命的依据。其次,称康德在法权意义上绝对地否定革命,但在道德意义上承认某种条件的革命的观点,扭曲了法权与道德的关系。法权相对于道德的区别在于仅仅关注于外在的关系,而不对内在动机提出要求。这样看来,法权就是道德的一个底线,合乎法权的,不一定合乎道德。但是却难以设想一项行为不具有合法性,反而能从道德上获得支持。再次,科思嘉解释的最根本问题在于她仍未充分理解康德反对革命的绝对性。这种立场的绝对性是基于最高政治权力是一切可能的法权状态的条件而言的。于是,最高权力的存在就不意味着一定存在着良好的法权状态。即使"人之权利遭受践踏",最高权力也不因此丧失其合法性。在法权作为一个整体概念的意义上,法不可能会落于个人或部分人之手,这同时也是由于人的根本恶的本性造成的。可见,"法执于我们自己手中"可能就是一个荒谬的说法了。

与科思嘉的观点类似,卡米斯基也试图削弱康德否弃革命权理论的绝对性。虽然他承认"康德对在一个公民状态中革命的绝对禁止是可以得到充分辩护的",但是他认为,康德的错误在于由此得到的结论,即我们无论如何都必须容忍现存的最高权力。其中,关键的区别是公民状态或宪政国家的最高权力有着来自于人民的普遍意志的辩护,而暴政的特点在于它是由个别人组成的特权集团,他们滥用手中的权力来强化不平等、不正义。暴政只能算作无法的有组织的权力状态,根本称不上宪政。如果我们不幸落入这种状态,"我们应当使用任何必要的手段,甚至不惜使用暴力手段来产生一个合法的状态"②。于是,革命的手段在这种情况下就获得了法权上的支持。但是,我们在康德否弃革命权利的表述中,并没有看到上面的区分。康德称"人民有义务容忍最高权力的滥用",即使号称无法容忍也要容忍。毋宁说,康德对

---

① Korsgaard, Taking the Law into Our Own Hands: Kant on the Right to Revolution, p.321.

② David Cummiskey, "Justice and Revolution in Kant's Political Philosophy," in *Rethinking Kant: Volume I*, Pablo Muchnik ed., Cambridge Scholars Publishing, 2008, p.234.

于最高权力的界定是在形式上的,而不是在实质上的。最高权力作为公共法律的保障,其本质特征是至上性,在最高权力之外对最高权力的判断乃至颠覆,都使最高权力自相矛盾。换言之,只要最高权力是现存的,那么它就有其合法根据。卡米斯基的分析倚重于普遍意志的理念,认为前者有着一个合法的程序,对其缺陷与不足是可以容忍的,但是后一种情况是"国家权力常常并不支持或反映所有臣民的联合的普遍意志"①。在此无法的状态中,每一个人都有抵抗国家非法侵犯的权利。这也是对康德的误解。普遍意志的理念作为纯然的理念,"不可能相应地在经验中给出任何对象"②。最高权力不必符合这个理念。甚至对最高权力起源的合法性追溯,在康德看来都是不合法的。最高权力本身在形式上就符合于普遍意志的理念,对于起源和现实情况的否定都是不合法的。因此,合法的政府和所谓滥用权力的特权集团的区分,在康德那里是不存在的。由这种区分发掘出康德对革命的支持,也难说得上成功。

还有的学者把握到了康德革命权论证的绝对性,但是他们对此的解释也并不令人满意。尼克尔森将康德反对革命权利的论证类比于对谎言的禁止。康德在绝对命令的意义上禁止说谎,那么禁止革命也就是一项绝对命令了。他说:"抵抗者行动所依据的准则不能被看作是一个无矛盾的普遍道德法则。例如,抵抗一个专制暴政的主权者是否是一项权利?这种行为的准则如下:只要它能阻止不义和压迫,我就将抵抗主权者。当这个准则被普遍化,它就自相矛盾了。它想要的是正义(结束主权者的不义行为),但同时又要没有正义(否认主权者作为权威是正义的必要条件)。……当那个准则被看作是每个人都奉行时,就似乎包含着两个矛盾的策略了。一个是'抵抗主权者,阻止不正义',另一个是'服从主权者,使正义可能'。没有任何允许抵抗的准则能够通过普遍化的测试,因此,不能抵抗主权者的义务就不能有例外。康德明确地称对抵抗的禁止是绝对的,甚至对于不义的统治者也是如此。"③以绝对命令的方式来解释康德对于抵抗权的否定,能很好地把握到康德观点

① Cummiskey, Justice and Revolution in Kant's Political Philosophy, p.237.

② [德]康德:《道德形而上学》,第384页;6:371。

③ Nicholson, Kant on the Duty Never to Resist Sovereign, p.222.

的绝对性特征。但尼克尔森的论述是令人费解的。康德本人的确在准则的非普遍化的意义上反对过革命的权利。在《理论与实践》一文中，他是将抵抗主权者的准则等同于幸福的原则，否定反抗权也就是否定以幸福为理由反叛主权者。但是在尼克尔森的论述中，并没有显示幸福作为革命者准则的含义。缺少了这个含义，将康德否弃革命的论证看作是绝对命令式的论证就令人困惑了。从尼克尔森的表述来看，实际上已经将所要得出的结论预设在论证过程中了。"服从主权者，使正义可能"恰恰是康德所要得出的结论。正义是反抗者行为的目的，但是这个目的并不直接包含着"服从主权者"这一手段。因此，"服从主权者"并不包含在抵抗者或革命者的准则之中。如果不包含这层含义，那么也就无法由此说明革命者行为准则的自相矛盾。于是，尼克尔森以绝对命令说明康德否弃革命权利理论的绝对性的方式就是不成功的。我们也发现，关键的问题是，为什么要"服从统治者"才"使得正义可能"。这种关系就不是仅仅通过准则的普遍化能得出的，它需要的是对于正义可能的条件的分析。

芮泼斯坦对康德反革命权的论证作了最为深入的分析。他认为，康德反对革命权利的各种论证中都涉及到一个至关重要的区分，即公共法权的预设和源始契约理念的区分。他认为："反革命的论证都表明了，尽管国家总是要改进自身，使其更接近于源始契约的理念，但是人们不能破坏公共法权的预设。它是最小化的标准，是任何法律下的自由的前提条件；国家统治的资格仅仅依赖于它提供了一个合法的条件。公共法权的不可破坏性并不具有有时归之于它的那些可反对的含义。"①对于芮泼斯坦的这一总结，我们可以说他很好地注意到了康德论证的核心，即强调政治权威作为合法状态的首要条件。如果没有了公共权威，也就没有了法律，革命权否定并推翻权威的做法就是不合法的，它颠覆了权利的根本条件。在这个意义上，康德将革命视为不合法的、自相矛盾的行为的看法，就是成立的。芮泼斯坦的这个总结虽然能够很好地表明何以革命或反抗是不合法的，但却会遇到另一个难题，即康德反对革命权并不是在一个单纯的保守的立场上做出的。虽然他要将公共法权的预设和源始契约的理念区分开来，但是康德心目中真正的合法

---

① Arthur Ripstein, *Force and Freedom: Kant's Legal and Political Philosophy*, p.329.

状态是公民宪政,即依照自由、平等和独立的原则建构起来的法律体系。那么仅仅强调权威的意义,又如何能够与公民宪政的理念相容呢? 芮泼斯坦的这种分析,也仍然没有消解康德的那个矛盾,而是将矛盾推移到公共法权的预设与源始契约的理念之间了。不过,他的解释也为我们提供了一个化解这一矛盾的思路,即寻求在公共法权的预设与源始契约之间的关联。

我们看到,上面这些阐释存在不同的问题。可以说,这些问题都是由康德反对革命权利理论的绝对性造成的。前文已经阐明,正是因为一个公共最高权力的存在,才使得任何的法权关系得以可能。但这一观点如何同康德法权论中的启蒙观念协调无碍,则是需要进一步探讨的问题。

我们前面已经看到,强制的因素对于法权来说是必不可少的。这不是说强制是随法权而来的附带之物。相反,正是通过强制,法权本身才是可能的。就像科思嘉所说:"强制不是贴附于权利的东西,而是权利本质的构成之物。"①这表明了"强制"这一初看上去违背自由的他律因素,是如何进入到权利的构成之中,这种构成性的意义也就表明了它的正当性。因此,我们就不能否定一切强制,而需辨识何种意义上的强制符合法权原则的要求。

既然如此,接下来的问题就是,强制是如何实现的。我们在康德的表述中发现,他认为合法的强制必须要有一个公共的权力机构为其保障。这是因为,如果缺乏公共的权力机构,强制落入私人之手,那么就不能在一个普遍的交互关系中形成权利。强制只会表现为个人对他人的强迫,而无法返回为对自身行为的理性限制,也就不能成为合法的自由即权利的构成性因素。如果没有一个强力机构存在的话,权利以及任何的法权体系就都是不可能的了。所以康德说:"在国家中使法律生效的权力也是不可抗拒的,而且若无这样一种暴力来镇压一切内部的抵抗,就不会有任何一个法权上成立的共同体实际存在,因为这种抵抗会按照一种准则来发生,这种准则如果成为普遍的,就会摧毁一切公民宪政,并根除唯一能够使人们一般而言拥有法权的状态。"②可以说,法权或者外在自由的可能性条件,就是一个提供强制性力量的公共权力。在此基础上,康德进一步将国家元首视为公共权力的条件,称

---

① Korsgaard, Taking the Law into Our Own Hands: Kant on the Right to Revolution, p.301.

② [德]康德:《论俗语:这在理论上可能是正确的,但不适用于实践》,第 303 页;8:299。

"一切法权上的强制惟有通过他才能被执行"①。因为如果公共权力意味着一个统一的强制力，则它必须由单一的意志执行，否则就违背了公共权力及先天法权的要求。我们至此已经看出，最高统治者或"国家元首"的存在，是法权状态的先决条件。所以不管以何种理由推翻现有的"国家首脑"，不仅无益于实现完善的公民状态，反而会破坏公民宪政的基石。

这自然会招致如下问题：如果现实的法权状态并不符合公民宪政的理念，人们是否有理由推翻现有的政权。也就是说，当现有的法权状态偏离了公民宪政的理念，最高权力是否就丧失了合法性。但如果我们承认最高权力是一切法权关系得以构成的前提条件，那么"最高权力是否合法"就是一个无效的问题了，因为合法性问题的提出就有赖于一个最高权力的存在，它的普遍而统一的强制力是法权关系得以可能的条件。如果对于最高权力的合法性追问是无效的，那么似乎就可以宣称最高权力的存在本身就是合法的，无须参照于权力之外的判断。于是，对于最高权力的暴力颠覆即革命也就都是不合法的了。最高权力的合法性只取决于它自身是否是一个最高权力，正因此，革命之后建立的新政权立即具有了合法性，旧政权的复辟或再次滋生的革命都是不合法的。

可见，法权体系首要的条件是在理性法则本身之外，单纯凭借理性的法则并不构成一个法权体系的充分条件。但我们也不能将外在的强制力看作是理性的法权体系的附加因素。进入一个法权体系之中，接受一个公共权力的管辖，是每个理性人天赋的义务。这种义务并不是在现实的政治体制中衍生出来的，而是人由于其理性本质而具有的。就此，我们可以考察康德的两个相关命题：首先是私人法权预设了公共法权，其次是进入公共法权是每个人的义务。

就前者而言，私人法权的一个根本原则在于实践理性的法权公设。由于法权论关注的是人的外在自由，康德在确立人的唯一天赋的权利只是自由的基础上，就需要表明这一自由所要具有的实在性。如果不在此基础上具有获得的法权，那么自由之权利也就无从谈起。在此，康德仍然是在先天的基础上论证了外在获得的权利即私人权利的合理性，但是这种合理性仅仅是

① ［德］康德：《论俗语：这在理论上可能是正确的，但不适用于实践》，第 294 页；8：291。

就个人具有权利的正当性而言的。但在法权的普遍原则中,法权和强制是结合在一起的,即使确立了私人法权的先天合理性,也并不能保证其现实的可能性。正是在这种意义上,康德认为私人法权预设了公共的法权。所谓公共的法权,即是在一个共同体中依靠一个共同的权威机构来保障私人法权这一先天权利体系的现实性。康德曾将私人法权状态中的获得称为"暂时的",并认为,只有进入公共法权状态,才能"永久地"获得某物。这里,"暂时的"是指在缺乏一个公共权力的情况下,对于一物的获得并不具有充分的合法性根据。它只是具有了依照先天理性而规划出的权利的可能性。只有在一个公共法权状态中,现实的权利与义务的关系才确定下来,对于一物才可以真正地说是合法的所有。

我们由此可以表明,康德何以将进入公共法权状态当作是一项义务。康德将进入公民社会表达为一项义务。如"在这样的外部关系中自身就是义务,甚至是其余一切外在义务的至上形式条件的目的,就是人们在公共的强制性法律之下的法权,这些法权能够为每个人规定'他的',并保障它免受任何他人的侵犯"①。在《法权论》中,我们可以看到更详细的表述。②如果公共法权对于人们来说是一项来自先天的义务,那么对于构成公共法权要素的最高权力的服从与维持,也就成为了理性对于人的要求。由此观之,人们也就没有了反抗最高权力的先天理性的根据。

对于以上两个原则的分析也表明,现实的政权并不因为它和公民宪政理念差别巨大就不具有合法性。我们看到,在康德的体系中,现实中的强制性权力实际上为法权理念的实现提供了最低的条件。这种意义上,现实中掌握强制性权力的首脑的合法性可以说是"先天地"确立了起来。那么对于其来源是否合理就不能追问了,如果那样做反而就是不合法的了。康德认为,"应当服从目前现存的立法权,而不管其来源究竟是什么"③。我们已经看出,如果在最低程度上要求公民宪政理念的现实性的话,强力是外在自由以及建立于其上的法权状态的根本性条件。客观地说,强力并不是在普遍契约现

---

① [德]康德:《论俗语:这在理论上可能是正确的,但不适用于实践》,第 292 页;8:289。

② [德]康德:《道德形而上学》,第 322 页;6:312。

③ 同上,第 322 页;6:319。

实地建立之后才被现实地赋予的。就历史事实而言,强力构成了公共法律的首要条件,虽然这个法律并不是依据康德式人格的自由、平等和独立的理念建构的,但在其提供了公共性法律以及强力保障的意义上,现实的政权却又为公民宪政理念的趋近提供了可能性。首先要有强力,之后才说得上自由、平等和独立的法权状态。康德的意图用理性的自由精神为政治的强力灌输合法性,同时也洞察到自由的理念必须既立足于现实,又不断地为现实提供强有力的规范性制约。正如小托马斯·希尔所说:"一个成熟完全的正义和法权体系,预设着一个当下现存的、未经分立的统治权力以执行法律。"①

既然现实国家的最高统治权及其强力的使用获得了辩护,我们也就不难理解康德何以会绝对地否认革命的权利。无论康德的反革命权利理论作何种诠解,根本的问题都是在于,革命权动摇了公民宪政的根基,使得公民宪政成为不可能。革命的本质不仅在于政权的更迭,更在于其是以暴力的方式取而代之。这种以暴易暴的方式,就使得让法律本身得以成立的单一威慑性公共强制力成为空谈。可见,康德对于革命权利的拒斥恰恰是其法权理论的一个内在组成部分,在康德自身的哲学体系中是完全自洽的。

但问题的"狡黠"恰恰在于权力的意义只在于其现实性。如果要问一个针对现实政权的革命是否合法,那么答案永远是否定的,不管这个现实的政权有多么不正义。可是,如果这个政权被颠覆了,革命之后的政权代替了原有的政权,那么过去的革命行为的不合法性也就随着新政权的建立消失了。因为它的正义只是相对于为现实的法权状态提供强力而言的。由此可推之,如果革命失败了,那么既有政权完全可以将革命行为视为最大的不义,"可以被处以死刑"。在权力与自由之间、在现实性与理念之间的微妙关系,也可以为我们解释康德关于革命的另一个疑难,即他对待法国大革命的态度。

---

① Jr.Thomas E.Hill, A Kantian Perspective on Political Violence, *The Journal of Ethics*, Vol.1, No. 2, 1997, p.115.

四、为康德赞赏法国大革命立场的一致性辩护

上文表明了康德反对革命权利的主张相容于其权利哲学，但是康德在革命问题上给人造成的困惑远不止于此。如果康德绝对地否定一切革命具有合法性，那么对于现实中的革命，他理所当然地应持有反对态度。但令人困惑的是，康德对于近代历史中的革命事件却常常给予明确的认可。他是美国革命和爱尔兰独立运动的支持者，尤其对法国大革命赞赏有加。他的这一态度明确地表现在《学科之争》中的《重新提出的问题：人类是否在不断地向着更善进步？》（以下简称《进步》）。

> 我们在自己这个时代目睹了一个富有才智的民族进行的革命，这场革命可能会成功或者失败；它可能会如此充满了不幸和暴行，以至于一个思维健全的人如果会希望第二次从事时成功地完成革命的话，就绝不会决定以这样的代价来进行这场实验。——依我说，这场革命的确如愿以偿地在所有旁观者（他们自己并没有卷入这场戏）的心灵中获得了一种同情，这种同情几乎接近于狂热，其表现本身就带有危险，因此，除了人类里面的一种道德禀赋之外，它不可能以别的什么为原因。[①]

那么康德关于革命的陈述岂不又自相矛盾了。瑞斯将这个矛盾表述如下："一方面，康德的生平事迹——这方面有许多突出的事例——和他政治思想的精神表明，他是美国革命和法国大革命的朋友。另一方面，他的政治原则明确排斥反叛的权利。"[②]那么哪一种才是康德的真正立场？是否对于法国大革命的支持才能算作是康德哲学的应有之义，而对于革命权利的否弃是康德背离自身思想、掺杂异质的产物。又或者，康德对于法国大革命的支持只是他自然流露出的态度，并未做什么深沉细密的思考，而对于革命权利

---

① ［德］康德：《学科之争》，李秋零译，载李秋零主编：《康德著作全集》（第7卷），中国人民大学出版社，2008年，第82页；7:85。

② H.S.Reiss,Kant and the Right of Rebellion,*Journal of the History of Ideas*,Vol.17,No.2,1956,p.179.

的否弃才是内在于权利哲学的贯通之论。但这两种处理都有失轻率，没有严肃对待这一矛盾。

前文已经打消了前一种可能，那么专就康德对法国大革命的态度来说，一种调和方式是根据历史事实取消法国大革命的"革命"实质。在这种观点看来，法国大革命根本就算不上革命，实际情况是路易十六将权力移交给三级会议（The Estates General），不能算是严格意义上的暴力推翻政权。因此，康德对于"法国大革命"所持的积极态度就和他对革命权的绝然反对相协调。霍华德·威廉姆斯虽然对此种看法不满，但实际上也是在同一个方向上消解矛盾，即认为法国大革命是在自然状态下产生新政权，而不是推翻旧有政权。因此，康德两种看似矛盾的态度其实是可以调和起来的。①但这一做法有避重就轻之嫌。法国大革命即使在政权更迭的交接点上是温和的程序，但前前后后暴力因素造就的紧迫形势也能使它符合康德对革命所下的基本定义，即以暴力推翻现有政权。因此，矛盾仍然存在，仍须在思想中找到通融一致的解释。

为此，不同学者尝试了各种努力。一种方式是对康德关于法国大革命的言论进行"道德心理学"的解释。霍尔特曼认为，虽然康德在法权上反对革命，但是他可以就其他方面对革命给出积极的评价。霍尔特曼认为，革命在道德心理学意义上有四点积极的作用。第一，革命能够展现道德的前景；第二，它能唤醒非正义处境下人的良知；第三，正是通过革命，我们能看到非正义是如何破坏自由、平等和独立的；第四，革命能够维持康德式公民的身份认同。霍尔特曼认为，这些来自于对康德式革命理论更深刻也是更丰富的解读。"……道德心理学提供了强有力的理由认为，尽管革命存在风险，我们有时候会敬重那些自由、平等与独立的公民，他们竭力将政府取而代之。尽管革命的方式富有争议，但是它能够唤醒其他公民的能力和意识，并将他们纳入公民之列，这种能力比起那些在有争议的判断上从不行动的决定更能荣耀公民的身份。"②于是，反对革命权的立场和对于法国大革命的积极态度被

① See Howard Williams, *Kant's Political Philosophy*, Basil Blackwell, 1983, pp.212–213.

② Sarah Williams Holtman, "Revolution, Contradiction, and Kantian Citizenship," in *Kant's Metaphysics of Morals: Interpretative Essays*, Mark Timmons ed., Oxford University Press, 2002, p.231.

归属于两个不同的领域:一为权利哲学,一为道德心理学。两者各归其位,也就不会发生实质的冲突了。这种解释的方式是在康德哲学中划分出两个不同的领域,反对革命权利是权利哲学的内在立场,对法国大革命的赞许态度则不属于权利哲学,而是外在于权利哲学的某个领域。因此,所谓的"矛盾"就可得以化解,笔者将这种类型的解释称为"外部的"解释。

这种外部解释方式的另一种路径是诉诸目的论。康德反对革命权利的理论属于权利哲学,而他对于法国大革命的赞赏则是出现于历史哲学或者目的论的话语背景之中,后者并不关系到权利的正当性问题。刘易斯·怀特·贝克可以算作是这种观点的代表。他对康德的解读是:法国大革命作为一个自然发生的事件,仅仅在旁观者的态度上看,其发生是有利于公民宪政的实现的。在这种意义上,法国大革命未尝不是一个标志人类进步的事件。"为了解消这个矛盾,我们就不能从一个道德的或法学的角度来看待这些问题,虽然这可能是理解康德最自然的角度,而是要采取一个历史的目的论的概念来解释康德。"①

在康德的意义上,历史的进步并不在于人类幸福的增加,而在于接近于公民宪政理念的程度以及人类平等的自由权的普遍性程度。于是单纯就革命之后所建立的新政权而言,革命可以被分为两种:一种是更加接近于公民宪政的理念,另一种是更加远离了公民宪政的理念。康德甚至认为自然本身就会产生革命。他在《关于一种世界公民观点的普遍历史的理念》一文的"命题八"中提出:"人们在宏观上可以把人类的历史视为自然的一个隐秘计划的实施,为的是实现一种内部完善的,并且为此目的也是外部完善的国家宪政,作为自然在其中能够完全发展其在人类里面的一切禀赋的唯一状态。"②对此,我们就像理解战争一样,将革命看作是推动历史发展的隐秘力量。即使存在革命所带来的动荡灾难,但如果它能够促成历史的进步,那么也就具有了自身的价值。尼克尔森也指出:"承认一场个别的革命能被看作是人类道德发展中的一个进步这一点并不是赞扬革命,而只是认识到恶能产生善果。"③而

---

① Beck, Kant and the Right of Revolution, p.417.

② [德]康德:《关于一种世界公民观点的普遍历史的理念》,第 34 页;8:27。

③ Nicholson, Kant on the Duty Never to Resist Sovereign, p.227.

且法国大革命也并不是一般意义上的革命,它具有明显的道德维度,因为它是秉持自由、平等的理念所进行的革命,也就体现了历史进步。于是,我们就在两个不同的层面上分别证成了康德看似矛盾的两种观点。

另一种在法权哲学之外寻求调和的努力是希波姆做出的。他力求在实用人类学的层次上调和这个矛盾。实用人类学在康德的语境中是对于人的主观本性的考察研究,但这种考察并不是在一种现代人类学的"客观的""不含预设的"意义上进行的。他对于人的考察是为了道德的发展,考察人性中的因素何者有益于道德进步,何者又阻碍了道德进步。正是在实用人类学的层次上,康德才会对法国大革命抱有积极的态度。他说:"对于抵抗权的拒斥属于正义原则向人类学的应用,而对于革命积极作用的考虑以及对于革命及革命者本人的同情的真正热情属于实用人类学。"①在康德看来,法国大革命显示出不同于以往的"革命"的特征,因此对于法国大革命也应区别对待。之前所有其他的革命都是为了维护某一群体或阶层的利益。虽然法国大革命可能也是由特定阶层而发起,但是他们是为了人民的权利,其制度设计也是根据"本体的共和国"(respublica noumenon)的观念。在革命的过程中也使用了暴力,这一点是康德所坚决反对的。但是就其结果而言,却显示出接近本体共和国的积极因素。于是,"法国大革命所揭示的新的人类学事实及其结果——一个真正的共和国的出现——带来了新的实用上的后果。一个现实的共和国的存在为一个本体共和国的实现提供了有力的证明,后者不能被看作是实践上不可能的了"②。但是希波姆的这种解释也面临着困难。

这种策略不过是转移了矛盾。它将表面的矛盾向康德哲学体系的背景中转移,也就是造成了权利哲学与实用人类学之间的冲突。这个困难在前面提到的道德心理学方案与自然目的论方案中也都会遇到。

可见,上述各种"外部的"解释都不能真正地化解康德在革命问题上两种立场的"矛盾"。这种解释策略的困境的根由在于,它预先假定了康德的两种立场之间真的存在矛盾。但是文本上的年代关系暗示着康德根本就没有将其当作一个矛盾。不同于那种外部的解释,康德本人可能恰恰是将各种立

---

① Seebohm, Kant's Theory of Revolution, p.573.

② Ibid., p.574.

场看作是对于革命这同一个问题的整体表述。立场表述的多样与冲突，可能就来自于康德革命问题本身之理解的复杂性，看似矛盾的立场实际上都是内在于康德法权理论的不可分的要素。

前文已经表明了，康德法权哲学虽然奠立于先天理性之上，但是它对于现实的权力有着必然的要求。只有在公共法权状态中，即有着公共的强制性法律及其强力保障的意义上，一切权利才是可能的。于是，康德正是在最高权力作为一切法权的条件的意义上，将革命当作对这一条件的毁灭而将其判为是绝对地不合法的。这种关系表明了最高权力内在于法权的要求之中，但是我们也不能认为最高权力就直接提供了公民宪政理念的现实性的充分条件。公民宪政理念是完全依据纯粹理性勾画的权利体系，这一宪政理念是康德所追求的"一种柏拉图式的理想"，它对于一切现实的不符合这一理念的法权体系和国家都具有先天的规范性意义，对于这一理念的追求也是每个理性存在者的义务。但是现实的国家远非完善，它们都或多或少地偏离了这个理念。康德对于人性的理解绝称不上乐观，"从造就人的如此弯曲的木头中，不可能加工出任何完全直的东西"①。现实的国家总是伴随着各种不义，乃至难以确信公民宪政理念的现实性。对于人性的清醒认识，反而会造成悲观乃至犬儒的态度。如果现实政治不过是人性丑恶的演艺场，也就反而使人对公民宪政理念本身产生怀疑，怀疑它是一个没有意义、过于美好的虚构，不可能获得一星半点的现实性。

在这个背景下，我们就可以考察康德对于法国大革命、乃至革命本身的复杂态度。在《进步》一文中，康德笔下的"进步"并不是什么物质生活水平的提高，甚至也不是指人类道德水平的提高。由于人自身难以克服的有限性决定了在个体意义上的人在本质上不可能相对于过去的人有何变化，只要人还是有限的理性存在者，道德法则对人来说总是表现为命令式。康德所说的进步是指："这种收益并不是意念的道德性的一种日益增长的量，而是意念在合乎义务的行动中的合法性之产物的增多，不管这种增多是由什么样的动机引起的。"②可见，历史的进步表征在一个良好公民宪政的建立和完

---

① ［德］康德：《关于一种世界公民观点的普遍历史的理念》，第 30 页；8:23。

② ［德］康德：《学科之争》，第 88 页；7:91。

善。外在的法权体系并不指望改善人的本性,但是它可以使得人们的行为更多地符合理性的要求。如果一个新宪政体制建立的原则更加趋向于那个完善的公民宪政理念,那么就可以将其看作是历史进步的证据。这并不是说新的政权不会倒退向旧的制度,但是如果根据一个先天理念构造的政治制度曾经在现实中出现过,这总会给人们以信心,相信那样一个根据理念所塑造的政治毕竟有现实的可能性。

康德对法国大革命的积极评价也正是在这个意义上做出的,他甚至说:"这个事件不是一场革命的现象,而是……一种自然法权的宪政之进化的现象。"①这当然不是说法国大革命不是一场真正的革命,而是要将其看作是公民宪政理念的一次实现。那么我们就可以说康德对于法国大革命的激赏,只是出于对其所代表的宪政理念的赞赏。这种赞赏并没有扩及于革命的行动本身。可以说,宪政理念与革命的行为是分离的,具有宪政的理念并不要求直接发动暴力革命的行为。在摧毁最高权力这一一切宪政的条件的意义上,革命的行为仍然是不合法的。理解康德这两种态度的相容性的关键,是理解康德对于宪政所秉持的先天法权原则与作为其实现条件的最高权力的复杂关系。康德对法国大革命的表述恰恰就是这个复杂关系的反映。康德说:"它仅仅是旁观者的思维方式,这种思维方式在大转变这场戏中公开地表露出来,并且透露出对一方的演出者的一种如此普遍而不谋私利的同情,来反对另一方的演出者,甚至甘冒这种偏袒会对他们非常不利的危险。"②为此,我们就需要查看康德所表明的"旁观者"的态度。正是在这个"旁观者"的立场上,康德明确地赞同法国大革命的革命力量。与旁观者相对的是"演出者",演出者的两方代表着不同的观念或利益。康德所站在的旁观者的立场也就表明其"置身事外",即远离法国这一政治共同体的内乱。问题在于,如果仅仅是在这种意义上的旁观者,那么对于双方的利益争执或许会只有一个中立的立场,而不会明确地赞同或反对某一方。但是康德认为法国大革命唤起了旁观者的同情,"这种同情近乎于狂热,其表现本身就带有危险,因此,除了人类里面的一种道德禀赋之外,它不可能以别的什么为原因"③。

---

① ［德］康德:《学科之争》,第 84~85 页;7:87。

②③ 同上,第 82 页;7:85。

这种来自旁观者的同情的原因，在于大革命其中的一方所秉持的理念是符合于公民宪政的理念的。这种公民宪政的理念就超越了利益争执中某一方的特定立场，而具有了普遍性。它也就表达出了人类普遍的道德禀赋。于是，人们的同情乃至狂热就不难想见，因为它为人类的进步提供了一个证明。而且恰恰是通过这样的一个事件，使得公民宪政的理念普及推广，深入人心。随着公民宪政国家的逐渐实现，战争的可能性越来越小，人类进步的希望也就越来越大。总之，康德对于法国大革命的积极评价主要是就革命一方所秉持的共和理念而作出的。但是这并不意味着康德对于革命行为本身是支持的。这也正是旁观者的重要含义，旁观者就意味着他没有参与到法国的政治活动中。革命者即使秉持着那样的理念，但是如果以颠覆国家政权为目的，并以暴力为手段，那么这种行为仍绝对说不上是合法的。即使在同一篇文章中，当问及"在什么样的秩序中才能够期待向着更善的进步？"康德又回到了他反对革命的立场。他说这不是通过事物自下而上的进程，而是通过事物自上而下的进程，即启蒙的理性教育的方式。

经过上面的分析，我们可以看出，康德对于法国大革命的态度是双重的。对于其所秉持的理念，康德给予了积极的赞赏和深刻的同情。也正是在同样的意义上，康德对美国革命以及爱尔兰的独立运动都给予了褒奖，因为这些革命运动在其所奉行的理念的意义上代表了基于自由的人的理念所建构的政治原则。在这种意义上，法国大革命所代表的"进步"革命就与单纯以暴力方式夺取政权的"革命"运动区别开了。但是在另一方面，法国大革命仍然是一场革命，它仍然具有革命的暴力特征。在这个意义上，法国大革命并未同一般意义上的革命区别开来，它仍然是不合法的。虽然旧有的以及外来的势力不能再发动一场革命推翻之前革命建立的政权，但康德从未称法国大革命是"合法的"行动。于是，我们看到，康德对于革命的这两个看似矛盾的立场实际上是同时内在于法权理论本身之中的，在最高权力作为公共法律以及一个可能的政治制度（哪怕其并不完善）的必要条件的意义上，这两个立场不仅不冲突，反而是内在一致的。

我们可以说，康德支持法国大革命仅仅是在其秉持的理念的意义上，但并不会因此对于法国大革命中的暴力给予特许的合法性。一个公共权力的存在对于法权状态来说是不可缺少的，但并不意味着凭借这一强力就能够实现完善的宪政理念,同样,对于公共权力的暴力更替也并不意味着对于实现那一理念就更有优势。在康德写作《进步》一文时,法国大革命并没有朝着预期的方向发展,相反,恐怖专政、内乱、外国干涉、复辟等政治戏剧却轮番上演。在这种情况下,康德仍然对法国大革命给予赞赏。但同时,可能是政治的现实使得康德意识到,革命对于实现宪政理念不仅是不适当的,而且是极为有害的。那么进一步的问题就是,我们在拒斥革命权利的同时,应当采取何种行动朝着公民宪政的理念迈进。

五、启蒙与公民宪政理念的实现

在上一节我们看到,康德之所以在否定革命权利的同时,却对法国大革命赞赏有加,根本原因在于法国大革命所秉持的理念符合康德心目中公民宪政理念的规划。那么对于革命权利的否定,并不同时意味着对公民宪政理念的否定。公民宪政的理念先天地要求一个公共权力,但也不能矫枉过正,遗失了自由的精神。康德曾多次强调政治强力需与自由的精神相结合。他在《理论与实践》中说:"在每个共同体中,都必须有依照强制性法律(关涉整体的强制性法律)对国家宪政的机制的一种服从,但同时必须有一种自由精神。"①在《实用人类学》中,康德描述了强制力与自由和法律的四种组合方式,只有最后一种"有自由和法律的强制力"才是康德心目中真正的共和国。②那么如何在现有国家权力的条件下,实现充溢着自由精神的公民宪政理念,就是一个棘手的问题了。

首先需要表明的是,面对现实政治的不完善甚至败坏,康德也绝不是认为人们应一味地消极忍耐。在否定革命权利的同时,康德强调"改革"是实现公民宪政理念的积极步骤。他说:"(不完善的)国家宪政的变革有时也许是必要,但这种变革只能由统治者自身通过改革来完成,而不能由人民,从而通过革命来完成。"③但是如果改革的行动只能由当权者发动实施,则现实中

---

①　[德]康德:《论俗语:这在理论上可能是正确的,但不适用于实践》,第 309 页;8:305。

②　[德]康德:《实用人类学》,李秋零译,载李秋零主编:《康德著作全集》(第 7 卷),第 326 页;7:331。

③　[德]康德:《道德形而上学》,第 333 页;6:331~332。

的政治究竟是否会发生朝向公民宪政理念的改革,就是一件偶然的事情。而且如果将当权者发动的改革看作是朝向公民宪政理念的唯一途径,那么广大的公民就只徒有理性存在者的身份,而不会起到什么实质上的作用。更为重要的问题是,如果不触及公民宪政理念的核心要素,无论是革命还是改革都只能改换政治的外表,而不能使现实政治迈上走向公民宪政理念的稳固道路。那么这种核心要素是什么呢? 针对这一要素又将采取什么方式推进宪政理念的实现呢?

本文第一部分已经表明,公民宪政理念有其先天理性的证成方式,在此基础上,以自由、平等和独立为宪政法权体系的构造原则。这个体系的真正实现就体现了一个政治共同体内每个公民自身理性意识的觉醒。公民宪政理念并不单单是一个依存于国家强力的法权体系,它在本质上要求每个公民的理性自由。那么促成宪政理念的真正实现,也只能以作用于人的理性的方式获得,革命这种暴力的方式不可能触及公民宪政的本质。康德早在《什么是启蒙?》一文中就曾说:"通过一场革命,也许将摆脱个人的独裁和利欲熏心的或者唯重权势的压迫,但却绝不会实现思维方式的真正革命;而是无论新的成见还是旧的成见都成为无思想的广大群众的学步带。"①暴力的方式只能迫使人们行为上遵守法律,但远不能使人们理解并自觉遵守理性法则,因为人的理性自由只能以理性的、内在的方式发生作用。在这种意义上,我们可以理解康德何以疾呼理性启蒙,何以要求人们在一切事务上由自己的理性作出判断。

但问题在于,"启蒙"如果是在一个政治制度内进行,并且要反馈于政治制度,那么仅仅强调理性的自主方面就是不够的。如何能在秉持启蒙的理性自主含义的同时,使每个公民的行为符合先天法权规定的义务呢? 为此,康德说:"这种启蒙所需要的无非是自由;确切地说,是在一切只要能够叫作自由的东西中最无害的自由,亦即在一切事物公开地运用自己的理性的自由……到处都是对自由的限制,但是什么样的限制有碍启蒙呢? 什么样的限制不仅无害甚至有助于启蒙呢? ——我的回答是:对其理性的公开运用在任

---

① [德]康德:《回答这个问题:什么是启蒙?》,李秋零译,载李秋零主编:《康德著作全集》(第8卷),第41页;8:36。

何时候都是自由的,而且唯有这种使用能够在人们中间实现启蒙。"①结合康德在《永久和平论》中对公开性原则的阐述,这里的"理性的公开使用"是指人作为理性存在者在普遍理性的意义上表达思想、发表言论。而与之相对的"理性的私人运用"是指每个公民只就其岗位或职位的身份表达思想和言论,它就不应当违背在这一现实的法律体制所赋予他的职责和义务。但即使在"理性的公开使用"那里,自由也仅仅限于理性的运用,而绝不能以理性自由为由,妄图违背国家的最高权力这一宪政理念的条件。

如果说理性的启蒙是推进公民宪政理念的切实道路,那么如在面临现实政治中的不正义时,暴力的方式也就不可取。相反,针对现实中的不义,康德推崇的方式是"言论自由"。他说:

> 既然每个人都毕竟拥有其不可丧失的法权,他即便愿意也绝不能放弃这些法权,而且他自己有权对这些法权作出判断;但按照上述预设,他在自己看来所遭遇的不义,只不过是因对出自至上权力的法律的某些后果的疏忽或者无知罢了;所以,国家公民,确切地说得到统治者自己的优待,应当有权限对于统治者的指令中在他看来对共同体有不义之处的东西发表自己的意见。因为假定元首永远不可能犯错,或者不可能对一件事情无知,这会是把他设想为赋有上天的灵感,超出人类之上。因此,言论自由——通过宪政自己所造成的臣民们的自由思维方式而保持在尊重和热爱人们生活于其中的宪政的限度内(而且各种言论也自行相互限制,以便它们不丧失自由)——是人民法权的唯一守护神。②

这段文字出现于《理论与实践》中的"驳霍布斯"部分。康德认为,即使在一个国家之内,人们也不应像霍布斯认为的那样,对于最高权力不具有任何质疑的权利。相反,康德认为人民可依据先天理性维护其自身的权利,这也同时是在维护宪政理念本身。可以说,言论自由及其内在的启蒙精神的培养,就是康德给出的公民宪政理念实现的唯一方式。因为言论自由的合法

---

① [德]康德:《回答这个问题:什么是启蒙?》,第 41 页;8:36~37。

② [德]康德:《论俗语:这在理论上可能是正确的,但不适用于实践》,第 308 页;8:304。

性在于它是以理性的方式对于人的理性的作用，这符合公民宪政理念的理性构成的本质，而暴力的外在方式则无法触及这一根本。

在 1798 年的《学科之争》中，康德更是直接地表明了启蒙与公民宪政的关系。他说："人民的启蒙就是公开地教给人们对其所属的国家的义务和法权。"①可见，康德笔下的"启蒙"以政治的含义为其要旨，而不是宽泛的理性自主。如果从政治及法权的含义上理解启蒙，那么它就不仅意味着理性的自主，也同时意味着对于"自由"的批判性限制。正是在这种意义上，康德称自由的限制反而有利于自由。他说："一种较大程度的公民自由似乎有利于人民的精神自由，但却给它设下了不可逾越的限制；与此相反，一种较小程度的公民自由却给这种精神获得了一切能力展开自己的空间。当然在这个坚硬的外壳下把它精心照料……对政府自己也是有益的。"②在康德看来，言论自由和理性启蒙是实现公民宪政理念的唯一方式。相对于革命，它为一个公民宪政提供了一个更稳定、更坚实的保证，因为它并不意图破坏、毁灭公民宪政得以可能的条件。固然，现实与理想有着巨大差异，但理性的实现毕竟扎根于现实，也只有从唯一的、当下的现实出发，才能保障这个条件。康德否定革命的权利绝不是抛弃公民宪政的理念，更不会背离他自身理性批判哲学的立场。如果这一理念在历史的过程中闪现，如法国大革命，康德也毫不保留地给予赞扬，但妄想以革命的方式一夜之间使这一理念变为现实，反而会适得其反。"启蒙"作为公民宪政理念的实现方式，虽然过程艰辛漫长，但却是一条坚实的道路。

（作者简介：宫睿，中国政法大学人文学院副教授。）

---

① ［德］康德：《学科之争》，第 86 页；7:89。
② ［德］康德：《回答这个问题：什么是启蒙？》，第 46 页；8:42。

《威廉·退尔》与德国文化民族主义的兴衰

一、从乌合之众到人民共同体

在西方思想史上,"群众"长期以来只是一个负面存在。[①]苏格拉底斥之为"群氓",认为其没有任何善的知识;柏拉图说劳动者只是铜铁制作的下贱群体,不得与闻治理国家之事;亚里士多德则相信,平民政体本身就包含了专制君主的性质。从古希腊始,到西塞罗,再到马基雅维利、洛克、伏尔泰、孟德斯鸠、柏克、康德、黑格尔、尼采,等等,西方主要思想家们几乎无一没有参与过关于群众败坏的叙述。他们通常的看法是:作为"大多数",群众无知无能,没有参与政府管理的精致艺术与高超能力;他们短视、自私、浮躁而易变,因此最易受人蛊惑、利用。[②]法国群众心理学家古斯塔夫·勒庞(Gustave

---

① 这里使用的"群众"概念和中国传统的"民"("臣民")及中国当代语境中的"群众"("人民群众")是不同的。它相当于西方群众理论中的核心概念"crowd"(群众)——"群众是一种政治心理现象,是人们在特定情境下产生的一种心理和行为方式","每个人都可能成为群众的一员,即在特定情境下产生群众心理,采取群众行为。也就是说,只要人们以某种方式聚集、聚集起来的人们产生某种特殊的心理或采取某类行为方式,他们就是受集体逻辑(collective logic)支配的群众"。与之接近的还有群集或群体(the group)、暴民或乱众(mob)、大众(mass 或 the multitude)等概念。当然,近代以来,在不同的国家、不同的语境下,这个概念所包含的内容与感情色彩已经发生了深刻的变化。详见丛日云:《当代中国政治语境中的"群众"概念分析》,《政法论坛》,1995 年第 2 期,第 15~24 页。

② 参见王绍光:《民主四讲》,生活·读书·新知三联书店,2008 年,第 14~33 页。

Le Bon,1841 年—1931 年)其至认为,不同背景的个体组成群众后,心理还将发生质的变化。这个群体会轻易丧失理性,更容易接受"暗示",并互相"传染",于轻信之际进入一种"无意识"状态,个人因此"不再是他自己,他变成了一个不再受自己意志支配的玩偶",而"群体中累加在一起的只有愚蠢而不是天生的智慧"。①正是出于诸如此类对群众的负面判断,长期以来,西方思想史主流倾向于认为,大多数的统治最后必定沦为集体暴君;所谓"民主",也就根本不可信任。古典时代以来,理论家们即开始批评民主,并常常认为它"与这样的描述相通——无政府状态、破坏性的暴力,以及乌合之众的毫无理性"。②系统研究过西方群众理论史的当代英国政治思想史家麦克里兰这样总结道:"几乎可以说,政治理论的创立,就是为了阐明作为人民自治的政治形式——民主,必然转向暴民统治。"③这是符合西方政治思想史实际的。

但在德国作家席勒笔下,尤其是在其晚年戏剧中,群众却呈现出一种与西方主流完全不同的面貌。

青年席勒并不特别关心群众现象,他的阅历和所处时代也不足以迫使他面对群众的问题。因此,在其早期戏剧中,群众场面是很少出现的;即使出现,群众的形象也很模糊、薄弱,且与西方思想史的主流叙述没有明显差异。如《强盗》(Die Räber,1781)中的强盗集团(这一集团与所谓群众最为接近),在卡尔看来,不过是些"永远盲目下去"的"愚人"。④他们作奸犯科,追求无拘无束,野蛮中透着豪爽、质朴和忠诚,虽然比奸诈、虚伪、无能的暴君略胜一筹,但所作所为,却是发泄怨恨有余,实现共和理想则毫无希望。

《斐耶斯科的谋叛———一部共和主义的悲剧》(Die Verschwörung des Fi-

---

① 〔法〕古斯塔夫·勒庞:《乌合之众:大众心理研究》,冯克利译,中央编译出版社,2005 年,第 16、18 页。

② Richard Bellamy,"The Advent of the Masses and the Making of the Modern Theory of Democracy," in *The Cambridge History of Twentieth–Century Political Thought*,Terence Ball and Richard Bellamy eds.,Cambridge University Press,2003,p.74.

③ J.S.McClelland,*The Crowd and the Mob*,*From Plato to Canetti*,Unwin Hyman Ltd.,1989,p.1.

④ 参见钱春绮编:《席勒戏剧诗歌选》,人民文学出版社,1996 年,第 172 页。

esco zu Genua.Ein republikanisches Trauerspiel,1783)是席勒早期唯一重视群众现象,并予以认真处理的戏剧。这部戏虽然真正关心的问题仍然是"大人物"如何"走向迷途"的"人的心灵史",但也展现出席勒非凡才能的另一面——善于安排群众场面。在这里,群众是"共和国的公民","套了轭具拉着自由,像驮载的公牛在贵族的统治下喘息",他们的行动虽然狂暴,却是在反抗暴君;他们的仇恨心理虽然受斐耶斯科煽动并加以利用,但仍能与之作相对理性的对话;他们的独立思考和判断能力虽然极差,且在行动、思想上均依赖权势与贵族,但并非总是不明大义;他们与贵族的联合,被人操纵的因素有之,维护正义、保护自己正当利益的因素同样存在。①戏剧结尾,共和主义获胜,民众果真成为正义的执法者。显然,这个剧本中的群众形象虽然没有从根本上推翻西方思想史的主流叙述,但相比之下,负面色彩已经大大降低。群众纵然偶有非理性的一面,也得到充分的谅解。

即使是法国大革命的爆发,也没有使席勒更为关注群众现象。真正使他的眼光从帝王将相转向群众的,是拿破仑战争。在《奥尔良的姑娘》(Die Jungfrau von Orléans,1801)一剧中,已经出现了"生性平和"、纯朴勇敢的乡民,他们"都是法国人,还是自由民,还是父辈耕耘过的这块土地的主人"②,并且在反抗异族统治中团结起来。这可以视为席勒对1801年拿破仑占领莱茵河以西德国领土的反应和态度。这部作品后来确实常常被人们看成一部爱国主义名作。不过,席勒创作此剧的本意,仍是要探讨一个人的成长,而非宣扬合群的爱国主义。因此,剧中的群众形象,在任何意义上都不能说是典型的。

真正成熟的群众角色,出现在席勒最后一出完整的戏剧《威廉·退尔》(Wilhelm Tell,1804)中。这部剧本虽然以一个人的名字命名,却是一部名副其实的"大众剧"(volksstück)。其主人公是包括退尔在内的所有群众。这个群体构成的形象,彻底颠覆了西方思想史对于群众的主流叙述。

---

① 引文和相关情节参见[德]席勒:《斐耶斯科的谋叛———一部共和主义的悲剧》,章鹏高译,载张玉书选编:《席勒文集》(第2卷),人民文学出版社,2005年,第272~285页。

② [德]席勒:《奥尔良的姑娘》,张玉书译,载张玉书选编:《席勒文集–Ⅱ》(第4卷),人民文学出版社,2005年,第255、237页。

首先,这部戏中,群众是纯朴、忠厚、温和、勇毅、正直、忠贞、远见和智慧的化身。他们生来自由,并且热爱自由,在面对外族压迫,"古老的自由诏书"遭到全部废除时,还敢于而且善于争取自由。在这里,没有一个人会为私利而刻意逃避自己的责任,更不要说做叛徒了。总之,作为个体,群众的德行与操守无可挑剔。

其次,这部戏中的群众组成了一个有着共同信仰与文化渊源,自由、独立而又和谐有序的民族联合体。他们依照古老的乡俗与盟约,自古以来"一向自由自在";虽然"各邦民众都自治自理",但"依然同根同族,同一个血脉,同一个故土",风俗习惯、文化传统和生活方式都是一样的。①在这里,不同年龄、性别、个性的人都能和平共处;平行的州与州之间,也完全有相互协调,共同抗暴的能力、智慧与传统机制;就连不同阶级的人,贵族和平民、雇农,也能和衷共济,共度难关,保持或回归相互融合的传统。总之,这是一个自由人的联合体,维系这个共同体的纽带,是超越其他身份差异的民族文化。

最后,这个由文化维系的民族联合体,要维持自身的生存、权利和自由的传统,最终只有而且必然诉诸于团结合作,结成一个有着集体意志、共同行动的政治联合体。

剧中的民族联合体已经远远不是乌合之众,但面对外族压迫,仅有这种松散的联合仍旧显然不够。退尔式的个人英雄主义更是没有出路了。他一度相信"强者独自一人才最为强大",决不认为"联合起来,弱者也会坚强有力"。但事实告诉他,抗暴是一个民族的共同事业,在这个共同事业中,个人的力量虽然不可或缺,却是微不足道的。只有成为整体中的一员,个人意志服从集体意志,才能顺利地抵抗侵略,挽救民族的命运,同时拯救个人的苦难。"谁若只顾自己,必然损害大众的利益。"②这里没有局外人,不光退尔不能离开集体,贵族也不能,任何人都不能。这个有着共同文化、信仰的人群,最终只有组成一个政治的联合体,才能真正保障他们自己的生存、独立、自由和权利,进而保证民族联合体及其传统绵延久远。

---

① [德]席勒:《威廉·退尔》,张玉书译,载张玉书选编:《席勒文集–Ⅴ》(第5卷),人民文学出版社,2005年,第190、224页。

② 同上,第184、240页。

这就产生了民族的集体意志。在席勒笔下,这个集体意志是正当、必要的,它不但与个人实现其自由及价值并行不悖,而且目的正在于复兴古已有之的自由联盟。他们之所以诉诸暴力,是要在外族压迫下为自己的民族争取权利,因为"高贵的心灵不能忍受人间不平","倘若被压迫者无处找到公道,倘若沉重的高压已无法忍受——那他就理所当然地向苍天伸手,从天下取下他永恒的权利"。如果所有手段都无效,"那就采取最后一招,给他一把宝剑——我们可以保护我们至高无上的财产,抗拒暴力——捍卫我们的家园桑梓,捍卫我们的妻子,我们的孩子"。他们热爱自由,"倘若没有自由,谁还愿意在这里生存!"并且相信"一个手执宝剑的民族能够自控,定会唤醒别人合情合理的敬畏",所以毫不妥协,集体投入战斗。①

总之,这里的群众,不再是群氓,而是自由且富有美德的人民;不再是乌合之众,而是一个共同体——不仅是文化共同体,也是政治共同体。他们有着集体的意志,而且自称"我们是一个民族,我们要统一行动"②。

二、西方传统的例外与文化民族主义的兴起

放在当今语境下,《威廉·退尔》中的群众形象可以说毫无引人注目之处。不过,如果将它置于西方主流传统乃至席勒当年的语境中③,就能很快发现它的与众不同。

麦克里兰说:"19 世纪中期,也许 1848 年,更有可能是 1871 年,是群众观念史上的一个转折点。从此之后,群众就成为社会和政治理论的中心;或者说,从此任何社会理论如不将群众置于中心,就会被视为东拼西凑的货色,荒诞不经而且冥顽不灵。"④也大约从那个时候起,群众在西方主流思想中才得以彻底翻身。一度不可一世的"朕即国家",被它的大众翻版——群众

---

① [德]席勒:《威廉·退尔》,第 176、230、282~283、236 页。

② 同上,第 226 页。

③ 法国大革命前后,德国中产阶级知识分子比较普遍的看法,仍然是极力支持贵族,"另一方面,则极度鄙视不名一文的普罗大众,尽管也鼓吹要提高这些人的经济地位"。See Reinhold Aris, *History of Political Thought in Germany from 1789 to 1815*, Frank Cass &Co Ltd., 1936, pp.43–44.

④ McClelland, *The Crowd and the Mob, From Plato to Canetti*, p.3.

"国家就是我！"的自言自语——取而代之。①由此，勒庞惊呼："群众的神权就要取代国王的神权了。"②那么为什么在席勒戏剧，尤其是在《威廉·退尔》中，群众早就成为政治的核心，并且作为"人民"的共同体，被赋予超乎寻常的正面价值呢？《威廉·退尔》何以成为西方传统中的例外？

原因很多。席勒的出身和遭遇就是其中之一。不只是席勒，整个德国启蒙运动的参加者中，大多原本就出身平民，后来又成为不甚得志的职业知识分子。他们是现实中的失意者，为失业、贫穷、流亡、不为社会接纳所折磨，往往与周围环境格格不入。与英法知识分子相比，他们的底层经历和底层体验更多得多，所以自然更容易站在底层的立场上，从被压迫者的角度来思考问题。卢卡契说，在别的国家，资产阶级的觉醒暂时可以与君主专制政体向上的路线相一致，如莎士比亚之于都铎王朝，如高乃依、拉辛及伏尔泰之于路易十四时代；而在德国，资产阶级文学却是与统治政权对立的。③德国启蒙思想家因此常常心向平民，也就不足为怪。就连出身不错、生活优裕的歌德，历经困顿之后，也抱怨别人不称他为"人民之友"。④席勒作此剧，正如他在其他戏剧中表达的一样，显然有以被压迫的"人民"一员自居，并为其打抱不平之用意。

席勒本人的气质、个性又是一个原因。歌德说："席勒比我更是一个贵族，但是说话比我远为慎重，却很幸运被人看作人民的一个特别好的朋友。"⑤这其实只说到一个次要方面。席勒个性高贵，容不得卑污的事情；而且他"隶属于德意志民族"，难免被这里"理论，观照，神秘主义和想入非非"的精神生活，及由"小市民精神、宫廷习气以及庸俗习气这些平庸卑微"构成的现实生活所毒害，这些因素促使他远离群众。但在根本上，他是一个"人道的诗人"，在他的诗歌中，他的心灵"对人和人类充满最活跃、最热烈、最高尚的热血的爱，痛恨宗教狂热病和民族狂热病，痛恨偏见，痛恨木棍和皮鞭，这些东西使

---

① ［西］加塞特：《大众的反叛》，刘训练、佟德志译，吉林人民出版社，2004年，第115页。

② ［法］古斯塔夫·勒庞：《乌合之众：大众心理研究》，第4页。

③ 参见［德］卢卡契：《德国近代文学概要》，范大灿译，载范大灿编选：《卢卡契文学论文选》（第一卷），人民文学出版社，1986年，第3页。

④ 参见［德］爱克曼辑录：《歌德谈话录》，朱光潜译，人民文学出版社，1978年，第82页。

⑤ 歌德的谈话（1824年2月4日），参见［德］爱克曼辑录：《歌德谈话录》，第23页。

人们分离,迫使他们忘记,他们彼此之间原是兄弟"。①他的人道主义不仅能使他摆脱对群众的偏见,而且使他成为最具平等、博爱精神的战士。

然而席勒戏剧之所以成为西方的例外,最重要的背景和原因却是德国启蒙运动以来文化民族主义的兴起。

无疑,作为一种支配性的政治情绪和意识形态,德国民族主义的兴起是法国大革命尤其是拿破仑入侵以后的事情。但这很容易造成一种错觉,使人误以为德国民族主义的缘起,只是政治、军事突变的刺激;而其特质,亦主要受外来思想、力量的塑造与制约。有学者甚至认为,在法国大革命爆发之前,德国并没有民族主义,甚至没有民族意识。②此种认识即与上述错觉不无关系。其实,如果将德国民族主义的历史上溯到法国大革命之前,到德国早期启蒙思想家,如莱辛及狂飙突进运动参与者们那里,就会发现:德国民族主义的产生,其实最初并非政治、军事刺激,而是文化刺激的结果;这种民族主义的特质,也主要是受当时德国本土知识分子普遍而独特的思想、心理塑造。

其中,狂飙运动的先驱赫尔德的贡献是最具开创性和影响力的。他是欧洲文化民族主义之父,③自然也是德国文化民族主义之父。针对法国的启蒙教条和文化霸权,当然也针对德国历史上与现实中的种种分裂,赫尔德把之前早已产生、在莱辛等人那里变得愈加炽烈的德意志文化自立的意识,发展成为系统的文化民族主义。他明确提出要回到民族的文化传统中,去寻找自立、自信和自尊的资源。他试图从民谣(所谓"人民的声音")、神话、语言、宗教、历史等民族文化形式中发掘独特、自由、纯朴、活泼而多元的生命力和创造力,并以之来反对法国启蒙运动中冰冷、浅薄、僵化、浮夸而且带有普遍主义傲慢的纯粹理性。他推崇那些未受法国启蒙思潮影响和"毒害"的时代与

---

① 参见[俄]别林斯基:《别林斯基选集》(第四卷),满涛、辛未艾译,上海译文出版社,1991年,第96~97页。

② 如丁建弘:《德国通史》,上海社会科学院出版社,2007年,第129页。有学者甚至认为,德意志民族意识出现得更晚,"产生于19世纪初反抗拿破仑统治的解放战争中";而作为一种"外来概念",民族观念"表面上似乎不适合18世纪的德意志。直到法兰西革命军队作出示范,而且直到这一观念经历了深刻转变",德意志民族意识的"心理蕴涵和潜力才被认识"。参见[美]里亚·格林菲尔德:《民族主义:走向现代的五条道路》,王春华等译,上海三联书店,2010年,第337、382页。

③ 参见[英]以塞亚·伯林:《现实感:观念及其历史研究》,潘荣茂、林茂译,译林出版社,2004年,第270页。

民族,因此赞扬中世纪及所谓的未开化民族。他对德意志极尽赞美,除因为那是自己的母国外,更重要的则是由于他对从未受过愚蠢肤浅的法国理性法则束缚的、深沉不驯的德意志民族心灵推崇备至。作为一个后发民族,德意志也就从文化民族主义那里寻回了自信、自立与自尊的根本。赫尔德还提出一种"有机体论的意识形态"①,认为诸种正价值均内在于一个特定社会、一个民族有机体独特的历史文化当中;不管是个人,还是他所从属的组织、团体,只有进入这个共同体的心灵,才能真正理解其价值与目的。"人民"作为这个有机共同体(即民族)的文化的创造、传播与承载者,也就由此登上舞台,成为赞美、崇拜甚至需要效忠的对象。②赫尔德甚至认为,哲学家与平民"联合起来才能有所作为",这一思路影响了歌德、黑格尔等几代人。③

当时日渐兴旺的德国文学与哲学,也为这种文化民族主义的流行起了推波助澜的作用。④德国启蒙运动是一场以文学与哲学为主要形式的精神革命,相比那些以鼓吹政治革命为主、风格务实的民族及其知识分子,自然更易于产生浪漫的想象与诗意的美化。尤其是其中文学形式的启蒙,本来就是最为强调非理性的个性抒发及创造力,并需要而且最能贴近一个民族心灵的。启蒙时代德国文化民族主义诉求以文学为主要载体并非偶然。而在这些文学作品中出现极度夸张、放大民族与"人民"独特性和创造性的思想,也就不难理解。

由此,德国文化民族主义影响所及,哲人及诗人们纷纷将独一无二而且包罗万象的个性概念,由存在于个体,进而"转化为存在于共同体之中",自

---

① 参见[英]以塞亚·伯林:《反潮流:观念史论文集》,冯克利译,译林出版社,2002年,第409~410页。

② 可以参考同时代德国作家威廉·海因斯(Wilhelm Heinse,1746~1804年)等人对民族和民族艺术的赞美与设想。如《杜塞尔多夫艺术展览馆书信集》(1776~1777年)中说:"任何地理环境中的任何种族都有其特殊的美,都有其先烈的食料与饮料。……让每位艺术家都为人民而创作,艺术家的命运使之生活在人民中间,只有与人民在一起,艺术家才能焕发青春;让艺术家努力打动人民的心,以欢乐和喜悦充实人民;扶植、促进和提高人民的欢乐和幸福;当人民要落泪的时候,要设法使他们不落泪。"转引自[美]凯瑟琳·吉尔伯特、[德]赫尔穆特·库恩:《美学史》(上卷),夏乾丰译,上海译文出版社,1989年,第412页。

③ 参见[德]汉斯·尤尔根·格尔茨:《歌德传》,伊德等译,商务印书馆,1982年,第30~35页。

④ E.N.Anderson, *Nationalism and the Cultural Crisis in Prussia,1806—1815*,Farrar & Rinehart, inc.,1939,p.271.

然成为普遍现象。①而启蒙时代的德国知识分子把"对老百姓、人民和国家的崇拜与对英雄、天才和伟人的崇拜"②这两种在逻辑上相背反，而在感情上相互协调的倾向结合起来，也就顺理成章了。

《威廉·退尔》中以退尔等英雄人物为代表的人民群众，即为这种"想象的共同体"——文化民族——的一个经典群像。席勒对普罗大众的赞美，落脚点不是在个人，而是在他们的共同体。被压迫者的美德，绝不仅仅体现在原子式的个体身上，而是体现在他们超越阶级、性别、个性的内部联合上。与这种集体主义相比，任何形式——哪怕是英雄主义——的个人主义都是次要的，不那么可取的，甚至是完全没有出路的。这就是退尔得到的教训与经验。不管愿意与否，最后都只有自觉融入共同体中，才能找到个人价值的真正实现，然后使共同体的伟大与独特得以彰显并且长存。"我们是一个民族，我们要统一行动"，这种对共同体的认同感，其重要性显然远远在其他身份差异之上。不过，一定要强调的是，虽然这里的共同体无论如何都在个体之上，但它并未构成对个体的压迫。与其说共同体是个体自由的敌人，毋宁说是它最重要也是最后的保证。这是一个自由人的联合体，他们独一无二的生命力与创造力体现于古已有之的共同体信仰、传统、秩序与机制当中，并由它们来保障。人民作为所有这一切的创造、承载与践行者，当然有理由为其共同体的独特与优越而在异族面前感到自信。也正是在这个意义上，《威廉·退尔》具有了区别于其他形形色色以抗暴或爱国为主题的作品的价值。通过文化传统的自信，这个在政治、军事实力上处于劣势的人民共同体在强大的异族面前摆脱了卑弱的身影。

著名思想史家以赛亚·伯林认为，19 世纪没有一个有影响的思想家预见到了民族主义运动的未来。大体上，民族主义在当时的欧洲"被认为是个趋于消失的东西"③。19 世纪如此，遑论 18 世纪！依文化民族主义思潮而起的《威廉·退尔》成为西方传统中的例外，良有以也。

---

① Hans Kohn, Romanticism and the Rise of German Nationalism, *The Review of Politics*, Vol.12, No.4, 1950, p.446.

② [美]萨拜因：《政治学说史》（下册），刘山等译，商务印书馆，1986 年，第 976~977 页。

③ 参见[英]伯林：《反潮流：观念史论文集》，第 409~410 页。

三、文化民族主义的伟大与脆弱

不过,虽然《威廉·退尔》对特定人民共同体(民族)及其文化、传统的独特与优越不吝赞美之辞,但在它那里,却并不存在任何高贵或劣等民族及文化的概念。相反,正是因为任何民族都是独特而富有尊严的,所以要求一切民族都以平等、博爱的态度相互对待,不能以强凌弱,以众暴寡;而在每一个甚至是弱小、未开化民族的传统与文化中,都蕴含着比法国启蒙运动宣扬的纯粹理性崇拜与盲目乐观情绪更深沉得多的智慧与力量,这就从根本上否认了所谓政治或文化上的高贵民族的存在,无论它是否自我宣称为理性与进步的代表。

这里显示出了文化民族主义的伟大。我们知道,虽然启蒙运动没有统一、固定的模式,但是启蒙思想却有一些基本的相通点,一般可以概括为理性主义、自然主义、进步主义以及世界主义等。①以《威廉·退尔》为代表的文化民族主义,乍看之下似乎与这些启蒙思想相悖,其实却不然。作为德国启蒙思想家们的独特贡献,它对法国启蒙运动提出了深刻的批评,对其中某些理念甚至予以全面否定,但此种批评或否定,与其说是为了打倒启蒙思想,不如说是要在批判的基础上重新肯定、丰富启蒙思想。它重视民族及其传统,实际上是主张将理性"置于一定情境之中,视其为社会、文化力量的结果"②。这虽然是对纯粹理性及其霸权的反动,却为理性增加了一个全新的维度,因而是对理性主义的丰富。它的民族独特论虽因常常夸大后发民族的个性而有着文化相对主义的痕迹,却并非封闭自大。相反,它要求异质文明之间相互尊重,保存个性,以更自信的姿态平等对话、相互学习。这就提出了一种与法国启蒙运动理性主义普世论的世界主义完全不同的、鼓吹个性与特殊论并通往非理性的浪漫主义的世界主义。而它对非理性形式与力量的重视与强调,也有利于进一步发掘人类所有潜能,发挥其个性及创造力,进而以人类的共同进步为鹄的。因此,这里又丰富了启蒙运动的进步主义。总之,

---

① 参见[美]彼得·赖尔、[美]艾伦·威尔逊:《启蒙运动百科全书》,刘北成、王皖强编译,上海人民出版社,2004年,第13页。

② Frederick C.Beiser, *The Fate of Reason*, Harvard University Press, 1987, p.18.

所有这些,无不是试图从更平等、更尊重个性自由发展,更接近自然、更合乎人性的高度,对启蒙思想的重新肯定与丰富。从中体现出来的这一代伟大启蒙者对于所有人及人类群体（尤其是其中常被忽略或轻视的后发者及后发群体）的尊重、体谅与价值发现,更是对启蒙思想的一大提升。他们以文明、文化的多样性及其不可测量性对抗普遍主义与唯理主义,使得所谓理想国家或理想人类的概念"变成了支离破碎的东西",从而成为了"多元论"的先行者。①

当然,《威廉·退尔》并非完全是赫尔德文化民族主义的重复,它已经包含了时代赋予它的新内容。对赫尔德而言,政治统一、民族自决与国家地位自然重要,不过在他那里,"民族首先是一种文化决定论,然后才是公共的政治愿望"②。《威廉·退尔》中,这种文化民族主义在向政治民族主义转变,已经初现端倪。它将民族政治自决的重要性,放到了与民族文化的自信与自立同等重要,甚至有过之无不及的程度。因为在它看来,没有政治独立的保证,民族文化再独特优越,也会在异族暴政之下烟消云散。这是善于应时而变的席勒顺应时局的表现。因为这是一个时代的问题。从法国大革命开始尤其是到拿破仑战争,文化民族主义必须辅之以政治民族主义的观念,在德意志意识中就渐渐发展。仅仅洪堡到费希特的一代人里,世界主义的天真爱国主义便已转变为民族国家。③从这个意义上说,《威廉·退尔》中的转变并不稀奇。

尽管在《威廉·退尔》中可以清晰地看出这种转变,但席勒仍然坚持上述德国式启蒙的基本立场,当属毫无疑问。而在德国,与之同时代乃至更晚的绝大部分思想家们,便未必能坚持如此了。早期的德国浪漫派大多还能在启蒙的立场上看待民族问题,但越到后来,他们就越极端、神秘,虽然最后没能发展出一个现代德国民族国家的规划,但其对德国精神特性的过分强调,却极大地助长了德意志独特论的意识。④最终,德国民族主义完全丧失了启蒙

① Isaiah Berlin, *Vico and Herder:Two Studies in the History of Ideas*,Chotto & Windus Ltd.,1976,pp.153,143–216.

② ［法］吉尔·德拉诺瓦:《民族与民族主义》,郑文彬、洪晖译,生活·读书·新知三联书店,2005年,第170页。

③ 参见［意］圭多·德·拉吉罗:《欧洲自由主义史》,杨军译,吉林人民出版社,2011年,第200页。

④ Kohn,*Romanticism and the Rise of German Nationalism*,p.443.

的立场,文化民族主义不可逆转地转变为政治民族主义,不但世界主义观念被民族思想和民族国家思想取而代之,而且对民族、国家、非理性等的畸形崇拜和民粹主义情绪也从中滋生出来。这就大大违背了赫尔德、席勒的本意,因而受到歌德等人的激烈批评。

这种大逆转的出现,一方面固然是因为时局变化,势所必然;另一方面,也有文化民族主义本身的原因。作为一种纯粹的理想,文化民族主义试图以精神的创造来解决现实的政治问题。因此,它不惮将民族共同体及其文化、传统竭力加以浪漫化乃至神圣化。这既成就了其思想上的伟大,同时又不可避免地带来了观念的冒险。现实是不会按照既定图纸运作的,一旦发生不可控的变化,图纸就只好报废了。而文化民族主义的图纸绝不仅仅是报废而已,它对民族、国家和人民的诗化,反而在日后会成为真正的政治危险品。当然,就像《威廉·退尔》中反复申诉的那样,赫尔德、席勒们强调人民和民族的独特性,本意是要据以反对强权政治的。但世易时移,这种过度美化所谓人民共同体的思想基因经过更夸张的浪漫化和神化,并进入现实政治领域,它就反而容易被强权政治抢夺过去,变成一种对自我民族与人民的畸形崇拜了;它对亲缘关系、社会团结、国民美德的过度依恋,很容易就会通向民粹主义。这就与启蒙思想的根本立场南辕北辙了。卡尔·波普尔认为,民族国家的原则只有在黑格尔之前短暂的历史中,"竟是一种革命的和自由的信条",更多时候,它"是一种非理性的、浪漫的和乌托邦的梦想,是一种自然主义的和部落集体主义的梦想","含有内在的反动的和非理性的倾向"。①这是对德国民族主义前后命运的一个真实写照。

四、结 论

《威廉·退尔》的出现介于文化民族主义在德国的兴衰之间。因此,从这幕戏中,我们既可以看到这种思想最光辉的一面,也能感受到它的脆弱乃至其中埋伏着的危险。文化民族主义者将特定的人民共同体加以美化甚至浪

---

① [英]波普尔:《开放社会及其敌人》(第2卷),郑一明等译,中国社会科学出版社,1999年,第97~98页。

漫化的用意,本来在于以独特、多元、富于生命力与创造力的民族文化、传统,反对启蒙运动以来的唯理主义教条和法国文化霸权,但在现实政治中,这种通往多元论的深刻思想,却往往会因为不易经受时局变化的考验而落入衰败,而它对民族、国家、人民、非理性的诗化与崇拜,则往往可能成为通向极端民族主义、民粹主义甚至是极权主义的种子。

(作者简介:王坚,天津师范大学政治与行政学院副教授。)

雅斯贝尔斯的"轴心时代"
与欧洲文明的战后重建①

雅斯贝尔斯(Karl Jaspers,1883—1969)与墨索里尼(Mussolini,1883—1945)同年出生，终其一生伴随纳粹政治与欧洲文明战后重建的历史进程。1937年，雅斯贝尔斯被解职,1946年才重返校园,参与海德堡大学重建。1948年,雅斯贝尔斯远走他乡,定居并执教于瑞士巴塞尔,伽达默尔接替他在海德堡大学的教授职位。这位继任者的解释学提示读者要考察作品的"效果历史",文本一经问世就脱离了作者的掌控，作者的那个意图就变成了络绎不绝的解释者的诸多意图。雅斯贝尔斯曾认定中、西、印三大文明在公元前800—前200年间实现同步突破,这一时期即"轴心时代"(Achsenzeit)。虽然他本人的书信、论文和专著都很少提及"轴心时代",但在他的"效果历史"中,该词无疑是高频词。

在汉语学界,"轴心时代"往往被用以说明欧洲中心论的荒谬,也构成了超乎作者意图的"效果历史"。该术语有时被译为"轴心期"或"枢轴时代",还有论者认为应当译为"转轴时代",从而与"轴心国"(Achsenm?chte)的"轴"相

---

① 北京外国语大学历史学院博士生庄超然和法语系硕士生陈晖,分别搜寻并翻译了德语和法语的部分研究材料。特此致谢。

区分,否则大不敬。①问题在于,即便在翻译时做技术处理,如何解释雅斯贝尔斯选择与"轴心国"共享同一个"轴心"(Achse)词根?研讨这一问题,或许能够发现雅斯贝尔斯"轴心时代"的历史命意。本文将以雅斯贝尔斯的《论欧洲精神》(1946)为关节,结合《论历史的起源与目标》(Vom Ursprung und Ziel der Geschichte,1949)和《大哲学家》(Die gro en Philosophen,1959)等作品,借助他的自传及其与海德格尔、阿伦特等人的书信,对照历史语境加以考察。

一、欧洲重建与世界历史

雅斯贝尔斯 1946 年 9 月参加日内瓦国际会议的首次年会,主题是"论欧洲精神"(Vomeuropäischen Geist)。纳粹当局滥用"精神"(Geist)一词,致其意识形态化,这不只是德国现象,更是一种国际现象。②那么二战结束后一年举行有关"欧洲精神"的会议,就显得别有深意了。雅斯贝尔斯在日记中写道:"那些幸免于难者必然要肩负这样的使命,为此他应当耗尽他的余生。"③欧洲知识分子组织这次战后会议,就是要重建精神家园。雅斯贝尔斯指出,中国、印度和欧洲是三个平行发展的伟大精神,源头在公元前 800 年到公元前 200 年间,即"世界历史的轴心"。④

在讨论环节,谁都没再提"轴心",固然可能因为没有将其视作术语,甚至雅斯贝尔斯也只是在发言中两次提及而已。但考虑到他三年后就出版了《论历史的起源与目标》,而在书中,"轴心"确切无疑是一个重要术语,所以此时的雅斯贝尔斯使用"轴心",想必是刻意为之。而与会贤达避而不谈,恐怕正是因为二战的历史语境迫使他们对"轴心"保持警惕,毕竟当时的迫切诉求和常识是要"去纳粹化"(Entnazifizierung),而"轴心"和"元首"一样,都是

① カール·ヤスパース:《歴史の起源と目標》,重田英世訳,理想社,1971 年;吾淳:《雅斯贝尔斯"轴心期"时间同步性的奥秘》,《探索与争鸣》,2016 年第 8 期;陈启云:《中华古文化中的"超越"哲思:"轴心"与"转轴"》,《学术月刊》,2011 年第 10 期。

② [美]沃格林:《希特勒与德国人》,张新樟译,上海三联书店,2015 年,第 92 页。

③ 转引自李雪涛:《论雅斯贝尔斯历史哲学的构想》,《德语人文研究》,2015 年第 2 期。

④ Karl Jaspers, *Rechenschaft und Ausblick:Reden und Aufsätze*,R. Piper & Co Verlag,S.278. L' esprit européen,Rencontres Internationales de Genève,Tome I,Neuchatel,Les Éditions de la Baconnière, 1947.

被纳粹败坏了的词。纳粹统治时期，许多同事都折服于当局，雅斯贝尔斯却不为所动，"倘若罗马人在世，一定会授予他贞固之士的称号"。①既然如此，他为何反倒在纳粹终结后使用与纳粹术语相近的语词？

1946 年 9 月 18 日，雅斯贝尔斯致信阿伦特，表露了对这次会议的寄托："一些人将欧洲精神发展为一种欧洲的民族主义。但理智的人考虑的全部都在这个世界中。"②雅斯贝尔斯关心的是整个世界，而不只是欧洲或德国，这涉及他的战争罪责判定："所有人都共同负责，这在于其共同的来源之根与其目标。"③因此，在 1948 年定居巴塞尔之后，他"参与时代任务"的主要工作，就是在"欧洲哲学的终结"之后找到"进入将来的世界哲学之路"。④ 1947—1948 年间，雅斯贝尔斯多次致信阿伦特，其中两次都提到了有关三大文明作为世界历史起源的研究：

> 这学期我还有关于德国的讲座——我想是最后一次了。下学期，我打算讲古代哲学(中国、印度与希腊)。(引者按：这个计划)有些傲慢，因为我要依靠对亚洲各个世界的翻译。在纳粹时期，我乐意思考人性的基础，现在我打算让它在学说中显现。⑤

二战的"临界情境"(Grenzsituationen)让雅斯贝尔斯由战后德国问题转入古代哲学问题——换言之，要绕道古典文明，才可能做好战后欧洲的文明重建。《论历史的起源与目标》频繁出现"世界史"，显然是在讨论世界史的起源和目标。雅斯贝尔斯划定了世界史的四个阶段：①普罗米修斯时代

① ［德］雅斯贝尔斯：《大学之理念》，邱立波译，上海人民出版社，2007 年，"前言"，第 15 页。

② Karl Jaspers an Hannah Arendt(1946.9.18)，Lotte Köhler，Hans Saner(Hrsg.)，*Hannah Arendt/Karl Jaspers Briefwechsel 1926–1969*，Piper，1991，S.93.

③ ［德］卡尔·雅斯贝斯：《论悲剧》，载《卡尔·雅斯贝斯文集》，朱更生译，青海人民出版社，2003 年，第 452~453 页。

④ 转引自 Lars Lambrecht，Lust，ein Weltbürger zu sein. Zu Jaspers Geschichtsphilosophie，Discussion Papers 50，University of Hamburg，Centre for Economic and Sociological Studies(CESS/ZÖSS)，2015.

⑤ Karl Jaspers an Hannah Arendt(1947.1.8)，Lotte Köhler，Hans Saner(Hrsg.)，*Hannah Arendt/Karl Jaspers Briefwechsel 1926–1969*，S.108.

(语言、工具的形成,火的使用),人成为人;②古代高度文化的建立;③轴心时代,人在精神上成为真正的人,并具有完全的开放性(《论历史的起源与目标》第一部分是"世界史",而"世界史"的第一章就是"轴心时代");④科学技术时代。贯穿这四个阶段,有过"两次呼吸",第一次是从普罗米修斯时代到轴心时代,第二次始于科学技术时代,是"新普罗米修斯时代"或"第二轴心时代"。①

世界史四阶段的另一种说法是"世界图式"三阶段:史前时代、历史和世界史。轴心时代就是历史的到来,从轴心时代谈起,不是谈人类学或生物学意义上的"历史",而是谈属于人世的历史。在雅斯贝尔斯看来,进入科学技术时代以前的历史只是局部史,而非真正的世界史。无法否认,在轴心时代到科学技术时代之间的这段时光,东西文明都没有产生真正的世界史进程。但科学技术时代的来临则使得世界史成为可能,人类由"历史"进入"世界史"或"普遍史",随之也出现了多种世界图景。"现在,将要发生的事件是普遍的和包罗一切的,不会再有中国或欧洲或美洲的界限了。重大的事件,由于是整体性的,因此同样会具有一种后果非常严重的特征。"②一个邪恶的世界图景显然会带来世界性的灾难。

二、纳粹政治与百年国故

1936 年,墨索里尼谈到德国与意大利合作时提到:"柏林–罗马的垂线并非一种切线,而是一个轴心,可以让怀着合作与和平意愿的所有欧洲国家合作起来。"此后,"柏林–罗马轴心"一词开始使用。《布洛克豪斯人民百科》(Volks–Brockhaus,1940)写道:"柏林–罗马轴心……表达了民族社会主义与法西斯主义在国家观与世界观上的亲缘性。"③ 1940 年,德意日三国签订协议,于是出现了"柏林—罗马—东京轴心"和"轴心国以及轴心武装力量"。豪

---

①② [德]雅斯贝尔斯:《论历史的起源与目标》,李雪涛译,华东师范大学出版社,2018 年,第33、34、154~155、133、295、268、159、95、1、12、163、34、242、226~228、234、237、237~238、23、246、112页。

③ Cornelia Schmitz–Berning, *Vokabular des Nationalsozialismus*, de Gruyter,1998,S.7 -8. 林登(Walther Linden)将"柏林–罗马轴心"概念及其复合词"轴心国""轴心治"作为 1936 年出现的新词,收入《德语词汇史》(Deutsche Wortgeschichte,1943)。

斯霍弗（Karl Haushofer）就曾"画过一个以柏林、东京和罗马为支点的三角形，代表未来世界结构"。①

轴心国的设想是一种世界图景，与之匹配的现实政治是：墨索里尼要恢复古罗马帝国的霸业；希特勒最喜欢的德文词就是"世界观"（Weltanschauung），他在强调德国软弱和重振雄风的精神原因时，毫不迟疑地使用了"世界观"，他认为"一个民族的奋斗目标就是统治世界"；日本法西斯则要先攫取中国东北，进而占领中国、称霸亚太，最终夺取世界霸权。②柏林–罗马轴心要扫荡欧洲，联合东京之后就要席卷全球了。

纳粹统治是暴力（枪–肉）与洗脑（笔–心）的结合，纳粹极权主义者是现代智术师（武装的智术师）。他们玩弄言辞，曲意迎合政治诉求。③在希特勒之前，"领袖/元首"（Führer）是一个体面的普通词，却在战后德语中消失了。④雅斯贝尔斯对纳粹政治造成的言辞腐败深有体悟："我们的时代是各种各样的简化大行于世的时代。标语口号、一切都可解释的普遍性理论、粗俗的反命题都取得了成功。……词汇被作为伪币使用。"⑤

"既然我们还活着，就应该有意义"；既然有腐败，就需要反腐败来"转变"。1945 年的二战结束时刻，雅斯贝尔斯就与阿尔弗雷德·韦伯（Alfred Weber）等人合编《转变》（Wandlung）杂志，当时的考虑是："在当下的危机中，古老的已遭毁灭，而新环境的形态尚未被发现。"⑥"面对虚无我们又振作起来"，他要重拾"历史的基础"——"首先是千年的德国历史，然后是欧洲的历史，再然后是整个的人类历史。"⑦

战后重建的紧要问题是如何安顿德国，首先就是德欧关系——德国

---

① 傅立群：《希特勒的称霸战争与豪斯浩佛的地缘政治理论》，《军事历史》，1986 年第 1 期。

② ［美］夏伊勒：《第三帝国的兴亡》，董乐山等译，世界知识出版社，2015 年，第 79、286、290~291 页。

③ Hannah Arendt, *The Origins of Totalitarianism*, Schocken Books, 1951.

④ ［美］朱利安·扬：《海德格尔 哲学 纳粹主义》，陆丁、周濂译，辽宁教育出版社，2002 年，第 198 页，注释 12。

⑤⑥ ［德］雅斯贝尔斯：《论历史的起源与目标》，李雪涛译，华东师范大学出版社，2018 年，第 33、34、154~155、133、295、268、159、95、1、12、163、34、242、226~228、234、237、237~238、23、246、112 页。

⑦ ［德］萨弗兰斯基：《来自德国的大师——海德格尔和他的时代》，靳希平译，商务印书馆，2007 年，第 453 页。

1871年统一后,就出现了"德国的欧洲"(deutschen Europa)还是"欧洲的德国"(europäischen Deutschland)这一问题。①19世纪欧洲崛起,产自欧洲的现代国际体系正面遭遇东方世界(主要为中国、印度与日本),欧洲与全球意义上的世界的关系问题随之而来:是欧洲的世界,还是世界的欧洲? 这两层问题贯穿一战与二战。

除此之外,雅斯贝尔斯还有古今之变的历史考察。他首先回顾轴心时代;进而拉近到1500年以来的世界:"五百年以来,欧洲人将全世界纳入了其交通网之中";②又追忆"百年以来"的欧洲大业:"历史意识由危机意识决定,这一危机意识自百余年以来在缓慢增长,今天作为几乎所有人的意识而弥漫开来。"③从轴心时代的古典文明到百年国故,雅斯贝尔斯游走千年的旅程后聚焦近几十年来的往事("全人类的所有古代文化被卷入共同的毁灭或创新的潮流之中,这一事件的重要性直到近几十年才为人们所意识到"④),从中反思欧洲文明的战后重建。

三、轴心时代对抗轴心国

我们所寻求的历史哲学的整体观,应当让我们领悟我们自身在整体历史中的状况。历史的观点可以帮助我们澄清当下时代的意识,它指出了我们自身所在的位置。⑤

我们和我们的当下处在历史之中。如果当下在今日的狭隘视域中堕落为单纯的当下,那么它就会丧失其深意。我希望借助于这部著作提升我们当下的意识。⑥

---

① Thoams Mann, Ansprache vor Hamburger Studenten(1953), *Gesammelte Werke. Band 10: Reden und Aufsätze*, Frankfurt am Main: S. Fischer, 1990, S.402. 托马斯·曼(Thomas Mann)于1938年迁往美国,1953年返回德国,当年概念化地提出"欧洲的德国"和"德国的欧洲",但不等于此前没有相关思考。

②③④⑤⑥ [德]雅斯贝尔斯:《论历史的起源与目标》,李雪涛译,华东师范大学出版社,2018年,第33、34、154~155、133、295、268、159、95、1、12、163、34、242、226~228、234、237、237~238、23、246、112页。

雅斯贝尔斯有关世界历史的思考，与对纳粹的反思紧密相关。对他而言，"历史的重要性在于运用它来探索哲理，而不是为了它本身"。所以他研讨世界历史，不是要写一部世界史或普世史的历史作品，而是要写一部"哲学的世界史"，研讨"从中国到欧洲的一个整体，即人性的根源"。换言之，要对历史做一种非历史的反思，聚焦于"世界历史的问题和关于我们自己在世界历史中的处境问题"。《论历史的起源与目标》分三个部分：第一部分为"世界史"，第二部分为"当下与未来"，第三部分为"历史的意义"。可见他有关世界历史的研讨是为了当下和未来，追问"历史能给我们带来什么"。①

"轴心时代"的实际所指（四位"思想范式的创造者"：苏格拉底、佛陀、孔子、耶稣）构成了《大哲学家》的核心架构。这四位关心一些共同的问题，他们探讨"如何逃脱苦难与死亡"，"这同时也是我们与世界的关系问题"。②轴心时代的"人们看到灾难就在眼前"，"哲学家们从一个国家到另外一个国家，他们成为了谋士和导师"。③雅斯贝尔斯举的例子是孔子（魏国）和柏拉图（叙拉古）。要知道，1934 年，海德格尔卸任仅执掌一年的弗莱堡大学校长，返回教席，同事问的就是："君从叙拉古来？"从中也可看出轴心时代与欧洲现实的某种关联。

雅斯贝尔斯在《论历史的起源与目标》中"轴心时代"这一章征引了黑格尔的话，但黑格尔的原文是："世界历史围绕这个枢纽（Angel）旋转。"④有论者注意到黑格尔说的是"枢纽"而非"轴心"，却未作深究。⑤问题是，雅斯贝尔斯可能记错了原文，但如果记错原文却使用了纳粹术语，就显然不是偶然的记

---

① ［德］雅斯贝斯：《雅斯贝斯哲学自传》，王立权译，上海译文出版社，1989 年，第 101 页、84~85 页。Karl Jaspers an Hannah Arendt（1948.4.10），Karl Jaspers an Hannah Arendt（1948.5.28），Lotte Kähler, Hans Saner（Hrsg.），*Hannah Arendt Karl Jaspers Briefwechsel 1926–1969*, S.142, 146.

② ［德］雅斯贝尔斯：《大哲学家》，李雪涛主译，社会科学文献出版社，2005 年，第 191、509 页。

③ ［德］雅斯贝尔斯：《论历史的起源与目标》，李雪涛译，华东师范大学出版社，2018 年，第 33、34、154~155、133、295、268、159、95、1、12、163、34、242、226~228、234、237、237~238、23、246、112 页。

④ Georg Wilhelm Friedrich Hegel, *Vorlesungen über die Philosophie der Geschichte*, Suhrkamp, 1989, S.386；［德］雅斯贝尔斯：《论历史的起源与目标》，第 7 页。

⑤ Csaba Olay, Bemerkungen zu Karl Jaspers' Geschichtsphilosophie, *Studi Jaspersiani* Ⅲ, Orthotes, 2015, S.219–234.

忆偏差了。他是特意将追溯的历史"起源"定名为"轴心时代"。①不难发现,既然他认为纳粹主义"把哲学看作致命的精神敌人"(政治对抗哲学),②他此时就是用"轴心时代"对抗"轴心国"(哲学对抗政治),担起欧洲文明的战后重建。

借助"戏仿"理论,或许可以更好地把握雅斯贝尔斯的用意。戏仿就是借助他人的话语,指向相反的意象。智术师用模仿遮蔽本真,引发"歪理正理之争"。雅斯贝尔斯则入室操戈,用智术师擅长的"模仿","戏仿"纳粹政治(武装的智术师)。

> 雅斯贝尔斯的历史解释是一种危机经验,也是直接在说历史的彻底垮台……历史进程可能通过遗忘而割裂。
> 轴心时代的观念应该解读为一种应对纳粹独裁创伤的符咒。其全部内容都是为了与一种价值形式联系起来。这种价值形式需要理解为一种人道主义的信念。③

雅斯贝尔斯模仿基督教的世界图景,也提供了他的"创世"和"末日审判"④——论历史的起源与目标,并在其中审判纳粹。1945 年,英法美苏四大国签署《关于控诉和惩处欧洲轴心国主要战犯的协定》,通过纽伦堡法庭对轴心国施以国际法审判,此时的雅斯贝尔斯则要通过轴心时代对轴心国施以世界历史的审判。

---

① 如雅斯贝尔斯自承,在他之前,阿尔弗雷德·韦伯等人都已提出有关"轴心时代"的实质内容,却未曾定名。[德]雅斯贝尔斯:《论历史的起源与目标》,第 4~5 页。余英时:《论天人之际》,联经出版事业股份有限公司,2014 年,第 1~70 页。

② [德]雅斯贝斯:《雅斯贝斯哲学自传》,第 86 页。

③ Aleida Assmann, Jaspers Achsenzeit, oder Schwierigkeiten mit der Zentralperspektive in der Geschichte, Dietrich Harth(Hrsg.), Karl Jaspers *Denken zwischen Wissenschaft, Politik und Philosophie*, J. B. Metzlersche Verlagsbuchhandlung, 1989, S.189, 195.

④ [德]雅斯贝尔斯:《论历史的起源与目标》,李雪涛译,华东师范大学出版社,2018 年,第 33、34、154~155、133、295、268、159、95、1、12、163、34、242、226~228、234、237、237~238、23、246、112 页。

四、世界秩序对抗世界帝国

世界历史的审判不只要清理历史，更指向当下和未来。在雅斯贝尔斯看来，古代所谓的帝国仍是局部的，而真正进入世界历史之后，全球意义上的世界图景才出现。雅斯贝尔斯认为"现在的问题是"："未来的发展是否是明确的，是否需要通过可怕的苦难、扭曲，通过恐怖的深渊才能通往真正的人类。"[①]往者不可谏，来者犹可追。

纳粹的计划是通过德意日轴心国同盟，转动欧洲乃至世界。它的基点是德国的欧洲，而非欧洲的德国，势必走向欧洲的世界，即轴心国统治的世界帝国，"以联合起来的欧洲力量征服世界，将世界欧洲化"[②]。而雅斯贝尔斯心心念念的则是世界的欧洲。

轴心国的世界图景是"世界帝国"（Weltimperium），通过垄断暴力而达到世界和平；雅斯贝尔斯则主张"世界秩序"（Weltordnung），对抗"世界帝国"的世界图景。在这个世界秩序中，"除了通过协商共同决定而获得统一之外，没有使用统一的强权"，"其结果并非是一个世界国家（Weltstaat，这意味着世界帝国），而是在协商和决定之中不断重建、在法律范围内自治的国家秩序，是一个广泛的联邦制"。[③]

卡西尔（Ernst Cassirer）曾提及《纳粹德语》（Nazi-Deutsch, 1944），指出德语中"Siegfriede"（胜利的和平）与"Siegerfriede"（胜利者的和平）有明显不同，但甚至德国人也不容易听出区别。二者都是胜利之后的和平，但"胜利者的和平"却强调一个同盟的征服所支配的和平。[④]"轴心国"的设想就是胜利者的世界帝国，而雅斯贝尔斯则是要用世界秩序对抗世界帝国。

落实到战后世界格局的具体判断，雅斯贝尔斯认定"美国是政治秩序和自由的唯一希望"，又说到"世界历史目前取决于克里姆林宫的人们"，"欧洲

①②③　[德]雅斯贝尔斯：《论历史的起源与目标》，李雪涛译，华东师范大学出版社，2018年，第33、34、154~155、133、295、268、159、95、1、12、163、34、242、226~228、234、237、237~238、23、246、112页。

④　[德]卡西尔：《国家的神话》，范进等译，华夏出版社，2003年，第344~345页。

的命运取决于美国和俄国的政策"。①他曾经引用托克维尔的惊世大判断——托克维尔料想的"未来"世界图景正是雅斯贝尔斯眼下的"现实"世界图景：

> 当今世界有两大民族，从不同的起点出发，但好像走向同一目标。这就是俄国人和英裔美国人……它们的起点不同，道路各异。然而，其中的每一民族都好像受到天意的密令指派，终有一天要各主世界一半的命运。②

虽然如此判断大势，雅斯贝尔斯的目光却聚焦于美国和瑞士。列宁几度去瑞士休假，却不喜欢瑞士。③雅斯贝尔斯为什么如此看重这块弹丸之地？在他看来，瑞士狭小，却以联邦制实现了政治自由，"看起来似乎是欧洲和世界一体的可能模式"。④不禁让人想到朱熹读《孟子·滕文公章句上》的一则注解："滕国偏小，虽行仁政，未必能兴王业，但可以为王者师。"雅斯贝尔斯看待瑞士，亦作如是观。看好瑞士，以期变革欧洲，加尔文、卢梭都曾如此。雅斯贝尔斯以言行事，以言辞的世界秩序批判现实的世界帝国；又以行明志，战时不离德国，深爱祖国土地，战后出奔瑞士，反思欧洲重建。

美国和瑞士"具有宽容的精神，克服自我，甚至在仇恨之中从理性出发与他人重归于好"，能够"在时代的风潮中"找到"和平转化革命者的道路"。⑤在雅斯贝尔斯看来，这和他们的联邦制有关。如果他熟稔中文的话，或许会

---

① Karl Jaspers an Hannah Arendt(1950.8.19)，Lotte Kähler，Hans Saner(Hrsg.)，*Hannah Arendt/ Karl Jaspers Briefwechsel 1926–1969*，S.164，191；[德]雅斯贝尔斯：《论历史的起源与目标》，第 90 页。

② [法]托克维尔：《论美国的民主》(上卷)，董果良译，商务印书馆，1995 年，第 480~481 页；[德]雅斯贝尔斯：《论历史的起源与目标》，第 165 页。施米特就很欣赏托克维尔的这一预判，看出世界有"集中化"(俄国)和"民主化"(美国)两种道路。参见[德]施米特：《论断与概念(1923—1939)》，朱雁冰译，上海人民出版社，2006 年，第 336~339 页；[德]施米特：《大地的法》，刘毅、张陈果译，上海人民出版社，2017 年，第 273 页。

③ 参见雷颐：《历史：何以至此》，山西人民出版社，2010 年。

④⑤ [德]雅斯贝尔斯：《论历史的起源与目标》，李雪涛译，华东师范大学出版社，2018 年，第 33、34、154~155、133、295、268、159、95、1、12、163、34、242、226~228、234、237、237~238、23、246、112页。

直接把"美利坚合众国"的英文 United States 翻译成"协和万邦",这不正是他所理解的"联邦"之义吗?

世界帝国暴力而独裁,世界秩序和平而自由,那么如何改变暴力和独裁的处境呢?"一旦达成独裁制,不可能从内部废止","一切从内部反对它的东西都将被消灭"。因此一旦"全部陷入世界独裁",①那就无法解放了。

关于这一命题的直接生命体验是,雅斯贝尔斯夫妇即将在 1945 年被纳粹处决,在等待死亡的最后那几天,美国解放了海德堡,将这对德国人从德国政权中解放出来。也就是说,要从外部的开放推动内部的改制,外部是什么? 既是空间的东西文明,又是时间的古今对话。所以他才有上文所说的德欧关系和轴心时代之论,以及百年国故与世界历史的思考。

五、命运与意志

就任弗莱堡大学校长前夕,踌躇满志的海德格尔于 1933 年 4 月 3 日致信雅斯贝尔斯,说到:"所有一切都取决于,我们是否为哲学准备了适当的执行地点,并且帮助它获得发言权。"②海德格尔的《德国大学的自我主张》(1933 年 5 月 27 日)大谈"命运"与"意志",大学师生要"在德国命运极度艰难的时刻承负它的命运","追求德意志民族的历史精神使命的意志";而"领导者们自身首先,并且在任何时候都是被领导者"。③纳粹信条的核心是"领袖原则"(Führerprinzip)。这位哲人显然是希望像霍布斯用《利维坦》驯化利维坦一般,"领导领袖"(Führer führen)。④

---

① [德]雅斯贝尔斯:《论历史的起源与目标》,李雪涛译,华东师范大学出版社,2018 年,第 33、34、154~155、133、295、268、159、95、1、12、163、34、242、226~228、234、237、237~238、23、246、112 页。

② [德]比默尔、[瑞士]萨纳尔编:《海德格尔与雅斯贝尔斯往复书简(1920—1963 年)》,李雪涛译,上海人民出版社,2012 年,第 234~235 页。

③ 刘小枫编:《海德格尔的政治时刻》,华夏出版社,2010 年,第 272~273、277 页。

④ [美]朱利安·扬:《海德格尔 哲学 纳粹主义》,第 25 页。雅斯贝尔斯认为海德格尔是要"领导领袖元首"(参见[德]萨弗兰斯基:《来自德国的大师——海德格尔和他的时代》,第 330 页),他在哲学上的政变思想,与"领导元首"的梦想走得同样远(参见刘小枫编:《海德格尔的政治时刻》,第 128 页)。

1933 年的雅斯贝尔斯同样关心命运与意志,他也想重建大学。[1] 1967年,雅斯贝尔斯为自己"盖棺定论",出版《命运与意志》(Schicksal und Wille),仍是在呼应 30 年前的危机时刻和自己的思考初衷。从 1946 年重建"轴心",参与重建海德堡大学,到 1967 年重建"命运"与"意志",雅斯贝尔斯的着眼点都是战后重建问题,正因其表达与战时纳粹用语相似,才更凸显出取而代之的意图。墨索里尼要重建罗马帝国,雅斯贝尔斯也要重建罗马帝国,但他要开拓的事业是"非凡的共同命运"。在他看来,"由于技术现实,这种统一已如此确凿无疑地展现在我们面前,就像当年在地中海沿岸人民面前的罗马帝国一样"。[2]

既然要世界统一,那是否需要黑格尔笔下那种"世界历史民族"? 雅斯贝尔斯认为,参与时代突破的民族是"历史民族",没有参与的则是"自然民族";轴心时代的担纲者则是"轴心民族"(Achsenvölker),它们是"革命的少数的民族",产生了"人类的历史性共同起源"。雅斯贝尔斯剑走偏锋,就是要以接近的话语扭转被纳粹腐败的"民族"和"国家"。[3]

"巴塞尔和约(1795 年)是康德撰写《论永久和平》的外界诱因。"[4]两次世界大战也迫使雅斯贝尔斯思考世界历史与永久和平(paxaeterna)的话题。雅斯贝尔斯提到了"所有人和谐一致的未来图景":"他们要将刀打成犁头,把枪打成镰刀。这国不举刀攻击那国,他们也不再学习战事。"[5]这段《旧约·弥迦书》(4:3)的话,很明显是说要化战争为和平,然而在这句话之前还有一句:"他必在多国的民中施行审判,为远方强盛的国断定是非。"看来,在战争转向和平的时期需要一个审判者。这样一来,世界历史的叙事就有可能重回黑格尔的老路,需要一个主导者或中心。

雅斯贝尔斯曾自信地指出,费希特、黑格尔和谢林等人的问题在于,他们都"把自己的时代解释为最深刻的历史转折点"。与这些先贤的"自我欺

---

① [德]萨弗兰斯基:《来自德国的大师——海德格尔和他的时代》,第 322 页。

② 转引自[德]萨尼尔:《雅斯贝尔斯》,张继武、倪梁康译,生活·读书·新知三联书店,1988 年,第 73 页。

③⑤ [德]雅斯贝尔斯:《论历史的起源与目标》,李雪涛译,华东师范大学出版社,2018 年,第 33、34、154~155、133、295、268、159、95、1、12、163、34、242、226~228、234、237、237~238、23、246、112页。

④ [德]雅斯贝尔斯:《大哲学家》,李雪涛主译,社会科学文献出版社,2005 年,第 191、509 页。

骗"不同,他本人深知"当下并非第二轴心时代"。①然而雅斯贝尔斯思考重建时的局限在于,他不十分了解亚非拉的民族解放运动,看到的更多是欧洲之于亚非拉是先进带动后进;虽然在轴心时代的叙述中提到了三大文明的齐头并进,然而历史的此端最终还是欧洲成为世界历史的担纲者。

雅斯贝尔斯要用"全面视角"研讨世界历史,结果还是落入某种"中心视角";他在戏仿"轴心国"的过程中,也落入其思想圈套。既然轴心国的失败已经告诉我们"认为一个轴心可以转动世界的观点是狂妄的",那"雅斯贝尔斯用绝对的中心视角审视全人类,今天谁还会相信"?②马克斯·韦伯反思一战,指出"主宰民族"和"政治成熟"在世界历史中的重要作用。阿伦特却觉得他的民族复兴方案暗藏杀机,③不知她读到雅斯贝尔斯的《论历史的起源与目标》后又作何感想?

余　绪

雅斯贝尔斯深入腐败的德语,以"轴心时代"戏仿"轴心国",可谓不入虎穴,焉得虎子。时人却退避三舍,对此保持沉默。数年之后的《大哲学家》虽然也讲人的精神突破,却不复使用"轴心时代"这一概念,亦足见其命名实乃特定历史语境下的权宜之计。

德意志第三帝国征引历史资源服务现实政治,所以战后德国古典学家莫米利亚诺(Arnaldo Momigliano)将塔西佗(Tacitus)的《日耳曼尼亚志》(Germania)视作邪恶书单榜首。与这种否定性的视角不同,雅斯贝尔斯重谈历史的起源与目标,要从第一次轴心时代重启新征程,是一种肯定性的尝试。

雅斯贝尔斯命名"轴心时代",有其特定历史情境下的考虑;这一概念产生后,东西方的研究者自然也各有历史企图。艾森斯塔德(S. N. Eisenstadt)侧

---

① ［德］雅斯贝尔斯:《论历史的起源与目标》,李雪涛译,华东师范大学出版社,2018 年,第 33、34、154~155、133、295、268、159、95、1、12、163、34、242、226~228、234、237、237~238、23、246、112 页。

② Aleida Assmann, "Jaspers Achsenzeit, oder Schwierigkeiten mit der Zentralperspektive in der Geschichte", Dietrich Harth(Hrsg.), Karl Jaspers Denken zwischen Wissenschaft, Politik und Philosophie, J. B. Metzlersche Verlagsbuchhandlung, 1989, S.195.

③ ［德］格鲁嫩贝格:《阿伦特与海德格尔》,陈春文译,商务印书馆,2010 年,第 170 页。

重犹太人问题,他借用这个概念,追问现代世界或资本主义的起源。①贝尔研讨"技术轴心时代",实际是接着马克斯·韦伯研讨"轴心原则"和"理性化"。②史华慈、罗哲海(Heiner Roetz)等海外汉学家和许多汉语学人关心的则是引入"轴心时代"概念后的中国叙事。

通过对"轴心时代"的历史化解读,可以呈现这一概念在战后时刻的特殊历史命意,或许与汉语学界拿来否定欧洲中心论的初衷未必吻合。问题也随之而来,是否一定需要一个欧美人士有关欧洲中心论的反思? 这种诉求本身,怕是仍旧处在欧洲中心论的窠臼之中。

今日中国在民族复兴的道路上强调国家治理,势必要理解全球秩序。汉语学界讨论轴心时代与中国,首先要仿照雅斯贝尔斯本人的做法,切入自身的百年国故与世界历史。对于汉语学人而言,如果不首先超脱解释的"效果历史"和"层累堆积",只是单纯借用轴心时代的概念描述东西方古典文明,而没有进入雅斯贝尔斯本人的历史语境和问题意识,则可能失去晚清以来华夏士子研习西学的根本命意,缘木求鱼,其可得乎?

(作者:董成龙,北京外国语大学历史学院 / 全球史研究院副教授。)

---

① 苏国勋、刘小枫主编:《二十世纪西方社会理论文选Ⅱ:社会理论的诸理论》,上海三联书店,2005 年,第 227~305 页。

② Daniel Bell, *The Coming of Post-Industrial Society: A Venture in Social Forecasting*, Basic Books, 1976, p.8.

▼

意大利政治思想

对 State 政治共同体内涵的历史阐释

　　今天我们已经习惯了用汉语"国家"一词来翻译、诠释英语中的 State 概念。但细细想来，问题还不少。在古代中国宗法制的历史背景和政治理念下，"国"与"家"其实是一体的。学人当然不会从这层意思来翻译、理解西方的 State 概念。即使抛开古代的含义，认为今人一般所用"国家"一词已经包含西方近代意义上的国体和政体的内涵，这种想法也需要做些说明、解释，因为关键的问题是学人在谈及西语 State 概念的内涵时还有诸多模糊之处。

一

　　回溯西方的历史，古代希腊罗马的政治理论家尚未使用 State 或相类似的词来撰写我们今天所说的国家层面的政治著作。在西方的政治学理念中，State 是近代才使用的关系到国体、政体等方面的概念，其内涵包括民族特性、地域划定、主权地位等。这里先做个提示，在上述内涵中隐含着一个核心的因素——政治共同体，这一核心因素很容易在使用中文"国家"一词时被忽略。马基雅维里最初提出 State 的概念，人们在理解马基雅维里的 State 内涵时多半向政治体制和政治治理如何稳定、如何有效用的方面着想。虽然这种理解和诠释有一定的合理性，但事实上马基雅维里在阐释 State 问题时始终没有忘记其中的核心因素——政治共同体及其结构。这样说来，中文"国家"一词的词义必须加入政治共同体的内涵才能与 State 概念相契合。（本文出现"国家"一词时有不同的上下文语境,这里先做个提示。)当然,我们更不能一味从阶级暴力、政治控制这些统治的层面来片面理解、诠释 State 等。

政治思想史上与 State 或中文"国家"对应的英语词汇还有 Republic、Commonwealth、Community、Nation 等。仔细考订这些概念会发现,它们都带有共同体的意蕴。英语中 Commonwealth 作为"共同体"来使用可以从洛克等人著作的诠释中找寻。17 世纪英国政治家与政治思想家巴科斯特著有《神圣共和国》①一书。另外还有一个词即 Community,此词的用途比较广,历史学、政治学、经济学、社会学各个层面的共同体内涵都可以通过这个词来表达。因此,Community 的指称范围要广泛得多,它可以指一个社区,也可以指历史上的一个行会,当然还可以指一个自治政府。在文艺复兴时期,人们就是通过社区、行会、自治政府等管理自己。②其中在政治学意义上分析国家政治共同体时,Community 仍是重要的概念。今天的"欧盟"除了 European Union 外,也可翻译成 European Community。有些政治思想家认为 Commonwealth 与 Community 之间还是有点区别,认为 Community 意义上的共同体要比 Commonwealth 的社会层次更低些。③例如,上面所说社区、行会等就是比 Commonwealth 低一级的共同体。这些情况只要注意具体的使用状况,其不同的内涵很容易辨识。Nation 一词则典型地反映出近代民族共同体的内涵。那么 State 这个词的政治共同体内涵如何加以理解呢?西方近代的 State 与古代史上的城邦确实有很大的不同。可以这么说,我们今天用 State 来翻译古代希腊亚里士多德等关于国家政治的书籍、观点时都必须做些必要的说明,否则会导致诸多误解的发生。古代希腊和罗马的政治思想家在涉及高于个人、家庭和社会团体的政治结构时多使用"Polis""Republic"等词汇。State 这个词产生于文艺复兴时期的意大利。④但有一点是西方古今相同的,即政治思想家在使用"Polis""Republic""State""Commonwealth"等概念时都注意到了政治共同体的内涵。就这一层面而言,我们有时用 State 来指代上述其他政治共同体概

---

① R.Baxter, *A Holy Commonwealth*, Cambridge University Press, 1994.

② J.Hale, *The Civilization of Europe in the Renaissance*, Atheneum Macmillan Publishing Company, 1994, Chapter Ⅸ.

③ [英]洛克:《政府论》(下),叶启芳、瞿菊农译,商务印书馆,1964 年。

④ [德]奥本海:《论国家》,沈蕴芳、王燕生译,商务印书馆,1994 年,第 7 页。

念还是有一定道理的。

考查西方的政治制度理论和实践的历史，我们首先在柏拉图那里发现其对共同体问题所做的阐释。柏拉图在涉及与汉语"国家"相类似的观念时，多用"城邦政治制度"这一概念。柏拉图的那本政治著作希腊文作"πολιτεια"，也就是"城邦制度"的意思。现在中文将柏拉图的共同体译成"国家篇"会引起一些误解。英文通常将那本著作译为"Republic"①，这是比较合理的译法。因为城邦政治本身就是众人的政治，即政治治理的共同体。柏拉图的哲学认为，一物之所以为此物，必有其存在的结构或道理，只不过我们难以从终极的意义上认清这个结构罢了。与哲学家从整体的角度去设想那个事物存在的理念一样，政治思想家的任务就是要把政治共同体的性质搞清楚。于是柏拉图做了理想化的共同体构想，后人据此译作《理想国》。柏拉图《理想国》指出，"我们的立法不是为了城邦任何一个阶级的特殊幸福……它运用说服或强制，使全体公民彼此协调和谐。"②柏拉图设想：城邦按正义原则运行；城邦由法律维系着；城邦里有阶级的分层；每个公民经过教育后适应城邦的政治生活，各按其地位行事，如此等等。一幅政治共同体的图景。

现在我们通常将亚里士多德议论城邦政治共同体的那本书译作《政治学》(Politics)，其实希腊文的原意还是指城邦制度，确切地讲是指城邦政治共同体。《政治学》开宗明义论道："我们见到每一个城邦(城市)各是某一种类的社会团体，一切社会团体的建立，其目的总是为了完成某些善事——所有人类的每一种作为，在他们自己看来，其本意总是在求取某一善果。既然一切社会团体都以善业为目的，那么我们也可以说社会团体中最高而包含最广的一种，它所求的善业也一定是最高而最广的：这种至高而广涵的社会团体就是所谓'城邦'(πολις)，即政治社团(城市社团)。"③因此一定要用国家来指称亚里士多德的政治共同体的话，也应当确切地理解为城邦国家政治共同体。显然，城邦政治共同体要高于和先于个体的存在。亚里士多德假设，任何政治都与这样一种本性相关，即整体先于个体，整体大于个体总和，"就本性来说，

①　Plato, *The Dialogues of Plato*, Vol.3, Oxford University Press, 1892.

②　[古希腊]柏拉图:《理想国》，郭斌和、张竹明译，商务印书馆，1986年，第279页。

③　[古希腊]亚里士多德:《政治学》，吴寿彭译，商务印书馆，1965年。

全体功能先于部分"①。按此推论,"城邦[虽在发生程序上后于个人和家庭],在本性上则先于个人和家庭"②。城邦共同体是个体的完成和完整形态。比如说一粒稻谷当其长成一束稻穗的时候,真正意义的一粒稻谷的意义才显示出来。那一束稻穗就是城邦政治共同体。公民是城邦共同体的组成部分。就此而言,到了城邦政治共同体的出现,政治就达到了最完善的程度。既然城邦"先于个人和家庭",那么决断城邦事务的准则就不应该代表个人和家庭的局部利益,而应是整个城邦或全体公民的利益。那么通过何种政治手段来维系城邦的利益呢? 亚里士多德与柏拉图不谋而合,都提出既合乎理性又关涉现实利益的法律手段,"法律是以合乎德性的以及其他类似的方式表现了全体的共同利益,而不只是统治者的利益。"③"当大家都具有平等而同样的人格时,要是把全部的权力寄托于任何一个个人,这总是不合乎正义的。"④亚里士多德说:"法律恰恰正是免除一切情欲影响的"理智的体现⑤。"要使事物合于正义(公平),须有毫无偏私的权衡"⑥。这样,亚里士多德已把城邦治理准则、法律的特性、自由公民平等人格等政治要素都归结为理性本性的驱使。亚里士多德还首次提出对全体公民都适用的自然法思想,"政治的公正,或者是自然的,或者是传统的。自然的公正对全体公民都有同一的效力,不管人们承认还是不承认。……出于自然的东西是不能变动的,对一切都有同等效力"⑦。综观亚里士多德的一生,对城邦政治共同体的研究是他学术生涯的重要组成部分。在百余篇关于不同城邦政治体制的著作中,现残留的只有《雅典政制》一篇。亚里士多德的上述著述还具体展示出城邦政治共同体的各方面内容, 例如公民通过多种途径来感受城邦政治制度并参与城邦政治实践:公民登记制度、参与公民会议、与体现公民权利义务的各种机构打交道、参军等。当然还有其他一些途径。亚里士多德关于城邦政治共同体的所有上述想法对以后西方政治共同体的各种学说都具有理论指导意义,或者说奠定了基本的理论构架。

城邦政治共同体理念的提出不单纯是政治思想家的发明, 其背后也有现实的社会发展需求。以古代希腊为例,古希腊特定的地理环境使它不断处于与周边不同文明的交流之中。从某种意义上讲,城邦政治体制就是民族迁

---

①②④⑤⑥ [古希腊]亚里士多德:《政治学》,吴寿彭译,商务印书馆,1965 年。

③⑦ [古希腊]亚里士多德:《尼各马科伦理学》,苗力田译,中国社会科学出版社,1990 年。

徙、文明碰撞的产物。从公元前 2000 年左右开始，阿卡亚人向希腊半岛迁徙，公元前 1200 年左右，又有多利亚人的大举侵入。大迁徙打破了血缘关系，使地域为基础的城邦体制孕育而生。特别值得注意的是，从公元前 8 世纪到公元前 6 世纪出现了大殖民运动。在大殖民过程中，小亚细亚沿岸、爱琴海诸岛、黑海周边地区及地中海各处相继建立起新的城邦。在这些新的城邦内，一部分外来民族面对着另一陌生区域的民族，两者间缺乏传统文化的认同感，于是，以广泛契约关系为基础的新的政治统治形式出现了，它们又反过来影响母邦政治结构。正是在这样的背景下，公民权利问题及如何完善与此权利相应的政权结构问题凸显出来。在雅典方面，梭伦改革对公民身份予以法的确认，并规定公民的各项权益，建立最高权力机构"四百人会议"。之后的庇西特拉图僭主政治对打击贵族统治、确保公民权益又起到一定促进作用。克利斯梯尼改革则重新划定行政区域，设"五百人会议"，使之成为最高立法和决策机构。全体公民都有权参加公民大会，任何官职对公民敞开，各种官职的任期一般为一年。同时将立法、行政、司法三权相对分立。例如，公民大会为立法机构，"五百人会议"和"十将军委员会"掌握行政、军事等权力，原来的陪审法庭成为司法与监察机关。当然这种三权分立在权限上并非十分明确，而且此提法也是后人赋予的。尽管如此，伯里克利时代在公民权利及相关的政权机构建设方面达到了古希腊奴隶主民主政治的顶峰。所有上述历史因素汇聚起来，形成了政治共同体的理论与实践。

罗马共和政治体制的产生亦有类似于古代希腊的历史事实。针对共和政治体制，西塞罗写了《共同体篇》或《共和国篇》即 Republic，就是指的"大家的"意思。在西塞罗的著述中，最高的、最理想的政治体制仍旧是公民共同参与的城邦政体，他称其为公众的或公共的政治团体。"国家乃人民之事业，但人民不是人们某种随意聚合的集合体，而是许多人基于法的一致和利益的共同而结合起来的集合体。"①进一步阐述完美的共同体应当是"法的联盟"，

---

① 参见［古罗马］西塞罗：《论共和国》，王焕生译，中国政法大学出版社，1997 年，第 39 页。译者就这段文字做了个注解："国家"的拉丁文是 Res publica，意思是"公共的事业"，Publicus（公共的）一词是源自 Populus（人民）。西塞罗这一重要的国家定义的拉丁原文是：Est res publica res populi，populus autem non omnis hominum coetus guoque modo congrecatus，sed coetus multitudinis iuris consensus et utilitatis communione sociatus.

"既然法律是公民联盟的纽带,由法律确定的权利是平等的,那么当公民的地位不相同时,公民联盟又依靠什么法权来维系呢?要知道,公民们不愿意均等财富,人们的才能不可能完全一致,但作为同一个国家的公民起码应该在权利方面是相互平等的。"①到了罗马帝国时期,罗马的法学家开始用万民法的理论构筑罗马帝国的共同体。②从实际的情况来看,帝国在经济与政治制度上很难以共同体的形式来同化被征服地区。当时在公民权的授予问题上就存在着罗马本土与各行省之间的冲突。在精神层面,罗马人可以用军事和拉丁语征服地中海世界,但罗马人无法用思想意识同化被征服地区的人民。后来罗马人对基督教世界发生了态度上的根本性转变,试图找到作为政治共同体的纽带,但为时已晚。

二

到了中世纪,情况发生了诸多变化,庄园成了基本的经济、政治单位。庄园是一个相对封闭的政治共同体,其中有各种庄园法在维系着共同体的生活。中世纪也是家族政治主导的时代,那时取得王位的家族势力、其他家族的势力、教会的势力、地方乡绅的势力、城市市民的势力等都在相互博弈之中。中世纪英法等国的议会就是各种政治势力相互博弈并取得相对平衡的结果。因此,在封建社会的政治体制中仍存在着特有的政治共同体内容。在这个博弈过程中出现的各种政治制度、机构等逐渐成为近代国家的雏形。即使后来的君主专制时代也没有摆脱共同体的性质。之所以存在着上述政治共同体的特征,还与城市的兴起有关,因为正是市民、商人等的出现,需要政治机构按经济的实力而不是按政治的特权进行从形式到内容的调整。近代西方的王权正是在与各种利益集团的政治关系调整过程中强大起来的。所以,从表面上看,早期近代西方曾出现过强大的王权,并以此为象征出现了近代的国家。但从实质来看,近代西方的政治、经济发育过程是各种权势集

---

① [古罗马]西塞罗:《论共和国》,王焕生译,中国政法大学出版社,1997年,第46页。
② 参见[古罗马]查士丁尼:《法学总论——法学阶梯》,张企泰译,商务印书馆,1989年,第2篇"自然法、万民法和市民法"。关于万民法的问题还可参见周春生等:《欧洲文艺复兴史》(法学卷),人民出版社,2010年。

团的利益调整过程,从而形成一个民族国家政治共同体。或者这么说,在中世纪表现为王朝政治共同体模式;到了近代则呈现为民族国家政治共同体的模式;至文艺复兴时代,随着民族国家的兴起,民族国家政治共同体的整体功能开始显现,谁的民族国家整体功能发挥得充分,谁的经济、政治、国际地位等优势就更为明显。那时的王权已经转变为国家的象征而非家族势力的象征。因此,在英法等国,政治思想家特别在意与主权相关的君权问题。那时主权与君权是通用的概念。

谈中世纪的西方社会就要牵涉基督教的问题。在基督教神学思想家所阐释的基督教教义中,同样包含鲜明的政治共同体概念。从宗教社会的角度看,基督教会的理论与实践是西方世界真正意义上的帝国共同体社会。我们可以通过阅读阿奎那的著作来了解此点。阿奎那的城邦政治理论的许多方面来自先前亚里士多德的政治思想,例如人是合群的动物;在一个自由人组成的城邦社会中必须以城邦整体的幸福为宗旨,如此等等。[1]阿奎那十分赞同亚里士多德的观点,即城邦高于个人和家庭,并且是一个完整的社会。[2]阿奎那认为,"一个营共同生活的社会是比较完善的"[3]。无论是哪一种统治,都必须顾及公共的幸福,即使君主进行治理的时候也应当"念念不忘公共的幸福"[4]。如果历史真那么简单点的话,基督教世界作为政治共同体是有成功可能的。但基督教出现在一个世俗的社会之中,世俗社会的各种权势与基督教会进行了政治上的博弈,最后基督教退出世俗社会的权力争夺,回到了其精神的领域。所以基督教会的帝国政治共同体实践只是一个插曲。在后来文艺复兴时期,萨沃纳罗拉、卡尔文的政治实践虽然在城邦的范围内进行,然而其框架只是基督教社团的放大,当然最后以失败告终。胡克的思想中也有浓厚的基督教政治共同体的特点,他在《教会政体法》(The Laws of Ecclesiastical Polity)中系统地阐述了教会作为国家政治共同体的理论,进而为近代国家政治共同体的结构和运作确立一个总体的框架。[5]

到了欧洲近代社会的早期,民族政治共同体出现后,古代政治共同体基

---

① ② ③ ④ ［意］阿圭那:《阿奎那政治著作选》,马清槐译,商务印书馆,1963 年。

⑤ See John Keble, *The Works of Mr. Richard Hooker*, R. W. Church F. Paget, 全书共 3 卷,近 2 000 页的篇幅,其中《教会政体法》是主要部分,训诫文也占了相当篇幅。

本框架又复活了,只是具体形式和内容发生了很大变化,特别是民族政治共同体打上了主权的烙印。博丹的主权说关联君主统治的关系,但这种统治的基础是建立在稳定的政治共同体之上的。在 16 世纪,君主统治是各种政治利益集团相互博弈、达到某种平衡的象征,即君权所维护的是民族政治共同体的稳定,所以君权也成了这个共同体的象征。如果从国家政治共同体的角度来思考近代意大利,甚至近代西方的政治思想发展,其实就是一个国家政治生态问题。就此而言,近代国家政治制度不断完善的过程,也是多重政治权益的调整过程:这里涉及国家与个人、国家与集团、国家与国家、国家机器自身各个部件,等等。

意大利的情况比较特殊,中世纪意大利的许多城邦就是一个独立的国家。这种城邦国家有些是历史遗留的,有些是新兴的,但无论是哪一种,城邦政治生活都经历过市民社会的发育过程。因此,意大利城邦国家能够更清晰地传达出国家政治共同体的特点。意大利早在中世纪时代就到处是城邦国家政治共同体,特别是行会与行会、家族与家族等的政治共同体。但在民族国家政治共同体的发展方面,它落后了。也就是说,意大利的民族国家的政治功能还没有得以表现。另外意大利又与神圣罗马帝国有着千丝万缕的联系。所以有一个现象值得我们重视,即当柏克等人在关注国家主权、君权等问题时,意大利的政治思想家仍在关心早已存在的城邦国家共同体结构、国家治理功能等问题。尽管如此,他们对世俗国家政治共同体的种种思考将近代西方国家政治的诸多本质问题勾勒出来。那时意大利特别有政治敏感力的政治思想家也意识到民族国家政治共同体是一种国家发展趋势。像马基雅维里这样的政治思想家,经历了漫长的外交实践生涯,对刚刚显露强大政治共同体功能的民族国家产生了十分敏感的意识。所以他的政治思想阐释任务非常明确:一是把国家政治共同体的特征等讲清楚,二是呼吁意大利尽快在一位称职的君主领导下实现统一。后来的许多意大利政治思想家都将民族统一视为意大利国家发展的方向。在但丁的政治理论中,罗马人就是由许多共同体组成的更大的共同体。①在这个共同体中,有一些人扮演治理者

---

① See Dante, *Monarchy*, Prue Shaw, eds., Cambridge University Press, 1996, p.41. 英文在翻译低一层共同体时用了 Collegiate Body 一词,而高一级的共同体则用了 Community,大致相当于 Stato 或 Public 的概念。详细可参见拉丁文与意大利文对照学术版《君主统治论》。Dante Alighieri, *Monarchy*, Biblioteca Universale Rizzoli, 2001, pp.250–251.

的角色,而公民及公民的自由则是共同体的核心。法律、君主等都是为了共同体的秩序和公民的自由,而不是相反。①这些关于政治共同体的观点在后来马基雅维里的著述中有更详备的发挥。

三

现在就来阐释马基雅维里的 State 理论。马基雅维里在自己的著作中提出 Stato 这个意大利语词汇,Stato 的原意并不是指国家,而是稳定地站着。引到政治统治的方面,就是城邦政治的治理如何实现效用和稳定的问题。在马基雅维里及当时政治理论家的心目中,State 的政治运作即如何统治的含义凸显了出来,也就是如何让城邦政治共同体更有效地运作。基于政治共同体的这种有效统治和管理形式,有些城邦中君主个人的势力强一些,就是君主统治的共同体。无论是古代罗马还是近代意大利的政治思想家,他们都喜欢用君主统治和大众统治这样一些概念,有时我们简单翻译成君主国和共和国等,以为君主国就是君主说了算的国度,而共和国就是由公民共同说了算的国度。其实这里有点误解。在马基雅维里的时代,那些君主势力比较强大的城邦同样具有其他城邦政治共同体的一些制度,君主同样不能违背这些制度的规约。君主国中的政治共同体构成要件如法、各种市民会议、公民身份等仍然存在,只是君主更强势些而已。不要误以为在当时意大利的君主国里存在着与共和国完全不同的另一套国家政治制度。后来洛克总结道:"'Commonwealth'一字,我在本文中前后一贯的意思应当被理解为并非指民主制或任何政府形式而言,而只是指任何独立的社会。拉丁人以'Civitas'一字来指明这种社会,在我们的语言中同这字最相当的,是'Commonwealth'一字。"②可见,政治共同体是最根本的因素。洛克还就此作了比较详细的说明,"当人们最初联合成为社会的时候,既然大多数人自然拥有属于共同体的全

---

① [意]但丁:《论世界帝国》,朱虹译,商务印书馆,1985 年,第 18~36 页。

② 参见[英]洛克:《政府论》(下),叶启芳、瞿菊农译,商务印书馆,1964 年,第 81 页。此言出自第 10 章"论国家的形式",英文原文是"Of the Forms of a Commonwealth",参见 John Locke, *Two Treatises of Government*(Second Treaties), Cambridge University Press, 1960, p.354. 其完整的意思应当是国家政治共同体。顺便指出,柏拉图的《城邦政制》即《理想国》的拉丁文译名就是 civitas,也是指的共同体。

部权力,他们就可以随时运用全部权力来为社会制定法律,通过他们自己委派的官吏来执行那些法律,因此这种政府形式就是纯粹的民治政制;或者,如果把制定法律的权力交给少数精选的人和他们的嗣子或继承人,那么这就是寡头政制;或者,如果把这权力交给一个人,那么这就是君主政制;如果交给他和他的嗣子,这就是世袭君主制;如果交给他终身,在他死后,推定继承者的权力仍归于大多数人,这就是选任君主制。因此,依照这些形式,共同体可以就他们认为适当的,建立复合的和混合的政府形式。"①可见,作者将共同体视为内涵丰富的政治学概念,无论哪一种政权设置形式,其实质都是共同体。

但是不同的立法主体和法律制度则使这些政治制度表现出根本性的差异。"如果立法权起初由大多数人交给一人或几人仅在其终身期内或一定限期内行使,然后把最高权力仍旧收回,那么,在权力重新归属他们时,共同体就可以把它重新交给他们所属意的人,从而组成一个新的政府形式,政府的形式以最高权力即立法权的隶属关系而定,既不可能设想由下级权力来任命上级,也不可能设想除了最高权力以外谁能制定法律,所以,制定法律的权归谁这一点就决定国家是什么形式。"②从根本上讲,政治共同体的特征在君主国和共和国里都存在,所以文艺复兴时期意大利的君主国和共和国的不同并不是共同体层面上的本质不同,只是制订法律的最高权力归属有差异。许多学者对于当时意大利城邦国家的政治共性及各自的差异等做过具体的分析。③学人认识到这样一个基本的问题,即无论是怎样的城邦国家统治都不能违背共同体的基本政治要求。斯塔西指出:"对马基雅维利来说,如同对博丹和斯宾诺莎一样,国家是公民体(Civic Body)的一种类型。"④在马基雅维里的心目中,像法国这样的君主威势很大的国家,其实也还是一个共同体。那里有完善的法治、政制、军事等,是政治共同体各种要素的强大铸成了法国的强大,而非一个君主的能力有多大的问题。这里有一个问题要搞清楚,即马基雅维里在讨论君主国、共和国问题时,有时是从政治结构的特点

---

①② [英]洛克:《政府论》(下),叶启芳、瞿菊农译,商务印书馆,1964 年。

③ See L. Martines, *Power and Imagination: City-States in Renaissance Italy*, Alfred A. Knopf, 1979.

④ [美]斯塔西:《马基雅维利的自由国家与不自由国家》,《政治思想史》,2013 年第 4 期,第 76 页。

出发进行比较说明、有时是从权力运作的角度比较得失的。就权力运作而言，马基雅维里更注重政治治理的效果，似乎马基雅维里并不计较政治共同体方面的国家结构问题。但有一点是清楚的，即马基雅维里不赞成独裁。在君主国里长期存在的法律、制度等都不能随意被抛弃。他在《君主国》第 3 章"混合君主国"中特别提到了遵从先前君主国的法律、制度的重要性。

随着研究的深入，学术界逐渐达成一个共识，即马基雅维里是主张共和国政治体制的思想家。更具体地讲，马基雅维里政治理论的核心课题是如何运作城邦政治共同体的问题。马基雅维里一生所思考的政治问题就是如何解决城邦政治共同体的稳定基础和统治方式问题。为此，他在《李维史论》[①]一书中特别研究了罗马共和国的权力人物，罗马共和国的国家机构设置，罗马共和国的权力制衡，罗马共和国的军事构成，罗马共和国的社会运作机制，罗马共和国的社会综合协调方法，等等。马基雅维里共和政治体制理论中的几个核心课题包括公民自由、权力制衡等。其中，那个理想的罗马共和国的立国之本是保护公民的自由性。[②]为了最大限度地实现和保护这种自由，就必须按照权力牵制的理论设置相应的机构。例如，就有必要在共和国里设置一个能够充分表达公民意愿的议事机构，同时执政官秉公行事，贵族与平民的权力则处于相互制约之中。在马基雅维里看来，任何出于一人之手的政府总会出问题。理想的办法是建立一个由君主、贵族和平民相互制约，并各自明确其政治权利与义务的政体，[③]唯其如此，才真正称得上是一个由法律确定的自由基础上所建立的政府。[④]正如布克哈特所描绘的那样，"我们看到他如何地希望建立起一个温和的民主形式的共和国以为美狄奇家族之续。"[⑤]而这个共和国应当是自由、法制的社会。[⑥]对于上述政治体制的具体样式，马基雅维里曾举例说明，古代有斯巴达的勒库古斯（Lycurgus）政府等；近

---

① 还可以参见李维本人的著作。Livy, *The Early History of Rome, Books* I – V *of The History of Rome from Its Foundation*, Penguin Books, 2002; Livy, Rome and Italy, Books VI – X of The History of Rome from Its Foundation, Penguin Books, 1982.

② V. B. Sullivan, *Machiavelli's Three Romes: Religion, Human Liberty, and Politics Reformed*, Northern Illinois University Press, 1996, p.4.

③④ Machiavelli, The Discourses, C. E. Detmold, tr., Penguin Books, 1979.

⑤⑥ ［瑞士］布克哈特：《意大利文艺复兴时期的文化》，何新译，商务印书馆，1979 年。

代则有法国政府等。

马基雅维里对他同时代的法国政府赞不绝口，"法国是我们这个时代里组织得最好、统治得最好得王国之一。在这个国家里，我们看到法国国王的自由与安全赖以维持的优越的制度无数之多。其中主要的一个制度就是'议会'及其权力。因为建立这个王国的人知道权力者的野心和他们的傲慢，认定有必要在他们的嘴上套上制动机来约束他们；另一方面，因为君主知道人民由于惧怕贵族从而怨恨贵族，君主便设法使他们感到安全，但是，他又不想把这种事情作为君主特别照料的事情，于是，为着避免自己由于祖护人民而受到贵族非难，同时为了避免由于祖护贵族而受到人民的物议，国王就设立作为第三者的裁判机关，这个裁判机关可以弹劾贵族、维护平民，而用不着国王担负责任。对于国王和王国说来，世界上再没有比这个制度更好、更审慎，再没有比这个方法更安全的了"①。上述话语充分反映了马基雅维里政治理想的核心，也就是完全从政府的稳定与有效运行来考虑共和国的体制。

近现代西方国家制度的建设都是与公民意识的培育协调推进的。公民是一个承担法律意义上的权利和义务的社会成员。因此，成熟的公民意识会对国家的政治建设提出内在和合理的要求。从某种意义上讲，国家的完善过程是对社会需求的回应过程，只有以公民为基础才谈得上所有的治理和国家稳定。与共和国相关的公民权利和义务也是马基雅维里考虑的重点问题。根据马基雅维里在不同著作中所表达的观点，公民的权利、公民的义务及其责任的彰显是其理想社会的重要特征，依此建立的共和国则是以公民的发展为基础的、能够充分体现整体功能的国家。同时，公民在国家中享有充分的自由，并由公民来做最后的断定。公民自由的实现除了与国家的自由相关外，还与法律的性质、运作有关。法是国家权力的基础。②如果在这个问题上举棋不定、模棱两可，就会导致一个人的政治命运乃至一个国家的政治命运的损毁。所以政治家应当一切从法律出发谈政治治理、谈公共的和个人的关系。一个君主，如果他还记得以前暴君统治的一切后果的话，那么他就会用法律来维系新的国家。当然，君主要维护自己的利益，这是很自然的事情，但

---

① [意]马基雅维里：《君主论》，潘汉典译，商务印书馆，1985年，第90~91页。

② A.Bonade, *Corruption, Conflict, and Power in the Works and Times of Niccolò Machiavelli*, University of California Press, 1973, p.105.

只有在法律的前提下,才能既照顾到个人的利益,又兼顾共和国的利益。①马基雅维里在分析佛罗伦萨的历史时已经充分地注意到了这些。

马基雅维里对 State 的全面阐释使我们厘清了一个重要的政治理念,即近代意义上的西方国家仍没有脱离古代就有的政治共同体的政治治理轨迹。在这个共同体内可以由君主来当政,可以由具有一定资质的公民群体来治理,也可以由贵族群体来治理。统治的内容可以有些变化,但政治共同体的政体形式却始终不变,从本质而言,State、Republic、Commonwealth 都是政治治理的共同体。在文艺复兴时期,还有许多思想家在其著作中涉及国家政治共同体的内容。其后,法国启蒙思想家、美国建国前后的思想家等都有关于国家政治共同体方面的论著,其中卢梭的社会契约理论及国家代表公共意志的理论影响巨大。法国革命、美国革命等具体的国家政治实践都是上述理论的具体体现。这些已经成了学术界的共识。从某种意义上讲,美国的建国历史就是一部共同体发生、发展、完善的政治史,特别是新英格兰地区清教徒的自治奠定了美国国家政治共同体的基础。②因此,美国的政治思想家在谈及 State 一词时都要特别强调其中的共同体内涵。③可见,西方政治思想家谈及 State、Republic、Commonwealth 之类政治共同体概念时都包含一些基本的要素,如尊重法律、各种要素之间的平衡等。在西方曾出现"君主专制"的情况,但这种君主专制只是共同体这一政治框架内的政治统治现象。例如,伊丽莎白的君主统治就是在英国中世纪长期形成的制衡政治结构中的统治现象,只不过伊丽莎白将共同体中的各个平衡因素掌控得更得心应手些。无论是古罗马的帝王还是近代史上的法西斯主义独裁,都违背了共同体的基本要求,独裁统治的最后命运就是垮台。我们用汉语"国家"一词去翻译、诠释那些概念时不要遗忘了其中的共同体的特性。总之,国家就是国家政治共同体。

---

① [瑞士]布克哈特:《意大利文艺复兴时期的文化》,何新译,商务印书馆,1979 年。

② See Louis B.Wright, *The Cultural Life of the American Colonies 1607—1763*, Harper & Row, 1962.

③ See J. Appleby and T. Ball, *Jefferson Political Writings*, Cambridge University Press, 1999.

四

这里就近代西方国家政治共同体做个总体的概括。第一层含义:国家是体现公民权利和义务的政治共同体,涉及公民的身份认同,包括公民的国家身份认同、权利与义务认同等,[①]涉及法治等问题。[②]第二层含义:国家是保障各种政治力量权势的政治共同体。第三层含义:国家是权力机构有效运作、发挥整体功能的政治共同体。

在不同历史时期,上述问题又比较复杂。到了近代,共同体中涉及的自由、民主等内容又在新的历史条件下引起了各种讨论,主要体现在如何限定国家权力与公民自由之间的关系问题。从柏拉图、亚里士多德的"国家在先原则"到卢梭的"公意理论"、黑格尔的"国家客观精神"理论,[③]这些都存在着可能放大国家权力的危险。20世纪下半叶以来,西方国家一直存在着国家政治共同体的各种权力机构职能如何与政治共同体个别权益相匹配的讨论。在一年一度的牛津大学政治讲座中,学人可以看到不同学者对上述问题的看法。[④]在美国,罗尔斯的《正义论》与诺齐克的《无政府、国家与乌托邦》等著作在此问题上甚至有过许多争论。罗尔斯在考虑正义原则的实现问题时有一个基本的假设,即"每个人的幸福都依赖于一种合作体系,没有这种合作,所有人都不会有一种满意的生活,因此利益的划分就应当能够导致每个人自愿地加入到合作体系中来,包括那些处境较差的人们"[⑤]。从这个假设出发,罗尔斯构筑了一个由权利发生、权利分配为环节的正义原则体系。那些

---

① 里森伯格曾从历史的角度梳理过西方传统中的公民与国家政治共同体的关系。See P. ziesenberg, *Citizenship in the Western Tradition*, The University of North Carolina Press, 1992. 但此书中更多的是一种学术史的梳理。

② 凯尔森在《法与国家的一般理论》一书的第2编"国家论"中谈到了国家与共同体、法律秩序等的关系问题。参见[奥]凯尔森:《法与国家的一般理论》,沈宗灵译,中国大百科全书出版社,1996年。

③ [德]黑格尔:《法哲学原理》,范扬、张企泰译,商务印书馆,1961年,第254页。

④ See B. Johnson, *Freedom and Interpretation: The Oxford Amnesty Lecture 1992*, Basic Books, 1993; S. Shute and S. Hurley, *On Human Rights: The Oxford Amnesty Lecture 1993*, Basic Books, 1993.

⑤ [意]罗尔斯:《正义论》,何怀宏、何包钢、廖申白译,中国社会科学出版社,1988年。

运用机会较好、获利能力较强的人的权益会受到国家的干预。这种干预不是国家命令富者拿出一些钱来给贫者,而是国家在安排整体财富时向那些运用机会较差、获利能力较弱的人做出某种倾斜政策,以求得平等原则的补偿。①人们不禁要问:这种"倾斜"和"补偿"是否是以侵犯政治共同体的另一部分人权益为代价的呢?

诺齐克对罗尔斯的批评就是以上述问题为核心展开的。诺齐克的价值政治哲学出发点与罗尔斯的正好相反。诺齐克强调个体性原则。诺齐克指出:"对行为的边际约束反映了其根本的康德式原则:个人是目的而不仅仅是手段;他们若非自愿,不能够被牺牲或被使用来达到其他的目的。个人是神圣不可侵犯的。"②因此国家在未征得个人同意的情况下实行某种"倾斜"政策和"补偿"措施必然会侵犯到一部分人的利益。诺齐克竭力批评罗尔斯的国家超强性治理功能学说,认为这势必会侵犯到天赋人权,等于将人当作手段而不是当作目的看待。诺齐克倡导一种"最弱意义的国家",即"古典自由主义理论的守夜人似的国家,其功能仅限于保护它所有的公民免遭暴力、偷窃、欺骗之害,并强制实行契约等,这种国家看来是再分配的。我们至少能设想一种介于私人保护社团体制与守夜人式国家之间的社会安排"③。诺齐克这种"最弱意义的国家"的设想有浓厚的乌托邦色彩。似乎有这样一种国家治理功能,其效果正好使绝对的个人权利得到了保护。其实,罗尔斯与诺齐克争论的关键就是国家权力的运用与个人权利之间的关系。罗尔斯必须说明:与政治共同体相关的个人权利究竟有哪些基本内容?而诺齐克必须说明:个人的权利是不是绝对个体化的?这种争论其实就是国家政治共同体引发的问题。

总之,研究西方政治思想史和西方政治实践的具体过程都需要首先弄清楚国家政治共同体的实质。我们又必须以历史的眼光来分析之。以近代西方的社会历史为例,无论是文艺复兴时期的意大利还是与近代城市兴起相关的法国、英国等,都有一个城市市民社会的发育过程。在近代美国政治制度的形成过程中,更典型地体现出底层市民社会自治的发展、完善过程。因

---

① [意]罗尔斯:《正义论》,何怀宏、何包钢、廖申白译,中国社会科学出版社,1988 年。

②③ [美]诺齐克:《无政府、国家与乌托邦》,何怀宏等译,中国社会科学出版社,1991 年。

此,西方国家政治共同体的理论说到底是一种历史现象。

（作者简介：周春生，上海师范大学人文学院教授。）

论布鲁尼市民人文主义思想的两面性

——以《佛罗伦萨城市颂》为例

1928 年,行国历史学家汉斯·巴龙(Hans Baron)[1]首次提出"市民人文主义"(civic humanism)[2]的概念。1955 年,巴龙的代表作《早期意大利文艺复兴的危机》[3]的问世进一步引发了西方学界对于"市民人文主义"的广泛关

---

① 关于巴龙的著述及其政治立场,参见 Riccardo Fubini, Renaissance Historian: The Career of Hans Baron, *Journal of Modern History*, Vol.64, 1992, pp.541–574。根据富比尼的研究,巴龙早年师从恩斯特·特洛尔奇,反对传统基督教的教条主义和带有个人主义色彩的救世神学,并且是德国魏玛共和国的坚定支持者,主张德国应当摆脱大国沙文主义和帝国主义的形象。巴龙著作的另一目的则是对布克哈特《意大利文艺复兴时期的文化》所抒发的极端个人主义之弊端的回应,试图证明人文主义的文化与政治职责能够兼容。

② 关于"civic"一词的中文译法在不同的文本语境中存在差异,历史学界倾向译为"市民",政治学界偏爱"公民",基于布鲁尼政治著作的整体语境,本文中两种译法互为通用。

③ Hans Baron, *The Crisis of the Early Italian Renaissance: Civic Humanism and Republican Liberty in an Age of Classicism and Tyranny*, Princeton University Press, 1966.

注。①巴龙认为,市民人文主义思想源于 1402 年的那场政治危机,佛罗伦萨面对米兰专制君主入侵时迸发了强烈的爱国主义精神。为了保家卫国和捍卫共和自由,佛罗伦萨市民在以萨卢塔蒂、布鲁尼为代表的市民人文主义者的宣传鼓励下,通过设立人民政府机制、市民积极参政等措施培育效力于城邦的市民精神,"市民人文主义"在巴龙看来就是这股自由独立之爱国精神的升华,而布鲁尼(Leonardo Bruni,1370 年—1444 年)则是巴龙心中市民人文主义思想的核心与代表。有关"市民人文主义"的由来及其内涵至今仍是西方学界争论的焦点,斯金纳、鲁宾斯坦、戴维斯等一批历史家曾尖锐地批评巴龙割裂历史, 指出巴龙没能意识到他所谓的布鲁尼式市民人文主义的新概念并非历史突变的产物,"这种人文主义的历史觉悟的主要因素事实上

---

① 　西方学界对于巴龙提出的"市民人文主义"论点褒贬不一。马丁内斯肯定了巴龙关于"市民人文主义"起因的论证。参见 Lauro Martines, *The Social World of the Florentine Humanists*, 1390—1460, 2ⁿᵈ edn., University of Toronto Press, 2011, p.4。弗格森对巴龙的"市民人文主义"进行了述评,并剖析了其思想发展历程。参见 W.K.Ferguson, The Interpretation of Italian Humanism: The Contribution of Hans Baron, *Journal of the History of Ideas*, Vol.19, 1958, pp.14-25。巴龙对此作了回应,参见 Hans Baron, Moot Problems of Renaissance Interpretation: An Answer to Wallace K.Ferguson, *Journal of the History of Ideas*, Vol.19, 1958, pp.26-34。丹尼斯·哈伊在《近二十五年来对文艺复兴的研究》中指出,汉斯·巴龙与保尔·克里斯特勒及欧金尼奥·加林共同构成了文艺复兴研究从战前到战后的桥梁, 正是由于巴龙的著述,"市民人文主义"的说法今天才不仅作为一个技术用语为我们所接受,而且现在已自由地把它用来表达不同的时期和形势。参见[英]哈伊:《意大利文艺复兴的历史背景》,李玉成译,生活·读书·新知三联书店,1988 年,第 254-255 页。另外,莫尔霍等主编的《汉斯·巴龙纪念文集》(A. Molho, J.Tedeschi eds., *Renaissance Studies in Honor of Hans Baron*, Northern Illinois University Press, 1971)收录了柯什纳、威特、贝克尔等围绕巴龙论点展开的文章。《美国历史评论》1996 年第 1 期还开辟了巴龙专栏以评述巴龙论题的贡献及其成就。参见《美国历史评论论坛:汉斯·巴龙论文艺复兴人文主义》(Ronald Witt, John M.Najemy, Craig Kallendorf, and Werner Gundersheimer, AHR Forum: Hans Baron's Renaissance Humanism, *American Historical Review*, Vol.101, No.1, 1996, pp.107-144。

在将近一个世纪之前意大利出现经院哲学的政治学说时便已形成"①。

倘若沿循"共和思想"和"人文主义"藤蔓回眸的话,确实能够发现布鲁尼的政治话语及其对自由表现出的热爱与西塞罗、彼特拉克有着颇多相似之处,笔者在此无意就该概念原初的独创性展开讨论,而是借助对布鲁尼政治思想代表作《佛罗伦萨城市颂》②的分析,在肯定布鲁尼市民人文主义思想是对古典共和传统以及早期人文思想的继承之余,试图借助文本分析和历史情景还原的方法挖掘布鲁尼政治思想的独特之处,以期勾勒其中暗含的两面性特征。理想与现实的交织,保守与积极的并存,布鲁尼市民人文主义在追溯传统的过程中经历了变化,在直面政治现实的思考中烙上了时代的印记。

---

① ［英］斯金纳:《近代政治思想的基础·文艺复兴卷》,奚瑞森、亚方译,译林出版社,2011年,第57~58页。斯金纳受克里斯特勒的影响,他虽然承认巴龙的研究具有重要意义,但仍指出布鲁尼及其后继者考虑的政治和道德问题与中世纪修辞学家(即所谓书信写作技巧口授者),甚至与文艺复兴早期的人文主义者之间有着颇多相似之处;鲁宾斯坦强调市民人文主义者对较早期著作的依赖,就巴龙关于人文主义的分期法不予认同。参见 N.Rubinstein ed., *Florentine Studies:Politics and Society in Renaissance Florence*, Faber, 1968, p.449; N.Rubinstein, "Political Theories in the Renaissance,"in *The Renaissance:Essays in Interpretation*, André Chastel et al.eds., Methuen, 1982, pp.153–188。戴维斯认为,早在拉蒂尼的《宝书文库》(The Books of Treasure)和在卢卡的托勒密思想中就已经具备了市民人文主义观念的某些因素。参见 Charles T.Davis, Brunetto Latini and Dante, *Studi Medievali*, Vol.8, 1967, pp.421–450, Ptolemy of Lucca and the Roman Republic, *Proceedings of the American Philosophical Society*, Vol.118, 1974, pp.30–50。其他对巴龙颇具影响力的评价,参见 James Hankins, The "Baron Thesis after Forty Years and some Recent Studies of Leonardo Bruni, *Journal of the History of Ideas*, Vol.56, 1995, pp.309–338; Mark Jurdjevic, Hedgehogs and Foxes:The Present and Future of Renaissance Intellectual History, *Past and Present*, No.195, 2007, pp.241–268。

② 布鲁尼的拉丁文原著《佛罗伦萨城市颂》(*Laudatio Florentinae Urbis*)可见 Hans Baron, *From Petrarch to Leonardo Bruni:Studies in Humanistic and Political Literature*, University of Chicago Press, 1968, pp.232–263;其英译本有:"Panegyric to the City of Florence,"in *The Earthly Republic:Italian Humanists on Government and Society*, B.G.Kohl and R.G.Witt eds., University of Pennsylvania Press, 1978, pp.135–175; "In Praise of Florence,"in *Praise of Florence:The Panegyric of the City of Florence and an Introduction to Leonardo Bruni's Civil Humanism*, Alfred Scheepers intro.&trans., Olive Press, 2005, pp.77–120;此外,格里菲茨、韩金斯等编著的《布鲁尼人文主义文选》(G.Griffiths, J.Hankins et al.trans.&intro., *The Humanism of Leonardo Bruni:Selected Texts*, Center for Medieval and Early Renaissance Studies, 1987)翻译了《佛罗伦萨城市颂》的第四部分,该选本对布鲁尼的生平、市民人文主义思想以及布鲁尼有关文化、政治、历史、语言、教育、哲学、道德等所有著作进行分类,并在每章开头附有引论。

一、在回溯中变化:布鲁尼与共和主义传统

布鲁尼政治思想的门槛上伫立着西塞罗的身影,在他关于国家政治思考的轨迹上透射出西塞罗式国家政治观念的浓厚色彩,可以说,如何将西塞罗描绘的古罗马共和国行政机制运用到当时佛罗伦萨城邦共和国的政治统治中去是布鲁尼政治思考的出发点;换言之,布鲁尼将古罗马共和国奉为佛罗伦萨效仿之典范。为了更好地颂扬佛罗伦萨的自由之风并为共和政体提供理论依据,布鲁尼巧妙地从佛罗伦萨市民身份的合法性入手,讨论了佛罗伦萨的祖先到底由谁而起的问题。布鲁尼否认了尤利乌斯·恺撒创建说,认为佛罗伦萨是苏拉的老战士在罗马共和国末年建立的。[1]布鲁尼作此推论的立足点是,佛罗伦萨的共和自由闻名遐迩是不争之事实,因而"这块殖民地必定是在罗马城的权力和自由都臻于极盛时期所建立"[2]。在他看来,只有佛罗伦萨人民才是"真正的罗马人后裔,罗穆卢斯的子孙"[3],在意大利诸多林立的城邦里,只有佛罗伦萨共和国继承了罗马共和国的优良传统。"(佛罗伦萨)有着最优秀伟大的祖先,其他民族却都是逃亡者、被驱逐者、乡巴佬、流浪者,或甚至是些不明来历之徒的后代⋯⋯哪个种族堪与罗马人相媲美,在这世上还有谁能够比罗马人更声名显赫、更强大有力、更德高望重?"[4]身为高贵的罗马人的后裔,佛罗伦萨市民的血脉里传承了如此之多的美德,"佛罗伦萨的儿女比起任何他国的人民都更具天赋、荣耀、审慎和伟大,佛罗伦萨城市比起任何地方都更显繁华、美丽、整洁和和谐"[5],佛罗伦萨从不背信弃义,她为八方来者提供庇护,"任何人,无论他是遭遇驱逐流放,还是因政治动乱或遭人嫉妒而背井离乡,佛罗伦萨都能成为接纳遇难外邦人的湾港。

---

[1] Baron, *The Crisis of the Early Italian Renaissance*, p.63.在此之前,萨卢塔蒂曾详细论证佛罗伦萨起源于罗马共和国的传统。详见 Coluccio Salutati, "Invective against Antonio Loschi of Vicenza," in *Images of Quattrocento Florence:Selected Writings in Literature, History, and Art*, S.U.Baldassarri and A.Saiber eds., Yale University Press, 2000, pp.4–11。

[2] Bruni, "Laudatio Florentinae Urbis," in *The Earthly Republic*, p.154(以下简称"Laudatio")。

[3] Ibid., p.168.

[4] Ibid., pp.149–150.

[5] Ibid., p.136.

全意大利境内的任何人都无法否认自己有两个故乡,一个是他出生的地方,另一个就是佛罗伦萨城邦"①。不仅如此,佛罗伦萨为了邻国安危能够挺身而出,为了保护遭受暴君蹂躏的他国子民,为了捍卫共和国的自由,为了解放意大利免遭外国的奴役,佛罗伦萨浴血奋战直到证明她是全意大利的领袖,"佛罗伦萨为所有各国人民的自由欢呼雀跃,因此是所有暴君的不共戴天之敌",若不是佛罗伦萨"为意大利的自由挺身而出","以巧妙的策略和力量制止住詹加莱亚佐的攻击",进而"将整个意大利从奴役的危险中解放出来",那么,"整个意大利早就被米兰的武力征服了"。②这样,布鲁尼首先从源头上成功确立起佛罗伦萨与罗马共和国的亲缘关系,这种追本溯源的目的性折射出布鲁尼对罗马共和主义传统的推崇。

紧接着,布鲁尼通过分析佛罗伦萨的政治制度与政府结构进一步拉近佛罗伦萨与罗马共和国之间的距离。西塞罗笔下的罗马共和国在法律的保障下人民充分享有自由,在执政官、元老院和市民大会之间实现了政府机构的权力制衡。③同样,"佛罗伦萨的政体是如此值得赞誉,任何别的地方都不会如此井然有序……如同调试完美的琴弦能奏响不同音阶合成的和谐之声,政府各部门的佛罗伦萨公民也各司其职"④。具体到政治制度的问题上,布鲁尼还是依循了共和传统的观念,赞扬佛罗伦萨的民主政权,将城邦共和制视为一种由多数市民为了共同利益而实施的统治形式,这种共和政体的实际运作必须遵循三项基本原则,即市民选举、依法治理和共同决议。同时,自由和正义是支撑起佛罗伦萨共和制度的两大支柱:"首先,要确保'正义'在佛罗伦萨城里拥有最神圣的地位,因为失去了正义,城市将不复存在,佛罗伦萨也将有辱其名;其次,必须要有'自由',如果失去了自由,人民再也不

① Bruni, "Laudatio," p.159.

② Ibid., p.166.西格尔认为,布鲁尼这段饱含夸耀的文字是佛罗伦萨对外宣传时惯用的外交修辞。参见 J.E.Seigel, "Civic Humanism"or Ciceronian Rhetoric? The Culture of Petrarch and Bruni, *Past and Present*, Vol.34, 1966, p.23.

③ 西塞罗认为,理想的政体中存在一个不垄断全部政治权利的杰出首脑,并由贵族掌握一部分适当的权力,同时某些事情交给群众决定,在多种社会因素中保持权力制衡,他相信,罗马传统的共和政体是非常接近这种理想政体类型的。参见[印]穆霍帕德希亚:《西方政治思想概述》,姚鹏等译,求实出版社,1984 年,第 54 页。

④ Bruni, Laudation, p.168.

认为生活值得一提。"①布鲁尼在《佛罗伦萨城市颂》第四部分详细介绍了政府的组织结构,强调并赞扬了佛罗伦萨共和政体是捍卫自由、实践正义的有力保障:"政府最高的领导机构并非一人掌管,而是有九名首长同时参与,任期为两个月而非一年,这样有利于他们更好地为共和国服务。多人掌权可避免一人独断,短暂任期可抑制集权野心的滋生。城市四个街区各选两名民众认可的人选进入首长会议,另有一名具有德性和权威的人担任正义旗手②……首长会议下设有两个办事机构(即顾问团),一个是'十二贤人团'(buonuomini),任期三个月,负责行政咨询工作。另一个是'十六旗手团'(gonfalonieri),任期四个月,负责在必要时刻聚集群众以捍卫'自由'。""上述三个机构仍无权决断所有事务,他们的决定必须通过另外两个立法机构,即人民大会(consiglio del popolo)和公社大会(consiglio del comune)的同意……这样,在这座神圣的城市里,自由风气勃发,正义得到保障。这样,个人专制的独裁面对群体大众的评判将无法得逞。"③由此可见,布鲁尼讴歌的佛罗伦萨共和制拥有三大明显特征:第一,"自由"的理想是制度及政治体系的核心;第二,官员的任职期限短暂,包括首长会议也实行轮换制;第三,担任官职的人都由推选产生,选举制为所有具有资格的选民提供了平等享有荣耀的机会。

就布鲁尼所描绘的佛罗伦萨共和国政府结构及其运作方式而言,非常类似于古罗马共和政体,但是应当注意,布鲁尼在颂扬佛罗伦萨的"平民政制"(popular constitution)时的侧重点有所不同。古典共和政制更加关切民主参与政治的过程,即在独立自治的城市国家中实践"参与性的公民权"(participatory citizenship)的概念。西塞罗在《论共和国》中提出"共和国是人民的事务",从公民参政的角度出发考虑如何为了公民共同利益来建构政府。英国学者赫尔德指出,古罗马的"统治模式不仅把自由与美德结合到一起,而且把自由与市民的荣誉和军事力量结合到了一起。古罗马提供了这样一种政治观念,它把政治参与、荣誉与征服联系到一起,因而可以摧毁君主政体中形成的如下看法,即国王享有对其服从者的个人权威,只有国王才能保证

---

① Bruni, Laudation, p.169.

② 正义旗手(gonfalonieri di guistizia)是首长会议(priorate,也译执政团)的首脑,因 1293 年通过的《正义法规》(Ordinances of Justice)而得名。

③ Bruni, Laudatio, pp.169–170.

法律、安全和权力的有效实施"①,而布鲁尼赞扬佛罗伦萨的根基建立在对法律和自由的宣扬之上,诸如平民主义的论点没有引发布鲁尼的共鸣。换言之,布鲁尼赞扬的是佛罗伦萨政府体制结构和律法制度本身的特征,至于这种制度到底在多大程度上能够确保市民真正参与到政府管理中去,则不是他聚焦的关键。②

布鲁尼早年受过专业的法学训练,曾立志做一名罗马法律师,③因此他更加强调政府的有效运作必须借助法的规范和约束。如上所述,佛罗伦萨政府的权力分配和官职选任程序都要遵从法律的规制,"任何个人的权力都不得凌驾于法律之上","涉及多数人的事务应该由全体公民按照法律程序作出决定"。④在法的统摄下,各级政府官员职责分明,无人能够独揽大权滥施威严,轮换体制及相互牵制的权力机构有效防止了类似于米兰的暴君独裁;在法的关照下,社会各阶层民众都可对簿公堂,法庭对所有人都随时开放,富人和穷人在法律面前一律平等,"法律的原则是为了维护公共善,法律的精神是为了帮助公民。世上任何地方都不会像佛罗伦萨这样,人民可以享受最广泛的司法公正,自由可以生机勃勃地发展"⑤。布鲁尼从法的维度出发,通过对法律的作用和自由的强调,从制度理论上再一次追溯了罗马的共和传统。布鲁尼对立法的思考更为深入细致,他提出对于不同社会阶层的违法者要实行不同程度的犯罪制裁,"如果富人仰仗钱财恃强凌弱,政府就会介入,对富人施以沉重的罚金和惩治来确保弱者的人身及财产安全。人的身份不同,所受的惩罚也应不同,这样才合乎常理,谁最需要救济,谁就会得到最

---

① [美]赫尔德:《民主的模式》,燕继荣等译,中央编译出版社,1998年修订版,第41~42页。

② 鲁宾斯坦指出,布鲁尼颂扬的佛罗伦萨制度与实际的市民公共生活之间存在反差,布鲁尼有意省略掉"理论"与"现实"间鸿沟的做法或许与其著作具有赞美意图的性质有关。参见 N. Rubinstein, "Political Theories in the Renaissance," in *The Renaissance:Essays in Interpretation*, p.177.

③ 布鲁尼20多岁时来到佛罗伦萨学过4年法律,后因受萨卢塔蒂的影响"弃法从文",师从克里索罗拉斯(Emmanuel Chrysoloras)学习希腊文。凭借将大量古希腊哲学家、修辞学家及历史学家的著作翻译成拉丁文,布鲁尼在佛罗伦萨内外声名鹊起。关于布鲁尼的详细生平,参见 Lauro Martines, *The Social World of the Florentine Humanists 1390—1460*, pp.165-176;另可参见 G.Griffiths, J.Hankins et al.trans.&intro., *The Humanism of Leonardo Bruni*, pp.25-42。

④ Bruni, Laudatio, p.170.

⑤ Ibid., p.173.

多的帮助，这样就在不同等级的人群中建立起某种平衡，强者凭借自身实力，弱者可以依靠国家，对惩罚的恐惧则可使两者都得到保护"①。布鲁尼试图借助法律和法庭的权威来弥补社会阶级地位的落差，这种对于责罚程度的积极划分构成了布鲁尼心中佛罗伦萨正义与平等的基石，为所有市民提供一种法律意义上的保护正是佛罗伦萨区别于米兰暴君专制的关键所在。那句布鲁尼引以为豪的"我也是佛罗伦萨市民"口号，"公然警告对方不得鄙视屠弱，更不能借势滥施淫威，人人皆平等，在佛罗伦萨的弱势群体有共和国作为其坚强后盾"。②布鲁尼政治观中包含的这种平等的法治意识无疑对中世纪的封建神学以及等级观念构成了强有力的冲击，为在自由与平等的基础上建构社会政治秩序提供了理论依据，为近代政治思想的萌芽埋下了革命性的种子。这不仅反映出布鲁尼受共和主义传统的影响，同时也体现出他就佛罗伦萨政府机制的设置、选举制度的运作等问题作出的理论性思考。

二、在继承中务实：布鲁尼与早期人文主义传统

布鲁尼政治生涯的顶峰恰与文艺复兴盛期相契合，若将其置于文艺复兴整体的政治思想发展框架中加以审视，可以发现布鲁尼与之前的彼特拉克以及之后的马基雅维利构成了一个延续性的波峰③，在他们的政治著作中都流淌着一种对古罗马共和国的怀旧之情，他们对共和传统的宣扬可谓一脉相通。我们不妨通过回溯布鲁尼与早期人文主义思想之间的关系来进一

---

① Bruni，Laudatio，p.173。1293 年至 1295 年的《正义法规》明确规定对伤害平民的贵族要施加更为严厉的特殊惩罚。

② Ibid.，pp.173-174.

③ 关于布鲁尼和马基雅维利的市民人文主义思想的对比分析，参见 H.Mansfield，"Bruni and Machiavelli on Civic Humanism，"in *Renaissance Civic Humanism：Reappraisals and Reflections*，James Hankins ed.，Cambridge University Press，2000，pp.223-246。曼斯菲尔德认为，布鲁尼的思想仍陷于亚里士多德传统思想的框架内，马基雅维利则可被视作近代政治思想的开拓者，但两者还是有共通之处可循。布鲁尼从外部挖掘、模仿古人的智慧，其著作多运用理想化的修辞手法（rhetoric of idealization）；马基雅维利则从内部剖析古人智慧与力量的秘密所在，著作多运用理性化的修辞手法（rhetoric of rationalization）。在曼斯菲尔德看来，两者都不符合巴龙为市民人文主义者所下的定义，就某种程度而言，"市民"与"人文主义者"是相互冲突、不可协调的两个概念。

步认识其市民人文主义思想的务实特征。

以彼特拉克为首的早期人文主义者拉开了复兴古典文化的序幕,李维、塔西佗、西塞罗等一批古典作家著作的相继面世为意大利人文主义者提供了重新审视当下政治格局的新维度。在政治模式的运作方面,文艺复兴时期的意大利城市国家与古希腊城邦之间有着惊人的相似,但就政治思想而言,在希腊文明的废墟上汲取养分的古罗马共和国的历史及其政治文化对于文艺复兴时期意大利的政治思想家更具借鉴意义。稍加留意便能发现,古罗马学者的政治话语在人文主义思想家的著作中如影随形。①在复兴古典文化方面,彼特拉克可谓当之无愧的第一人,其著作开创了崇古仿古之风气。对西塞罗形象的定位是彼特拉克思考的前提,到底应该过积极入世还是消极遁世的生活反映出他关于公民与城邦之间关系的探索。由于彼特拉克对西塞罗抱有肯定与否定并存的矛盾心理,西格尔曾评判道:"作为一名演说家,彼特拉克热爱公共生活(civitas),但作为一名哲学家,他更钟情于孤独求索(solitude)。"②有学者在描绘彼特拉克时写道:"这位著名的作家端坐于桌前,从尘世中悄然隐去,但他分明能够意识到不计其数的崇拜者投来了关注的目光。"③彼特拉克激起了人文主义者对公民政治生活的普遍关注,布鲁尼的政治思想也不免受其影响。④对彼特拉克的崇敬之情在布鲁尼晚年著作《彼特拉克传》⑤中溢于言表,但他同时毫不避讳地指出,就公民对于国家的责任感而言,彼特拉克的表现远落后于但丁,"但丁投入到积极的市民生活中去发挥的价值远胜于彼特拉克,但丁为了祖国加入军队冲锋陷阵,并且在共和国政府内担任职务。而在彼特拉克身上根本找不到这种公民责任心,连他的住

---

① 例如,布鲁尼在《佛罗伦萨城市颂》中描绘的佛罗伦萨共和国通过选举任命"执政官",首长会议的职能类似于古罗马的元老院,圭尔夫党之于佛罗伦萨就如同监察官之于罗马。

② Seigel, "Civic Humanism"or Ciceronian Rhetoric? The Culture of Petrarch and Bruni, pp.36-37.

③ R.R.Bolgar, The Classical Heritage and Its Beneficiaries, Cambridge University Press, 1958, p. 248.

④ 1384年阿雷佐沦陷后,布鲁尼被囚于夸拉塔城堡,正巧他所在房间的墙上挂着一幅彼特拉克的肖像画,布鲁尼曾感叹道:"当我每天盯着这幅画时,彼特拉克的著作在我心中燃起了难以置信的激情。"参见 B.G.Kohl and R.G.Witt eds., The Earthly Republic, p.121。

⑤ Bruni, "Life of Petrarch," in The Humanism of Leonardo Bruni, pp.95-100.

所都远离了这座拥有市民政府的自由城邦"①。

15世纪佛罗伦萨的政治现实使得思想家迫切需要一种思想与精神上的依托，布鲁尼在继承彼特拉克早期人文主义思想的基础上又有着时代赋予的新特征。可以说布鲁尼式市民人文主义是从早期人文主义传统中逐渐发展而成的创新，它既不同于文艺复兴初期的佛罗伦萨行会共和主义（guild republicanism）②，也与近代早期的王权至上思想保持了审慎的距离。布鲁尼及其后继者帮助佛罗伦萨的统治者认识到政体的性质，国家不再是神学秩序下的封闭群体，而是在具有德性的贵族阶级统治下的世俗共同体。布鲁尼对于国家与公民之间关系的种种思考恰好勾勒出近代西方国家-公民社会的诸多本质内容。

第一，公民倾其所有效忠国家是公民个体担当的首要义务。布鲁尼将公民为了城邦积极参政视为崇高美德，他鼓励个体公民激发自身价值，以城邦的荣耀为最高目标介入政治生活。换言之，布鲁尼式市民人文主义者不再以挖掘古典文献为重心，不再将皓首穷经奉为圭臬，通过将七艺学识付诸实践，一方面做到学以致用，另一方面履行护国安邦的公民职责。可以说，布鲁尼与彼特拉克明显的不同之处，就是两人在对待古典著作时心中抱有的目的大相径庭，前者是为国而学，提倡经世致用之学，将古人思想的智慧运用于当下实际的政治现实；后者是为己而学，弘扬修身养性之学，主张通过汲取古人的智慧以实现个体德性的提升。布鲁尼的市民人文主义带有强烈的公民意识，1427年继萨卢塔蒂成功当选为佛罗伦萨政府文书长（Chancellor，又译国务秘书）的布鲁尼堪称是将人文主义与市民思想两相结合之典范，他在尊奉早期人文主义思想的同时又发展了市民社会生活的"自由"精神。布鲁尼的市民人文主义主张"积极生活优于冥思生活，财富优于贫困，婚姻优于独身，政治行当优于修道院行当"③。"对人来说最重要的是要了解什么是国

①　Bruni, "Comparison of Dante and Petrarch," in *The Humanism of Leonardo Bruni*, p.99.

②　指13、14世纪，佛罗伦萨通过行会选举确定政府官员人选，实行完全由人民掌权的共和政体。

③　Eric Cochrane, *Historians and Historiography in the Italian Renaissance*, University of Chicago Press, p.19, 转引自李勇：《布鲁尼史学新论》，《史学史研究》，2009年第3期，第106页。

④　Hans Baron ed., *Leonardo Bruni Aretino: Humanistisch-Philosophische Schriften*, B.G.Teubner, 1928, p.73, 转引自[意]加林：《意大利人文主义》，李玉成译，生活·读书·新知三联书店，1998年，第41页。

家,什么是城市,以及如何保持它和它如何会丧失的道理"④,任何脱离社会、远离政治生活的人在布鲁尼看来都是不可取的, 他说:"我从很多无知人们的错误中学到一点东西。他们认为只有过隐居和闲散生活的人才是学者;而我从未见过如此伪装起来、逃避同人们交谈的人能够认识三个字。"①总之,布鲁尼主张所谓的人是从公民意义上而言的,或者说,公民就是大写的人。

第二,国家自由和法律平等是公民个体权利的最终保障。布鲁尼将人文主义造诣与政治自由紧密相连,强调只有在自由平等的共和国内,公民才能够最大化地实现个体价值,投身于文学艺术的创作。雅典文明和古罗马文化的勃兴都是古希腊与罗马共和国的权力和自由臻于极盛时的产物。虽然布鲁尼同彼特拉克都受到李维、西塞罗的影响,但布鲁尼并未止步于古代,他比彼特拉克更进一步将目光移向了当下, 对于佛罗伦萨共和国自由的强调在其政治著作中无处不在。鲁宾斯坦认为,布鲁尼的"佛罗伦萨自由"(Florentina libertas)主要有三方面的特征,即言论自由、法治和市民平等,其中平等又包含两层涵义, 即在法律面前的人人平等以及所有市民平等地享有参政议政的权利②,简言之,"自由"的所指涵盖了从独立到自治的广袤延伸。佛罗伦萨的共和政体有效地保障了人民的自由, 法律的公正平等又意味着所有人都必须在法的限度下享有自由,只有在自由之风盛行的社会环境下,公民才能够充分发挥自身价值,而个体的伟大与国家的强大之间则相辅相成。《佛罗伦萨城市颂》开篇彰明显著地道出了布鲁尼心目中国家与公民间的关系:"有其父必有其子,人们从儿子的脸上就能辨别出父亲的长相。同样,伟大的城市与其高贵子民之间的关系亦是如此。"③布鲁尼较其时代的其他思想家更加充分地意识到,公民是构成国家的基本元素,国家是公民共同体组合,公民是国家的微型面孔,国家是公民地位和身份的有力依托。

第三,布鲁尼将人文主义的道德观融入政治观的范畴内,他比彼特拉克更具世俗化的眼光,其政治著作兼备西塞罗式的形式风格和亚里士多德自然政治观的内涵。彼特拉克的著作虽力图追求古典风格,但在内容和形式上

① [英]哈伊:《意大利文艺复兴的历史背景》,李玉成译,生活·读书·新知三联书店,1988 年,第128 页;另参见[意]布鲁尼:《但丁传》,周施廷译,广西师范大学出版社,2008 年,第104 页。

② N.Rubinstein,Florentina Libertas,*Rinascimento*,Vol.2,1986,p.12.

③ Bruni,Laudatio,p.136.

仍然带有沉重的中世纪宗教情感,囿于奥古斯丁思想的框架。布鲁尼则效仿西塞罗的著述风格,尤其在其《对话》中,布鲁尼做到了借人物之口就世俗话题自由发表意见,[①]而非彼特拉克那样亦步亦趋地跟随于中世纪教父哲学家的身后。布鲁尼在萨卢塔蒂的基础上进一步发展了新西塞罗主义,他不仅颠覆了西塞罗原本隐逸出世的哲学家形象,更将其定位为一位对罗马共和国忠心耿耿的爱国市民,在写作的风格形式上竭力效仿西塞罗的修辞法与雄辩术。学界普遍认为,是"人文主义之父"彼特拉克开启了复兴古典主义的大门,但笔者想说,布鲁尼的市民人文主义着眼于具体的政治社会建设,这对于文艺复兴时期意大利政治思想而言无疑是重大的思维突破。虽然布鲁尼并未依循这个缺口走得更远,但他对公民责任感的强调影响了其后的一批人。[②]布鲁尼对自由参政、平等自治、积极生活等政治实践路径的主张与彼特拉克的隐逸遁世形成了鲜明的反差,在布鲁尼的国家政治理论中找不到上帝的影子,在他的政治著作中,政治自由取代了救赎和教谕。布鲁尼的目光更加贴近当下,他关心的是如何最大化地实现公民价值和发挥政府统治效力的问题,单就这点而言,我们似乎在布鲁尼身上见到了一个世纪之后的马基雅维利。布鲁尼的市民人文主义思想对于整个 15 世纪佛罗伦萨公民道德价值形塑的作用,不亚于洛克的自由主义之于美国宪政的作用,或者说堪比卢梭的社会契约观念之于法国大革命的影响。[③]

布鲁尼不仅赞扬共和政体的优越,更试图通过对佛罗伦萨共和国的政府结构和行政机制的分析来证明共和国优越的原因所在。在《斯特罗齐葬礼

---

① 关于布鲁尼对市民人文主义者对话体著作的贡献,参见 David Marsh,*The Quattrocento Classical Tradition and Humanist Innovation*,Harvard University Press,1980,ch.2。

② 14、15 世纪在佛罗伦萨涌现出一大批将文人与政治家身份两相结合的人文主义者,诸如萨卢塔蒂、布鲁尼、马尔苏比尼、布拉肖利尼等人先后担任佛罗伦萨政府文书长一职,曼内蒂、帕尔米耶里等也都是杰出的人文主义者兼政治家,我们可以在他们的生活与事业中看到相似的发展模式。有关这批市民人文主义政治思想家研究状况的缕析,参见 Robert Black,Review Article,The Political Thought of the Florentine Chancellors,*The Historical Journal*,Vol.29,1986,pp.991~1003。另外,中国学者郑群曾详细分析过从萨卢塔蒂到帕尔米耶里的一批市民人文主义者是如何通过广泛参加社会实践活动来发展"积极生活"的思想。参见郑群:《佛罗伦萨市民人文主义者的实践与"积极生活"思想》,《历史研究》,1988 年第 6 期,第 145~158 页。

③ G.Griffiths,J.Hankins *et al*. trans. & intro.,*The Humanism of Leonardo Bruni*,p.15.

演说》中,布鲁尼公然抨击那些拥护君主政体的人,因为从人性的角度来看,布鲁尼认为,"君主是不会希望看到别人比他好的,除了他们自己以外,任何人的美德对他们总是充满了威胁,少数人的统治也同样如此",因此"唯一剩下的合法统治形式只有平民政体"。布鲁尼对此作了进一步的描述:"在平民政体下,有着真正的自由,每个公民都受到平等法律的保护,追求美德蔚然成风而不致引起任何怀疑。"①布莱克曾指出,这种对共和政体的公然追捧,或者明确将市民共和奉为唯一合法统治形式的政治主张在文艺复兴时期是独一无二的。②

然而我们也要认识到,在布鲁尼关于共和政体优越性的论调中存在着不纯粹性与局限性,对贵族寡头政体的包容乃至附庸同样扎根于布鲁尼政治思想的深处。一方面,布鲁尼追捧市民共和政体的基点仅限于法律制度的层面,认为其优越性和合法性体现在所有公民都有参与共和国事务的平等机会,所有公民在法的统摄下都享有平等的自由。尽管布鲁尼主张的市民政权就本质而言是近代的,但他并没有提出"主权在民"的政治理论,其著作中极少涉及人民统治的言辞,即布鲁尼所谓的政治自由具有排他性特征。另一方面,布鲁尼的政治思想依然受其时代的局限,文艺复兴时期大多数人文主义者的思想都带有漫幻色彩和复杂特征,他们随时都愿为庇护者的利益改变政治立场。③面对风云变幻的动荡政局,彼特拉克曾改旗易帜④;布鲁尼在

---

① Bruni, "Oration for the Funeral of Nanni Strozzi,"in *The Humanism of Leonardo Bruni*, p.125 (以下简称"Oration")。

② Antony Black, *Political Thought in Europe 1250—1450*, Cambridge University Press, 1992, p. 133.

③ 程显煜将意大利人文主义者思想中矛盾性和复杂性的成因归结为新旧世界观冲突的结果,是意大利特定的政治、经济、文化背景下的产物。参见程显煜:《意大利人文主义者的矛盾性和复杂性》,《历史研究》,1987 年第 2 期,第 156~166 页。

④ 彼特拉克引领早期的人文主义者醉心于发掘古罗马的遗存,认为罗马帝国之前的罗马共和国怀柔远人、威慑八方。恺撒开启了帝国之门,同时也奏响了罗马文明由盛转衰直至毁灭的挽歌;因而帝国并非是上帝设定的永恒政体,相反,它恰恰是政治和道德衰败的产物。彼特拉克在其史诗《阿非利加》中歌颂古罗马英雄西庇阿,并谴责恺撒为"可耻地践踏了一切的卑鄙小人",但在经历了 1347 年科拉(Cola di Rienzo)政变失败后,其政治立场由拥护共和制转为支持君主制。巴龙指出,在彼特拉克晚年所著的《恺撒传》中,曾经心目中的英雄西庇阿已被一度视为独裁者的恺撒所取代。参见Baron, *The Crisis of the Early Italian Renaissance*, p.57。

追随前人步伐的过程中,其市民人文主义思想同样具有两面性特征,在并不完全充分的民主共和思想里依然有寡头政治的残留。

三、在现实中易帜:布鲁尼与显贵寡头传统

13世纪晚期,教权与皇权的同步"离去"促使半岛上出现权力真空,14世纪早期,罗马北部的大部分地区形成了自治城邦错落交织的拼图,时至15世纪,意大利俨然成为一片政治的试验田,政治制度的合理性和统治权力的合法性始终是意大利政治思想家热衷探索的话题,究竟走共和国的道路还是君主国的道路与如何实现统一富强的历史使命息息相关。但有种现象值得我们注意,即文艺复兴时期的人文主义者随时准备捍卫各类政治统治的形式,他们的政治信仰很少能够做到自始至终的一贯性。伴随着政治环境的改变,人文主义者的政体观也不断发生着变化。美国学者韩金斯认为,意大利文艺复兴时期主张共和制的人文主义者,就他们的政体理论而言并非都是绝对的"排他性共和主义"(exclusivist republicanism),或许将他们称作"共和主义偏好者"(republicanism preferentialist)似乎更为贴切。[1]换言之,人文主义者容易对某种政体或政权表示偏爱,比如视市民共和制优于君主制。他们会就政权形式的合理性展开辩论,但这并不意味着否认其他政权的合法性,在布鲁尼市民人文主义思想中就含有明显的贵族寡头制成分。

布鲁尼对亚里士多德《政治学》中六类政体的划分并不陌生[2],在亚里士多德看来,共和制本质上是一种以民主制和寡头制的审慎结合为基础的混合形式,它的统治者由既不太富也不太穷的中间阶级组成。[3]巧合的是,布鲁

---

① 所谓"排他性共和主义"是指将非君主制视为唯一合法统治形式的"Republicanism"。从更宽泛的意义上而言,排他性共和主义否定一切世袭政治特权的合法性。参见 James Hankins, Exclusivist Republicanism and the Non-Monarchical Republic, *Political Theory*, Vol.38, 2010, pp.452–482。

② 布鲁尼先后翻译了亚里士多德的《尼各马可伦理学》和《政治学》,其人文主义风格的译本因与中世纪经院主义哲学家存在极大反差而引发争议,但布鲁尼翻译的《政治学》在15世纪取代了中世纪莫尔伯克的威廉(William of Moerbeke)译本并被广泛引证。参见 James Hankins, *Humanism and Platonism in the Italian Renaissance*, Vol.1, Edizioni di storia e letteratura, 2003, pp.193–239。

③ [印]穆霍帕德希亚:《西方政治思想概述》,第31页。

尼翻译完《政治学》后不久,在其另一部著作《论佛罗伦萨国家》中明确表示,"佛罗伦萨政体并非完全的贵族制或民主制,而是两者的混合形式",并就公民参与国家政治的问题上提出两个排除原则,"出身贵族家庭的权贵不得担任重要官职(即反贵族原则),手工业工人和社会下层市民不得参与政治生活(即反平民原则)"。①布鲁尼一改早先对佛罗伦萨共和政体的颂扬基调,转而承认混合政体的做法与其说是对亚里士多德的刻意模仿,不如将之视为布鲁尼对当时佛罗伦萨政治现实的真心关照,借助西塞罗式的修辞语言,布鲁尼巧妙地将贵族寡头扶上了佛罗伦萨共和国的宝座,或者说城市显贵的寡头传统始终根植于布鲁尼市民人文主义思想的深处。

首先,布鲁尼颂扬佛罗伦萨的立足点是基于法律制度的公正与政治体制的合理,成功施行其所谓的"共和政体"并不意味着统治权必须赋予全体公民,事实上,布鲁尼早已将统治佛罗伦萨的权杖交到了圭尔夫党派的手中。②"在佛罗伦萨众多官员中,没有哪个能比圭尔夫党派的领袖更令人瞩目",党派倾轧、分权掣肘是布鲁尼时代佛罗伦萨政治的显著特征,对此,布鲁尼坚决站在圭尔夫党的立场表态,将之誉为善党(*optimarum partium duces*),并在述及佛罗伦萨圭尔夫党派的起源时也不惜笔墨地将之与雅典人相媲美。1260 年在蒙塔佩蒂(Montaperti)战役中惨败溃逃至卢卡的圭尔夫党人在布鲁尼心中同样不失英勇气概,他们"如同效仿杰出的雅典人在第二次希波战争中撤离雅典只为有朝一日能够作为自由人重新返回自己的城邦。正是出于这种精神,在惨烈战争中幸存下来的英勇的佛罗伦萨市民离开了祖国,相信只有通过这种方式日后才能更好地洗雪前耻……终于时机成熟了,在骁勇善战的将领的带领下,他们踏上了讨伐西西里国王曼弗雷德的征程……最终建立起一个新的政府机构,组成人员都是圭尔夫党派的首领,他们都曾在这场正义的战斗中起到领导作用。这个机构在佛罗伦萨享有很高的权威,几乎所有事情都由他们过问和监督,以确保共和国的运作不再偏离祖先行

---

① Bruni,"On the Florentine Constitution,"in *The Humanism of Leonardo Bruni*,p.171(以下简称"Constitution")。

② 布鲁尼出身于阿雷佐的一个圭尔夫党派家庭,1384 年阿雷佐城内的吉伯林党在法军的帮助下夺取政权,阿雷佐被划入佛罗伦萨的领土管辖。

进的轨迹,还要小心共和国的权力不会落入敌对派系的手里"①。布鲁尼竭力
将由上层显贵组成的圭尔夫党包装为共和政府真正的统治者形象,通过唤
起人们心中对赢得战争胜利的感激和喜悦之情巧妙地营造出一种印象,即
倘若没有圭尔夫党在 1266 年阿普利亚战役中为了佛罗伦萨浴血奋战的话,
就不会有佛罗伦萨今日的自由与辉煌的成就,并且自 13 世纪开始,佛罗伦
萨的历史便与圭尔夫党紧密关联,效忠于圭尔夫党的领导等同于获取政治
自由的首要条件。

　　随着 1434 年梅迪奇家族势力在佛罗伦萨崛起,布鲁尼更加意识到调整
政治立场的重要性。在《论佛罗伦萨国家》中,布鲁尼抛弃了早年《佛罗伦萨
城市颂》的口吻,承认佛罗伦萨的政体介于贵族制和民主制之间,"在佛罗伦
萨城内很少召开市民会议,因为每件事情都已事先做好妥善的安排,官员阁
僚和首长会议有权进行决断……佛罗伦萨历经多次转型,时而偏向民众,时
而倒向贵族……城市的权力不再掌握在多数人那里,而是在贵族和富裕阶
层的手里,他们为城邦做出诸多贡献,采取商议来取代之前频仍的战争"②。
也许有学者会辩称布鲁尼这种反差鲜明的政体观是由于梅迪奇家族上台
后,佛罗伦萨政府性质或结构发生变化而引起的,但基于布鲁克尔、鲁宾斯
坦等学者的研究可知③,随着梳毛工人起义后 1382 年新宪法的颁布,佛罗伦
萨进入了一个长久稳定的寡头统治时期,1434 年的政权更替并没给佛罗伦
萨政府带来明显的改观,最后一任阿尔比齐家族的统治者里纳尔多(统治时
期为 1417 年至 1434 年)政府与科西莫政府都可被视为寡头政权。因此,我
们不妨换个角度来作解释,1427 年开始担任佛罗伦萨政府文书长的布鲁尼
深谙,唯有积极介入政治事务并精心服务于为其提供庇护的佛罗伦萨寡头
统治者,方能保住来之不易的权力。《佛罗伦萨城市颂》对应的受众对象是政
府的当权者,他们在布鲁尼心中是确保国家稳定的关键,布鲁尼的政治目的

　　① Bruni, Laudatio, pp.172–173.

　　② Bruni, Constitution, pp.171–174.

　　③ 1434 年前后佛罗伦萨的政府结构,分别参见 N.Rubinstein, *The Government of Florence Under the Medici, 1434—1494*, Clarendon Press, 1966, ch.1;[美]布鲁克:《文艺复兴时期的佛罗伦萨》,朱龙华译,生活·读书·新知三联书店,1985 年,第 182~184 页。

是为了迎合统治阶级的利益,其市民人文主义带有明显的保守色彩。①

其次,布鲁尼认识到政治权力与经济基础之间的作用与反作用关系,谁掌握经济大权谁就控制政治命脉,因此,布鲁尼所谓平等参政的权力实际缩小为显贵阶层的特权,而寡头政治的特征又是以追求财富为标志的,掌权的寡头集团除非遭遇经济破产或政治暗算,否则绝不会轻易交出手中的权杖。15 世纪初期的佛罗伦萨面临着来自国内外的多重危机,加之对外扩张需要耗费大量钱财,战争的胜利愈发取决于投入到战争中去的经济实力,这给政府带来了巨大的经济压力。布鲁克尔指出:"由战争引起的经济负担和紧张关系,是削弱共和国政治体制和道德准则的一个最有影响的因素,它同时把这个共和社会推向一种最初是由一个家族,后来是由单独一人占统治地位的政治制度。"②在庞大军费开支的压迫下,很多平民家庭不堪重税,背井离乡沦为难民,他们毫无自由可言,更不用说能够平等地参与社会政治生活。在奉行对外扩张的政策上,佛罗伦萨共和国同米兰公国并无大异,统治阶级狂热的战争欲望与野心给佛罗伦萨普通平民的生活不仅带来了经济重负,并且严重危及到布鲁尼引以为豪的政治自由。经济实力与政治权利是支撑公民社会正常运作的两根支柱,丧失了经济能力的中下层市民自然地降级为权势家族的政治附庸,像梅迪奇家族这样拥有雄厚资本的大家族借机利用人民对政府的不满情绪拉帮结派,扩充自身政治势力,③在布鲁尼晚年成

---

① 美国学者纳杰米曾对巴龙提出的以布鲁尼为代表的市民人文主义的积极内涵提出质疑,认为萨卢塔蒂、布鲁尼不过是通过对行会共和主义的重塑进而创造出一套新式的政治话语。参见 John M.Najemy,"Civic Humanism and Florentine Politics,"in *Renaissance Civic Humanism*,pp.75–105。但纳杰米对巴龙的学术贡献仍给予了高度的评价,认为:"19 世纪的文艺复兴研究诞生了布克哈特,20 世纪则绽放出了巴龙……通过对布鲁尼和 15 世纪早期市民人文主义的挖掘,巴龙无疑重新建构了上迄彼特拉克,下至马基雅维利的整个文艺复兴时期。"参见 Najemy,Review Essay of Hans Baron,In Search of Florentine Civic Humanism,*Renaissance Quarterly*,Vol.45,1992,pp.340–350。

② [美]布鲁克:《文艺复兴时期的佛罗伦萨》,第 220 页。

③ 关于梅迪奇家族崛起、兴盛和没落的经历,参见 D.Kent,*The Rise of the Medici:Faction in Florence,1426—1434*,Oxford University Press,1978;N.Rubinstein,*The Government of Florence Under the Medici*,1434–1494。加拿大学者朱杰维奇明确表示,市民人文主义有效地加强了梅迪奇家族对佛罗伦萨的统治。参见 Mark Jurdjevic,Civic Humanism and the Rise of the Medici,*Renaissance Quarterly*,Vol.52,1999,pp.994–1020。

为佛罗伦萨实权的操控者，并且成功地在两个相互对立的原则——特权与平等——之间实现了有张力的平衡。

从表面形式上看，1382 年后佛罗伦萨政府官职所面向的群众基础在不断扩大，然而实际上任职的资格却被严格控制在少数寡头贵族的手里，参与竞选的大部分公民都被精心设计的选任程序挡在了门外，1434 年上台的梅迪奇家族通过操纵"中枢委员会"（accopiatori）和"巴利阿"（balìa）有效地筛选掉统治集团圈子外的候选公民，同时不断延长任职期限来巩固政权。[1]圭恰迪尼为此感叹道："科西莫为了保障他的权势，选定一批公民组成了为期五年的巴利阿……巴利阿的权力如此之大，以至于在他当政的年代，首长们几乎从来没能按抽签的方式产生，而都是由中枢委员会按照他的意愿选举的。每当巴利阿五年到期时，他只需把他们的权限再延长五年就可以了。"[2]身处当下的社会，布鲁尼清楚地知道普通市民即便拥有天生的政治权利和自由参政的意志，也不能在政府里享有一官半职。当布鲁尼描绘"在所有人的面前存在着同等的自由，这种自由只受法律的限制……在所有人的面前同样存在着获得公职和升任的希望，只要他们具有勤勉和自然的禀赋，严肃认真和令人尊敬地生活。德性与廉洁是这座城市对公民提出的要求，任何人只要具备了这两种品德就被认为足以胜任管理共和国的事务……这是共和国真正的自由、真正的平等，不要害怕来自任何人的暴力和错误行动，公民在法律面前，在担任公职方面享有平等的权利"[3]之时，必须注意布鲁尼的措辞相当谨慎。纳杰米尖锐地指出，布鲁尼并没有明确表示所有公民（即便是那些最具高贵品德的公民）能够平等地享有管理共和国的实际权力，布鲁尼给予民众的仅仅不过是一种希望，他所说的只是每个符合条件的市民都有相同的机会去获取高官职务，这种口吻无异于在说每个人都能平等地参与到选举的流程中去，但是布鲁尼明知大部分候选人会被贵族寡头垄断的资格审

①　Najemy, *Corporatism and Consensus in Florentine Electoral Politics 1280—1400*, University of North Carolina Press, 1982, pp.263–299.

②　F.Guicciardini, *The History of Florence*, Harper Books, 1970, p.5, 转引自霍文利：《权力的集中：城市显贵控制佛罗伦萨政治的方式》，《河南大学学报》（社会科学版），2007 年第 6 期，第 112 页。

③　Bruni, Oration, pp.124–125.

查委员会阻挡在政府的门槛外,最终无法得到公正的选举结果。[①]卡瓦尔坎蒂(Giovanni Cavalcanti)那句"许多人获得了选任希望,少数人获得了政府官职"[②]可谓是对布鲁尼身处的佛罗伦萨政治现实非常形象的诠释,显贵寡头在貌似迎合市民参政热情的同时又悄然扼杀了他们通往政治道路的唯一希望。随着市民阶层间的差距不断拉大,平等参政的口号不过是美好的幻影,人民大会与统治阶层间就战争立法的问题产生巨大分歧,日益激化的阶级矛盾使得城市中下层平民和上层显贵间的鸿沟已无法逾越,因此,尽管佛罗伦萨社会不是等级制的,她的上层分子却仍然有强烈的贵族化和特权化的倾向,[③]作为上流社会的一员,布鲁尼在享受身份地位带来的优越感的同时根本无法超越阶级意识形态的束缚。

最后,我们应当注意到布鲁尼政治术语中有资格参政的公民具有特殊的限定,这种公民必须同时满足多重条件:第一,具有佛罗伦萨公民权;第二,具有民众公认的才能与德性;第三,没有违反禁令包含的各项关于年龄、家庭裙带、历任时间以及公民义务的规定。"首长会议及其下设的两个办事机构的成员必须年满 30 岁,正义旗手要年满 45 岁,两大立法机构的成员则必须年满 25 岁。法律严格禁止家庭裙带关系出现在政府中,同一家庭内不得同时有两位成员在同一届政府里担任官职。历任时间的限制用于防止刚刚到任的官员再度重新获任,曾当选的公民在任期届满后必须间隔 3 年方可再任,其家庭成员则必须在他卸任后 6 个月才有资格任职。任何公民如果逃避纳税或者未能履行其他对城邦应尽的义务,同样也没有资格参政。"[④]据鲁宾斯坦统计,15 世纪初,在佛罗伦萨 20000 名成年男性中仅有大约 3000人具有担任官职的公民资格,[⑤]大部分的市民都属于城市依附人群,被排挤在合法公民身份之外,也就相应地被自动剥夺了参与政治的权利。如此严格

---

① Najemy, *Corporatism and Consensus in Florentine Electoral Politics 1280—1400*, pp.308-309.

② 转引自 Najemy, *Corporatism and Consensus in Florentine Electoral Politics 1280—1400*, p. 311。

③ [美]布鲁克:《文艺复兴时期的佛罗伦萨》,第 126 页。

④ Bruni, Constitution, p.173.

⑤ N.Rubinstein, "Oligarchy and Democracy in Fifteenth-Century Florence,"in *Florence and Venice: Comparisons and Relations*, Vol.1, S.Bertelli and N.Rubinstein eds., La Nuova Italia, 1979, p.107.

限定参政公民身份的结果就是使所谓的"共同利益"(common good)缩水为贵族当权者的利益。不仅如此,1378 年梳毛工人起义后,城市显贵家族为确保自身利益,采取一系列措施打击抑制小行会的发展,阿尔比齐家族①联合其他显贵开始有意排挤社会下层市民担任政府官职,如规定小行会参加政府的代表不得超过 1/4,②统治集团愈发集权化,1343 年建立起来的佛罗伦萨行会政府的群众基础严重动摇。③学界已基本达成共识,认为从 1382 年建立起来以保守的显贵家族为主的新政府持续到 1434 年科西莫·德·梅迪奇回归,这半个世纪的佛罗伦萨政府通常可被称为"寡头政治",更确切地说是"保守政治"。④因此,布鲁尼在创作《佛罗伦萨城市颂》(1403 年或 1404 年)时通过新西塞罗式的修辞手法为佛罗伦萨披上了伪装的外衣⑤,在高歌自由平等的共和传统的同时,布鲁尼的巨测居心是为贵族寡头的权益辩护,《佛罗伦萨城市颂》成为当权政府宣传美化自身的工具,在梅迪奇家族掌权后依然留任文书长一职的布鲁尼可被视为寡头政府的忠实附庸。

此外,布鲁尼对广大下层民众带有不屑与鄙视的态度也不容忽视。布鲁尼在政治著作中反复强调捍卫市民自由的重要性,但又将下层平民排除在参政资格外,显然布鲁尼政治术语中的公正不是彻底的平等,而是合适的比例;自由也非绝对的独立,而是有限的权利。布鲁尼在对待梳毛工人起义事

---

① 阿尔比齐家族继承了圭尔夫党派的传统和政策,喜欢更为贵族化的统治,排斥那些新暴发的社会分子。

② 张椿年:《从信仰到理性:意大利人文主义研究》,浙江人民出版社,1994 年,第 131 页。

③ 霍文利在《权力的集中:城市显贵控制佛罗伦萨政治的方式》一文(前引)中考察了佛罗伦萨城邦的显贵家族如何借助一系列集权措施逐步确立起寡头政府的统治方式。亦可参见朱孝远:《公民参政思想变化新论———文艺复兴时期人文主义者参政思想浅析》,《世界历史》,2008 年第 6 期,第92~110 页。

④ [美]布鲁克:《文艺复兴时期的佛罗伦萨》,第 183 页。

⑤ 西格尔在与巴龙的论战中曾明确指出,"市民情感与直接参政并非判定市民人文主义思想的决定性因素",布鲁尼的著作必须被视作"一种特殊形式的文化的产物,即注重修辞和雄辩的文化","我们要时刻牢记人文主义文化的根基就在于修辞的艺术"。参见 Seigel, "Civic Humanism"or Ciceronian Rhetoric? The Culture of Petrarch and Bruni, pp.10,12。有关人文主义者对修辞技巧运用的研究, 参见 Paul O.Kristeller,Humanism and Scholasticism in the Italian Renaissance,in *Studies in Renaissance Thought and Letters*,Paul O.Kristeller ed.,Edizioni di storia e letteratura,pp.553–583,以及 Hanna H.Gray,Renaissance Humanism:The Pursuit of Eloquence,*Journal of the History of Ideas*,Vol. 24,1963,pp.497–514。

件以及当佛罗伦萨谋求对外扩张时倒向了统治阶级的立场,他将 1429 年佛罗伦萨进攻卢卡归结为市民盲目的爱国行为, 并将战争失败的责任推卸到人民大众的头上,"最终,贤人顾问团以及政府领袖的意见被民众的呼声压倒了,在多数民众的压力下还是发动了对卢卡的战争","战争耗竭了佛罗伦萨的力量并造成严重的内部分裂……人民对一切都开始抱怨,这是他们面对事态恶化时的一贯所为,最可恨的是,这些人正是这场灾难的始作俑者,是他们从一开始就鼓动对卢卡的战争"。①似乎可以认为,在布鲁尼心中实际上并不赞成让大多数公民介入政府事务来参政议政,盲从无知的民众经常会带来逆反的效果,感性的冲动极易抹杀他们理性的思考,在政府政策失利的原因上多数民众难辞其咎。

布鲁尼的市民人文主义思想透露出的两面性可以说是内因与外因合力的产物。外因主要指当时佛罗伦萨特殊的社会政治状况,她一面要抵制米兰入侵,一面又要谋求对外扩张,这两者都需要强大的市民凝聚力,以唤起人民心中对祖国命运和自身利益的关切,这一目的性自然构成了布鲁尼政治观中回溯且宣扬自由共和传统的一面。内因则为布鲁尼自身经历促使其对共和政体作出的反思。他在上流社会享有盛名,身边的朋友圈子直接影响了他对显贵政权的附和姿态,圭尔夫党派的身世背景也造成了根植于布鲁尼思想深处保守寡头传统的一面。《佛罗伦萨城市颂》是理想与现实的交织之作,1440 年,布鲁尼在写给米兰大主教比佐帕索(Francesco Pizolpasso)的信函中,针对著作遭到的质疑②,也表示历史是一回事,颂词是另一回事,"历史

---

① Bruni, "Rerum Suo Tempore Gestarum Commentarius," in *The Humanism of Leonardo Bruni*, pp.153–154.

② 1435 年,洛伦佐·瓦拉向米兰公爵的秘书长德琴布里奥(Pier Decembrio)抱怨布鲁尼的《佛罗伦萨城市颂》内容无聊空泛,文辞浮夸衰朽,并鼓励德琴布里奥要狠狠回击布鲁尼的"自以为是""目中无人"。德琴布里奥虽未全盘接受瓦拉的建议,但还是借助他的《米兰城市颂》(*Panegyric of the City of the Milanese*)提出了与布鲁尼针锋相对的观点。关于德琴布里奥的生平及著作,参见 James Hankins, *Plato in the Italian Renaissance*, E.J. Brill, 1990, pp.117–154.

必须紧跟真相,而颂词赞美的诸多内容可以高于事实"①。不可否认,布鲁尼的著作体现出他对政治制度的种种思考②,勾勒出现代政治意识形态的端倪,在布鲁尼的国家政治理论中包含了如何确立、维持、扩张国家权力的思想。在回溯古罗马共和传统的过程中,布鲁尼在律法制度与政府机制的层面作了更为细致的理论构想;在对早期人文主义传统的继承中,布鲁尼显得更为现实;他对公民与国家关系的理解勾勒出了近代公民社会的特征。布鲁尼希冀依循古罗马共和国的荣耀来激发佛罗伦萨人民的爱国之情和誓死效忠,然而对于贵族寡头的附庸本性同时又渗透在他思想深处。任何人都无法超越时代的发展,本质上而言,布鲁尼是他自己时代的俘虏,他没能冲破时代和社会的羁绊,其政治观的两面性恰从另一个侧面凸显出文艺复兴时期处于转型过渡期的人文主义者思想中所具有的断裂性、延续性与创新性。

(作者简介:郭琳,上海外国语大学马克思主义学院讲师。)

---

① 原文为:"History must follow the truth, but laudatio exalts many things above what is true"。L. Mehus ed., *Leonardi Arretini Epistolarum Libri* Ⅷ, 2Vols., Paperinius, 1741, Vol.2, p.112, 转引自 James Hankins ed., *Renaissance Civic Humanism*, p.161。

② 《佛罗伦萨城市颂》涉及对古罗马共和国历史的赞赏、对"自由"的定义、呼吁面向所有精英的仕途机遇、宣扬"自由"在人类创作中扮演的角色等,这些问题共同构成了西方政治思想中共和主义传统的核心理念。参见 B.G.Kohl and R.G.Witt eds., *The Earthly Republic*, p.131。

现代共和主义之制度生成：
圭恰迪尼政制构想初论

    15、16世纪之交的亚平宁半岛，达到鼎盛阶段的文艺复兴（High Renaissance）已经开始徐徐落幕，步入危机和消退（waning）阶段，此时意大利的政治形势可谓波谲云诡、内忧外患，然而，这样的乱世却催生出了意大利文艺复兴政治思想史上最伟大的成就。正如鲁宾斯坦所言："直到马基雅维里所在的时代，意大利的政治思想才经历了13世纪晚期和14世纪早期那般巨大的变化，而且当其发生之时，它再次是对一种意大利危机的回应。"①纳杰米对此也有类似的论述："在1512年至1527年之间，共和国不确定的未来催生了前所未有的政治观念的喷发。反映了佛罗伦萨政治之潜在三角形状的是三种主要的思想趋向：贵族共和主义、平民共和主义以及初生的君主政治。"②如果说在巴龙的笔下，14、15世纪之交意大利城邦之间的"兄弟阋于墙"催生了布鲁尼等人的公民人文主义思想，那么在一个世纪之后，外族入侵所带来更为剧烈的"意大利战争"以及由此引发的政治震荡，则使沉寂的共和主义思想再次强势归来并大放异彩，达到一种极致状态。③

---

　　①　Nicolai Rubinstein. Political Theories in the Renaissance. André Chastel et al, *The Renaissance: Essays in Interpretation*, Methuen, 1982.

　　②　John M. Najemy, *A History of Florence 1200—1575*, Blackwell Publishing, 2006.

　　③　关于文艺复兴时期不同政治话语之间的多元互渗、互相竞争的现象，可参见拙文：《为君主制申辩：布朗多里尼的〈共和国与君主国之比较〉透视》，《贵州大学学报》（社会科学版），2016年第5期。

弗朗西斯科·圭恰迪尼(Francesco Guicciardini)便是这一危机时期的历史参与者与沉思者,在剑桥学派思想史家波考克的笔下,他是西方共和主义思想从古到今转捩中的中心人物之一,与马基雅维里同为宏大的"马基雅维里时刻"(Machiavellian moment)共和主义历史叙事中的主角。①在麦考米克的笔下,他比马基雅维里更能代表西方共和主义政治思想演进谱系的"转折点"(crisis),②或许可以称得上是第一位认可现代共和主义制度安排的政治思想家,而且是现代代议制民主的一位重要理论先驱,麦考米克甚至创新性地提出了"圭恰迪尼时刻"一词,凸显出了圭恰迪尼的思想地位。③布朗认为,"圭恰迪尼的历史和政治著述中包含诸多新时代的特征,比如用意大利语而非拉丁语写作,摒弃古典以及经院哲学式思维模式,对德性、命运及民情等核心术语的全新阐释,独特的宇宙观和宗教观,这些特征使其成为近代早期最为重要而且最具挑战性的思想家之一"。④穆拉科斯认为,圭恰迪尼的政治理念构成了一种对中世纪普世秩序和自然法观念的分殊,勾勒了一种全新的具有现代特色的政治人类学,是对秩序良好的政府之原创性反思,可用现实主义宪政观(realist constitutionalism)一词来概括。圭恰迪尼的政治思想已

---

① J. G. A. Pocock, *The Machiavellian Moment: Florentine Political Thought and the Atlantic Republican Tradition*, Princeton University Press, 1975.

② John P. McCormick, Machiavelli against Republicanism: On the Cambridge School's "Guicciardinian Moments", *Political Theory*, Vol.31, No.5(Oct., 2003), pp. 615–643. 皮内利认为,圭恰迪尼和马基雅维里的共和主义观是一种安全-自由模式或法律确证性(Safety–liberty or legal certainty),先驱性地预见了民主和法治的区别,而这两种因素是今日的宪政民主构架中的必备基石,详见 Cesare Pinelli, Machiavelli, Guicciardini and the "Governo Largo", *Ratio Juris*, Vol.28 No.2, June 2015, pp.267–85. 西尔瓦诺认为,"文艺复兴时期佛罗伦萨共和主义的故事殊难概约化,仅仅以这个故事中最为重要的人物马基雅维里和圭恰迪尼为例,他们经常持有相互对立的观点,仅仅置于其历史语境中,这些观点才能得到部分理解,不可能简单地画一条线来标明不同的共和主义构想之界限。在政制术语上,大委员会对于任何共和主义改革计划都是处于核心位置的,仅仅只有这些改革规划的细节得到分析,它们之间的差别才会清晰明了"。详见 Giovanni Silvano, "Early Sixteenth–century Florentine Republicanism", in Gisela Bock, Quentin Skinner, Maurizio Viroli, eds., *Machiavelli and Republicanism*, Cambridge University Press, 1990, pp.68–69.

③ John P. McCormick, Francesco Guicciardini, Mark Bevir(ed.), *Encyclopedia of Political Theory*, Sage, 2010.

④ Francesco Guicciardini, *Dialogue on the Government of Florence*, China University of Political Science and Law Press, 2003.

经具有了强烈的现代性特征,预示了现代宪政思想之萌发。①因此可以如是说,圭恰迪尼和马基雅维里代表了意大利文艺复兴时期政治思想成就的巅峰,尽管二者在人生轨迹、治学视野、思维路径和学术着力点等方面存有不少差异。

相较于马基雅维里而言,学界对圭恰迪尼的研究相对薄弱,但学人已逐渐认识到圭恰迪尼的诸多原创性贡献。诸如在国际关系史上,他是现代国际关系学说中均势观念(Balance of power)的首位系统论述者,这在他的史学名篇《意大利史》中有不少洞烛幽微的个案解剖。在经济学上,他是史上首位提出累进税制(Progressive taxation)的学者。此外,他还是首次系统分析利益观(Idea of interest)的思想家。具体到政治思想而言,圭恰迪尼的诸多观点对后世有很大的启发意义,他强调实效的政治现实主义观、分权制衡的权力观、政教分离的世俗化思想、主张国家绝对权力的"国家理由"观(Reasons of State,或 Reason of States)、崇尚精英治理的统治论,皆在后世西方的诸多政治思想家和现实政治制度架构中有历史传承与回响。在其《政治科学要义》一书中,当代意大利古典精英主义民主思想家莫斯卡曾数次引述圭恰迪尼,表达了对其政治智慧的高度赞赏。②圭恰迪尼这些看似零散无序的政治思想,实则围绕一个中心主题在延展,那就是源自于古典的共和主义思想,而将这些思想实现从形而上到形而下的推演与建构,则诞生了圭恰迪尼周全而精致的现代共和主义政制设计路线图,这便是本文拟重点探究的对象。

一、以威尼斯为师

首先需要指出的是,文艺复兴时期的共和主义政制设计很大程度上受

---

① Athanasios Moulakis,Civic Humanism,Realist Consitutionalism,and Francesco Guicciardini's Discorso di Logrogno,James Hankins(ed.), *Renaissance Civic Humanism,Reappraisals and Reflections*, Cambridge University Press,2000.

② 参见[意]加埃塔诺·莫斯卡:《政治科学要义》,任军锋等译,上海人民出版社,2005 年。

"威尼斯神话"(Venetian myth)①的激发,威尼斯以一种小国大业的发展模式作为当时诸多意大利政治思想家勾画理想政体的典范。"在意大利的所有城邦中,威尼斯共和国无论在国内或国外都能聚集最为有效的力量。不论长远的原因为何,威尼斯国内的政府都具有连贯性和延续性,并不会激起那种在其他地方造成国家颠覆的致命不满。贵族中的分歧被认真地封存起来或是无情地隐藏起来。此外,共和国有一支令人畏惧的舰队,一种防御性的水域体,保护性的沙洲,以及做了很多事情来满足贵族之野心的殖民帝国。"②鉴于此,许多文艺复兴时期的思想家都对威尼斯有所阐发,并将威尼斯在各方面的成功归因于其优良的政制建构。依照柏拉图、亚里士多德尤其是波利比乌斯等古典先贤的理论勾勒,最健全的政府形式必须是三种"纯粹"形式的综合体,也就是将君主政治、贵族政治、民主政治等要素混合起来,吸取其优点而避免其缺点, 由此可以免于政体的无限循环和国家的治乱兴替而实现一种长治久安的超稳定治理, 换用莫斯卡的现代语言可以如是表达:"一套合理的政治制度取决于在一切政治有机体中发挥作用的各种不同的持久的原则与趋向的适当混合与平衡。"③

在文艺复兴时期的意大利, 可以借鉴的共和主义资源还有来自古希腊罗马的历史遗产,尤其是古罗马,这本是"文艺复兴"的题中应有之义,从布鲁尼至马基雅维里的诸位思想家, 都丝毫不掩饰对罗马共和政制的膜拜与

① 有学者指出,对于 16 世纪初所制造的"威尼斯神话",孔塔里尼(Gasparo Contarini)在其著作中提供了最为清晰也是最为经久不息的表达。详见 Lester J. Libby, Jr., Venetian History and Political Thought after 1509, *Studies in the Renaissance*, Vol.20, 1973, p.9. 关于维尔吉里奥(Pier Paolo Vergerio)和布拉乔里尼(Poggio Bracciolini)对威尼斯政制的论述,可参见 J. Kraye, ed., *Cambridge Translations of Renaissance Philosophical Texts*, II : *Political Philosophy*, Cambridge University Press, 1997, pp.117 - 145. 在当代美国政治哲学家沃格林看来,威尼斯在意大利城市国家中所具有的特殊地位,比得上英国在众多民族国家中的特殊地位,威尼斯的平衡和稳定是数百年中欧洲的奇迹,而威尼斯政治格局的简单,是它之所以伟大的本源所在。但沃格林认为,威尼斯的这种政制不是人民政制,毋宁说是一种寡头自治。详见[美]沃格林:《政治观念史稿(卷三):中世纪晚期》,段保良译,华东师范大学出版社,2009 年,第 258~259 页。

② Lauro Martines, *Power and Imagination: City-States in Renaissance Italy*, The Johns Hopkins University Press, 1988.

③ Francesco Guicciardini, *Dialogue on the Government of Florence*, China University of Political Science and Law Press, 2003.

赞赏。但相比于历史记忆中的古罗马,在现实世界取得巨大成功的威尼斯则对诸多思想家显示了一种独特的吸引力,它被公认为在现实中成功落实了这种古典学说。从意大利文艺复兴早期的彼特拉克到晚期的詹诺蒂,诸多思想家都将威尼斯视为其他城邦所应模仿之典范,对他们而言,威尼斯政制是至高而完美的政治创举。"它是抵御无序力量的一堵墙,是向显贵表达敬意的一种方式,是值得尊敬和勤勤恳恳那一类人通向幸福生活的一种方式。在这个神话创作的更为清晰的版本中——按照孔塔里尼和詹诺蒂的说法——威尼斯这个国家包含了君主制、贵族制和民主制的理想混合。这三种古典政体分别由总督、元老院和大委员会所代表,而且经由这种形式它们打造了一个设置精巧的制衡系统。但是这个系统的真正完美之处在于满足了人口中精华部分(worthy part)——中等和上等阶层——之所有的'自然'公民欲望。它将显赫让与恰当地渴求此类事物的少数人(君主制:总督及其强大的顾问团);它将主要的职务和做出决定的权利授予团体中所有的显贵(贵族制:元老院);通过将一种基本的参与政治进程的权利授予一个巨大的公共机构(民主制:大委员会),它考虑到了一种大尺度的政治自由,因此满足了整个公民集体之合理及自然的欲望。当为有缺陷的政治制度所折磨时,这三种社会身份的人之合理欲望便堕落成危险的激情,以政治骚乱的形式溃裂出来,导致国家倾覆。这种完美的政制——乌托邦——已经一劳永逸地解决了这个问题。"①

在《关于佛罗伦萨政府的对话》(以下简称《对话》)中,作为圭恰迪尼思想的代言人,尼禄丝毫不掩饰对威尼斯政体的羡慕之情,在多处袒露心声,击节赞赏:"罗马人和斯巴达人都是这样考虑的,但据我看来他们的方法都

---

① Lauro Martines, *Power and Imagination:City-States in Renaissance Italy*, The Johns Hopkins University Press, 1988, pp.312-313. 鲍斯玛指出,希腊学者特拉佩祖提乌斯(Trapezuntius)可能是第一个认识到威尼斯政制完全实现了古典的混合政府理念(尽管可能是因为维尔吉里奥的建议)的人。在1452年写给弗朗西斯科·巴尔巴罗的一封信中,他主张将自己所翻译的柏拉图的《法律篇》献给威尼斯共和国。鉴于在古典的政制理论和威尼斯在实践中的创举之间的类比是如此清晰,他声称威尼斯的成就仅仅只能来自于柏拉图式的启发。这位希腊学者最终因为这样的洞见而受到威尼斯元老院的褒奖,而威尼斯作为一种混合国家之模板的观念,由此便在文艺复兴时期的政治论辩中变得习以为常了。详见 William J Bouwsma, *Venice and the Defense of Republican Liberty:Renaissance Values in the Age of the Counter Reformation*, University of California Press, 1984, pp.63-64.

不如威尼斯成功。"①"因此你可以发现,自从那个政府建立之后,它以同样的形式持续了数百年,从来没有经历过暴动和内乱。"②当然,诸如圭恰迪尼这般对世事洞若观火的现实主义者和怀疑主义者对威尼斯体制绝不是盲目崇拜。他在《对话》中指出,在威尼斯对总督的选举上,由于对人民几乎没有信心,对少数人的兴奋性(excitability)也感到害怕,因此他们将选举总督的人局限为四十一人,这些人本身或是通过抽签产生,或是通过一系列的筛选产生,以便使得最终的选举者是谁变得不清楚,以此避免腐败和野心。圭恰迪尼认为,这样做的原因是好的,但他们没有找到正确的方法。如果假设选举到四十一人团的成员是偶然为之,这样就会落入他们本想避免的无知之人之手,如果四十一人团的成员是元老院中的领导者,那么猜测谁会入选其中也是可能的,而这会导致他们所害怕的腐败和野心。即使没有出现上述情况,四十一人团有时在他们达成一项结论之前需要花费若干天来召开秘密会议,这样就不能阻止他们互相谈判和做交易,无论是为他们自己还是他们的朋友。了解威尼斯政治中这种情况的人,一旦四十一人团被选举出来之后,通常都知道谁会当选总督。圭恰迪尼认为,这表明威尼斯人不是完全依照品行来进行选举的,通常情况下,最符合条件的四个或六个主要公民之中的一个会当选,然而这些人赢得选举并不是因为具有更多的品行,而是因为选举他们的少数人所具有的倾向。③因此,如斯金纳指出的,他"极其热烈地赞同以修改过的威尼斯模式来促进贵族的阶级利益"④,以使得共和主义模式更加优化和精良。

综上所述,圭恰迪尼认为威尼斯体制是佛罗伦萨政体的发展方向,他理想的佛罗伦萨共和国模式就是仿照威尼斯而来的。波考克指出:"一个复杂的政治体,或'混合政府',是由平衡自由和审慎(犹如胃和头)的需要所要求的,也是由自由本身的特性所要求的。在两种构思中这都是必要的,那就是应该阻止公共集会行使那些德性和功能,它应该监督和保证少数人行使;同样必要的是,少数人应当被阻止成立寡头团体,阻止它在一个严格封闭的狭

---

①②③　Francesco Guicciardini, *Dialogue on the Government of Florence*, China University of Political Science and Law Press, 2003.

④　［英］昆廷·斯金纳:《近代政治思想的基础》(文艺复兴卷),奚瑞森、亚方译,商务印书馆,2002 年。

窄政权中垄断这些德性和功能。因此在贝纳尔多的政制理论中,他有两个首要的, 也是相互交叉的目的; 把大委员会局限于对维持自由很必需的功能上,保证统治精英的参与仅仅由德性的公共展现所决定,卸下其所有其他功能。这些目标使大量的对权力的仔细区分和分配成为必要。我们很惊讶地发现圭恰迪尼几乎认为这已经在威尼斯模式中得到了实现。"[1]穆拉科斯指出:"在政治上而言,圭恰迪尼的政制建构旨在建立一种权力平衡和法治,与此同时在对事务的管理中保持连续性、灵活性以及竞争性。通过这样做,他决定性地移向一种强烈的向心力的、唯意志论的国家,也就是现代意义上的主权和领土国家,它依赖于结构和制度化的程序来取得一致性,并鼓励对民情的培育,而这反过来是政府的良好运行所借以依赖的。圭恰迪尼清晰地表达了政治思想的一脉,尽管这种思想完全能够被抽象化和普遍化,但它深深地烙上了佛罗伦萨历史的特定律令(contingent imperative)。"[2]可见,圭恰迪尼将威尼斯政制的精要借鉴过来,并在充分参照佛罗伦萨特定历史情境和政治文化传统的情况下,构造了一套升级版的可具操作性的共和主义政制蓝图。

二、共和主义政制构想

西方历史自西罗马帝国灭亡而进入中世纪以降,古典时期的诸多思想虽然被遮蔽,但并没有被完全连根拔起,共和主义思想便是一例。布莱克指出, 在中世纪晚期,意大利比欧洲任何其他地方都拥有更多的独立共和政府,并且意大利的政治思想家对共和主义也情有独钟,仅仅只有在意大利,我们才能够找到共和国是最佳政制的分类式断言(categoric assertions)。[3]这句话尤其适用于佛罗伦萨,恰如布克哈特所言:"最高尚的政治思想与人类最变化多端的发展形式在佛罗伦萨的历史上结合在一起了,而在这个意

---

① J. G. A. Pocock, *The Machiavellian Moment:Florentine Political Thought and the Atlantic Republican Tradition*, Princeton University Press, 1975.

② Athanasios Moulakis, *Republican Realism in Renaissance Florence:Francesco Guicciardini's Discorso di Logrogno*, Lanham, Rowan and Littlefield, 1998.

③ Robert Black, *Republicanism*, *Studies on Renaissance Humanism and Politics:Florence and Arezzo*, Ashgate Variorum, 2011.

上,它称得上是世界上第一个近代国家。"①

尤其需要指出的是,在文艺复兴时期的共和主义政治思潮里,自由和平等是政府形式的基石,也是良善政府不可分割的两项基本原则(twin principles),佛罗伦萨之所以在意大利的诸城邦中显得卓尔不群,就在于它兼具自由和平等这两项至关重要的政治品质。②而自由(Libertas)更是为这些明显具有精英倾向的思想家们所看重的一种核心价值,"被珍视为激发 14、15 世纪意大利城邦政治生活的公共精神之心脏和神经"。③圭恰迪尼自身便指出,"如同镌刻在城墙上和绘制在旗帜上一样,佛罗伦萨的自由也铭刻在人们的心中。"④就如何保证公民自由这一问题,佛罗伦萨的政治思想家们特别强调两个互补要件,其一是柔性的道德教化,其二是刚性的制度建构,这就需要不仅强调对公众品德的弘扬,还关心优良的政制设计,二者相辅相成,浑然一体。⑤顺理成章,"既然在混合型的共和统治下自由的价值能得到最好的保障,可以认为共和制度必然是最佳政府形式"。

出身于佛罗伦萨贵族世家的圭恰迪尼,更是深深体现出了这种时代精神(Zeitgeist)。圭恰迪尼著述等身,各种思想错综复杂地缠绕于其中,其中蕴含着深刻而完备的共和主义思想,并具体落实为一套精细而可行的政府体制构想,其中《对话》一书最具代表性:"比起任何其他著作,《对话》这部杰作都更能勾勒出最终将在佛罗伦萨建立的贵族共和国的特征。我们不能将《对话》视为一种乌托邦式的计划来解读,因为深深植根于过去的佛罗伦萨思想传统之中,它呈现了一种可以付诸实践的政制改革方略。"⑥《对话》是一份典

① [瑞士]雅各布·布克哈特:《意大利文艺复兴时期的文化》,何新译,商务印书馆,2002 年。

② Nicolai Rubinstein, *Studies in Italian History in the Middle Ages and the Renaissance*, Ⅱ: *Politics, Diplomacy, and the Constitution in Florence and Italy*, edited by Giovanni Ciappelli, Edizioni di storia e letteratura, 2011.

③ Mikael Hörnqvist, The Two Myths of Civic Humanism, James Hankins (ed), *Renaissance Civic Humanism, Reappraisals and Reflections*, Cambridge University Press, 2000.

④ Francesco Guicciardini, *Dialogue on the Government of Florence*, China University of Political Science and Law Press, 2003.

⑤ 详见张凤阳:《共和传统的历史叙事》,《中国社会科学》,2008 年第 4 期,第 79~95 页。亦可参见万健琳:《公民与制度:共和主义两条进路的分立与复合》,《哲学动态》,2010 年第 3 期。

⑥ Giovanni Silvano, Early Sixteenth-century Florentine Republicanism, Gisela Bock, Quentin Skinner, Maurizio Viroli(ed.), *Machiavelli and Republicanism*, Cambridge University Press, 1990.

型的共和主义手册,其中包含了作者自己的贵族精英理念,申明了对一种构建良好以及井然有序的政府之信心,而井然有序的自由政府理念建立在一种混合政府的基础之上,这种政府可以同时避免平民政府和僭主制所具有的极端倾向而达到一种理想的中道。

在《对话》一书中,对话者们提出了政府治理需要考虑的三个主题:第一,如何不偏不倚地管理司法;第二,如何最好地分配荣誉性的政治职务以及带薪的公共职务;第三,如何处理外交事务,也就是对主宰权的捍卫与扩展。①这些主题包括对内和对外两方面的内容,既关乎国内的稳定和谐,也关乎对外的防卫和扩张。通过对古典共和主义思想的吸纳和威尼斯共和体制的借鉴,并参照佛罗伦萨的特定情境,圭恰迪尼抛出了他理想的政治体制三要素:终身执政的正义旗手、元老院、大委员会。吉尔伯特指出,这三种要件并非机缘巧合的无心之举:"然而并非偶然的是,圭恰迪尼政制规划中包含君主制、贵族制以及民主制的因素,因此实现了混合政府的理念。通过将其政制方案适应于这种古典理念,圭恰迪尼表明他意识到:单独的、实际的改革应当被视为一个完整机构的有机组成部分,它具有一个完整的理论根基,与政治学中最好的规划相一致。"②而维罗里则更为详细地论证到:"能更好地保证对自由之维系的政府形式是一种混合政府,其中有一个大委员会任命官员以及通过法律、一个终身执政的正义旗手以及一个咨询者所组成的机构或元老院。每一个部分都旨在完成政府的主要功能之一:终身的或至少是长期的正义旗手保证了指挥的连续性以及对共和国不同制度机构的监督。而由最有经验和最为著名的公民所组成的元老院,则在最为重要的协商上提供一种有价值的审慎和智慧的资源。大委员会则是城邦的自由之根基……对于那些最想追求荣耀的人而言,执政长官是恰当的目标;对于那些渴望得到尊敬的人,元老院及级别更低的官员是恰当的归宿;对于那些关注他们自

---

①　Francesco Guicciardini, *Dialogue on the Government of Florence*, China University of Political Science and Law Press, 2003.

②　Felix Gilbert, *Machiavelli and Guicciardini: Politics and History in Sixteenth-Century Florence*, Princeton University Press, 1984.

身的安全以及城市自由的普通公民而言,大委员会则正当其所。"①当然,这三个要素只是其中最为重要的核心机构,其他相关的配套机构还有很多,合为一体构成了一个完整而系统的共和主义政制模型。

(一)大委员会

作为代表民意(popular consent)的重要结构,大委员会在佛罗伦萨以及意大利诸多具有悠久共和传统的城邦中一直占据重要的位置,是民众权力的象征。"尽管在梅迪奇家族于1512年和1530年重返佛罗伦萨的时候两次被废除,大委员会在许多当时的政治和历史著述中仍然是一个中心话题。"②在其早年写就的《洛格罗洛论集》中,圭恰迪尼曾如是表达了自由对于其总体政制设计的重要性以及大委员会在捍卫自由上所具有的功能:"讨论最佳政体是否为君主制、贵族制或民主制毫无意义,因为自由对于我们的城邦而言是恰当而符合本性的,我们的过去生活在自由之中,是与其相生相伴的。在自由之中生活的欲望不仅是我们的祖先留给我们的一种传统,而且当有需之时,我们用我们所有的手段乃至我们的生命来捍卫自由。自由便是法律的至高无上性以及公共法令居于个体的欲望之上。然而法律自身是没有生命的,不能被它们自身所执行,法律需要仆人,也就是官员来确保其运用。因此,为了生活在法律之下而非人治之下,这将是必要的,那就是官员不应该害怕个体,并不应该将他们的职位归于一个人或是少数人,以便不会被迫按照其他人的意志统治城邦。因此,一种平民式的生活方式是自由的一种必备基石。它奠基在大委员会之中,其精神也蕴含在其中,大委员会的权力便是分配城邦的职位和尊严。"③然而在圭恰迪尼的规划里,大委员会并非扮演一种主导性的权力中枢角色,而是居于背景式的次要位置。

---

① Maurizio Viroli, *From Politics to Reason of State: The Acquisition and Transformation of The Language of Politics*, 1250–1600, Cambridge University Press, 1992.

② Giovanni Silvano, Early Sixteenth-century Florentine Republicanism, Gisela Bock, Quentin Skinner, Maurizio Viroli(ed), *Machiavelli and Republicanism*, Cambridge University Press, 1990.

③ Athanasios Moulakis, *Republican Realism in Renaissance Florence: Francesco Guicciardini's Discorso di Logrogno*, Lanham, Rowan and Littlefield, 1998.

"在 15 世纪末的佛罗伦萨，平民共和国和贵族共和国的支持者正是在这一点上彼此挑战。从一种政制的角度来说，前者想要所有的政治权力集中于大委员会，而后者更加偏爱一个在城邦政策制定过程中仅仅扮演一种边缘角色的大委员会，因此把最为重要的相关部分让与元老院。在佛罗伦萨的政制语言中，这两种关于共和国的不同视角通过窄政府(Governo stretto)和大政府(Governo largo)的表达来指涉，然而，这并不是在这座城邦里主张一种完全不同的政制组织形式……对圭恰迪尼而言，大委员会仅仅是这样一种政制渠道，通过这种渠道多数人能够认同少数人的商议结果。"①

在圭恰迪尼看来，如果符合预定的运作规范，大委员会便很可能依据候选者的声誉和品行而进行合理的选举。"我不仅赞成大委员会本身，而且赞成它所构成的方式，因为那些在更早的时间里被排除在政府之外的人通过充足的数量而被包含进来了，因此大委员会不仅仅由普通人和农民所组成。保持开放并使得人人都有资格是必要的，因为限制以及选择是与一个平民委员会的精神相背离的。这样的丰富性意味着一些疯狂以及许多无知而邪恶的人也被包含在内，但总体而言，大多数人的决定并不会超越理性的范畴。我们需要记住的是没有什么东西是相当完美的，但是我们必须更加偏爱错误更少的东西，尽管说有些决定是不合理的，它们必定是作为更小的恶而出现的，因为比起看见所有好事坏事都置于单独一人之手而言，像这样一种伴随着一定程度的混乱生活会更好。"②圭恰迪尼虽不时流露出对大众的不信任和轻视，③但并没有低估这种集体智慧的力量："要发现谁是最有价值之

① Giovanni Silvano, Early Sixteenth-century Florentine Republicanism, Gisela Bock, Quentin Skinner, Maurizio Viroli(ed.), *Machiavelli and Republicanism*, Cambridge University Press, 1990.

② Athanasios Moulakis, *Republican Realism in Renaissance Florence: Francesco Guicciardini's Discorso di Logrogno*, Lanham, Rowan and Littlefield, 1998.

③ 在文艺复兴时期的政治思想谱系中，既有诸多共和主义者，也有大量拥护君主制的君主主义者，然而在两者的政治勾画中，普通民众基本被排除在外，即使在被视为共和制度范本的威尼斯，绝大多数的普通民众都被排斥在公共政治生活之外。"在将无知、激情以及误入歧途的野心视为动荡和政治衰弱的主要制造者的同时，两派都将理性和知性作为治理的主要手段。无论是贵族共和主义者或是君主主义者，都倾向于将民众视为多头怪兽，没有头的怪物，一片不断变化的海洋，或是一群乌合之众：无知、卑鄙、靠不住、轻信以及怯弱。与之相对则屹立着属于少数的贵族和'真正的'君主，因为其社会背景，他们是生而自由并且是生而具有知性和德性的。政府的稳定和力量通过将大多数人拒之门外而获得。"Lauro Martines, *Power and Imagination: City-States in Renaissance Italy*, p.317.

人,因为他被选至如此高位应当是恰当的,比起少数人来,多数人的判断将会更加诚实,不易腐败,将会犯更少的错误。"①基于此,我们可以看出其中鲜明的亚里士多德思想之痕迹,用科恩在其《论民主》中的现代语言表达,这便是现代民主决议原则中最普通和最重要的"多数裁定原则"。②但圭恰迪尼的政制构想中也反映出他浓厚的精英主义以及分权制衡思想:"公共集会能够被委任用以维护自由,通过控制个人的暴政欲望,他们也能提供一种广阔的一致性基础,使公共权力的行使具有合法性。"③可见,圭恰迪尼已经充分地认识到了政权合法性所应具有的民意基础,虽然这种思想在他的精英主义笼罩下还不甚明了,但无疑是具有前瞻性的,为启蒙时期的思想家如卢梭构建更为精细的"人民主权论"打开了一道口子,提供了丰富的思想资源。

概而论之,在圭恰迪尼看来,大委员会是平民政府的主要基石和灵魂,它就是人民的代名词,这座城邦中每一个有能力担任职务的人,都应该以同样的方式参与其中,因为这将会确保平等,这是保护自由的第一项基石。它应该分配荣耀和所有的职务,或是几乎所有的职务,以便剥夺任何个体或私人派系赠予荣耀性和带薪职位的方式,因此可以避免扈从关系。没有大委员会的赞成,不能通过新的法律,也不能更改旧的法律,它实际上享有这座城邦的君主所具有之职位和权威。但圭恰迪尼指出,大委员没有商议(deliberation)的权力,只有赞成和否决的权力,是一种没有权力之参与(participation without power)。在古希腊的诸多共和国和古罗马共和国里都可以看到,如果要在与这种大委员会相似的机构上做出决定,所带来的便是大量的混乱和国家的极大破坏。④

(二)正义旗手

在作为国家行政首脑的执政官之创立上,圭恰迪尼也有明确的规划。在

---

①④　Francesco Guicciardini,*Dialogue on the Government of Florence*,China University of Political Science and Law Press,2003.

②　[美]科恩:《论民主》,聂崇信、朱秀贤译,商务印书馆,2007 年。

③　Athanasios Moulakis,*Republican Realism in Renaissance Florence:Francesco Guicciardini's Discorso di Logrogno*,Lanham,Rowan and Littlefield,1998.

他看来,佛罗伦萨在 1502 年仿照威尼斯的总督(Doge)一职而设置终身任职的正义旗手,这是必要而合理的,因为这个职务的终身性使得政府政策能够保持最大限度的连续性。①但是像大多数贵族一样,圭恰迪尼不赞成索德里尼在被选为正义旗手之后的独断专行。"因此,虽然主张正义旗手,但圭恰迪尼主张引进一些制衡因素来阻止其取得独立的位置。依照圭恰迪尼的见解,索德里尼权力的主要来源是对执政团的完全掌控,其成员的快速循环使得他们屈从于正义旗手的经验,因此圭恰迪尼想通过对正义旗手施加影响的机构来进行掣肘,以此来限制其权力。依照圭恰迪尼的计划,执政团不应该具有审判和惩罚叛国罪的权利,它应该被剥夺掉派遣驻外使节的功能……更为重要的是,圭恰迪尼建议在立法提议程序上有所改变,传统的方法是这种立法提案仅仅在被执政团(包含正义旗手)通过之后再提交大委员会。而正义旗手的出现使他可以在宣扬或压制立法议案方面扮演决定性的角色,为了打破其对这种立法提案的垄断,圭恰迪尼建议执政团不仅作为一个整体,其中每个成员也应该具有向大委员会提交议案并具有获得通过的权力,即便是受正义旗手反对的议案。"②鉴于执政团的重要性,圭恰迪尼认为:"如果可能的话,把对进入执政团的选举局限于少数之前选出来的人将是可欲的。因为它是所有机构中最重要的,如果它由能够承担此项重任的人所组成,那将是极为适当的。"③

关于正义旗手的产生,圭恰迪尼有精心的规划与设计,他试图避免 1502

---

① 西斯蒙第指出,在 16 世纪纷繁复杂的乱局中,佛罗伦萨人清醒地意识到,如果他们的政府每两个月就进行一次更换的话,那么在与强敌对抗时便无法保持审慎感和机密性,其盟友也对此有所抱怨。因此,他们决定设置单独一个官员来领导国家,这个官员应该出现在每一个集会中,是涉及机密的每一项交流之委托人,这个终身执政的官员被称为正义旗手(Gonfalonier),同威尼斯的总督一样终身任职,他应居住在宫廷中,一月有 100 佛罗林(Florins)的薪水。1502 年 8 月 16 日,佛罗伦萨公民投票通过了这项创建正义旗手的法律,但是直到 9 月 22 日,大委员会才选举索德里尼(Piero Soderini)担任此职。详见 De Sismondi, J. C. L., *A History of the Italian Republics : Being a View of the Origin, Progress & Fall of Italian Freedom*, J. M. Dent ; E. P. Dutton, tr., abr. and rev., 1907, p.279.

② Felix Gilbert, *Machiavelli and Guicciardini : Politics and History in Sixteenth-Century Florence*, Princeton University Press, 1984.

③ Athanasios Moulakis, *Republican Realism in Renaissance Florence : Francesco Guicciardini's Discorso di Logrogno*, Lanham, Rowan and Littlefield, 1998.

年那种通过大委员会直接选举正义旗手的方式，以遏制其中极易出现的民粹趋向。他认为，如果正义旗手由大委员选出的话，由于元老院在人数上处于弱势，那么有野心家便会利用各种技巧讨好一般大众而赢得选举。如果说由元老院选出的话，任何想要获得此职位的人便会致力于去讨好诸位元老，把元老院置于整个城邦的利益之上，丝毫不顾及人民的需要，这与城邦的利益是背道而驰的。出于这样的忌惮，圭恰迪尼规划出一套严密而可行的操作程序："因此要任命正义旗手，我认为应该召集元老院以及所有能够参与选举的人，先由人民抽签提名四十或五十名候选人，然后元老院对此进行投票选举，选出其中得票最多的三人，无论他们是否赢得了多数的选票。另一天，最终选举在大委员会举行，那一位比其他两位获得更多选票，而且选票数超过半数的人应该成为正义旗手。如果没有人通过半数，则元老院选出另外三人，送至大委员会以同样的方式进行选举，赢得大多数票以及最多数票的那位当选。如果说以上六人没有一个当选，都会再次被送回大委员会进行选举，获得最多票数的人即使没有赢得多数票也应该当选。"①圭恰迪尼认为，这样的方式可以避免威尼斯政体的混乱之处。参与的人数众多可以避免党派偏见和腐败，而且由于这些元老都是城邦中最具资历之人，比起大委员会来更加有鉴别力。而当大委员会对已经筛选出来的三人进行投票时，他们几乎也不会有犯错的机会，纵使没有选举出最适合的一个，也必定是一位贤德之士当选，在实际操作过程中很少发生三者都不被大委员会选中的情况。在这种情况下，除非候选人能满足元老院及大委员会的要求，否则便不能当选，这就确保了正义旗手必须在普通民众和元老院之间保持平衡，争取用声望和品行来获取职位，而不是采用不合法的程序。

可见，圭恰迪尼对人民评价的两面性决定了正义旗手选举程序的设置方式，他认为，普通大众易受操纵，有时由于某种外在的东西或虚假之辞而选举不合格的人，这种直接选举将会对国家造成极大危害。因此，通过元老院的筛选和把控，可以确保品质低劣之辈不能进入权力中心，而通过大委员会的定夺，则避免了元老院对选举权的垄断。当然，正义旗手的权力通过执

---

① Francesco Guicciardini, *Dialogue on the Government of Florence*, China University of Political Science and Law Press, 2003.

政团(Signoria)来具体行使,其中还包括 8 名执政官,共同在执政宫殿里管理城邦。长期处于权力中心的圭恰迪尼深刻地意识到权力那种极度危险的腐蚀性,因此他认为,在建立正义旗手作为国家首脑之后,必须设置政府的其他成员对其构成制衡,以期不能让他获得太多的权力而为所欲为。为了防止正义旗手滥用职权,圭恰迪尼主张引入多重程序和商议结构(multiple procedures and deliberative bodies),他认为,如果在执政团里,正义旗手身边总是环绕着这座城市里最为重要和明智之人,让有头脑和声望的人与他一起商议政事,那将是对正义旗手的最大制约。①

(三)元老院

马丁内斯指出,14、15 世纪的诸多意大利城市共和国属于宪政寡头式的(Constitutional oligarchies)政权,国家大权被少数大家族所控制,而不是为所有公民所分享。"佛罗伦萨、威尼斯、卢卡、锡耶纳、热那亚以及佩鲁贾都有一个由具有政治选举权的公民所构成的范围有限的阶层,他们构成了政府的社会基础。这些人独自有权占据政府职务,他们在其中立法、管理以及经常进行裁决……小而有力的机构是共和式寡头政体最为持久及最有特色的制度……共和公共生活被小的委员会所主宰:行政、金融以及司法委员会,以及强大的特别委员会,负责隶属城镇及领土的委员会,军事委员会,货币及铸币长官,贸易及海事委员会,诸如此类。"②而在圭恰迪尼的构想中,始终需要拿捏少数人与多数人之间权力分配的度, 这是一项需要高度思虑的智识创造。"要区分作为一种合法性源泉的同意以及作为审慎政策之条件的商议,以及给予两者一个独特的制度构架,这变得重要起来。相应地,政治参与被构想为在被委托制定政策的深思熟虑的精英和更广大的公众之间的双层和分割开来的形式……在共和政体之中, 行动进程的决定和重要措施的采纳必须获得民众意见的支持,而且必须被大众视为如此。但是政体也必须被

① Francesco Guicciardini, *Dialogue on the Government of Florence*, China University of Political Science and Law Press, 2003.

② Lauro Martines, *Power and Imagination: City-States in Renaissance Italy*, The Johns Hopkins University Press, 1988.

一种目的的连贯性以及仅仅只有少数人能为的对目的之熟练理解所引导……所谈论的两个功能的第一个是赞同或不赞同的能力——为了捍卫自由——以及第二是发起、商议和制定的权力。"①

而圭恰迪尼政制设计拼图中最为核心的一环便是元老院，这与其出生于佛罗伦萨大家族的身世背景是密切相关的，也受其精英主义思想观所支配，他直言不讳地指出："事情总是如此，那就是少数公民的德性是井然有序的共和国之基石，而且辉煌的业绩和伟大的工作总是由少数人所带来和完成的。"②正如波考克所详尽指出的："圭恰迪尼对佛罗伦萨政制问题的总视角——正如我们可以从他对大委员会以及正义旗手的观点中看出——与大多数贵族相似：避免根本性的变革，诸如取消大委员会；而是改革现存的机构，使其更易于受贵族的控制。圭恰迪尼与大多数贵族在如何完善佛罗伦萨政制问题上持有相同的观点，这可以明显地从他的设想中看出来，那就是建立一个新机构，使其承接从执政团、大委员会以及正义旗手身上卸下的职能。"③

圭恰迪尼所设想的这个机构便是模仿罗马人的元老院和威尼斯人的元老院(Pregadi)而设立的具有佛罗伦萨特色的"元老院"，在他看来，这个机构是政府的权威所系，是政府的中枢。圭恰迪尼认为，元老院的人数应该为150人，这样那些城邦里有资格入选的人不会因此而被排除在外，也不能过大，以至于无知而不良之人会掺杂其中，它应该具有足够频繁的空缺以给很多人有进入其中的希望。执政团必须参与其中并作为领袖，而且它应该享有如下的权力：它应该讨论所有的国家重要事务——也就是和平、结盟、缔约以及战争——并且做出日常决策，它应该起草士兵的合同，如果合同已经被其他官员制定的话，它应该予以通过，在新的法律和条款送达大委员会之前赞成它们，选举大使和委员，并且在实际上处理治理一个国家时必须施行的所

① Athanasios Moulakis, Civic Humanism, Realist Consitutionalism, and Francesco Guicciardini's Discorso di Logrogno, James Hankins(ed.), *Renaissance Civic Humanism, Reappraisals and Reflections*, Cambridge University Press, 2000.

② Athanasios Moulakis, *Republican Realism in Renaissance Florence: Francesco Guicciardini's Discorso di Logrogno*, Lanham, Rowan and Littlefield, 1998.

③ Francesco Guicciardini, *Dialogue on the Government of Florence*, China University of Political Science and Law Press, 2003.

有重要决定。①正如吉尔伯特所指出的,元老院掌握了国家的核心政治经济命脉:"圭恰迪尼希望元老院成为'城市的驱动轮'以及万事的仲裁者,它通过任命所有的大使和军事长官的职能而控制外交。十人团的成员虽然由大委员会选出,但也应该是元老院成员。在诸多立法议案被提交到大委员会之前,元老院应该对其讨论并予以通过;在财政立法上,元老院实行全面而专有的控制。"②在《对话》中,圭恰迪尼借尼禄之口详细阐明了建立元老院的好处,③在圭恰迪尼看来,通过一种元老院式的调停性和中间性(mediating and intermediate)机构,以及通过强调程序性而非实质性的一致,可以解决国内的紧张关系,实现善治(good governance)。④圭恰迪尼认为,元老院的地位最高,是"核心的机构以及具有德行之贵族的化身"。⑤

可见,在政府体制的具体设置方案上,不时体现出了圭恰迪尼共和主义的贵族化倾向,比如在税收这个决定国家经济命脉的重大问题上,圭恰迪尼便认为应该由元老院掌握控制权,这是出于对群众心理的认知而来的,为了防范民众掌握裁断权(plebiscitary license)。"圭恰迪尼重复了亚里士多德的主张,预见了麦迪逊的想法,那就是认为穷人通常是占大多数的,他们将会对富人课以过量的税,而自身拒绝承担份额,除了这种多数人暴政在财政上的表现以及直接的社会仇富心理外,圭恰迪尼设想到了实际的困难。人民通常抵制税收,倾向拖后腿,使本来可花费少量费用完成的事最终需要多得多的份额……圭恰迪尼得出结论说,虽然最终对税收的通过须来自大委员会,但元老院在此事上应该握有主动权,实行有效的控制。"⑥与此同时,尽管圭

---

①③　Francesco Guicciardini, *Dialogue on the Government of Florence*, China University of Political Science and Law Press, 2003.

②　Felix Gilbert, *Machiavelli and Guicciardini:Politics and History in Sixteenth-Century Florence*, Princeton University Press, 1984.

④　Athanasios Moulakis, Civic Humanism, Realist Consitutionalism, and Francesco Guicciardini's Discorso di Logrogno, James Hankins(ed.), *Renaissance Civic Humanism, Reappraisals and Reflections.* Cambridge University Press, 2000.

⑤　J. G. A. Pocock, The *Machiavellian Moment:Florentine Political Thought and the Atlantic Republican Tradition*, Princeton University Press, 1975.

⑥　Athanasios Moulakis, *Republican Realism in Renaissance Florence:Francesco Guicciardini's Discorso di Logrogno*, Lanham, Rowan and Littlefield, 1998.

恰迪尼所构想的元老院具有排他性,其成员多数来自大家族,而且必须经过严格的选举程序,但它也不是完全对一般公民关闭,而是保持了流通渠道以保证精英的有效循环和新陈代谢,"毫无疑问,通向要职的路途对于新人而言将会更加艰难,但圭恰迪尼欢迎精英的更新和持续竞争力的可能性",[①]家庭出身不是担任公职的最终凭据,而是能力(merit)。依照圭恰迪尼的看法,这种有限制性的通向要职的可能性为"高远的抱负提供了宪政上的出口,也可以成为在为共和国效力时那种高贵竞争的激励"。[②]圭恰迪尼对政府公职人员有自己的标准:"对圭恰迪尼而言,智力、血气以及社会名望的组合似乎是招募政府工作人员的一种充足的规范性和实践性基础。"[③]

具体而言,圭恰迪尼的总体政府体制构想大致包含下列组成部分:以正义旗手为核心的执政团、元老院、对元老院进行监督的咨询委员会(Pratica或Junta[④])、大委员会以及40人组成的申诉法庭。这些部门尤其是本文所重点论述的三者之有机组合保证了权力的有效行使。但需要再次着重指出的是,对圭恰迪尼而言,在构建一个混合政体之时,必须具备的一点是:对所有重大事件的商议应该掌控在贤能的公民之手,与此同时能保证自由。[⑦]朱杰维奇恰如其分地指出:"圭恰迪尼具有更早的人文主义者的共和主义精神中的精英主义色彩,将他对城邦的蓝图固定在一种由这座城邦的最古老家族

---

① ② Athanasios Moulakis, Civic Humanism, Realist Consitutionalism, and Francesco Guicciardini's Discorso di Logrogno, James Hankins(ed.), *Renaissance Civic Humanism, Reappraisals and Reflections*, Cambridge University Press, 2000.

③ Athanasios Moulakis, *Republican Realism in Renaissance Florence: Francesco Guicciardini's Discorso di Logrogno*, Lanham, Rowan and Littlefield, 1998.

④ 德尔·尼禄对 Junta 的设立有如下的论述,他认为有两个原因驱使自己去创立 Junta:"首先,我不想让任何人认为,通过成为一名元老院成员,他便万事大吉了,因此独立于元老院之外的任何人,不需要考虑公众意见——好像不再需要他人的判断……第二,因为元老院成员都是平等的,我不希望他们之中的一些人形成党派,从而确保他们总是赢得选举,其他人则被排除在外。Junta 将会对上述的两种危险提供一种有效的纠错方式,因为随着更多的易变化的群体加入,将会瓦解元老院中的结党营私之念。另一方面,因为 Junta 的成员自身不能被选拔到十人团,他们不会由于野心的驱使而扩展政府,而是将会投票选举他们认为最适合的人;如果元老院之中的一部分人对此人进行诽谤,他们总是会保持一种平衡。"Francesco Guicciardini, *Dialogue on the Government of Florence*, pp.117–121.

⑦ Maurizio Viroli, *From Politics to Reason of State: The Acquisition and Transformation of The Language of Politics*, 1250–1600, Cambridge University Press, 1992.

所组成的贵族制以及寡头制元老院中，由在顶端的一个准君主式的人物以及底部一个代表性的平民委员会进行平衡，但关键的是，并不由这两者进行治理。"①而且在处理国内和国际事务的时候，审慎是一种重要的素质，毫无疑问，诸如圭恰迪尼这样从小耳濡目染政治风浪的贵族，无疑更容易培养这样的能力，比起一般民众捷足先登。

由上可见，圭恰迪尼的政制构想是符合共和主义模式的。"与那种抽象而模糊的理想规划不同，圭恰迪尼为佛罗伦萨政制的一种完整修正呈现了具体的建议。然而，他的建议仍然是与这个时刻的紧迫性密切相关的，并非一种建立在系统政治理论之上的纯粹理论规划……这种建议中的三种元素既与许多当代对威尼斯共和政府的解释相对应，也与古典的混合政府理念相对应。在理论上，正义旗手、元老院和大委员会分别对应君主制、贵族制和民主制的元素，这是亚里士多德和波利比乌斯以及许多文艺复兴人文主义者都曾讨论过的，甚至包括马基雅维里在其《李维史论》里所做的那样。"②也正如维拉利所言："本质上说，圭恰迪尼所渴望的政府就是这样一种追求平衡不同抱负的机制，通过正义旗手、元老院和大委员会的方式而使君主制、贵族制和民主制的优点产生一种互惠的效果，这也是众多的政治思想家梦想和追求的混合政府。"③

在这种政制规划中，各个政府机构之间的分权制衡思想④已体现得相当明显。"首先，我们必须确保没有任何职务享有如此大的权力以至于不被其他的权力所制约；这就是为什么正义旗手要与十人团和元老院一起分享行政

---

① Mark Jurdjevic, Political Cultures, Michael Wyatt (ed.), *The Cambridge Companion to the Italian Renaissance*, Cambridge University Press, 2014.

② Peter E. Bondanella, *Francesco Guicciardini*, G. K. Hall & Co., 1976.

③ Pasquale Villari, *The Life and Times of Niccolo Machiavelli*, Volume 2, Trans, Linda Villari, T. Fisher Unwin, 1898.

④ 有学者指出，古典共和主义秉持一种"治道的多元共谋"模式，因为古典共和主义者有一个共识，国家治理需要在智慧原则、权威原则和参与原则之间达到精妙平衡，智慧原则需要深思熟虑，权威原则要求统一政令，参与原则要求论辩协商。随着历史的发展，"混合均衡"被"分权制衡"所取代，但力图实现大众民主、精英治理和首长领导诸因素良性均衡与优势互补的"治道的多元共谋"治国理念在新形势下得到了发扬光大。详见张凤阳等：《政治哲学关键词》，江苏人民出版社，2006年，第98页。

权力;元老院与大委员会一起分享立法权。这不仅能够使腐败的官员不会造成损害，而且实际上通过不断提醒他所具有的与公众分享的权力而避免腐败。其次，必须有足够多的分等级的荣誉职位,足够快的职位更换,确保没有人以其所展示的价值而没有晋升的希望……第三，在每一点上都应该清楚地明白职务是公众对美德认可的嘉奖，决不应该归结于个人或派系的私人恩惠。"①圭恰迪尼的政治思想受亚里士多德影响极深,意识到了权力必须通过分化和制衡来进行规训,②并在新的时代背景下将其进行了创造性的转化,从而开启了现代分权学说的雏形,影响了现代西方国家诸如英国、美国等的政府建制。

波考克在追溯共和主义谱系在西方政治思想和实践中的发展历程时，再次指出了这一点。"亚里士多德在传统上明确地把公民区分为多数人和少数人，前者既没有动机也没有能力超越他们自身事务的事情，后者寻求权力,也有操纵行使权力的能力,在对事务的控制中有更大的参与权;其表明少数人总是操纵与其数目不相称的权力，问题的关键在于设置一种机构上的框架，将会防止这种不平衡变得太离谱,确保掌控权力的少数人在统治时能关注除他们之外的其他人的福利。圭恰迪尼在此也没有例外;一方面他坚持认为积极参政的少数人仅仅只有在不那么参政(仍然参政)的多数人的背景中才能有效运作。另一方面,他一直主张设立一些机构来防止决策者被对私利的角逐所分散……他的创造性在于坚持大多数人(他们自己不寻求)与少数人在判断其他人对职务的适合能力方面不同，少数人与大多数人的区别在于,他们具有寻求职务的嗜好，而使其追求职务的德性———一个他清晰使用的词目———不是智慧、善良以及任何其他的使他们适合于担当职务的道德品质，而是那种简单的对抱负以及荣誉的渴求。"③这样的思想在马基雅维里对共和理念的阐发中也清晰可见,尽管二者不可能完全重合。

---

①③　Pocock,*The Machiavellian Moment:Florentine Political Thought and the Atlantic Republican Tradition*,Princeton University Press,1975.

②　详见[古希腊]亚里士多德:《政治学》,吴寿彭译,商务印书馆,2006 年,第 218 页。

三、共和制度的价值支撑

作为一个人情练达的政治家以及对现实世界洞察入微的思想家，与马基雅维里一样，圭恰迪尼对人性有很深刻的认识，他在多处直率而尖锐地指出人性之中的幽暗意识，但他认为人在本性上是倾向于行善的，不过因为人性脆弱，容易被如此多及如此强有力的贪婪和激情导向歧途，如果不假以他求，很少能逃离腐败渊薮，因此，建国者想出法子来使国民牢牢保持其原初的天性是必要的，这就是奖惩制度肇始之缘由。如果不存在这样的制度或是运行不佳，那么绝不会见到任何形式的良善的市民生活，如果没有这种刺激和制约，决不能期待人民自然行善。①这与后世大哲休谟所言的"无赖假定"如出一辙。

圭恰迪尼由此论及了刑事司法和公共精神（public spirit）的问题，"当所有人看见善行得到尊重时，人们的精神便会被一种想要表现得很好的欲望所激励，继而发展那些导向高等级和至上荣耀的品质"②。对于熟读古罗马历史的圭恰迪尼与马基雅维里而言，他们对导致西罗马帝国灭亡的重要因素腐败（corruption）一定有比普通人更深刻的认识和隐忧，他们在一定程度上对萨沃拉罗拉修士都抱有同情，同意奢侈品具有腐蚀人心的作用，使人们耽于财富和各种节日庆典，与真正的荣耀和德行渐行渐远。相比于萨沃拉罗拉末世论式的语言来，圭恰迪尼的语言是公民式以及古典式的，他将论述的主题转换为一种不同的且不那么基督教式的修辞。萨沃拉罗拉认为对物质享受的追求分散了灵魂对恩典的追求，而圭恰迪尼则认为这分散了人们对公益（public good）的追求。③

上文已论及，共和主义者除了关心制度建构，也关心支撑制度之民情

---

① Francesco Guicciardini, *Dialogue on the Government of Florence*, China University of Political Science and Law Press, 2003.

② Athanasios Moulakis, *Republican Realism in Renaissance Florence: Francesco Guicciardini's Discorso di Logrogno*, Lanham, Rowan and Littlefield, 1998.

③ Pocock, *The Machiavellian Moment: Florentine Political Thought and the Atlantic Republican Tradition*, Princeton University Press, 1975.

(mores)的培育,尤其是公民德性①(civic virtues,有学者用"公民德行"一词表达)。圭恰迪尼认为,公民德性是那些使人能够从事伟大事业的品质,也就是对共和国有益的品质。②正如有学者所恰如其分指出的,古典共和传统中有两种交叠互补的治国方略,一是通过德行教育,引领公民对公共利益做出优先性的价值选择;二是通过多元均衡,防范公共权力蜕变为操纵在个别人或个别集团手中的私有物。③可见,对公民德行的诉求是共和主义显著地区别于其他政治思想流派的特征之一,所谓公民德行指的是公民通过审议、行动来增进共同善的意愿和能力,也就是将公共利益置于私人利益之上的品质和德行,这意味着对公共利益的信奉与承诺、对"腐化"的克服以及对公共事务的关注和对公共义务(军事及政治)的投入。④圭恰迪尼在政府机构的设置中对公民德性和抱负这些深层次的因素进行了论及,因为这些品质对共和政府的存在以及长治久安具有至关重要的作用,是一种潜移默化的深层思想文化力量。比如,圭恰迪尼提出了正确疏导和规训抱负(ambition)的方式:"一方面,人们对荣誉充满抱负是值得赞扬的……另一方面,如果抱负达到了这样一种程度,只为荣誉而获取荣誉,这是危险的,因为个人的私利将会居于公众利益之上,人民不久便会不择一切手段来获取并保持这种荣誉。然而,如果人们有这样的欲望,无论其是否应得到表扬或是谴责,政治理论家都应该留意。一个自由的政府不需要害怕臣民的抱负,如果予以正确的引导,不仅仅可以导致统治精英的出现,而且是若干极其杰出的人,他们的德性在任何时候都是万事所依赖的。"⑤波考克指出,圭恰迪尼对抱负持有一种

---

① 桑德尔指出,共和主义理论的核心是"自由以参与自治为基础"。按照共和主义的政治理论,参与自治要求共事的公民们一起商讨公共善,努力造就政治共同体的前途。要考虑公共善,就要求我们能够选择个人的目的,以及尊重别人的选择权利,通晓公务,有一种归属感,关心集体,和休戚与共的共同体之间形成某种道德纽带,因此需要让公民具有某种公民道德。这意味着共和主义政治不可能对公民所赞成的价值或目的采取中立的立场,而需要积极地引导和塑造。参见[美]迈克尔·桑德尔:《公共哲学:政治中的道德问题》,朱东华、陈文娟、朱慧玲译,中国人民大学出版社,2013年,第6页。

② Francesco Guicciardini, *Dialogue on the Government of Florence*, China University of Political Science and Law Press, 2003.

③ 张凤阳等:《政治哲学关键词》,江苏人民出版社,2006年。

④ 刘训练:《共和主义:从古典到当代》,人民出版社,2013年。

⑤ Pocock, *The Machiavellian Moment: Florentine Political Thought and the Atlantic Republican Tradition*, Princeton University Press, 1975.

模棱两可的态度:"一方面,圭恰迪尼确信,如果说政治共同体想使其所需要的精英在特定的决策中起引导作用的话,那么德行必须被政治化(politicized)和合法化(legitimized);另一方面,圭恰迪尼也充分认识到,抱负可能已经制造了这样一种太不稳定的境况,以至于不能让其自身政治化,而且或许是已经太腐败了,以至于不能为公民福祉带来益处。"①

此外,作为一种源远流长的政治德性,滥觞于古典时期的审慎(prudence)观②在柏拉图和亚里士多德等经典思想家那里便被赋予了极高的重要性:"政治审慎是城邦或国家谋取共同利益的重要力量,真正的政治家必须在基于审慎的政治智慧的指引下,采取合乎正义的行动,尽可能地改善国家生活。"③在圭恰迪尼的政制构想中,审慎④同样不可或缺:"因此,一个城邦的统治者应该是具有高度审慎感的人,他应该每时每刻都保持极大的警觉性来观察所正在发生的事情,在权衡了所有可能发生的结果后,首当其冲的,他应该阻止新事件的发生,并尽可能排除掉机运的力量。"⑤在其巨著中,波考克对这种共和政制中统治精英应当具备的古典德性有反复的论及,他认为,审慎是预见行动后果的能力,在圭恰迪尼自身的秉性中具有两种价值体系:一方面是在公共行动中展示的追求卓越之理念,另一方面则是仅仅只有精英才有闲暇获取的经验以及审慎这样的政治德性。波考克继续认为,圭恰迪尼的审慎观恰如舵手或医生观察事件并使自己适应于这种事件的能力一般,而不是试图去规划或者是决定事件,这是一种策略而非行动的政治,要

---

① Pocock, *The Machiavellian Moment:Florentine Political Thought and the Atlantic Republican Tradition*, Princeton University Press, 1975.

② 冯克利认为:"从波里比阿所观察的罗马,到威尼斯的贵族政体,再到今天所谓的复合共和制,维持均衡的艺术,行事收敛的审慎精神,在政治世界尤其是'正常政治'的环境下,始终作为一股稳健的力量发挥着强大作用。"参见冯克利:《圭恰迪尼和他的〈格言集〉》,《浙江社会科学》,2013年第11期,第34页。

③ 陈华文:《审慎作为政治家德性的历史及其伦理要求》,《道德与文明》,2016年3月。

④ 原词为Prudenzia,在翻译圭恰迪尼的《对话》时,布朗有时参照具体情境将其译为"实践智慧"(practical wisdom),《对话》一书中多处提及此词,反映出圭恰迪尼对这个词目的高度重视,参见Francesco Guicciardini, *Dialogue on the Government of Florence*, pp. 6、8、58、73、79、139、150、171、202.

⑤ Francesco Guicciardini, *Dialogue on the Government of Florence*, China University of Political Science and Law Press, 2003.

求掌握与持续不断以及不可预见的事件变动相一致的最大限度的充足信息并深思熟虑,是一种理解权力政治时所要求的考虑周全而直觉性的知识。简而言之,审慎是精英们在行使领导权和控制力的时候所展示出的一种超凡德性。①

审慎之外,还有伟大(greatness)、正义(justice)、法律之下的平等(equality under the law)、共善(the common good)、政治参与(political participation)、反僭主意识形态(antityrannical ideology)、实践生活(vita activa)和爱国主义(patria)等,②这些在马基雅维里和圭恰迪尼的诸多论述中皆有所指。例如,马基雅维里和圭恰迪尼认为,如果没有对祖国的热爱之情,共和国便不可能稳定下来。公民需要将共同体的公益置于私利之上,遏制对于财富无节制的追求与享受。③公民们应该内部团结一致,停止派系斗争,时刻准备捍卫国家利益和共和信念,而不是信赖雇佣军,以公民生活(civic life)为依托的爱国主义精神必须优先于基督教而成为公众的新信仰,将目光从来世转向此世,打造一种卢梭所谓的公民宗教(civil religion),以凝聚和升华政治共同体的情感。圭恰迪尼也注意到了军事力量对于政体安全的基本保障作用,否则所谓内部善治只能是空中楼阁:"首先,城邦必须有充足的军队,至少可以保卫自

① J. G. A. Pocock, *The Machiavellian Moment:Florentine Political Thought and the Atlantic Republican Tradition*, Princeton University Press, 1975.

② 关于对这些品质更为详细的论述,参见萧高彦:《西方共和主义思想史论》,商务印书馆,2016年。

③ 在其巨著《马基雅维里时刻》中,波考克的一个核心论点是:佛罗伦萨的共和主义者不信任商业和私人财富,将其视为公众生活中的腐蚀性力量,他使用这种预想的德性-商业对立模式作为其共和主义时刻之中的链接。朱杰维奇对此进行了驳斥,他认为,佛罗伦萨的人文主义者相信商业和对财富的私人追逐使得共和国的存续和完整变得可能。15世纪以及16时期早期的佛罗伦萨共和主义是一种上升的商业精英之意识形态,它提供了一种政治语言,将共和主义德行与商人的习性、价值观和心态融合起来,因此,当我们看到共和主义在后来的商业社会中茁壮成长时,不应感到惊讶。在文艺复兴时期的诸多思想家中,马基雅维里是特立独行的一位,他所主张的国富民穷以及对私人利益的压制不应被视为佛罗伦萨共和主义的表现,不具有代表性。而在这方面,圭恰迪尼似乎更能代表文艺复兴时期共和主义者对待财富的态度,他将欣欣向荣的商业团体视为共和国的自然领导者。鉴于圭恰迪尼家族及圭恰迪尼自身便长期从事于商业贸易,他持有这种态度再正常不过了。详见Mark Jurdjevic, Virtue, Commerce, and the Enduring Florentine Republican Moment:Reintegrating Italy into the Atlantic Republican Debate, *Journal of the History of Ideas*, Vol.62, 2001, pp.722–740.

己以及免于外部入侵的持续危险。如果城邦屈从于外来势力并被其征服，内部的良好秩序和法治将没有丝毫价值。因此，给城邦充分地提供保卫者是必要的。"①

结　语

圭恰迪尼并非完全缺乏政治理想，但作为一位具有强烈现实主义精神的思想家，他对现实世界的观察以及对理想政体的勾勒少了些虚幻无边的浪漫色彩，而多了很多务实可行的可操作成分，"圭恰迪尼的改革计划不那么依赖于人们的道德选择，而是以一种能够服务于公众的方式设置一种机构框架来引导人类热情和自豪感"。②圭恰迪尼认为，如果在不合法的政体治下井井有条，百姓安乐，社会和谐，那么不合法这个名号便无足轻重了，不合法的政府被视为不好仅仅是因为它治理不好，要判断哪种政府体制更佳，我们仅仅考虑其治理效果便可以了。永远最得民心和最受赞许的政府是带来最好效果的政府，政府的好坏应该通过其效果来评判。③圭恰迪尼对自由和平等的犀利解构也有稀释其共和主义忠诚度之虞，④但毫无疑问，他是一位共和主义者，如果非要加上标签的话，那么他是一位贵族共和主义者。⑤借用萧高彦所归纳出的现代共和主义两个相对立的典范加以概括的话：马基雅维里的共和主义思想可以纳入民主共和主义（democratic republicanism）一类，而圭恰迪尼的共和主义思想则可归为宪政共和主义（constitutional repub-

---

① Athanasios Moulakis, *Republican Realism in Renaissance Florence: Francesco Guicciardini's Discorso di Logrogno*, Lanham, Rowan and Littlefield, 1998.

② Athanasios Moulakis, Civic Humanism, Realist Consitutionalism, and Francesco Guicciardini's Discorso di Logrogno, James Hankins（ed.）, *Renaissance Civic Humanism, Reappraisals and Reflections*, Cambridge University Press, 2000.

③④ Francesco Guicciardini, *Dialogue on the Government of Florence*, China University of Political Science and Law Press, 2003.

⑤ 朱杰维奇认为，圭恰迪尼和韦托里的共和主义思想远没有马基雅维里那般坚定和执着。详见马克·朱杰维奇：《一个毁灭了的世界中的历史书写——马基雅维里、韦托里和圭恰迪尼论历史与共和主义》，朱兵译，《政治思想史》，2013年第4期，第55~72页。

licanism)之列。①马基雅维里更加注重一般民众在政制中的核心地位,而圭恰迪尼则始终强调贵族的主导性作用。

在论及共和主义思想的古今之别时,萧高彦指出,古典共和主义以共善为目的,主张在法律的架构中通过自治而培养德行,但这会面临一系列的问题。首先是能够参与公共事务的人数自然有其限度,其次是对公民的素质要求很高,增加了公民身份之排他性。由于古典共和主义对公民身份在质和量两方面的严格限制,其理想中的政治共同体必定是小规模的社群。而现代社会注重身份平等,消弭社会阶层,扩大公民资格之范围,普遍平等的法律取代培养公民德行之伦理规范。这样带来的结果便是随着近代以来公民资格之扩大,而其参与性却降低。共和主义者如何面对此社会发展的趋势,建立符合现代情境的政治理论,乃是一个重要的理论和现实课题。②而站在现代门槛上的圭恰迪尼,已经感受到了新时代的脉搏,通过其创新性的共和主义蓝图直面这个重大时代命题,概而言之,他的共和主义思想包括如下构成部分:使得在比城邦领地更大的地方实现民主变得可能;将选举神圣化为政治的制度中心;缓和知名公民和显赫家族之间的竞争;通过将之交付给小的元老机构而非大型的民众议事会而增强政府的商议能力;在法律的制定和执行过程中赋予公职官员更广泛的自由裁量权。而圭恰迪尼共和主义政治思想中最为新颖的地方则是:尽管以不同的方式阻止公民共同体中的所有成员都自身去承担职务,但他们从一小部分有德性、知名而且总体上更为富裕的候选人中选举出公共官员。圭恰迪尼的这种共和主义模式解除了普通公民在古典民主政制和许多中世纪城市共和国中承担的大多数政治职责,比如担任抽签分配的职务,在巨大的公共委员会中辩论政策,在相似规模的集会中决定政治审判。相反,他主张普通公民将他们普遍良好的判断力用来任命"有德性而勇敢的"官员,而他们则是通过或是否决——但绝非构思或修订——这些官员所提出的法案。圭恰迪尼希望这种新颖的制度设计能够平息精英内部的暴力冲突以及民众的暴动,而选举政治则可以阻止那些渴望担任职务的人走向腐败和篡权,然而仍然使得他们有充分大的裁量权来商

---

①② 参见萧高彦:《西方共和主义思想史论》,商务印书馆,2016 年。

议和制定有利于公益的法律。①

简而言之,圭恰迪尼的政府体制构想是一种共和主义式的架构,其中又特别突出贵族和精英的引导作用,是文艺复兴时期较为完备的共和主义论述模式。与此同时,圭恰迪尼的共和主义观并不仅仅是机械的机构设置,一种冷冰冰的程序共和国(桑德尔语),而是有诸多良性政治品性的强力支撑,这些品性与制度之间的交错互动可以保持共和政体的持续、稳定和高效。赫尔德曾言:"在文艺复兴时期的意大利,人们重新关注'自治政府'问题的各方面内容,这对 17 和 18 世纪的英国、美国和法国产生了重要影响。如何建构公民生活,如何维持公共生活,这些问题成为各种各样的思想家和政治实践者面临的问题。"②在很大程度上,站在现代门槛上的圭恰迪尼诸多富有洞见的思想,已经预示了后世西方政治思想和制度发展的大致方向,从圭恰迪尼到美国的联邦党人,从小国寡民的佛罗伦萨共和国到广土众民的美利坚合众国,再到 20 世纪下半叶所复兴的共和主义政治文化传统对公民德行、公益、商议治理和政治共同体意识等的申论,都可以梳理出一条清晰而完整的脉络。

(作者简介:朱兵,贵州大学历史与民族文化学院副教授。)

---

① John P. McCormick, Francesco Guicciardini, Mark Bevir(ed.), *Encyclopedia of Political Theory*, Sage, 2010.

② [英]赫尔德:《民主的模式》,燕继荣等译,中央编译出版社,1998 年。

基于"意大利领先地位"之上的统一论

——焦贝蒂的联邦主义思想探析

19世纪上半叶,随着意大利民族主义思潮的蓬勃发展,统一的观点已经得到了广泛的接受,但对于以何种方式统一,何种模式最适合长期生活在不同政权下的人民,各派思想家发出了不同的声音。马志尼(Giuseppe Mazzini)认为,意大利应该统一起来以完成上帝赋予的使命,但是无论是这个使命本身还是完成使命的方式都是激进的。大多数受过教育的意大利民众思想传统、缺乏勇气,无法接受马志尼的信条,他们寻求一种更温和的方式来调和爱国主义激情和审慎。考虑到意大利长期处于分裂状态这一事实,成立一个松散的联邦国家的呼声受到了很多思想家的支持;这种方式被认为尊重了意大利的历史和文化, 在当时看来似乎是一种相对来说更符合实际的统一途径。民族复兴运动期间意大利存在各种各样的联邦主义思想,这些思潮包括焦贝蒂的新圭尔夫派联邦主义、巴尔博(Cesare Balbo)的温和自由派联邦主义、卡塔内奥(Carlo Cattaneo)的激进自由派联邦主义和费拉利(Giuseppe Ferrari)的民主共和派联邦主义。焦贝蒂的联邦主义思想是当时代表性的联邦主义思想,也是影响最大的联邦主义思想。他将意大利的伟大和教会联系在一起,通过将教会与意大利的统一联系起来,消除了马志尼赋予意大利的使命的激进锋芒,同时又保留了意大利必须得到救赎的关键概念。①

---

① See Spencer M.Di Scala, *Italy:From Revolution to Republic,1700 to the Present*, Westview Press,2009,p.76.

一、意大利的领先地位

　　焦贝蒂于 1801 年 4 月 5 日出生于都灵，起初进入教会成为神职人员，后来又从政，在政府任职，1833 年因为卷入革命活动被捕，遭到审讯和关押。获得自由之后，焦贝蒂去了巴黎，之后又前往布鲁塞尔，并在那里完成了巨著《论意大利在精神和文化上的领先地位》(Del primato morale e civile degli italiani,1843)。虽然许多人认为这本书本身是"缺乏想象力的""冗长的""浮夸的"，甚至是"愚蠢的"①，但历史学家长久以来一直认为这本书取得了"惊人的成功"，成为了在 1840 年代这个令人眼花缭乱的年代出现的温和民族主义者和新圭尔夫派关注的焦点。②这本书之所以如此成功，主要是因为它向意大利人强调，即使意大利表面上是分裂的，政治上处于弱势地位，也仍然是一个伟大的民族。③

　　在书中，焦贝蒂对意大利的"优越性"进行了详细的阐述和论证。他认为，半岛不仅由于地理位置的原因成为了"文明世界的中心"，而且意大利是一个有创造力的民族，"其他民族的文明是源自天主教和意大利的"，所以"意大利是其他民族的救赎，而不是相反"。④他认为，意大利是全世界的、超自然的，是一个超级国家，也是所有人民的头领，因为她包括了所有民族天赋所组成的要素。意大利的形象像上帝一样光辉。在焦贝蒂看来，宗教是意大利领先地位的主要根据。因为宗教在本质上控制人类的一切，宗教对任何社会都是很重要的。⑤在意大利，教会的超民族存在使意大利成为"最卓越的宗教国家"。和历史学家、政治家巴尔博一样，他认为，唯一真正的、有效的民

---

　　①　Christopher Duggan, *A Concise History of Italy*, Cambridge University Press, 1994, pp.7, 112; Stuart Woolf, *A History of Italy, 1700–1860*, Routledge, 1979, p.338; Derek Beales, Eugenio F.Biagini, *The Risorgimento and the Unification of Italy*, Pearson Education Limited, 2002, p.58.

　　②　Duggan, *A Concise History of Italy*, p.7.

　　③　See Denis Mack Smith, *The Making of Italy 1796–1866*, Macmillan, Holmes & Meier, 1988, p.73.

　　④　Vincenzo Gioberti, *Del primato morale e civile degli italiani*, Vol. I – II, Brusselle, 1844, Vol.I, pp.13, 24, 28.

　　⑤　See Gioberti, *Del primato morale e civile degli italiani*, Vol. I, p.17.

族主义原则是新圭尔夫主义。①焦贝蒂信奉以教皇为首、以教会为凝聚力的意大利的统一。他将意大利的命运和教会、教廷的命运紧紧联系在一起。他认为,统一的唯一希望在于教皇和教会的主动性。在他看来,教皇是意大利的君主,是无可替代的精神领袖。

> 我还看到宗教被置于每个人兴趣的最高位置,君主和他的子民不仅尊敬和爱戴罗马教皇,尊他为彼得的继承人、基督在尘世的代表、普世教会的首领,也当他是意大利联邦的总督和首领,欧洲的仲裁者和和事佬,整个人类的精神之父,全世界的教化者和安定剂,拉丁民族的辉煌历史的继承者和灿烂未来的天然的强大创造者。②

焦贝蒂描述了教会在历史上的角色。他力图证明教会作为一个机构,作为教义的源泉,在意大利的历史上有很多辉煌的时期。尤其是他对中世纪时期的解读和马志尼的解读是很不一样的。马志尼强调在公社中出现了政治生活自治的初级模式,而焦贝蒂关注的却是教廷所扮演的关键角色。虽然但丁、马基雅维利和萨尔皮都将教会描述成民族统一的障碍,但焦贝蒂却认为,事实上正是教会使意大利文化在分裂的威胁中保存下来,并为它的继续和发展提供了一个有效的基础,保证了文化的持续性。以自由的名义受到大家欢迎的宗教改革,结果只加深了意大利对外权的依赖,削弱了她特殊的精神地位,并没有给意大利带来主动权。③所以焦贝蒂不认为历代教皇是意大利分裂的根源,相反,他认为教皇在对意大利和欧洲统一有利的每个时刻都是参与其中的。④他对教会和教廷在意大利土地上不可否认的存在以及它们对于意大利命运的无可辩驳的重要性表示最深的感激。在焦贝蒂的心目中,教廷是意大利统一的原则。

---

① 新圭尔夫主义(Neo-Guelphism)指由焦贝蒂发起的 19 世纪前半期意大利自由主义天主教政治运动,旨在通过以教皇为首的方式促成意大利的统一。

② Gioberti, *Del primato morale e civile degli italiani*, Vol. II, p.309.

③ See Bruce Haddock, Political Union without Social Revolution: Vincenzo Gioberti's Primato, *The Historical Journal*, Vol.41, No.3, 1998, pp.705-723.

④ See Gioberti, *Del primato morale e civile degli italiani*, Vol. I, p.31.

教廷,是完全属于我们的和我们的民族的,因为是它创建了我们的民族而且扎根于此整整 18 个世纪;它是具体的、鲜活的、真实的——不是一个抽象的东西,也不是一个虚构的妄想,而是一个公共机构,一道神谕,一个活生生的个人。它是理想的,因为它表达了世界上最伟大的挂念。它的影响力无人能比,被当作神灵供奉,良心使其坚固,宗教使其圣洁,君主对它尊崇备至,人们对它百般崇拜。它就像一棵树,扎根于天堂,繁茂的枝叶覆盖整个宇宙。它就像我们的家园经久不衰,像真理在世间永不磨灭,因为它是真理的神圣护卫者,也是整个人类的主教。它本质上是和平和文明的,因为它是没有武装的;它因它的忠告和言语而享有至上的权威。总之,它本身就具有完善的组织和模式,因为这是一个由上帝自己组织的权力机构,这个机构构成了在人世间可以见到或想到的最完美社会的核心。①

其实焦贝蒂认为教廷促进了意大利的统一而不是相反的观点有一定的道理,因为在长期的分裂中,教廷的存在成了意大利人在宗教上和文化上统一起来的因素,但是从地理上来说,实际上教皇国盘踞意大利中部,将南方和北方割裂,将意大利一分为二。②焦贝蒂将天主教等同于真理,将意大利等同于基督教,他自然地将意大利置于各个国家之首。虽然在宗教改革之后,意大利经历了经济和政治衰退的创伤,但是他认为正在形成中的新世界需要不同以往的政治领导方式。而且意大利还曾经"给现代世界各个国家提供了文明的种子"③,她可以重拾她的地位,因为她的基本原则没有受到损伤。尽管过去的 30 年里意大利经受了失望与屈辱,但意大利文化在本质上是健全的。只要她抓住机会,她不仅可以让意大利的政治秩序变得井井有条,也有可能重新掌握欧洲的领导权。可见,新圭尔夫派实现意大利统一的希望即不寄托于共和主义的哲学思想,也不寄希望于君主国的宝剑,而是寄托于经

---

① Gioberti, *Del primato morale e civile degli italiani*, Vol. I , p.53.

② See John Anthony Davis ed., *Italy in the Nineteenth Century*, Oxford University Press, 2000, p.2.

③ Gioberti, *Del primato morale e civile degli italiani*, Vol. I , p.15.

过改革的和不断进行改革的教廷的道德力量。①焦贝蒂希望教会能够与时俱进,适应时代的需求。他认为,进步已经成为了 19 世纪的大众信仰;教会应该拥抱这个信仰,努力使自己的教义成为当前政治、社会和道德问题的参考标准。焦贝蒂关于领先地位的观点受到了极大的欢迎,这个观点的广泛传播为民族复兴运动事业吸收了新的追随者。②

二、以教皇为首的意大利联邦方案

很多激进分子,包括马志尼,都对教廷复兴的可能性充满担心,害怕近几年来教皇国的专制文化和混乱管理会扩展开来。但焦贝蒂却认为,意大利独特的宗教传统使得她不适合从她的文化之外来寻找政治榜样。文化自治意味着政治的自治。焦贝蒂强调:"意大利本身,主要是由于宗教具备了民族和政治复兴所需要的所有条件。"③也就是说,无论她采取何种方式完成她的政治事业都应该尊重她基本的文化资产和特殊的身份,排除了"内部革命"和通过外国武力解放的可能性。

他认为,意大利首先必须重新成为一个国家,而要成为一个国家,其成员之间就必须有某种程度的联合。如果不能够实现联合,那么国家将遭受无与伦比的削弱。他认为,意大利是存在的:"我们是同一民族,拥有共同的血统,信仰共同的宗教,书写着同样的语言,即使我们分属不同的政府,遵守不同的法律,被不同的机构所管束,有着不同的民间传说,遵循不同的习俗,具有不同的情感和习惯。"④但意大利只是一个潜在的民族,因为分裂阻碍了人们成为同一个民族。如果意大利人要成为一个实际的民族,联合就是必须的。焦贝蒂是反对革命的:"假设我们通过革命的方式结束了意大利目前的分裂局面,我们不仅远远没有达到我们所企望的联合,还将会为新的动乱打

---

① See John A.R.Marriott, *The Makers of Modern Italy*, Clarendon, 1931, p.30.

② See Filippo Sabetti, The Making of Italy as an Experiment in Constitutional Choice, *Publius*, Vol.12, No.3, 1982, pp.65–84.

③ Gioberti, *Del primato morale e civile degli italiani*, Vol. I , p.47.

④ Ibid., Vol. I , p.48.

开大门。"①焦贝蒂认为,如今革命的形式有两种:一种是做一些变革,并不对最高统治权产生严重的侵犯;另一种则是翻天覆地的变化,然后在一片废墟上建立一个全新的国家。第一种革命是合法的,而第二种革命则是不合法的,因为这种革命要推翻法律,会引起无政府状态,而且一旦武力变得不可控制,那么一切最为罪恶的行为将接踵而来。当这些变化发生的时候,法律和秩序就难以维持了,除非原先的统治权力能够重新回归,然后清除引起它毁灭的罪障。如果某些人一意孤行,那么结果往往是人们习以为常的、历史悠久的生活方式将会被一个仅仅是理论上的国家,一个虚弱的、没有历史根基、没有现时的力量、没有对未来的信任的虚无政府所取代。这样的政府既不能抑制政治摩擦和各个地方政府之间的对抗,也不能消除地方上的仇恨情绪;这样的政府很快就会使国家一败涂地、陷入比之前更糟糕的境地。所以他认为,真正暴力的革命除了能消除社会上的恶劣情绪之外,其实对谁都没有好处。②

也正因为这个原因,焦贝蒂对马志尼的暴动策略表示质疑。他认为,派遣小队暴动者到政治敏感或易攻击的区域进行暴动,到目前为止被证明是无效的,尤其是 1834 年的萨沃依远征证明马志尼的暴动策略是完全不切实际的。他认为,暴动会引起广泛的社会和经济变革以及政治变革,肯定会招致猛烈的联合抵抗,而且试图"以武力摧毁"一个国家区别于其他国家最具特色之处,只会带来灾难。③即使被称为这个时代的政治天才的拿破仑也失败了,因为他试图在很短的时间内重塑政治世界,但是他的雄伟大业在即刻间灰飞烟灭。由此得出的政治教训非常明显:持久的政治变革只有通过现存文化内已经经过试验的、可靠的渠道才可能成功。焦贝蒂认为,教会和国家自古罗马帝国时期起一直就是相互交织、难以区分的,想要将一方的利益和权利与另一方区分出来,无疑等于进行一场"反自然的"手术。教会等级制度已经渗入国家机构生活的各个方面,试图进行一场和教会的利益相左的民族复兴运动,必然会忽视意大利文化的"自然界线",否定国家主要机构的

---

① Gioberti, *Del primato morale e civile degli italiani*, Vol. Ⅰ, p.49.

② See Gioberti, *Del primato morale e civile degli italiani*, Vol. Ⅰ, p.50.

③ Gioberti, *Del primato morale e civile degli italiani*, Vol. Ⅰ, p.22.

"光辉形象"。①通过否定革命的重要性,提倡教会和民族运动之间的合作,焦贝蒂的方案赢得了很多温和自由主义者的认可。

焦贝蒂同样反对借助外国势力来帮助意大利获得国家统一。当时有不少人希望借助外国势力来帮助意大利获得国家统一,至于依靠哪些外国势力却意见不一:大部分人都希望是法国,也有人寄希望于德国。焦贝蒂坚持认为这样的观点绝对是荒唐的,应该加以鄙弃,因为"想要民族独立,又想依赖外国势力,想要从外国势力身上得到本来应该在本土自发形成的东西,本身就是自相矛盾的"②。不管意大利人民在过去遭受了多少不幸,否认意大利的自治权力和对国内两千万人民的勇气丧失信心是一种懦弱的表现,应该受到谴责。上个世纪一些人通过借助法国的军队来解放自己的祖国意大利,结果把意大利变成了一个隶属法国的省份。历史证明这样的想法是不可取的。

焦贝蒂甚至反对效仿外国。他认为,那些试图效仿外国的方法来统一意大利的人在本质上是邪恶的,因为他们不是从爱国主义的观点出发的,而且他们的观点也不符合意大利的特殊情况,他们只是"用一些教条和外国的例子在搭建一个不切实际的空中楼阁"。他认为:"政治的一条恒久不变的真理就是,如果不是因为人民自发的行动,不是根据实际情况自然形成的结果,那么政治变革就不能持久,也没有生命力。"③在过去50年里,无论是在意大利、西班牙、德意志,还是其他地方,那些刻意为之的、糟糕开展的革命都只是对法国大革命改头换面的模仿而已,它们因法国的思想和成功经验而产生,也受到法国的控制。这就是"南橘北枳",这也是为什么那些尝试统统失败或收效甚微的原因。

焦贝蒂写《论意大利在精神和文化上的领先地位》这本书的目的,就是为了给意大利提供一个与马志尼的危险的民主革命不一样的方案,因为他和其他温和主义者都相信爱国并不一定要革命,他们希望意大利以联邦的方式统一,而且当前的君主仍然维持统治。④他建议成立一个由现存的意大

---

① Gioberti, *Del primato morale e civile degli italiani*, Vol. I, p.23.

②③ Ibid., Vol. I, p.51.

④ See Smith, *The Making of Italy 1796–1866*, pp.81–82.

利各个邦国结合而成,由教皇充当象征性首领的松散的联邦国家,作为将意大利从外国的控制和影响下解放出来的方式。①焦贝蒂强烈推荐他的联邦政府方案,因为他认为,这样的政治体系明智地尊重了区域敏感性,是"完全符合意大利半岛的自然、风俗习惯、机构体系和地理条件的"②。意大利有着太多的中心,太多的地方依恋情绪,很难将这里的居民纳入马志尼和民主共和主义者们希望建立的统一国家和自由主义者倡导的君主政体之中。联邦的方案不仅是能够付诸实施的最简便的方式,还可以提供对大家都有利的长期的政治、经济和文化进步的前景,又可以将给各个邦国的内部管理带来的骚乱降到最低程度。

联邦的观点对意大利来说并不陌生。焦贝蒂将意大利联邦的传统追溯到早期的伊特鲁里亚联盟③,而后来的意大利联盟④和伦巴第联盟⑤也都是联邦传统的体现。每个联邦实验事实上"在本质上都具有总体性和多样性",并要求有一个"不会取消各个组成部分的多样性的统一原则"。在意大利,这样的一个原则由于宗教和神职人员的原因一直存在,因为在宗教世界,规则"不是通过武力而是通过智慧和道德心"得以实施的,允许各个邦国和地方中心在整个意大利范围内行使各自适合的职责。⑥以教皇为首的意大利联邦方案在中世纪,尤其在乔治七世时期也是有过暗示的,虽然没有和民族原则联系起来。拿破仑之后欧洲势力中心的更迭使各个民族的命运成了最紧迫的政治问题。通过将联邦主义、天主教和民族主义联系起来,焦贝蒂充分利用意大利历史上的主要潮流,强烈要求推动扎根于文化和传统的政治创新。

焦贝蒂认为,政治上任何理智的讨论都必须建立在从历史上发展而来

① See Gioberti, *Del primato morale e civile degli italiani*, Vol. I, pp.53–54.

②⑥ Gioberti, *Del primato morale e civile degli italiani*, Vol. I, p.56.

③ 伊特鲁里亚文明是在古罗马兴起之前意大利最高的文明,其兴盛期在公元前6世纪。伊特鲁里亚没有集权的政府,只有以城市国家组成的松散的联盟。

④ 意大利联盟又称最神圣同盟,是继《洛迪协约》,威尼斯共和国、米兰公国和佛罗伦萨共和国1454年8月30日在威尼斯共同缔结的一个国际协定。联盟对意大利半岛的稳定和对因遭受黑死病导致的萧条经济的恢复起到了极大的促进作用。

⑤ 伦巴第联盟是1167年在教皇的支持下,为反抗霍亨斯陶芬王朝神圣罗马皇帝将意大利纳入神圣罗马帝国的企图而结合的一个中世纪联盟。在其最兴盛的时候,联盟包括了北部意大利绝大部分城市。

的传统之上,而不是建立在来自哲学想象的乌托邦理想之上。他认为,1830
年代政治改革失败的原因,就在于激进派将乌托邦的理想建立在不切实际
的基础之上。我们不可能让外在的政治世界来适应我们心中纯粹的梦想,而
是必须从意大利目前各种问题的实际情况出发,将方案建立在可以带来政
治和精神力量的机构的基础之上。他坚持认为:"任何政权,如果不适合或不
能使自己适应所在国家的特殊情况,那么就很难建立,即使得以建立也难以
持久。"①联邦政府是符合意大利实际的,因为这可以很好地解决教廷的俗权
及其在亚平宁半岛已存在上千年所带来的问题。教廷的完整将巩固意大利
社会的等级制度。焦贝蒂认为,联邦政府是意大利固有的、最自然的政府形
式,意大利也有成立联邦国家所应具备的所有要素。②他希望国家在教廷的
领导下实现整体的转变,所有意大利人重新团结起来。③焦贝蒂知道,要想使
各个分裂的邦国在实际上接受其中一个邦国的领导,只靠"统一的意大利"
这一象征是不够的。他寻求的是超越了政治分裂的真正的意大利民族认同,
而且他希望能在教会找到这一认同。

同样,焦贝蒂认为,民族运动应该具有的统一的原则也必须是真实的、
具体的和鲜活的,是深深扎根于本民族的文化的,而"不是抽象的、虚幻的,
因为国家不是通过妄想或空想进行统治的"。焦贝蒂反对绝对统一主义者正
是因为他们的观点"不是源自国家的概念,和意大利的特定条件不相符,也
没有民族基础";他们是通过"模仿外国原则和榜样"形成的"空中楼阁"。④焦
贝蒂并不是说绝对统一的国家在任何地方、任何时候都是不合适的。他承
认,在纯粹的理论中,绝对统一的国家有着讨人喜欢的、甚至"美好"的一面。
他不允许的是,不考虑实际情况而谈论某些国家形式的好处。他坚持认为:
"如果一个制度不能够适应它被应用的地方和实践的特定条件,就没有任何
实际价值。"意大利在经过几个世纪的分裂后不可能不经过破坏现存的权力
和利益的长期混乱就迅速融合成一个权力中心。"在政治中,及时、可行的方

---

① Gioberti, *Del primato morale e civile degli italiani*, Vol. I, p.22.

② See Gioberti, *Del primato morale e civile degli italiani*, Vol. I, p.57.

③ See Ronald S.Cunsolo, *Italian Nationalism*, Robert E.Krieger Publishing Co.INC., 1990, p.20.

④ Gioberti, *Del primato morale e civile degli italiani*, Vol. I, pp.48–49.

案是最好的",所以意大利应该建立能够更好地反映历史印记的多中心体系。①

焦贝蒂历数了以教皇为首的温和权威领导下的政治联盟的种种好处。这样一个合作性的联合会增强各个君主的势力而不损害他们的独立，而且所有君主可以任意使用其他君主的势力，这样国内破坏性的战争和革命源头可以得到消除。通过教皇和各个君主之间的高度一致形成的联邦政府，可以有效控制焦贝蒂称之为"地方自治主义者"的国家的官僚们，各个君主国也不会再只致力于自己国家的利益，而对半岛最重要的需求置若罔闻。安全得到更大的保障这一前景被焦贝蒂认为是现存政府愿意联合的主要动力，因为被大海围绕、被阿尔卑斯山阻隔的意大利，只有团结起来才可以抵制半个欧洲的侵袭。在教皇的带领下，意大利将重回欧洲强国的第一梯队，这将会给意大利带来从未有过的荣誉；如今在跟整个欧洲的共同利益相关的事务上丧失了话语权的意大利君主们，也将重新赢得他们在欧洲大陆的恰当地位。通过将各君主国的财力和兵力聚集在一起，他们可以建立一支共同的海军来护卫意大利港口和地中海的自由，而这一点无论哪个单独的意大利国家都是做不到的。焦贝蒂用激情而又富有诗意的语言表达了他对意大利联邦的渴望和憧憬：

> 还有什么能比他的祖国，一个统一的、强大的、致力于上帝的祖国，一个有凝聚力的、和平的、备受别的民族的尊敬和仰慕的祖国更能引起一个意大利人的美好遐想呢？还能想象比这更美好的未来吗？还有比这更幸福的事情吗？……我想象她（意大利）由于她的几个君主之间的稳定而永久的联盟而变得强大，国内万众一心，几个君主通过互利互惠增强各自的实力，将各自的军队汇编成保卫半岛抵御外国侵略的强大的意大利国民军……我期待着有一天意大利的舰队再次在地中海上乘风破浪，几个世纪以来被外国篡夺的属于意大利的合法海域将回到这个强大的宽宏大量的民族的怀抱。我看到欧洲和全世界的目光都关注着意大利的未来，一个复兴的意大利的未来。②

---

① Gioberti, *Del primato morale e civile degli italiani*, Vol. I, p.55.

② Ibid., p.307.

意大利联邦的好处还包括为意大利重新开始远征，在地球上的不同地方建立殖民地提供机会。在焦贝蒂看来,实行殖民主义不仅是完全正确的,也是符合基督教教义的,是有用的也是必须的。殖民是传播文明、为信仰的征服开辟和扫平道路的唯一方式，也是实现整个人类大团结的唯一和平方式。通过建立殖民地,欧洲可以将其主权扩展到地球的其他地方,将其启蒙思想和文化传输给殖民地,并获得其他有利条件作为回报。曾经雄霸一方的意大利,现在不想在它的国界之外无一寸之地,因为不仅英国、俄罗斯、法国和西班牙,而且就连葡萄牙、荷兰、丹麦、瑞士和比利时都拥有他们各自的殖民地。意大利联邦国家的成立还将消除,或者至少减少度量衡、货币、关税、语言、商业和公民管理体系的差别;这些差别极大地阻碍着意大利各个君主国之间的交通和思想的交流。这些差别的消除将不仅开阔人们的视野,也将逐渐消除城市之间的分裂和敌对。各个邦国之间的互惠协议还将确保意大利任何一个邦国在其君主去世之后,领土主权能得到顺利传递,不会再遭受野蛮的封建领主的侵略,或引起一系列的灾难性的战争。就像巴尔博所说,一个新圭尔夫主义的联邦政府能治疗意大利的很多创伤,给意大利带来福音,也将为促进欧洲和全世界进步而努力。①

焦贝蒂知道成立一个意大利联邦国家并不只是意大利内部的问题。因为无论成立哪种形式的意大利民族国家，无疑都会导致奥地利在意大利的利益的丧失。奥地利必然会动用一切可用的资源(包括武力),来保卫它的利益。所以焦贝蒂期待建立一个以罗马和皮埃蒙特为轴心国的联盟:前者是"享有特权的基督教智慧的所在地",后者是"意大利军事力量的主要基地"。②在教会的文化领导权和皮埃蒙特的军事领导权之间，其他的组成国家将发现很难有再操控局面的余地,这将为意大利带来稳定的局面。

焦贝蒂试图兼顾意大利境内各个方面的利益。成立联邦国家对现存政府来说,至少在短期内,并没有什么值得担心的,而在安全方面则可以得到很大的保障。作为"全国性"领导机构的教会将发现自己又一次不仅在国内,甚至在国际上也占据核心的政治地位。皮埃蒙特将会在外交政策的决策上

---

① See Cunsolo, *Italian Nationalism*, p.61.

② Gioberti, *Del primato morale e civile degli italiani*, Vol. I, p.67.

享有决定性的影响力,同时限制其他组成国家的更具野心的改革方案。改革家们也会将民族国家的创建看成是一个新的开始,他们逐步开展之前被外国的、地方的和区域的利益所阻碍的各项改进措施。只有革命派和反动派被排除在焦贝蒂所准备的"盛宴"之外。

焦贝蒂的联邦方案之所以受到极大的欢迎,首先和绝大多数意大利人都是基督徒这一点是分不开的。在教徒的心目中,教皇和教廷是神圣的,具有其他任何人物和机构都无法比拟的号召力,并且这种号召力并不局限于某个邦国。其次,由长期分裂导致的各个邦国之间的巨大差异是不可否认的事实,这致使许多人都对统一不抱任何幻想。即使能够顺利统一,统一之后想要将这些邦国融合成一个民族国家也会是一个棘手的难题。最后,法国的支持使联邦方案更加受到注目。法国从来都不愿意接受统一的意大利,因为历史教会他们"不要容忍任何邻国阻碍他们控制整个欧洲,因为他们认为控制欧洲对他们自己国家的发展是至关重要的"①。法国希望意大利成为一个以教皇为首的松散的联邦国家,在驱逐奥地利之后,这个联邦理所当然会成为法国的卫星国。

焦贝蒂的联邦方案的缺点也是非常明显的。首先,他虽然提及然控制着意大利北部地区的奥地利,但并没有估计到问题的严重性。虽然皮埃蒙特是意大利各邦国中军事实力最强的国家,但却不足以和奥地利抗衡,所以将驱逐奥地利的希望寄托在皮埃蒙特的军队上明显是不现实的。况且,皮埃蒙特的温和主义者们对于教廷是否能够进行自我改革并领导意大利的独立运动并没有信心。②其次,教皇国政府在俗权统治上并不成功,所以被其他地区接受的可能性不大,而焦贝蒂却并没有对教皇国的改革作任何探讨。在这一点上,巴尔博明显比焦贝蒂有着更理智的认识。巴尔博更关注教皇国的缺点,一开始就不看好教皇的领导。他甚至认为,教皇国的俗权政府是意大利各个邦国中最糟糕、最混乱的政府,而教皇则"很有可能会成为意大利政治联盟的敌人"③。姑且不要说教皇国的社会和经济状况持续恶化,没有人能够理解

---

① Christopher Duggan, *Francesco Crispi 1818–1901: From Nation to Nationalism*, Oxford University Press, 2002, p.406.

② See Di Scala, *Italy: From Revolution to Republic, 1700 to the Present*, p.78.

③ Sabetti, *The Making of Italy as an Experiment in Constitutional Choice*, p.72.

为什么一个自由主义的领导人会将希望寄托于自从 1831 年以来一直刻意无视欧洲进步思想的教廷。可见,焦贝蒂明显选择了回避教会政治和管理上的不足,而选择强调当教会成为民族事业的中心时所带来的积极影响。①

事实上,联邦主义形式的意大利和大多数民族主义者希望的意大利是大相径庭的。虽然成立联邦政府意味着意大利将从教皇和奥地利的控制中独立出来,但是并没有实现真正意义上的统一。马志尼认为,按联邦的方案统一的意大利半岛在本质上是脆弱的,很容易受法国和奥地利的控制。②皮埃蒙特王国的首相阿泽略(Massimo d'Azeglio)也认为,焦贝蒂的联邦方案"善良但不切实际"③。焦贝蒂虽然知道很多人并不赞成他的联邦主义观点,因为他们觉得这对意大利没用,对教皇来说是不合适的,国内的君主国和欧洲的其他国家也都不会接受;但是他认为,虽然联邦主义不能达成所有的愿望,但将大大改善意大利的命运,尤其是如果不经过流血、暴乱和革命就能完成联邦的目的的话。他认为,政治统一论者也许在理论上是好的,但这些理论只有在现实中有效才适合意大利,而在政治中,切实可行的才是最好的,半条面包总比没有好。在他看来,分裂了几个世纪之久的意大利,想要和平地统一为一个国家简直是做梦;而想要通过武力来达到统一的目的简直就是犯罪。所以他认为,即使付出巨大的代价,创建一个统一的意大利也几乎是不可能的,更不用说保持统一的国家。而且所有的事实都证明,一个中央集权的国家既不符合意大利的历史传统,也不符合意大利人的性格。

三、实践中的失败与反思

以焦贝蒂为代表的新圭尔夫派的意大利联邦方案是个人主动性、共同情感、合适的外部因素和满怀的希望的少有结合,在 1840 年代实现的可能性似乎很大。在 1847 年 12 月,巴尔博成为加富尔主办的、充满活力的进步

---

① See Haddock, Political Union without Social Revolution: Vincenzo Gioberti's *Primato*, pp.705 – 723.

② See Duggan, *Francesco Crispi 1818–1901:From Nation to Nationalism*, p.91.

③ [英]焦瓦尼·斯帕多利尼:《缔造意大利的精英们——以人物为线索的意大利近代史》,罗红波、戎殿新译,世界知识出版社,1993 年,第 60 页。

主义报纸《复兴》(Il Rinascimento)的主编,后来又成为1848年宪法颁布之后皮埃蒙特的第一位首相。之后焦贝蒂成功地继任了首相之职。作为议员和首相,巴尔博和焦贝蒂都倾向于保守的、有限制的自由主义,这迎合了很多天主教徒和自由主义者的喜好。他们的议会和内阁立场证明新圭尔夫派迫切希望国家能够取得进步。

1846年6月16日,教会选出了教皇庇护九世。出生于费雷蒂的庇护九世通过在教皇国建设性的改革,很快就获得了民族主义者的支持。少许仁慈的举动对于一个刚当选的教皇来说其实再平常不过,却被认为是具有重要政治意义的行为。庇护突然发现他被骚乱的群众欢呼为自由主义的弥赛亚,甚至是未来意大利联邦的首领。赛特布里尼(Settembrini)在回忆1846年—1847年间的狂热时写道:"人们说,庇护九世是真正的基督的代理人,是所有教皇中最伟大的。君主们说,他是一个雅各宾派的成员,也是一个共济会成员。"①显然,从马基雅维利到焦贝蒂都一直在苦苦寻找的意大利的拯救者和解放者似乎已经出现了。意大利人都开始向他靠拢。理想主义者、自由现实主义者、保守的天主教徒,甚至坚定的神职人员、妥协的暂时论者、马志尼和加里波第等民主共和主义者和社会主义的同情者,像皮萨卡内(Carlo Pisacane)和费拉利都愿意给新圭尔夫派一个证明自己的机会。

1848年3月22日,皮埃蒙特向奥地利宣战(也就是第一次意大利独立战争),也向全意大利发出希望得到武力和人力志愿的请愿。以马志尼为代表的共和主义者、以卡塔内奥为首的联邦主义者、那不勒斯和托斯卡纳的军队都加入了这场反抗奥地利的战争。

君主和爱国者之间的这种统一行动超出了迄今为止任何方案的预期。②但使民族主义者失望的是,庇护九世虽然迫于国内革命形势的压力,批准组织志愿军,与政府军一起参加对奥作战,但是却因害怕失去教皇之位,害怕和千百万的天主教徒关系破裂,始终拒绝正式对奥宣战。在4月29日召开的红衣主教会议上,庇护九世违反众愿,一意孤行,公然发布了呼吁停止对奥地利作战的《宣言》。他说:"一些人希望我们与意大利其他邦国的人民和

---

① Duggan, *Francesco Crispi 1818–1901: From Nation to Nationalism*, p.49.

② See Sabetti, *The Making of Italy as an Experiment in Constitutional Choice*, pp.65–84.

君主共同对奥开战。但是我们的天职促使我们声明,这违背我们的意愿。因为,我们的头等义务是以慈父般的情感对待所有的人民与民族。"①他宣称自己只是一个普通的牧师,并不是攻无不克的拿破仑,不能够致力于非基督教的行为,向天主教奥地利宣战。教皇失去了所有他曾有过的对民族主义者的同情,走向了反革命和反自由主义的立场。事实证明,庇护九世既不是一个自由主义的教皇,也不是一个民族主义的统治者,他代表的是普世主义而不是民族主义。②意大利各个地区缺乏团结一致的行动,加上奥地利的残酷镇压,第一次独立战争最终以失败告终。

革命"终止了新圭尔夫派在教廷的领导下的意大利联邦方案,也减弱了其他联邦主义者的呼声"③。人们对自由主义天主教运动也失去了信任,这个运动曾吸引了很多本来可能会是保守主义者的人加入到改革主义和自由主义的活动中。但是,很多意大利人现在对教皇深感失望。从 1849 年起这个运动就丧失了政治信誉。紧随新圭尔夫派的方案失败之后,焦贝蒂、巴尔博和其他天主教温和主义者对所发生过的事情作了反思和总结,为未来的行动提供了建议。焦贝蒂自己也放弃了他在《论意大利在精神和文化上的领先地位》中采取的立场,将他的观察所得写进了他的第二本巨著《意大利的文明革新》(Del rinnovamento civile d'Italia,三卷本,1851 年)里。对于反动分子拒绝扩大国家的基础,拒绝将人民吸纳进来并照顾他们的合法要求的做法,焦贝蒂进行了猛烈的抨击;焦贝蒂还责备政府官僚们,尤其是皮埃蒙特的管理者们,因为比起进行反抗奥地利的战争,他们更关心的是维护他们自己的职位。皮埃蒙特的地方自治主义者以自我为中心,在关键的诺瓦拉战役中不仅妨碍了人民的总动员,并且还不肯投入后备部队。他认为,这是一场本来可以打赢的战争。庇护九世也遭到了严厉的批评;耶稣会成员总是围在他身边,说服他不要参与斗争,将精力放在保存俗权的事业上。法国同样受到了焦贝蒂的谴责,但是考虑到意大利君主拒绝团结在皮埃蒙特的周围,法国不情愿参与到意大利的斗争中也是可以理解的。焦贝蒂还将他的怒气发泄到

---

① 转引自辛益:《近代意大利史》,河南大学出版社,1998 年,第 210 页。

② See Sabetti,The Making of Italy as an Experiment in Constitutional Choice,pp.65-84.

③ Raymond Grew,*A Sterner Plan for Italian Unity:The Italian National Society in the Risorgimento*,Princeton University Press,1963,p.5.

了马志尼主义者和"清教徒"身上,因为他认为,他们坚持教条般的信仰,认为获得自由、统一和进步的唯一方式就是通过革命,建立一个激进的共和国。

焦贝蒂为意大利人"提供了一种看起来新颖独到同时又具有民族性的哲学,把意大利置于和更为先进的国家相同的水平上并且赋予意大利思想以新的尊严"[1]。他的著作广受欢迎,使得他的观点广为传播,为民族复兴运动事业吸引了更多的支持者。正如博尔顿·金所论述的:"天主教的基调赢得了神职人员的赞赏,而对萨沃依君主的赞扬又俘获了民主主义政治家的心。"[2]焦贝蒂的联邦主义思想在理论上似乎很完美,但现实的情况却是错综复杂的,教皇自私自利的本性也注定这只是美好的愿望。虽然新圭尔夫派的联邦方案失败了,但焦贝蒂的理论在意大利民族复兴运动初期对激发民族情感、促进民族意识的产生和唤起统一的渴望上产生了重大的影响。

(作者简介:潘乐英,浙江商业职业技术学院讲师。)

---

① [意]安东尼奥·葛兰西:《狱中札记》,曹雷雨、姜丽、张跣译,中国社会科学出版社,2000 年,第 74 页。

② Sabetti,The Making of Italy as an Experiment in Constitutional Choice,p.72.